中国文学海外传播研究书系·21世纪北美中国文学研究著译丛书

北京师范大学中国文学海外传播研究中心

张健 刘洪涛 石江山（Jonathan Stalling）主编

本书系教育部哲学社会科学重大招标项目
"英语世界中国文学的译介与研究"（项目批号：12JZD016）成果之一，
同时受湖北省社会科学基金项目
"如何译介，怎样研究：中国古典词在英语世界"（批准号：2011LW019）
和中央高校基本科研业务费（批准号：2012WQN044）资助，
特此感谢！

如何译介 怎样研究

中国古典词在英语世界

How to Translate and Study: Classical Chinese Tz' u Poetry in English-speaking World

涂慧 著

中国社会科学出版社

图书在版编目（CIP）数据

如何译介，怎样研究：中国古典词在英语世界／涂慧著．—北京：中国社会科学出版社，2014.6

ISBN 978-7-5161-4338-4

Ⅰ.①如… Ⅱ.①涂… Ⅲ.①词（文学）—英语—文学翻译—研究 Ⅳ.①H315.9

中国版本图书馆 CIP 数据核字（2014）第 112492 号

出 版 人　赵剑英
责任编辑　刘志兵
责任校对　石春梅
责任印制　王　超

出　　版　中国社会科学出版社
社　　址　北京鼓楼西大街甲 158 号（邮编 100720）
网　　址　http://www.csspw.cn
　　　　　中文域名：中国社科网　　010-64070619
发 行 部　010-84083685
门 市 部　010-84029450
经　　销　新华书店及其他书店

印　　刷　北京大兴区新魏印刷厂
装　　订　廊坊市广阳区广增装订厂
版　　次　2014 年 6 月第 1 版
印　　次　2014 年 6 月第 1 次印刷

开　　本　710×1000　1/16
印　　张　22.25
插　　页　2
字　　数　365 千字
定　　价　66.00 元

凡购买中国社会科学出版社图书，如有质量问题请与本社联系调换
电话：010-64009791

中国文学海外传播研究书系·总序

张　健

营造良好的世界文化生态，促进不同民族文化间的相互了解与尊重、对话与交流，借以实现和谐世界的人类理想，越来越成为一种世界性的共识。文学作为人类精神文化的重要载体，由于其自身所具有的鲜明的民族特质和相对的共通性，由于其包含在特定社会生活内容当中的丰富的情感诉求和对于人性的多方位思考，由于其所具有的较强的可读性和极为广泛的受众基础，它的国际传播可以而且应当成为跨文化交流的一种重要而有效的途径。

中国的文学源远流长，承载着博大精深的中国文化。中国文化的要义之一，就是“和”。为了“和”，中国文化主张“和而不同”。因为在这种文化看来，绝对的“同”必然导致绝对的“不和”。这一点，与当今世界各民族文化、区域文化之间互荣共生的时代精神是完全吻合的。中国文学因此成为世界上了不起的文学之一，中国人对于本国文学的思考因此成为人类思想当中重要的一部分。在世界范围内传播中国的文学及其对于文学的思考不仅仅是国家文化战略的需要，同时也符合人类和平发展的根本利益。在一个全球化的时代，为了保证当今世界民族文化多样性的存在，通过我们创造性的工作，让世界上更多的人群能够分享中华优秀文化的精髓，为人类文化的繁荣与世界的和平作出中华民族独特的贡献，是中国文学及其研究重大而崇高的历史责任。

有鉴于此，北京师范大学文学院，作为中国内地中文教育与文学研究的学术重镇之一，近年来一直在跨文化的文学传播与交流方面进行着积极的尝试和切实的努力。为此，我们成立了“中国文学海外传播研究中心”，并且从2009年开始实施了一项“中国文学海外传播”的计划。其旨归有二：一是希望站在民间和学术的立场，通过与国外教育、学术机构中有识之士长期有效的合作，在海外直接从事中国文学及其研究的传播工作，向世界展现当代中国最鲜活的状貌和样态；二是希望在中国文学及其研究国际化的大趋势当中为本土文学及其研究的繁荣增添新的契机、新的视阈和新的活力。这项计划的具体内容除组织召开跨学科、跨界别的与“中国文学海外传播”有关的大型国际学术研讨会，在海外出版发行英文期刊《今日中国文学》，翻译出版中国作家的重要新作及国内学者的相关论著，在国内编辑出版著名英文期刊《当代世界文学》的中国版，发布中国文学及其研究的海外文情报告以外，还包括了另外一个后续的大型项目，即分批出版《中国文学海外传播研究书系》。

我相信，这项计划的成功实施，可以有效地展示中国文学的当代风采，有利于建构世界文学中完整而真实的中国形象，增进国际社会对于当代中国及其文化的了解与认识，有利于不同国家、种族和民族间的文学、文化乃至思想和学术的交流，有利于中国文学海外传播经验的积累，有利于中国文学海外传播方面的发展战略与策略的探讨和调整，有利于本土的中国文学及其研究的创造性发展。它的意义应该是重大而深远的。

到目前为止，我们已经成功举办了两次跨学科、跨界别的大型国际学术研讨会，反响很好；英文学术期刊《今日中国文学》现已正式出版四期，面向全球发行，在西方的作家、诗人、批评家、学者、编辑、出版商、发行商、文学爱好者、汉语爱好者当中业已引起广泛的关注和浓厚的兴趣；《当代世界文学·中国版》已经编辑出版了四辑；列入“今日中国文学”英译丛书的作品和作品集已经通过了论证和审定，其版权协议、翻译等各项准备工作正在进行之中，在完成英译以后它们将由美国方面的出版社负责在世界范围内出版发行；海外文情报告和英译的国内学者论文集中的一部分也已进入付梓出版的阶段。由于中外双方的精诚合作与国内的多方支持，计划终于取得了重要的突破和初步的实绩。

但另一方面，三年多的传播实践在使我们进一步认识到中国文学海外传播事业的重大意义的同时，也告诉了我们这项事业的高度复杂性和它特有的难度。文化、制度、社会现实上的差异和语言上的障碍，是我们必须面对的难题；海内外之间多方的沟通与磨合是我们日常的功课；超越实务层面的理性而系统的思考是我们需要迎接的挑战。“中国文学的海外传播”

无疑是一项崇高的事业，而崇高的事业无疑又是需要为之付出巨大精力、智力和心力的。究竟应该如何去遴选作品，才能表现出当代中国的文学及其研究的独特神韵和真实风貌，才能反映出中国社会历史性的变化？怎样做才能保证乃至提高中国文学在海外传播的有效性？应当如何从发展和变化的眼光去看待外国读者的阅读心理和欣赏趣味，去看待中国本土的文学及其研究的传统和独特性？如何理解和对待海外汉学在中国文学、中国文学研究及其海外传播问题上的作用和影响？如何在世界范围内扩大资源，提升高学养、有神韵的翻译能力？如何更有利于海外出版物向教育教学资源的转化？凡此种种，显然都需要深入的探讨和系统的思考。人类崇高的事业必然是有思想的事业。我们需要来自多重视角的洞见与卓识，我们期待更多同道在智力和学术上的跟进。而这也就成为我们设计《中国文学海外传播研究书系》的初衷之一。

当然，这套书系的创意，绝非仅仅来自中国文学海外传播过程中实践性的迫切需求，除此之外，它与我们的学术追求和理论抱负，与我们对于中国文学及其研究的历史趋势、中国文学海外传播事业的总体认识和判断，同样有关。

随着经济全球化和高科技迅猛发展的进程，随着中国综合国力的不断提升，中国文学及其研究已经进入国际性的跨区域、跨文化、跨族群互动交流的新阶段。内地与台港澳地区、中国与世界各国之间的文化和学术上的交流与合作不仅日益频繁而且日渐深化，中国内地的文学和文学研究正在悄然融入世界文学和国际学术的广阔天地。中国离不开世界，世界缺少不了中国。西学仍在东渐，中学正在西传。在一种全球化的时代语境当中，如何发展和看待中国的文学及其研究，早已不再仅仅是中国人自己的事情，它已然成为国际社会越来越多有识之士共同关心的话题。中国的文学、对于中国文学的研究、中国文学的海外传播、对于中国文学海外传播的研究这四者已经空前紧密地联系在一起。中国文学及其研究的世界性格局正在由此形成。

在这种背景之下去讨论中国文学及其研究，自然是离不开国际意识和国际视野的。特别是当“涉外”的中国文学及其研究已然成为一种需要人们高度关注和重视的新“现实”的时候，中国文学及其研究的内涵、功能、方法、层次、意义和其所适用的范围显然已经并正在发生着前所未有的深刻变化。“涉外”的中国文学及其研究并非今天才有,但在过去,它们明显属于一种边缘性的附加部分,而今,它却成了中国文学及其研究不可分割的一部分。这对传统意义上的“涉内”的“中国文学及其研究”无疑是一种具有历史意义的丰富和拓展。这种丰富和拓展要求我们在理念观念、认知内容、思想方法、研究范式、传播方式、制度环境等方面进行一系列相应的调整,以一种更为自觉的态度关注和引领中国文学及其研究领域的这些历史性的新变化。

世界性的格局,需要我们更为深入地认识中国文学及其研究的国际化问题。这种国际化实际包含了外化和内化两个最为基本的方面。其“外化”,是指中国文学及其本土研究在国际上的传播;其“内化”,指的是发生在中国文学及其本土研究内部的自我调整与优化。这种自我调整与优化最为根本的内驱力当然来自中国社会的内部,但它显然又是同域外文学及其学术研究在中国的传播,同中国文学、本土的中国文学研究向外的传播及其反馈密切相关的。外化和内化应该是国际化问题当中相互依存、交相互动、密不可分的两个方面。我们强调中国文学及其研究的向外传播,丝毫不意味着我们可以忽视中国文学及其研究自身的调整、建设与优化。

但问题是,在一些人那里,这种“外化”往往遮蔽了“内化”的必然性和必要性。在这些人看来,所谓“中国文学及其研究”本身实际上不仅是既定的,而且是恒定的,所谓“外化”或“涉外”,无非是要把这些既定、恒定的东西以一种既有的方式“向外”传播出去而已。殊不知,传播即交流,而交流从来不可能是单向度的。在交流的过程中,交流的双方乃至多方或早或迟,或显或隐都会发生相应的变化。中国文学的海外传播,情况亦会如此。传播出去的中国文学固然依旧是“中国文学”,但它已经不再是原初意义上的中国文学,而是经过了“他者”理解的、打上了某种“他者”印记的“中国文学”。这种情况反转回来势必又会直接或间接地影响到本土原生的中国文学。在一种世界性的格局之下,“外化”和“内化”、“涉外”和“涉内”,是难以截然分开的。在我看来,中国文学的海外传播,无论是就传播的主体、客体、中介,还是就传播的环境、机制、动力而言,都会存在着一种极其复杂微妙的、多层多向互动的转化过程。对于这一复杂的转化过程的理性总结和系统研究，不仅会直接推进海外传播的实务，而且它本身就是中国文学及其研究的重要组成部分。

“涉内”的中国文学及其研究和“涉外”的中国文学及其研究，当然会有明显的区别，但是它们之间的相关性和统一性不可忽视。我们应当看到在两者之间事实上存在着的复杂的互动关系。我们需要重视中国文学及其研究在国际传播过程中对于本土的中国文学及其研究所提供的反馈性影响，不仅是为了更好地“外化”，同时也是为了本土的中国文学及其研究自身的进一步“优化”。在这个意义上，我觉得我们应该认真研究一下国外特别是英语世界的文学及其研究的情况和国外大学相关机构的教学科研情况。尽管我们和他们在许多方面有着明显的不同，我们在文学及其研究方面有着丰富而成功的经验，我们无须也不会跟在他们后面亦步亦趋，但是他们作为“他者”所提供的经验是值得我们认真对待和有选择地借鉴的。在文化和学术跨地域、跨族群、跨语言的交流与传播当中，“差异”的积极意义有时或许大于它的消极意义，有了“差异”才会有“差异”与“差异”之间的互识、互动、互补、互融、相生，才可能生成人类文明多元而和谐发展的建设性力量。

就此意义而言，中国文学海外传播研究完全可以并且正在成为中国文学及其研究当中的一个带有交叉学科性质、极具发展前景的新兴领域。这一由中国文学与传播学两个基本学科在全球化语境下的耦合而形成的新兴领域，就目前的情形看，已经具有了可持续的、特定的研究对象和比较明确的研究目标。尽管它在短时间内还不大可能形成一门相对独立的学科，但我相信，经过越来越多有识之士的不懈努力，随着研究资源的不断丰富和积淀以及研究方法的不断成熟，它最终是完全可以建构起一整套属于它自己的、逻辑化的科学知识体系的。愿我们《中国文学海外传播研究书系》的陆续出版，对于加快这一学术发展的进程能够有所助益。

我们希望这套大型的研究书系能够提供一扇了解中国文学及其研究海外传播与接受基本状况的窗口，打造一个在国际化大背景下思考中国文学及其研究问题的多向对话与交流的平台。很显然，这套书系不可能为人们提供终结性的统一结论，但可以为我们提供一次理解、尊重、包容、借鉴乃至超越彼此间差异的新的可能，让海内外更多的有识之士从这种围绕“中国文学海外传播”问题而展开的，“和而不同”的，跨学科、跨文化的多重对话与往复交流当中，获取新的启示、新的灵感、新的兴趣、新的话题和新的动力。《论语》有言："以文会友，以友辅仁。"我们真诚地希望这套书系的出版能够得到国内外更多朋友的关注，同时也希望海内外有志于传播和研究中国文学的同道们不吝赐教赐稿，让我们大家一起来推动这项有益于人类福祉的事业。

2012 年 7 月 29 日

21世纪北美中国文学研究著译丛书·编辑说明

“北美中国文学研究”主要是指美国、加拿大两国，尤其是美国的中国文学研究。它是以英语为主要学术语言，以北美为主要基地，以从事中国文学教学和研究为目的的机构、媒介、人员及学术成果的总称。传统上，“北美中国文学研究”被归入北美汉学或北美中国学的范畴。自20世纪50年代以来，北美的中国学研究逐渐取代欧洲，成为西语世界新的研究中心。尤其是20世纪70年代末以来，北美中国学研究更是欣欣向荣。这不仅表现在北美大学相关教学科研机构、从业人员的数量庞大，专业期刊众多，出版的著作、译作，完成的博士学位论文，发表的期刊论文的数量据西语国家之冠，而且研究的整体质量和学术影响力也处于世界领先水平。面对如此繁荣发达的景象，对其进行研究，以往的“中国学”或“汉学”这样笼统、宽泛的概念，已经不足以区分其内在的差异性和多样性，还会影响我们对其学术成果的识别和利用。因此，引入一级学科的概念，将其中的中国文学研究独立出来，作为一个学术领域，及时、全面地掌握其最新文献资讯，追踪其发展动向，对其进行深入的研究，就成为一个紧迫的学术课题；在提升中国文化国际影响力已经成为国家战略的新形势下，这一研究也必将承载重要的文化使命。

“21世纪北美中国文学研究著译丛书”的设计和启动，建立在中美两国学术界近年合作开展的“中国文学海外传播”事业的基础之上。北京师范大学文学院于2007年与美国知名杂志《当代世界文学》(*World Literature Today*) 开始学术合作。在当年，我们为该杂志约了一组中国当代文学的专栏文章（2007年第7—8期）。2008年双方合作在北京召开了“当代世界文学与中国”国际学术研讨会。2009年，双方合作向国家汉办申请了“中国文学海外传播工程”项目，用来支持我们在美国创办《今日中国文学》（*Chinese Literature Today*）杂志，在美国出版“今日中国文学英译丛书”，召开“中国文学海外传播国际学术研讨会”。如今这三项工作都取得了阶段性成果；新的合作也在稳步推进当中。随着中国文学海外传播实践工作不断取得进展，我们意识到，这些实践工作需要有学术的支撑，才能走得更稳、更远；同时，我们在实践工作中，也遇到了一些新情况、新问题，而这些是我们以往在书斋里或讲堂上所不大可能意识到的，于是我们在产生了困惑的同时，也产生了研究和解决问题的兴趣。我们越来越明确、越来越强烈地意识到，如果我们能够很好地驾驭“实务和研究”这两个轮子，那么，我们目前正在从事的中国文学海外传播事业和中国文学研究事业都会获益匪浅。基于这些原因，我们在 2010 年成立了“中国文学海外传播研究中心”，开始系统推进与此相关的学术研究，“21 世纪北美中国文学研究著译丛书”就是这些学术规划中的重要一项。

正是基于学术和文化两个方面的考量，“21 世纪北美中国文学研究著译丛书”在选题规划方面，与国内已经出版的多种海外汉学丛书有很大的不同。首先，它立足于“新”，将时间限定在“21 世纪”。尽管新世纪到现在只过去十多年，但这十多年间，北美中国文学研究进入加速发展的新阶段，成果总量呈现大幅增长的态势，并具有鲜明的特色。我们有信心通过这套丛书，把北美中国文学研究的最新、最有代表性成果呈现在读者面前。其次，丛书汇集的是两大类成果。第一类是北美学者用英语撰述的中国文学研究成果，这一类成果很多，我们着重选择那些在方法论上有突出建树的成果，通过翻译呈现给读者。第二类是中美学者对北美中国文学研究进行研究的成果，旨在总结北美学者从事中国文学研究的历史与现状、经验与教训、理论与方法。其三，丛书在研究北美中国文学研究学术成果的同时，也研究这些成果的生产者和翻译者，消费这些成果的北美作家和普通读者，试图描绘出中国文学在北美传播和影响的“路线图”。

丛书计划出版 15 部著作，每年推出 3—4 部，用 4 年左右的时间出齐。我们期待着这套丛书的出版，能给汉语学术界的中国文学研究提供镜鉴，也对中国文学海外传播的实践工作有所助益。

目　录

序

比较眼光与学术创新

涂慧的博士论文《如何译介，怎样研究：中国古典词在英语世界》（以下简称《中国古典词在英语世界》），以其扎实的史料整理、逻辑的结构安排、自觉的比较意识以及独到的审美发现，获得答辩评委委员的一致赞赏。自答辩后历经一年多的认真打磨、润色和修订，她的同名专著即将由中国社会科学出版社出版，并被列入“21世纪北美中国文学研究著译丛书”系列。听到这个消息，看到厚厚的书稿，作为她的导师，我为她感到由衷的自豪和高兴！涂慧是我在北京师范大学文学院指导的第一位博士生，她文学感觉敏锐，知识结构全面，综合能力突出。她本科毕业于华中科技大学，硕博均在北师大文学院度过，在浓厚的学术氛围和良好的科研训练中，打下了系统而扎实的基础，这一点在博士求学和论文写作过程中十分明显。

在我看来，《中国古典词在英语世界》是一部适应当今时代中国文化走出去战略需求、触摸社会时代脉搏、契合当代学术前沿探索的著作，不仅有助于厘清和还原中国古典文学在海外的传播坐标和形成谱系，而且有助于国内外词学研究和文艺理论研究的交流与对话，在某种程度上颇具启迪深思作用和学术引导意义。中国古典词以其优雅的文辞之美、悠远的意境之美和空灵的诗性之美，在绵延数百年的时空对话中，不断展开对个体情感的体验和对艺术意境的探索。近一个世纪的英语世界以何等视角、智慧、方式和理念来解读一种来自异域、迥然不同的文类文体，来面对一个积淀深厚、生机勃勃的文化古国，来顺利实现不同文学的译介传播和不同诗学的交流对话？要回答这些问题，均需仔细梳理英语世界中国古典词的传播与研究脉络。面对纷繁复杂的文学生态现象，面对海外词学的多样景象，如何去认识、梳理并解释？从何种角度去剖析？其观点和特色如何？换言之，对中国古典词在英语世界的译介与研究，文学研究者有责任予以理性关怀和真实呈现，有义务向读者描绘和分析其基本图景和价值理念。

在激荡变革的世纪百年，英语世界学者经由对中国古典词的文本细读和理论分析，探讨中国古典词作的诗学特征和现代意义，其中折射出中西诗学观念的碰撞冲击、西方学术批评的文化语境与西方学者的学术立场等问题。由此，《中国古典词在英语世界》提供了一种进入海外中国词学和英语世界学者的鲜活资料和研究视角。那么，该书有什么重要而突出的特色与意义呢？我简要从三个紧密联系的方面予以解说，并重在揭示它对于文学传播和理论研究的引导和辐射作用。该书具有三种值得重视的学术追求，即文献考察和史料整理的严谨认真，目录编辑和结构编排的准确有序，国际视野和比较方法的贯穿始终。

一　文献考察和史料整理扎实，学风严谨求实

翻开该书目录，可以发现，除了严谨逻辑的正文结构编排外，该书附有大量的一手史料和系统的原始文献。从具体内容来讲，该书附录共有两个部分：英语世界词人译目概览和中英文人名对照表。其中，根据不同时期词人词作的不同，英语世界词人译目概览又包括十条二级表目，每条表目按照时间的先后顺序排列。从篇幅分量上来讲，附录部分内容约占全书内容的十分之二，不仅为该书的译介与传播历程提供了坚实的图谱，而且为立论的展开和观点的形成提供依据。为了方便查寻，作者在每个三级文献中都附有详细的英文出处，不少三级文献中甚至包含多个文献出处。这些注释文献，有专著，有期刊，有学位论文，有论文集，遍及英国、北美、中国港台等不同国家和地区。单就搜集、整理、录入而言，其工作量之庞大、之琐细，已是不言自明，更遑论将其一一译为中文，并分门别类，规整齐全。此项资料索引编目清晰，翔实准确，展示出中国古典词在英语世界的译介全貌，具有重要的史料价值。该项目录索引不仅为本书的立论提供坚实的文献基础，还将方便其他研究者从译介角度进行相关翻译研究。

可以说，作者对文献史料编排的全面严谨，对英语世界词学的熟悉掌握，对学术态度的严肃端正，不仅保证了《中国古典词在英语世界》的严

谨、准确和真实，而且以译者、编者和学者的三重眼光重新审视海外词学资料，体现出作者严谨求实的态度和求真务实的学风。

二　目录编辑和结构编排有序，学术眼光准确

《中国古典词在英语世界》一书分为三个部分：其一是中国古典词在英语世界的研究背景与现状、意义与价值等“绪论”部分；其二是英语世界词的传播研究、翻译研究、源流研究以及结构研究等“正文”部分；其三是支撑正文表述的“附录”部分。“正文”部分显然是全书的精华之处和重中之重，集中体现了英语学者译介中国古典词的策略与谱系，研究中国古典词的方法与观点，显示出英语世界词学的独到观点和西学特色。就正文内容而言，该书结构完整，详略得当，大致可以分为译介和研究两个部分，以译介为先，以研究为主，二者相互彰显，彼此契合。这大概也是作者将该书主标题表述为“如何译介，怎样研究”的原因之一。

从研究范式来看，该作第一章主要从历时性角度出发，从外部研究关注英语学者如何接受中国古典词，脉络清晰，视野开阔；第二、第三、第四章主要从共时性角度出发，从内部研究考察英语学者对中国古典词的翻译研究、源流研究和结构研究，逻辑分明，层次清晰。由此，历时性与共时性并存，内部研究与外部研究同在，彰显出作者力图清晰呈现英语词学谱系的学理追求。从正文篇幅来看，“如何译介”部分（主要体现在第一、第二章）多为客观事实的历史呈现和翻译策略的总结提升；“怎样研究”部分（主要体现在第三、第四章）多为审美特征的发现和词学观点的挖掘。在海外汉学和比较文学研究中，中国古典词在英语世界的受重视程度明显不够；在英语世界词学研究中，审美发现和学科谱系处于薄弱地位。

简言之，正文的译介和研究部分及附录史料相互印证，彼此契合，较全面地勾勒出中国古典词在英语世界的谱系全景与英语世界词学的研究特色与价值立场。作者以其对英语世界词学的全面把握和细致研究，能够让知识界和读者群读到文献之外英语学者对中国古典词的取舍方向与思考维度，全方位地了解英语世界词学的来龙去脉和美学理念，而不只是简单梳理中国古典词在英语世界的传播图谱。

三 比较方法和国际意识明显，学理诉求彰显

该书自始至终充盈着明显的比较意识，蕴含着比较清晰的国际视野。这不仅是作者所属学科的内在特质要求，也是该作研究对象的特殊品性使然。毋庸置疑，海外词学研究与中国词学研究相互关联，彼此呼应。二者都是对中国古典词人的评判与探究，对古典词作的认知与解读，是两者的相互共通、彼此相关之处。不同之处在于，英语世界词学研究者受到西方学术思潮与学科体制的影响，具有十分明显的西学色彩，他们往往以他者的眼光，以西方文学批评方法来观照异域他者文化，其对词人和词作的评判和解读带有明显的西方主流文化的痕迹。中国词学则受制于中国学术研究传统，在研究范式、审美情趣与价值判断上，迥异于西方词学研究，体现出明显的传统意识、文化情趣和民族诉求。二者的差异与同一，需要在比较中才能甄别出相似与相异，由此才更能凸显各自的价值诉求与学理品性，这在跨文化交流和全球化时代显得更加重要和必须。

为了准确揭示中西方词学研究的不同路径，完整呈现英语世界中国古典词的传播谱系，作者参考了相当数量的大陆词学研究成果，同时援引了大量英文文献，在学科史和海外汉学的宽广视野下审视英语世界中国古典词的译介与研究，对中国词学和英语词学，进行双向沟通和比较考证。据粗略统计，全书的引文注解三百多条，其中绝大多数为英文文献，涉及中国词学、海外汉学、翻译文学、西方文论、中国诗学、语言学、中西哲学等不同研究领域。这也意味着，论题的展开要调动多方位、多学科、多边界的知识储备，要倾注大量心血和研究心得，要具有宏观考量和微观分析的双重能力。这一方面可说明该项研究的难度与挑战，另一方面可见出作者扎实宽厚的基础功底。

至此，可以说《中国古典词在英语世界》是一部具有学术眼光、学术价值、富有启发的学术专著。通过阅读该作，可以把脉中国古典词在英语世界的流变与传播特色，管窥英语学者对中国古代诗歌的接受与研究状况，触摸到英语世界译介中国古典词的策略与价值诉求。该书的现实意义和学术价值，主要体现在以文献史料价值窥探和彰显中国古典词在英语世界的译介与传播，以比较诗学价值审视和评判英语世界词学研究谱系，以比较眼光呈现和探讨中西学者在词学上的差异与同一，其中文献价值是认

知价值、审美价值和思想价值之基础。经由厘清中国古典词在英语世界的译介过程与研究态势，在细致解读英语词学和把握西方主流思想与批评方法的基础上，作者对于英语世界词学研究有了独特发现：英语世界学者以西学为主体来诠释他者文化，开掘出中国古典词新的美学特质，取得了一些耳目一新的成果。一些研究还扩大并部分修正西方主流思想，从而扩展了主流思想的普遍性价值，表达着独特的民族诉求和时代认知。一如作者所言，“北美汉学界对词学研究的诠释路径和话语实践，从一个侧面反映出汉学界与西方主流思想保持的张力关系：既西学中用，又中研西补”。

总而言之，《中国古典词在英语世界》体现出作者可贵的学术探索勇气，具有重要的史料价值和一定的学术意义。在文献史料上，该书文献考察细致，史料整理规范，体现作者严谨求实的学风；在结构编排上，以篇章目录编辑和全书结构编排，体现作者精准的学术眼光；在美学理念上，以比较意识和方法审视英语世界词学，体现作者的审美发现与学术判断。以比较的学术眼光搜集、整理和审视中国古典词作在英语世界的传播接受、译介策略和研究特色，是该书鲜明的总体特点和整体氛围。这种比较眼光与学理诉求，对于中国古典文学的海外研究与本土研究，都将产生正向的推动作用和丰富的启示意义。

作为涂慧的导师，我目睹了她的成长，她的努力和勤奋，她的坚强和自信。2009 年 10 月，记得涂慧博士论文开题时，我曾担心她的选题内容较大，涉及面较宽，准备时间较少，担心她能否承担得了如此重担，能否如期完成论文写作和答辩。一年之后，我的担心全部释然。2011 年 5 月，在博士学位论文答辩会上，涂慧的论文得到评委委员的一致肯定，我为她在三年内得到严格科研训练，出色完成论文研究而感到欣慰。期待涂慧能在学术之路上百尺竿头，更上层楼！

是为序。

曹顺庆

壬辰年初冬于北京师范大学励耘寓所

绪 论

背景与现状:英语世界中国词学的多维考察

在新旧世纪更迭之际，人文学科领域兴起了一股回顾历史与反思学科的学术史热潮，意在总结本学科领域百年来的学术成绩与不足，厘清本学科领域里做出突出贡献的学者及其成绩，反思学术批评范式，进而经由清理学术史诸种问题，开拓研究视野，突破研究弱点，寻找新的研究路径。正是在这种学术背景下，近二十年来，文学研究领域涌现了一批文学思潮史、文学理论批评史、古代文论研究史、比较文学研究史、文艺学学术史、古代文学研究史等学术总结史成果，这无疑反映出当代学人在继承学术传统并试图在前人基础上做出新开拓的学科意识。由此，译介史、传播史与学术史研究的价值进一步被凸显出来，成为需要认真清理和细致探讨的学理问题。

本书以英语世界西方学者以英文出版的中国古典词译本、词学论文和词学论著为研究对象，其研究者主要由西方本土汉学家和华裔汉学家构成。从中国古典词在英语国家的传播范围来看，“英语世界”主要指英美加，兼及其他英语国家；“词学”则指从文献和审美层面研究中国古典词的学问。翻译也是研究的一种，翻译建立在对原作的理解与阐释基础之上，因此，研究译者的译作与研究之间的关系，也是本书的视角之一，研究英语世界的词学理所当然地应将翻译纳入研究视野。因此，本书的研究对象限定在具有西方学术背景、以英文写作的词学研究者，包括：第一，在西方学术背景下成长起来、用英文写作的海外本土词学研究者，如罗伊斯·福瑟克（Lois Fusek）、田安（Anna M. Shields，安娜·希尔兹）、白思达（Glen William Baxter）、任博克（Brook Ziporyn）、魏玛莎（Marsha L. Wagner）等人；第二，兼受中西两种学术熏陶、以英文写作的海外华裔词学研究者，如林顺夫（Shuen-fu Lin）、余宝琳（Pauline Yu）、刘若愚（James J. Y. Liu）等人。中国学者出版的英文论文与译本不在研究之列，但这也并不妨碍在译本比较时会涉及中国译者的译本。华裔学者叶嘉莹（Florence Chia-Ying Yeh）的论文论著多以中文在国内发表，而且学界已经多有论述，因此，叶嘉莹的词学研究成果并不纳入重点考察范围。未出版的英语世界词学博士学位论文也暂不纳入考察范围。

本书旨在揭示具有西方学术背景的词学家在研究中国古典词时所独有的研究视角与研究成果：一方面，期将此类研究成果纳入词学批评史中加以考量，将异于本土语境的学术成果进行归纳总结，有助于更新国内词学研究视野与方法；另一方面，也考察西方语境下的词学理论研究可能存在的问题及其给予我们的诗学、词学研究启示。

第一节　中国词学与英语世界词学的互补

就中国词学来说，学术界目前已经出版了一系列论文论著，总结 20 世纪以来的中国词学研究成果。就论文方面而论，主要代表成果有唐圭璋、金启华的《历代词学研究述略》（《词学》第 1 辑，华东师范大学出版社 1981 年版），王兆鹏的《近十年来唐宋词学研究的回顾与展望》（《社会科学述评》1991 年第 4 期），孙立的《近十年唐宋词宏观研究述评》（《学术界》1991 年第 5 期），杨海明的《词学理论和词学批评的“现代化”进程》（《文学评论》1996 年第 6 期），胡明的《一百年来的词学研究：诠释与思考》（《文学遗产》1998 年第 2 期），王兆鹏的《20 世纪宋词研究的进展》（《湖北大学成人教育学院学报》1999 年第 2 期），吴相洲的《二十世纪中国词学研究述评》（《北京大学学报》1999 年第 2 期），施议对的《百年词学通论》（《文学评论》2009 年第 2 期）和《从批评模式看中国当代词学——兼说史才三长中的“识”》（见《百年学科沉思录》，人民文学出版社 1998 年版），王兆鹏的《20 世纪前半期词学研究的历程》（《文学遗产》2001 年第 5 期），王辉斌的《唐宋词分派研究述评》（《山东师范大学学报》2004 年第 1 期），张幼良的《20 世纪 80 年代唐宋词研究的宏观视野与学术品格》(《江汉论坛》2004 年第 5 期)、《新生代唐宋词研究述评》(《山东师范大学学报》2005 年第 1 期)、《20 世纪 90 年代唐宋词研究的文化视角》(《贵州社会科学》2005 年第 4 期)、《当代唐宋词研究的话语类型》(《扬州大学学报》2006 年第 2 期)和《21 世纪词学研究之大势》(《南阳师范学院学报》2007 年第 5 期)等。

在论著方面,主要代表成果有刘扬忠的《宋词研究之路》(天津教育出版社 1989 年版),谢桃坊的《中国词学史》(巴蜀书社 1993 年版),崔海正的《宋词研究述略》(台北:洪叶文化事业有限公司 1999 年版),21 世纪以来还有曹辛华的《中国词学研究》(福建人民出版社 2006 年版)、《20 世纪中国古代文学研究史·词学卷》(东方出版中心 2006 年版)等。工具书目录汇编也是学术史总结的形式之一,有两部词学研究书目已经成为词学研究者的必备书目:黄文吉的《词学研究书目》(文津出版社 1993 年版)和林玫仪的《词学论著总目:1901—1992》(台湾"中央研究院中国文哲研究所",1995 年)。这些论文论著较为切中肯綮地总结了中国 20 世纪词学研究的面貌,总体看来,中国百年词学研究的成绩主要体现在基础研究与综合研究两方面,尤其是基础研究方面的硕果累累。在实证性的基础研究方面,词作和词论的辑佚与汇编,词集的校勘、笺注、选注,词作的编年,词人年谱的编制,版本研究及考辨等方面都取得很大成绩。在阐释性的理论研究方面,词史、词论、词人词风及词派的综合研究都有较大突破。从研究方法与研究范式的角度来看,21 世纪以来的学者受到西方文学理论的影响,开始援引西方理论来研究中国词家,将心理分析法、文体学与风格学、接受美学、原型批评、社会学等理论方法引入词作研究,有的研究者还从文化的、美学的、心理的角度切入,深入探讨词人的艺术风格与创作心理,新方法的引入照亮了传统词论家的研究盲区,使得 21 世纪以来受到西方文学理论熏染的词学研究者得以从新的视角研究中国古代词人,这也拓深了中国词学论著的研究深度,取得了一系列耳目一新的研究成果。

当然,中国词学研究也存在不足和有待努力的地方,其中最突出的是,词的赏析品鉴文章与论著众多,但是新见不多,有论者认为,"今后的词学研究在各个方面都要大力去做,惟独在这方面可以暂缓一二十年”[①]。其次，是词学的理论研究较为薄弱，中国词学在实证性的基础研究方面有较为悠久的传统，这方面的成果也尤为突出，但科学分析与理论的提升总结则相对较弱。“相对而言，词学的理论研究比词学理论的研究，要薄弱一些。特别是关于词的艺术研究，除了意境、境界、情景交融、婉约、豪放等几个有限的关键词以外，就再没有多少为大家所认同接受的、能解决词作艺术问题的核心概念了。怎样从唐宋以来的词作实践中细绎、提炼出具有普适性的理论，是今后词学理论研究的一个方向。”[②]

与中国词学可以形成互补的是，英语世界的词学研究在词学的理论研究方面取得一些耳目一新的成果。第一，西方学者深受西方学术思潮与文学理论的影响，长于理论分析与逻辑推断。第二，西方学者十分重视新的理论方法的运用，有着自觉的方法论意识，当他们将西方文学理论与方法运用到中国词作研究中时，虽然有时候会存在机械套用的情况，出现误读的可能，但更多的时候往往能发出别具一格的新见，比如任博克对宋词中时间结构的洞见，田安对《花间集》阈限性特征的发现，萨进德（Stuart H. Sargent）从社会传播、科技技术的角度考察词体风格的嬗变，等等。第三，由于西方学者具有不同的学术理路与知识架构，当他们带着自身的学术传统与文化视阈来研究中国词作时，其知识型构的某些质素与中国词作交汇，往往会碰撞出思想的火花，从而能发中国学者之所未见，比如罗伊斯·福瑟克从审美现代性的角度开掘出《花间集》的现代性特征，林顺夫从结构角度研究姜夔词作，等等。这些理论成果对我们重识某些词家词作的艺术特点及价值具有启发意义。中国学者曹晋曾对美国学者的汉学研究有着较为精辟的概括：“首先，美国学者立足古典文学中固有的用语，发挥他们所擅长的谨严的逻辑思维与分析能力，对本土学者因过于熟悉而缺乏省查的现象进行开阔而精细的阐释，论证严实、结论新颖。其次，在尝试新方法的同时，美国学者非常强调扎实的材料功底，其研究成果并未炫耀深邃的方法理论，许多美国学者把广泛涉猎各种西方理论作为积累一种解读东方情境知识的学养，但终其一生，他们游弋于古代典籍的浩瀚海

① 吴相洲：《二十世纪中国词学研究述评》，《北京大学学报》1999 年第 2 期，第 69—77 页。

② 王兆鹏：《词学研究方法十讲》，北京大学出版社 2008 年版，第 34 页。

洋之中。再次，美国学者的切入点因自身学术传统和生活场域与中国学者的殊异，显得比较关注科技、经济、社会变迁等力量对文学的接受影响，当本土学者难以脱离社会历史与文化建构的固有观念对研究的束缚的困限时，海外学者对经典的批判与重建往往弥补了大陆学者所缺失的洞察。”① 因此，总结英语世界的词学研究成果，不仅可以把握英语世界的词学观点，了解其研究的得与失，其词学理论的新见可以在一定程度上弥补国内词学理论的薄弱，而且其研究方法与研究路径亦可以带给中国词学研究者以启发。这便是本书的出发点。

第二节　英语世界词学在中国的研究现状

英语世界最早出现的宋词译本是哪一部？哪些词人的词作被翻译成了英文，哪些词人在英语世界备受欢迎，哪些词人为国内学者重视而在异域遭受冷遇？当中国古典词作被译介到英语世界时，中国词人的历史性地位会发生怎样戏剧性的变化？英语世界的译者如何翻译深具中国文化特色与丰富内涵的词作，词作的文类特征如何得以体现？这些问题都是本书试图要回答的。中国文学要走向世界，迈向世界经典文学之列，被翻译与被研究是其不可避免的宿命。虽然有学人大呼中国诗词被译介成英文后，意境与内蕴流失，但我们不可故步自封，反对中国古典诗词的翻译。任何一种理论与文学进入异质文化场域后，在文本旅行过程中，都会发生或多或少的变异。赛义德对理论旅行的进程与阶段有清晰的概述：“首先，有一个起点，或类似起点的一个发轫环境，使观念得以生发或进入话语。第二，有一段得以穿行的距离，一个穿越各种文本压力的通道，使观念从前面的时空点移向后面的时空点，重新凸显出来。第三，有一些条件，不妨称之为接纳条件或作为接纳所不可避免之一部分的抵制条件。正是这些条件才使得被移植的理论或观念无论显得多么异样，也能得到引进或容忍。第四，完全（或部分）地被容纳（或吸收）的观念因其在新时空中的新位置

① 曹晋：《总序》，见郑毓敏《性别与家国——汉晋辞赋的楚骚论述》，上海三联书店2006年版，第1—2页。

和新用法而受到一定程度的改造。”① 这表明，理论文本与文学文本具有地域性的特征，一旦进入新的时空语境，会产生某种程度的变异。中国古典诗词进入西方文化语境后，也不可避免地会丧失某些民族性的质素，在语境转换中文化意象可能被歪曲，意境不能得以呈现，但我们不可反对诗词的翻译，或者否定翻译的价值，而应探究如何才能更好地将具有民族性的诗学元素转换成仍能激发诗性想象的异域文本，将民族优秀诗人推向世界。而且，翻译中的创造性叛逆现象具有重要的研究价值，误译“特别鲜明、生动地反映了不同文化间的碰撞、扭曲与变形，反映了对外国文化的接受传播中的误解与误释”②，因此，研究文学交流与转换过程中的阻滞点，可以把脉民族性转换的困难所在，研究文学文本的变异及其深层原因，能够更为清楚地窥见中西文化语境中不同的美学追求与话语言说方式。

因此，海外词学研究成果具有充分的学术价值与文化价值，值得我们深入系统研究。目前学术界对英语世界的词作翻译与词学研究有所旁涉，下面从三个方面进行评述。

一 中国词人词作的译介学研究

从译介学角度研究中国古典词人词作英译的成果，多为外文系的博硕士学位论文，基本模式是将国内外不同译本进行比较研究，从语言层面对译文的翻译技巧与翻译方法进行分析总结，关注重点在于文化负载词意义的流失、译本的翻译技巧与特色等。其中，李清照词的英译最受关注，先后有北京师范大学外国语学院英语系李青的《李清照词风的英译研究》（2008 年）、首都师范大学比较文学与世界文学专业刘丹芹的《论王红公、钟玲〈李清照诗词〉之英译策略》（2007 年）、中南大学刘晶晶的《阐释学视角下的李清照词英译》（2008 年）、北京外国语大学周正的《从归化、异化角度评李清照诗词作英译本》（2008 年）等多篇硕士学位论文，从语言、风格、译介特点等角度考察李清照词的翻译。郦青的《李清照词英译对比研究》（上海三联书店 2009 年版）一书是在其博士学位论文基础上修

① 《赛义德自选集》，谢少波等译，中国社会科学出版社 1999 年版，第 138—139 页。

② 谢天振：《译介学》，北京大学出版社 2007 年版，第 96 页。

订而成。全书主要从译介学角度对李清照词的英译本进行宏观与微观的研究：在宏观层面上，对西方译者、华裔译者及国内译者的译文进行理论探讨；在微观层面上，就语音、语汇、句法及语篇，对比分析了上述三类译者的译本。该论著文献基础扎实，条分缕析，微观考察细致。以苏轼词为研究对象的，有徐娜的《苏词英译中美学元素的传递》（河北师范大学，硕士学位论文，2007 年）、韩雨苇的《东坡词英译赏析》（上海外国语大学，硕士学位论文，2010 年）等。以李煜词为研究对象的，有姜力的《李煜词英译研究》（河北师范大学，硕士学位论文，2006 年）等。

二　英语世界词学汉学家研究述评

英语世界的词学研究者主要有华裔汉学家叶嘉莹、孙康宜（Kang-I Sun Chang）、刘若愚、林顺夫、方秀洁（Grace S. Fong）等，西方本土汉学家海陶玮（James R. Hightower）、白思达、魏玛莎、罗伊斯·福瑟克、田安等。国内对华裔汉学家叶嘉莹、孙康宜、刘若愚多有探讨，且多侧重于其诗学研究，对林顺夫、方秀洁、海陶玮、白思达、魏玛莎、罗伊斯·福瑟克、田安则较少涉及。

刘若愚以中国诗学研究闻名国内外学术界，学界研究其文学理论的很多，而较少涉及其词作翻译与研究。目前仅有詹杭伦著《刘若愚：融合中西诗学之路》（北京出版社、文津出版社 2005 年版）一书第六章以刘若愚的词学成果为研究对象，总结了刘若愚的词人分类法及其所依据的诗学观，并对其主要的词学成果与研究观点予以总结。黄立的《跨文化视野中的刘若愚词学理论研究》（《西南民族大学学报》2009 年第 9 期）总结论述了刘若愚的词学观点。

国内对孙康宜作较多论述的是徐志啸。徐志啸的《异域女学者的独特视角》（《苏州大学学报》2009 年第 2 期）一文对美籍华裔学者孙康宜的中国古代文学和文化研究进行分析论述，指出她研究视角的独特之处在于中西文学与文化的差异对比和文学中的性别研究方面，体现了她作为一个西方女性学者的独到眼光。徐志啸的《从六朝诗人到唐宋词人——美籍学者孙康宜古代诗词研究论析》（《龙岩学院学报》2008 年第 5 期）一文对孙康宜的六朝诗人及唐宋词人研究的核心观点进行概述。张健的《情与忠：诗体与词体中的变奏——谈孙康宜教授的〈陈子龙柳如是诗词情缘〉》

（《北京大学学报》2005 年第 4 期）着重点评了其论著《陈子龙柳如是诗词情缘》（*The Late Ming Poet Ch'en Tzu-lung：Crises of love and loyalism*，1991）的研究特点与新颖观点。郭凌云的《孙康宜著〈晚唐迄北宋词体演进与词人风格〉》是一篇书评，总体评价了该书核心观点、研究思路与研究特点。康正果《重构变通的轨迹——孙康宜的古典诗词研究》（《词学》第 12 辑）一文也对其《晚唐迄北宋词体演进与词人风格》（*The Evolution of Chinese Tz'u Poetry：From Late T'ang to Northern Sung*，1980）和《六朝诗研究》两本书进行了述评，对两书的特点与主要观点进行评说，并揭示其对当今学术界的启示。

英语世界词学研究者罗伊斯·福瑟克、田安、魏玛莎、余宝琳、萨进德、方秀洁、林顺夫、任博克等人的词学思想与方法体系，国内尚没有专文进行评述。全面系统地揭示他们的词学理论的价值与不足，追溯其研究体系中的西方理论资源，对于我们全面了解英语世界中国古代词学研究状况仍是十分有必要的。

三 英语世界中国古典词的译介与研究梳理

20 世纪 90 年代以来，随着比较文学的复兴与研究的拓展，比较文学所主张的接受研究方法为学者采用接纳，他们纷纷将目光投向异质文化领域里中国古代文学的传播、译介与影响。同时，国内文学研究者也渐渐意识到西方汉学研究的价值与意义，希望“求新声于异邦”，汲取海外汉学研究里的新观点、新方法。学术界也由此出现一批考察中国文学在国外的系列论著，部分论著旁涉中国诗词在海外的流布与研究情况。比如，黄鸣奋《英语世界中国古典文学之传播》（学林出版社 1997 年版）一书主要从传播角度考察中国古典文学在英语世界的传播，但忽略了词在英语世界的传播资料。夏康达的《二十世纪国外中国文学研究》（天津人民出版社 2000 年版）一书就日本、东南亚、欧美、俄苏地区学者对中国古典文学的研究成果进行介绍研究，将研究范围定在 20 世纪。其中欧美篇第三章“中国诗歌研究”对欧美世界的中国诗词译介研究进行了分析，主要论述国外诗歌的研究成果与研究特点，也涉及部分词学论著。关于词的起源，该书介绍了白思达、陈士铨、魏玛莎三人的主要观点，关于词体的演变，介绍了孙康宜、林顺夫、方秀洁三人的主要观点。张弘的《中国文学在英国》（花城出版社 1992 年版）是《中国文学在国外》丛书系列中的一种。与同类性质的接受研究专著一样，该书介绍了中国古典诗、词、曲与小说在英国的译介状况，其中用了 10 页的篇幅来介绍词在英国的传播，分析词在英国流传不广泛的原因，主要笔墨用来介绍加拿大学者布吕昂特（Daniel Joseph Bryant，即白润德）的译著《南唐抒情诗人：冯延巳与李煜》（*Lyric Poets of the Southern T'ANG：FENG YEN-SSU，903－960，and LI Yü，937－978*，1982）。作者在书中概述布吕昂特主要的词学观点及他的翻译贡献。宋柏年主编的《中国古典文学在国外》（北京语言学院出版社 1994 年版）一书具有重要的史料价值，全书梳理从先秦文学至清代文学在世界各国（主要有日本、法国、德国、英美、俄罗斯）的传播情况。该书在第四编“宋元文学在国外”中论述到了词在国外的传播情况，并对国外几部重要的词学论著内容进行了简介。全书由于涉及内容广泛、体例有限，因此关于海外词学的研究状况也只是泛泛论及。以上论著在资料的收集整理上为后来研究者提供了诸多方便，但其研究也多仅停留在资料的收集介绍层面，没有深入进行分析研究。并且，由于研究的范围是整个中国古典文学、文论，因此，其中论述词的比例较小。

较早从专题角度纵观英语世界唐宋词研究的是周发祥，他也是最早将研究目光投向海外汉学界中国古代文论研究的学者之一。其论文《西方的唐宋词研究》（《中国文学年鉴》1992 年）是国内首篇介绍西方汉学界唐宋词研究状况的论文。文章主要从以下几个方面介绍了西方唐宋词研究：词史研究，词体辨析，词作研究，词人评传，词作辨伪及其他。该文介绍了西方的唐宋词研究概貌，总结概括有力，为后来的海外词学研究提供了宝贵的资料线索。不过，该文限于篇幅，偏于概述，诸多问题还有待进一步深入研究分析。宋皓琨的《西方视角与汉文学研究——读柯素芝〈中国中世纪的性与神：关于《临江仙》词〉》（《辽宁师专学报》2006 年第 6 期）一文通过对当代美籍汉学家柯素芝（Suzanne Cahill）论文的评述和分析，着重阐述了引入西方理论进行古典文学研究的优缺点，以及在研究过程中应注意的问题。王郦玉的硕士学位论文《美国汉学家对明晚期至清中叶妇女诗词创作的研究初探》（华东师范大学，2006 年）对美国汉学家近十年来以明清妇女诗词创作为对象的研究成果进行了总结归纳，揭示出中美两国在相关问题研究上的本质差异和互动趋势。

随后青年学者黄立也开始关注西方的唐宋词翻译与研究状况，其论文《西方女性主义词学研究》（《当代文坛》2009 年第 3 期）对西方汉学界将女性主义文论批评用于中国词学研究的成果进行梳理介绍，以期对国内词学研究领域和深度的拓展有所裨益。黄立的《西方汉学中宋词形式美的英译》（《西南民族大学学报》2009 年第 3 期）一文分析了几种各具特色的宋词译文，力图探讨如何在翻译过程中体现词有别于诗的独特文类特色。黄立的《英语世界唐宋词研究》（四川大学出版社 2009 年版）是国内首部较为全面考察英语世界唐宋词翻译研究状况的专著，对唐宋词在英语世界的译介与接受进行了梳理介绍。全书用约一半的篇幅将海内外不同唐宋词英译本进行对比研究，分析中西译者在翻译旨趣上的差异，关注唐宋词在翻译过程中发生的创造性逆反现象及文化意象内涵的失落与歪曲。全书还对英语世界的唐宋词主要研究成果进行了内容介绍，分析了海外词学成果及方法对国内词学研究者的影响。该论著为国内学人管窥海外词学研究状况提供了重要的参考价值，也为本书的写作提供重要参考。2009 年，河北大学张文敏的硕士学位论文《近五十年来英语世界中的唐宋词研究》以唐宋词人为主线，对英语世界的唐宋词研究成果进行了概述。

总体看来，国内的论文专著目前大致停留在资料的收集整理与词学论文论著的内容简介上，在资料的收集整理上还不全面细致，在对英语世界词学成果的研究上还不深入，尚未对其学术史价值进行评估，由此也未能总结这些研究成果的理论价值，反思其研究范式与跨文化阐释上的失误。

正因如此，本书希望在前人基础上进一步拓深英语世界中国古典词学的研究。就文献史料而言，本书将全面梳理英语世界对中国唐宋以来的词的翻译，一方面通过总结英语世界对中国词的译介特点与总体面貌，考察英语世界词学家的批评实践与彼时社会思潮和学术传统之的关联；另一方面考察英语世界中国古代词人的历史地位，管窥具备何种质素的词人词作更易西方化与世界化，把脉中国性与民族性转化成世界性的困难所在。同时，还将以花间词人与李清照为重点个案研究对象，考察诗人译者与学院派译者翻译旨趣的差异，揭示学院派译者翻译与研究之间的关联。就词学理论与方法阐释而言，本书将立足于具体历史语境，在中西词学研究成果的比照中，考察英语世界词学研究者的学术成果之价值所在，并总结其方法论特点。英语世界词学家的词学实践与西方知识型构密切相关，因此，在阐释英语世界词学理论时，注意考察词学家话语实践中的知识谱系，反思这些词学理论的适用性及价值所在，同时考辨其中可能存在的跨文化阐释失误。

第三节　研究目的、研究方法和内容概述

本书期望为国内词学研究提供视角和方法论的参照，为翻译文学研究提供史料参考。第一，尽可能全方位地呈现英语世界中国古典词作翻译的全貌，考察英语世界词学研究的重心所在，哪些词家词作得到更多的翻译与研究及其原因所在，并为国内从个案入手展开的个体词人译介研究提供史料线索。第二，厘清英语世界词学研究成果中有价值的观点、研究方法与理论资源，以期从新的视角重识词人的美学特质或某些词学问题。第三，总结英语世界词学研究之得与失，将其纳入学术史评价体系，揭示中西词学研究之差异。

根据研究对象、目的和内容，本书将主要采用如下研究方法：

一是历史资料调研与文献分析结合。英语世界中国词学同文学史、文学批评和文学理论一样，是社会审美意识和文化史的重要有机组成部分。因此，本课题应该贯穿历史主义原则，尊重历史事实，力求掌握丰富的文学、历史和文化史料，运用数据统计法，弄清英语世界中国古典词作的译介发展、翻译特点、研究观点，以期求得实证，避免流于空虚。

二是社会历史批评与审美观照结合。英语世界中国古典词学研究不能仅仅局限于对文献资料的考证和梳理上，还应将研究对象置于社会历史语境与学术传统中，从横向与纵向的角度加以考察。因此，在研究过程中应当坚持理论联系实际的原则，从大量史料的具体历史考察和深入分析中形成观点，找出规律，作出科学评价。研究本课题，要做到史论结合，社会历史批评与审美观照结合，观点与材料统一，既要避免罗列表面现象的经验主义倾向，亦要防止从抽象定义、概念出发，理论脱离实际的抽象思辨倾向。同时，还综合运用定量分析法、比较研究法。

概而言之，本书主要分为绪论、正文和附录三大部分。

绪论部分简略介绍研究对象，综述英语世界词学在中国学界的研究概

况；同时对论文的研究意义和价值予以剖析，并介绍论文的研究目的、方法和主要结构。

正文部分包括四章，分别从传播、翻译、源流和结构四个层面分析中国古典词在英语世界的译介和研究情况。

第一章主要从传播层面考察英语世界中国古典词的译介与研究，分析英语世界中国古典词译介与研究兴起的时代语境、诗学诉求与政治背景，并通过定量分析考察中国古代词人在异质文化语境中旅行时所发生的地位变化，辨析哪些词人更易被西方化，同时把脉中国性与民族性转化成世界性的困难所在，探析李清照、李煜等几位词人备受重视与欢迎的原因。

第二章主要从翻译层面以“花间词”与李清照词英译本为典型个案，考察译者翻译视角的选择和翻译策略的呈现。在考察《花间集》的译介与研究过程中，紧扣译者对原文文本的阐释，侧重揭示译者研究与翻译之间的关联，考察译者西学视野与理论诠释如何影响其翻译实践，也就是从研究“怎么译”转向“何以如此译”。李清照词的翻译研究重在揭示诗人译者王红公李清照词的译介特点与方法，考察字典释义与诗人身份对其译作的影响，揭示其翻译中的误读现象。同时，重点考察不同译者如何处理李清照词中的虚词口语、修辞手法、重字叠句与典故俗语，揭示中国古典诗词情韵义与启示义的呈现和流失。

第三章主要从源流层面考察英语世界汉学家如何研究词的起源与发展，揭示词学研究者的词学核心思想，辨析其理论资源与学术脉络。第一节考察英语世界对词的起源的研究，分析了白思达的词体起源观，陈士铨如何反驳胡适的词体起源时间论，还总结了魏玛莎词体起源研究的主要观点及其社会文化批评的方法。第二节以余宝琳的选集理论为切入点，考察她如何从选集角度来揭示词的经典化过程，探析其研究理路与解读策略所体现的西方学术思潮与文艺理论的影响与规训；阐明萨进德宋词研究的传播学、社会学视角及其核心观点；考察以孙康宜为代表的汉学研究者学术理路与学术立场的嬗变，揭示出英语世界词学研究与西方主流思想保持的张力关系：既西学中用，又中研西补。

第四章主要从结构层面考察林顺夫、任博克、柯素芝等西方学者的词体结构研究，在揭示各家词体结构观的基础上，辨析各自的学术理路与理论资源，考辨其中存在的误读，最后还辨析了中西词体结构研究的差异。

结语部分扼要评判英语世界的词学译介理念与意义，总结其研究特点与价值。英语世界的词学研究以自身的学术传统与理论方法丰富了中国古典词的研究，新方法和新理念的引入使传统词人词作的艺术特点呈现出新的面貌。英语世界的词学研究可以丰富对中国古典词作的理解，其研究方法亦可供国内词学研究借鉴。

附录部分包括英语世界词人译目概览、中英文人名对照表。该部分与前言遥相呼应，意在进一步补充并澄清英语世界词学研究的学术成就、学术价值和现实意义。

第一章

流变与特色:英语世界中国古典词的传播研究

第一节　译介萌发地英国与早期宋词英译探析

一　背景介绍与译介特点

随着鸦片战争打开闭关锁国已久的中国国门之后，越来越多的不同职业、各种身份的英国人纷纷来到古老的中国。他们接触到了一个在生活方式、思维模式、宗教信仰、习俗文化等各方面完全与西方迥异的东方民族，或以口述或以笔录的形式向其国人介绍其在中国的种种见闻，激发了更多的英国人对中华文化产生兴趣。他们当中的来华传教士、外交官往往由于职业的需要开始学习汉字，研读中国文学作品，他们“在考察游历中记录、搜集的大批中国典籍和风俗文化资料，更使他们触摸到中华文化独有的魅力，在震惊、激动之中逐渐对中华文化产生了浓郁的兴趣，逐渐由为布道增加亲和力或为商业征服铺平道路转为发自内心的仰慕和爱好，逐渐由收集风俗文化典籍资料，转为对这些资料的研究和探求，甚至由业余爱好变成终生追求，从而完成了由传教士、外交官向专业汉学家的身份转换”[①]，其中影响力最大的是被称为“19 世纪英国汉学三大代表人物”的理雅各（James Legge，1815—1897）、德庇士（Sir John France Davis，1795—1890）与翟理斯（H. A. Giles，1845—1935）。

理雅各将毕生精力投入中国古代经典的翻译当中，翻译了《尚书》、

① 陈友冰：《英国汉学的阶段性特征及成因探析——以中国古典文学研究为中心》，《汉学研究通讯》2008 年第 3 期，第 35 页。

《竹书纪年》、《春秋左氏传》、《诗经》、《易经》、《礼记》，结集为《中国经典》，他还翻译了王逸《楚辞章句》中《离骚》篇的全部注释，理雅各的翻译以先秦文献为主。德庇士则将目光投向中国古典诗歌、小说与戏曲，翻译了《中国诗选译》（*The Poetry of the Chinese*，1870）、《中国小说选》（*Chinese Novels*，1822）与《汉宫秋》等元杂剧。翟理斯也翻译了大量中国古典诗歌与小说，如《聊斋志异选》（*Strange Stories from a Chinese Studio*，1880）、《红楼梦》（*The Hung Lou Meng：Commonly Called The Dream of the Red Chamber*，1885）、《古文选珍》（*Gems of Chinese Literature*，1884）、《古今诗选》（*Chinese Poetry in English Verse*，1885），著有《中国文学史》（*A History of Chinese Literature*，1901），还编撰了《汉英词典》（*A Chinese-English Dictionary*）①。翟理斯的《中诗英韵》选译了近 200 首 18 世纪以前历代诗人诗作，却不见宋词的踪迹，他影响深远的《中国文学史》（1901 年伦敦出版）和《古文选珍》（1923）选译了 130 多位诗人的 240 首作品，但以唐诗为主。从以上资料可以看出，中国古代的儒学经典、古代诗歌尤其是唐诗、元曲与明清小说都早在 18、19 世纪引起西方汉学家的重视，中国古典诗人李白、杜甫、白居易等人的诗在 19 世纪便被英国汉学家反复翻译，但这些经典翻译作品中却不见“词”这一独特的中国文类。

20 世纪上半叶是欧洲大陆汉学的繁荣发展阶段，西欧汉学的萌芽与发展都带有浓厚的政治意识形态色彩。英国汉学在 20 世纪初进入繁荣阶段与英国政府的直接干预有很大关系。“1906 年，英国财政部门成立专门的委员会，研讨改进汉学教学和研究问题。委员会由利伊勋爵（Lord Reay）担任主席，邀请一些著名专家学者进行调查，1909 年形成调查意见向国会报告，这就是英国汉学史上有名的‘利伊报告’。报告建议将伦敦大学的大学学院和国王学院合并，由国家拨款成立东方研究院，研究范围包括印度、中国、马来西亚、缅甸、日本、东非和西非等国语言。”②

---

① 参见陈友冰《英国汉学的阶段性特征及成因探析——以中国古典文学研究为中心》，《汉学研究通讯》2008 年第 3 期，第 36 页。

② 参见陈友冰《英国汉学的阶段性特征及成因探析——以中国古典文学研究为中心》，《汉学研究通讯》2008 年第 3 期，第 37 页。

英国著名院校牛津大学与剑桥大学也分别在20世纪30年代设立中国学院与东方学院，研究东亚诸国的语言、历史与文化等。在政府的大力支持与推动下，英国汉学步入繁荣发展期，涌现出诸如阿瑟·韦利（Arthur Waley，1888—1966）、克莱默·宾（Launcelot Alfred Cranmer-Byng，1872—1945）、苏利埃·德·莫朗（George Soulie de Morant，1878—1955）等一批汉学家。在英国汉学发展繁荣的语境下，直到20世纪上半叶才有部分词作被西方汉学家翻译。

韦利是英国著名的汉学家，他把一生的精力与时间都用于中国古代文学、文化艺术的译介与研究上，译作有《中国诗170首》（*A Hundred and Seventy Chinese Poems*，1918），翻译了《诗经》、陶潜、白居易等中国古代经典诗人诗歌170首，未选译宋词；还译有《中国古诗选译续》（*More Translations from the Chinese*，1919）、《郊庙歌辞及其他》（*The Temple and Other Poems*，1923）和《诗经》（*The Book of Songs*，1937）。他还翻译了《论语》（*The Analects of Confucius*，1938），著有《白居易诗歌及其生平》（*The Poetry and Career of Po Chü Yi*，*772—846*，1949）、《李白诗歌及其生平》（*The Poetry and Career of Li Po*，*701—762*，1950）、《九歌：古代中国的巫术研究》（*The Nine Songs*：*A Study of Shamanism in Ancient China*，1955）等。

韦利早期将大量精力用于中国古诗的翻译上，却始终未曾致力于宋词的译介研究。尽管早在1918年时，韦利已经了解“词”这一独特的中国诗歌，但直到1946年，他才在《中国诗集》（*Chinese Poems*，1946）中首次翻译了两首词作：敦煌词《鹊踏枝》（叵耐灵鹊多瞒语）和李煜的《望江南》（多少恨）。《中国诗集》是他所译的《中国诗170首》、《中国古诗选译续》、《郊庙歌辞及其他》与《诗经》的合集，在将译作结集成册时，他才象征性地翻译了两首词作。韦利轻视“词”的根本原因有两点：第一，他认为词的韵律是词的生命，而韵律难以翻译。韦利在《中国诗170首》的序言当中，明确指出了词是一种必须遵循具有严格语调与韵律的词牌的长短句①。韵律难以翻译，韦利便在翻译这两首词时都采用了自

① See Arthur Waley，“Introduction”，*A Hundred and Seventy Chinese Poems*，London：Constable and Company Ltd.，1920，p. 17.

由诗体形式。第二，他深受中国古人对词的态度的影响，认为词的内容陈腐，不值得翻译。他说："词的内容完全是陈腐的。词作很少被翻译，它也明显不适合翻译，因为它的全部价值在于韵律的抑扬顿挫。"①

后来，韦利将兴趣扩大至元明清时期的文学，译有《猴》（*Monkey*，1945，节译自《西游记》）、《18世纪中国诗人袁枚》（*Yuan Mei：Eighteenth Century Chinese Poet*，1956）、《蒙古秘史》（*The Secret History of the Mongols*，1963）等。他一生出版专著20多部，广涉中国文学、文化艺术、敦煌学等领域，翻译了大量的中国古诗，但他却始终没有重视过中国古典词的译介研究。

可见，虽然20世纪初期是英国汉学发展的繁荣期，但著名的汉学家们纷纷将心血投入中国古诗、元曲与明清小说中，而始终不愿染指于宋词译介。宋词在英语世界的译介之路要等到30年代，由一位不知名的女性译者译出。这便是英国译者克拉拉·M. 坎德林（Clara M. Candlin）女士翻译的《风信集：宋代诗词歌赋选译》（*The Herald Wind：Translation of Sung Dynasty Poems，Lyrics and Songs*）。它是英语世界第一部具有断代性质的宋词英译本，于1933年由伦敦的约翰·默里（John Murray）出版社出版。与最早于1815年公开出版的由英国汉学家马礼逊翻译的唐诗英译诗篇相比②，宋词的英译晚了约一个世纪，但与英语世界第一部断代唐诗英译专著《英译唐诗选》（*Gems of Chinese Verse*，英国外交官维廉·弗莱彻翻译，上海商务印书馆1919年版）相比，两者在时间上却相距不远。

宋词开始得到译介离不开20世纪初期英国汉学与东方学的繁荣语境，离不开英国政府东亚政策的推动，更离不开此时西方的时代语境。第一次世界大战的残忍与无情使得一些西欧知识分子痛感西方文明的堕落，欧洲大陆自启蒙运动以来鼓吹的博爱精神被惨无人道的杀戮取代。他们开始反思本土文化精神，向东方民族汲取思想的浆泉，期望恢复西方的人文精

① Arthur Waley，"Introduction"，*A Hundred and Seventy Chinese Poems*，London：Constable and Company Ltd.，1920，p. 17.

② 参见江岚《唐诗西传史论——以唐诗在英美的传播为中心》，学苑出版社2009年版，第6页。

神。同时，这也诞生了西方知识分子的世界眼光，使他们关注、推崇东方精神，比如坚决站在反战一边的法国作家、思想家罗曼·罗兰（Romain Rolland，1866—1944）就大声疾呼欧洲大陆应该放眼世界，吸取东方民族的思想，"今天我们必须接受最广义的人文主义，拥抱全世界所有的精神力量"[①]。

正是在这样的时代背景下，克莱默·宾主编了《东方智慧丛书》（*Wisdom of the East Series*），丛书涵盖了印度、中国、日本、波斯、阿拉伯、巴勒斯坦与埃及几个亚洲与东非国家的文学艺术，均由伦敦的约翰·默里（John Murray）出版社出版，旨在将东方智慧与西方思想置于平等的层面，使西人对东方精神有更好的了解，也反映出主编期望通过东方民族智慧来启迪西人、恢复欧洲的人文精神。在该套丛书的每本著作前都附有一则"编者说明"，编者相信，"对东方伟大理想与崇高哲理的深入理解有助于复兴慈悲的真正精神，它不蔑视也不惧怕其他不同信仰与不同肤色的民族"[②]。克莱默·宾与韦利一样，并未到过中国，却同样十分热爱中国传统文化，积极向英语世界介绍包括中国在内的东方文化，他本人翻译了《灯宴》（*A Feast of Lanterns*，1916）、《玉笛》（*A Lute of Jade*，1909）、《诗经》（*The Classics of Confucius*：*The Book of Odes*，1908）等中国诗歌，不过，其中并未涉及词的翻译。该套丛书中，中国文学文化的译著所占比例最大，较为重要的有由翟林奈（Lionel Giles）翻译介绍的中国诸子学说，包括介绍列子的神秘哲学思想《道家学说》（*Taoist Teachings*）、《论语》（*The Saying of Confucius*）、《老子语录》（*The Sayings of Lao Tzu*）、介绍庄子思想的《一位中国神秘主义者的冥想》（*Musings of A Chinese Mystic*），Ivan Chen 翻译的《孝经》（*The Book of Filial Duty*），也包括克莱默·宾本人的译著《灯宴》、《玉笛》与《诗经》。《风信集》便是该系列中的一种，附有克莱默·宾的长文介绍。文章极为推崇宋代文化，认为宋代文化保存并延续

① ［法］罗曼·罗兰：《拥护国际精神团结——拥护世界文明统一》，《罗曼·罗兰文钞》，孙梁译，广西师范大学出版社 2004 年版，第 97 页。

② Clara M. Candlin，*The Herald Wind*：*Translations of Sung Dynasty Poems*，*Lyrics and Songs*，London：J. Murray，1933，p. 12.

了唐代文化，宋代母体文化足够强大从而征服并转化了异族文明，他对中国诗歌特点的分析，显示出他对中国文学的深刻理解，他说："中国诗歌经常交织着对瞬息逝去的悲伤。"①

20世纪30年代，英语世界还出版了另一部词集译作，是第一部中国学者自己英译的词作，即剑桥大学出版社于1937年出版的初大告的《中国词选》(*Chinese Lyrics*)。初大告（Ta-Kao Ch'u，1898—1987），山东莱阳人，早年求学于北平师范大学英语研究科，1934年秋赴英国剑桥大学学习英国文学与语音学，1938年回国后，翻译了大量中国古代文学典籍，是中国著名的翻译家。也正是在剑桥求学期间，他结识了剑桥大学的教授、英国著名文学评论家、小说家阿瑟·奎勒库奇（Arthur Quiller-Couch，1863—1944）。奎勒库奇为《中国词选》作了序，他说："我强烈感觉到，学习中国诗歌——它是沉思性的、寻求自身的智慧，一定对我们这个混乱惊恐、战火弥漫的时代里的欧洲诗人是一剂良药。"② 可见，英语世界的知识分子并不了解中国宋词的主题与艺术特点，却急于向东方民族寻求精神救赎之道。这部《中国词选》共收入唐五代、两宋词人22人，元初词人刘因及清代词人僧正岩共24位词人的53首词作。

20世纪上半叶，除坎德林外，英国汉学家极少将目光投向宋词的译介，而对中国古代小说、戏曲有着较大的译介兴趣。《聊斋志异》(George Soulic de Morant译，1913)、《三国演义》（邓罗翻译全译本，1925)、《水浒传》（Geoffrey Dunlop译，1929)、《搜神记》（翟林奈译，1938)、《金瓶梅》(Clement Egerton译，1939）等皆被选译或全译，《灰栏记》(James Laver从德文转译，1925)、《西厢记》（熊式一译，1935)、《牡丹亭》(Harold Acton译为《春香闹闺》，1939)③ 等戏曲也受到重视。而词作基本无人涉及，只有1947年英国诗人白英（Robert Payne）选编的《白驹集：从古至今中国诗选》（*The White Pony*: *An Anthology of*

① Clara M. Candlin, *The Herald Wind*: *Translations of Sung Dynasty Poems*, *Lyrics and Songs*, London: J. Murray, 1933, p. 23.

② Ta-Kao Ch'u, Preface, *Chinese Lyrics*, Cambridge: Cambridge University Press, 1937, p. 12.

③ 参见陈友冰《英国汉学的阶段性特征及成因探析——以中国古典文学研究为中心》，《汉学研究通讯》2008年第3期，第38—39页。

Chinese Poetry from the Earliest Times to the Present Day）中收入部分词人的译作。其中，唐诗占据主要篇幅，词仅收入索菲亚·陈（Sophia Chen）翻译的李清照的《一剪梅》（红藕香残玉簟秋）、《醉花阴》（薄雾浓云愁永昼），熊丁（音译，Hsiung Ting）翻译的辛弃疾的《丑奴儿》（少年不识愁滋味）和纳兰性德的《菩萨蛮》（白日惊飙冬已半）、《采桑子》（明月多情应笑我），王胜志（音译，Wang Sheng-shih）翻译的岳飞的《满江红》（怒发冲冠），共计 4 位词人的 6 首词作。与韦利及克拉拉·M. 坎德林翻译的词作相比，译者已经认识到并有意区分“词”是一种不同于古代诗歌的新文类，是一种入调可歌的曲子词，并试图在译文中体现词的文类特点。因此，在翻译词作的曲牌名时，译者不像韦利与克拉拉·M. 坎德林那样抛弃已有调名，根据词意自拟标题，而是在意译调名的基础上标明词的音乐属性。比如，辛弃疾的《丑奴儿》（少年不识愁滋味）这首词，克拉拉·M. 坎德林翻译的标题为《愁味》（Sorrow's Taste），而熊丁则翻译为“To The Tune of The Ugly Slave”，表明了词牌的音乐性。这种标明音乐性加意译的翻译法成为后来翻译词作曲牌名的惯常译法，为西方汉学家所沿用。可见，白英的这部诗选对于英译词的贡献不仅在于首次英译了岳飞、纳兰性德的词作，更在于确立了英语世界词牌的标准译法。

时隔坎德林的《风信集》长达 32 年之久，英国才再次出版专门的词作选集，而此时，美国已经开始了宋词的学术研究。邓根·迈根托斯（Dungan Mackintosh）与艾伦·艾丽（Alan Ayling）共同翻译的《中国历代词选》（*A Collection of Chinese Lyrics*），由英国出版界的巨头劳特利奇（Routledge）出版公司于 1965 年在伦敦出版。该词选是英语世界第一部涵盖唐、宋、元、明、清历朝代表词人词作的专门词作选集，选取从唐代李白到清代纳兰性德、左辅 27 位词人的 73 首词作。随后，两位又共同翻译了《中国历代词选续集》（*A Further Collection of Chinese Lyrics and Other Poems*，1969），却是在美国的范德比尔特大学出版社出版。

20 世纪 70 年代，英国汉学界还编撰过几部中国诗词选，比如约翰·司各特编译的《爱与反抗：中国诗选（从公元前 6 世纪到公元 17 世纪）》[①]，

① John Scott, *Love and Protest: Chinese Poems from the Sixth Century B. C. to the Seventeenth Century A. D.*, London: Rapp and Whiting, 1972.

翻译了6位宋代词人的12首词作。英国耶稣会唐安石神父（John，S. J. Turner）翻译了一部《中诗金库》（*A Golden Treasury of Chinese Poetry*），于1976年由香港翻译杂志《译文》（*Renditions*）策划、在香港中文大学出版社出版。全部词作由神父自己翻译，采用格律诗的形式译介中国诗词，共译介14位词人24首词作。

20世纪50年代以后，汉学研究的重心基本转移至美国，无论是译介还是研究，美国无疑成为英语世界词学研究的重镇。可见，虽然宋词的英译之旅起始于英国，但英国汉学界始终未给予中国古典词足够的重视。

综上所述，英语世界的宋词译介起步晚，比唐诗译介晚了约一个世纪。其原因在于：第一，中国古人历来视词为小道、诗余，认为诗才是正宗，才是中华民族精神的集中体现，这也影响了国际汉学家对中国文化的认识，他们欲探究中国艺术精神时首先选择诗，而相对忽略词。20世纪法国汉学大师保尔·戴密微先生十分重视中国诗歌艺术，曾经指出："如重学汉学，当选汉诗研究"，并认为"汉诗为中国文化最高成就"或"中国天才之最高表现"①，他所推崇的汉诗基本为古诗而非词，他本人进入汉学后，带领其弟子在汉赋、汉诗和魏晋诗歌这片领域开辟了一块处女地，可见早期国际汉学家对中国诗词艺术的态度。第二，受中国古人视"词"为"恻艳之词"观点的影响，汉学家认为词的内容乏善可陈，不值得翻译。第三，宋词是一种格律严格、用字讲究的文类形式，而其音乐性特征又难以转化为异域语言，这也是词较少被翻译的原因。正如一位评论家所言："通过另一种语言再现一首词，完全保存其丰富的意象与声响几乎是一项无法完成的任务，因为，相比诗这种更为常见的中国诗歌形式来说，词更难以被翻译，到目前为止尚未有人有勇气翻译'词'这一事实便可以证实这一点。"②

二　译本考察：以《风信集》为个案

坎德林除了翻译《风信集》外，还有译著《中国爱国诗人陆游的剑

① 参见巴黎《敦煌学》第5辑，《戴密微先生逝世三周年纪念专号》，转引自钱林森编《牧女与蚕娘》，上海古籍出版社1990年版，第364—365页。

② W. Y. Yu, "Review on *Herald Wind*", *Pacific Affairs*, 1935, 8 (3), p. 365.

诗》（*The Rapier of Lu*，*Patriot Poet of China*，1946），该译著也收入《东方智慧丛书》中，但该译著翻译介绍的基本是陆游的诗歌，不在本书讨论范围。《风信集》是英语世界第一次大规模译介中国词人的译著，具有开创之功。该词集翻译中国诗词共79首，其中宋代词作是主体，有60余首，涉及的词人有温庭筠、韦庄、李煜、晏殊、欧阳修、张先、晏几道、柳永、苏轼、秦观、黄庭坚、周邦彦、李清照、朱敦儒、辛弃疾、陆游、姜夔、刘克庄、蒋捷共计19人，基本涵盖了宋代有影响力的重要词人，可以称之为英语世界首部英译的宋代词集。

胡适为该书作了序言。序言里，胡适介绍了词与诗的区别。第一，不同于以往规则的五言与七言诗，词是不规则的长短句，这是为了适应语言的自然停顿。第二，词是为音乐曲子填写的歌辞，因此其创作也受到词调的影响。第三，本质上讲，词其实是一种抒情诗（lyric），形式上十分短小，不适合表达史诗般的宏大主题，而适合表达个人的爱情体验与对过去生活的种种感受。当然，有些词人的词作也不是为了抒情，而是为了载道。胡适还在该序言里谈到词与后来曲子词、戏曲之间的渊源关系，认为后者发源于词。

虽然胡适在序言中介绍了词的音乐性特征，但译者显然并未将词作为一种有别于诗的体裁对待，忽视其音乐性。译者去掉所有的曲调名，而自度词意，冠之以题名。总体来看，坎德林的译文简练流畅，没有注释与介绍，只用简短的文字介绍作者生平。她喜欢将长句转化为短句，分行翻译，使得一些词风含蓄凝重的词作变得洗练。同时，也表明她并未考虑词是一种依曲填词的长短句，词集里大部分的译作基本都将一句拆成几句分行翻译，短句短小有力，也易留有余味，易形成言简义丰、含蓄凝练的风格。也正因此，她善于翻译李煜等词意晓然、意蕴悠远的词作，在风格与意境的塑造上，更能传递原作的神韵。下面先来比较她和邓根·迈根托斯与艾伦·艾丽对李煜词作的翻译：

The Wanderer's Woe（坎德林译）	相见欢
Alone, and silently, I climb	无言独上西楼，

The West pavilion tower.	
The moon is like a curving hook;	月如钩，
And in the still Catalpa Court	寂寞梧桐深院锁清秋。
Is crystal autumn locked.	
Unsevered	剪不断，
Though sundered.	
In chaos，yet	理还乱，
In order set.	
This strange commotion in the heart	是离愁，
Is but the wanderer's woe.	别是一番滋味在心头。

邓根·迈根托斯与艾伦·艾丽的翻译如下：

P'U-Wu Yeh T'i

Solitary，mute，to the western tower I go.
The moon's a bow.
Autumn is locked in the garden's depths where the phoenix branches grow.
Cut and cut，it will not sever;
Loosen，it's entwined as ever;
This is separation's woe.
It leaves the heart with a stain，the bruise of its blow. ①

从形式上来看，原作共 7 行，邓根·迈根托斯的译文遵从原文的形式，基本做到逐句对译，而坎德林译文共 12 行，打破了原文的形式，而着意从意蕴上传达原文的凄婉情绪。“无言独上西楼”，坎德林用了三行来

① Dungan Mackintosh & Alan Ayling，*A Collection of Chinese Lyrics*，London：Routledge and Kegan Paul，1965，p. 51.

表达这句诗意，将 alone、silently 两词并置于句首，并独立成行，渲染一种孤独凄凉之感。而迈根托斯用 mute 一词显然用语不准确。mute 的基本意义是 unable to vocalize，是不能说话，丧失了说话能力，不如 silently 来得准确。“寂寞梧桐深院锁清秋”，在中国古典诗歌中，“梧桐”的意义已经超越了其最初的表层意义，而具有“孤独”、“凄凉”、“萧瑟”等情感意蕴，这种具有文化语码的词语是最难转化为他种语言的，因此，译者有多种处理方法。坎德林译成 Catalpa（美国本土生长的一种心型叶梧桐）、迈根托斯翻译为 the phoenix branches，而欧阳桢则音译为“wu-t'ung trees”（Lonesome wu-t'ung trees lock clear autumn in the courtyard）①，可见，华裔译者在处理此类意象时，更倾向于采用异化的译法，以期以陌生化手法唤起异域读者对此类独特意象内涵的重视。迈根托斯的译文省略了“寂寞”与“清”这两个含蓄传递情感的形容词，而坎德林将“寂寞”译成 still（寂静的），在情韵上大抵可以传达原诗冷清的意味。坎德林用倒装句法翻译此句，在意境传递上要明显优于迈根托斯扁平的叙述。

下阕“剪不断，理还乱”两个三字对偶句，读来朗朗上口，更表现出词人凄凉愁苦之情欲言而难言。在语调（tone）上，坎德林的对偶句无疑更优于迈根托斯的翻译，她用“unsevered”与“sundered”（剪，to break or wrench apart; sever），“in chaos”与“in order”相对，并采用分行的形式，突出了“不断”、“还乱”的意义，传递出原词词人哀伤无奈之情，翻译得非常棒！而迈根托斯拖沓的翻译不仅在形式上构成不了美感，更削弱了原词的情感意味。坎德林将最后两句合并意译，虽然在语意上无法与原文对应，将“离愁”化为“哀伤”（woe），但是在情感意境上的确传递出了这位独登高台者的沉痛凄凉之情。而迈根托斯的译文“It leaves the heart with a stain, the bruise of its blow”译为中文：“它（离愁）让心灵受到玷污、饱受打击的创伤。”无论是语意还是情感基调都窜改了原文。

整体来看，坎德林的这首译作在传递原文的语调、意境上是相当成功的，是不同译本里的佼佼者，这与坎德林用词简练、注重传递原文情感的

---

① Wu-chi Liu and Irving Yucheng Lo, *Sunflower Splendor: Three Thousand Years of Chinese Poetry*, Garden City and New York: Anchor Press/ Doubleday, 1975, p. 305.

美学理念密切相关。而此首词翻译成功的另一原因是李煜词作含蓄凝练的艺术风格，也非常适合用这种形式精练、用词精省的方式传递。这也是为什么坎德林翻译周邦彦等庄严典雅、结构严谨的词作却并不成功的原因。下面，我们来对比她与刘若愚翻译的周邦彦的《玉楼春》。

A Wind-Tossed Cloud（坎德林译）	周邦彦《玉楼春》
Tao Chi Stream flows unchecked:	桃溪不作从容住，
Lotus roots, in autumn cleft,	秋藕绝来无续处。
Never join as one again.	
On a time I waited there	当时相候赤阑桥，
By the arched vermillion bridge.	
Now I trace where yellow leaves	今日独寻黄叶路。
Strew the ground, and walk alone.	
In the mist a row of peaks:	烟中列岫青无数，
Azure hills innumerable.	
Where the wild goose spreads its wings,	雁背夕阳红欲暮。
Sunset burns and fades.	
Man is like a wind-tossed cloud	人如风后入江云，
Fallen in the river's surge.	
All my heart's emotions seem	情似雨余粘地絮。
Willow seed rain-battered to the ground.	

下面是刘若愚的翻译：

Yü-lou Ch'un
No leisurely stay by the Peach-blossom Stream—
The autumn lotus-root, once severed, cannot be re-joined.
Then: waiting for her on the red-banistered bridge;
Now: alone seeking the road covered with yellow leaves.

In the mist, numberless green peaks stand in a row;
On the wild goose's back, the setting sun reddens before dusk.
A wind-blown cloud entering the river: that's me;
Willow catkins clinging to the ground after rain: that's love. ①

这是一首追忆往事、故地重游而感喟物非人亦非的情词，原文全部采用工整的七言，情感深沉哀伤，形成庄重整饬的风格。对比两位译者的翻译，就会发现：刘若愚的翻译有着学院派译者的严谨，内容一一对应，意义传递准确，译文也追求对仗工整的效果，在风格与意境上更接近原作。而坎德林的译文延续一贯的风格，仍以散句和分行的形式翻译这首七言八句词。

作为一名跨语际写作、精通中英文两种文学传统的学者，刘若愚力图通过译文与注释向西方读者阐释周邦彦词作细致微妙的词风。他吸纳了中国学者对词作的阐释成果，注重意象、结构、用典等美学因素对词人词风的影响："在分析每位词人对语言的探索时，我将特别关注构成诗学风格的不同要素，比如措词、句法、意象、用典与音律。"② 因此，刘若愚的译文力求能体现不同词人的不同风格。就这首《玉楼春》来说，他特别遵从原作的工整结构，重视色彩词对暗示词人心理情感的美学意义，力图将周邦彦"因情敷彩"的写作特色表现出来。在其译作中，第 3 句与第 4 句，第 5 句与第 6 句，第 7 句与第 8 句在遣词与结构上形成明显的对应关系，他试图从形式结构、色彩词与动词的翻译三个方面展现周邦彦的精微构思与用心遣词的功力。上阕里，从动词来看，过去的等待（waiting）与现在的寻找（seeking）对应；在色彩上，赤色（red-banistered）的桥与黄色（yellow）的叶子对应。通过其译文，异域读者可以清楚地明晓词人周邦彦精微的遣词意图，"红色"表明昔日等待情人的心情是明快的、向上的，用枯萎的"黄色"暗示而今的寻觅却是苦涩孤独的。这也是为什么译者要将桃溪翻译成"Peach-blossom Stream"的原因。"桃溪"是用

① James J. Y. Liu, *Major Lyricists of the Northern Sung*, Princeton: Princeton University Press, 1974, pp. 162—163.

② Ibid., pp. 6—7.

典，用刘晨阮肇天台山遇仙女的故事，它并不是"桃花溪"，而是指"山上有桃树，山下有一大溪"①。译者为了强化该词的色彩对比，特地将"桃溪"译成了"桃花溪"，桃花是红色，象征着春天，与下句的秋藕形成对照，藕是白色的，成熟于秋天，在色彩与时令上都构成对比。于是，译文中，春天与秋天，红色桃花与白色莲藕，红色桥与黄色叶构成了两组相反的意象群，从而使得意象具有了象征意味，"这两组红色物体与春天、青春、快乐相关联，而白色、黄色象征着秋天、衰落、荒凉"②。

在下阕中，刘若愚为了进一步揭示周邦彦用词精微、构思细密的特点，在选词上更是煞费苦心，"烟中列岫青无数"一句从中文语法来看，并没有动词。但在译文中，刘若愚选择"stand"这一动词使译文符合英文语法规范，同时，该词与下句的"变红"（reddens）形成对照，stand呈现的是远处青山的静态貌，而reddens一词表现的是夕阳的变化貌，这使得本难以被一般读者开掘出意味的原文一下子在译文中获得了象征意义："青山代表着大自然永恒不变的特征，而红色的斜阳则象征着时间的逝去。"③ 在最后两句中，作者选用动词entering（云彩的"入"）与clinging（柳絮的"粘"）形成对照，entering是动态的，clinging则是静态的。译者煞费苦心地构造在形式上工整对仗、在意义上相反相成的译文，与他对该词意义的阐释深度密切相关。他认为："上阕第一句暗示这位漫步者即使是在爱的天堂里也总是行动而不停歇，与第二句莲藕一旦分断便无法接续只能保持原样形成对照。在后两句里，昔日静静等待恋人的形象与今日探寻旧路的'他'形成对照。同样，在下阕里，静止不动的青峰与展翅飞翔的大雁、被风吹动的云彩与被泥土粘住的柳絮形成对照。这些对照的意象一方面突出表现了词中说话人无根的生存状态，另一方面表现他对爱情的执着。"④

很明显，坎德林对该词的理解尚未上升到这样的高度，首先，她没有意识到原作在结构与意义上的对照关系，因此在译文中也没有有意识地构

① 俞平伯：《唐宋词选释》，人民文学出版社2005年版，第121页。

② James J. Y. Liu, *Major Lyricists of the Northern Sung*, Princeton: Princeton University Press, 1974, p. 164.

③ Ibid.

④ Ibid.

造“有意味”的形式与意象。虽然，她也依照原文译出了色彩对照的词语，但是词语被湮没在形式散漫的译文中，难以被读者体察到它们暗含的对比意义。再者，整首词的译文具有直译的特点，不像她翻译李煜的《乌夜啼》那样富于创造性。这表现在，“烟中列岫青无数”这句只有意象并置的句子被直译到其译文中，没有添加动词，更不会与下句的动词形成对照了。从语序上，整首译作都依照原文逐句翻译，不再根据意境的需要改变词句的顺序；从语意上，译作已经难以传递出原文追忆佳人的情境，原因在于译文的抽象化。比如，在刘若愚的译文中，译者点出相候的对象是“她”（her），而坎德林则省略了这一对象，使词意变得含糊。另外，“人如风后入江云”中的“人”应当就是指这个“她”，她虽然已经随着时间的流逝（“雁背夕阳红欲暮”暗示了时间的流逝），犹如被风吹入江水的云彩，消逝得无影无踪，但我的情却犹如雨后的柳絮粘在地上，无法解脱。可见，最后几句在逻辑上有着因果关系。但坎德林在译文中却用一个抽象的“man”来直译原文的“人”。整首译作没有注意从结构上来关联看似互不相关的句子，也没有调动其他艺术手法呈现原文潜在的逻辑，很显然，她没有真正把握此词的情感流动与深层内涵，难怪她采用“被风吹动的云”（A Wind-Tossed Cloud）这样一个与主题关系不大的意象作为标题。

总体来看，坎德林的这首《玉楼春》属于直译，较失败，不必说传递原文的意境与风格，单是原文准确的内涵都未能表达出来。而刘若愚的译文从遣词与结构上来关联词句之间的逻辑关系，不仅准确传递原文的内涵，而且更显示周邦彦精于构思、细微遣词的艺术特点。两首译作之所以呈现如此大的差异，主要原因在于译者对原文内涵的把握程度以及对原作者风格体认程度迥异。“原作的含意的开放性和延伸性，翻译家对原作体验深度和理解角度的差异，都决定了‘意译’的差异，并造成了译作的差异。”①

通而观之，《风信集》的译文，译者偏爱短句、拆句翻译的方法使得译者改变了原作的艺术风格，也使得译文难以区分不同词人的艺术风格。大概坎德林也意识到了这一点，因此，她选译的词作基本上是长短

① 《王向远著作集·翻译文学研究》，宁夏人民出版社2007年版，第161页。

句结合的词作，很少选择工整的五言、七言句词作。在艺术风格上，她偏爱简朴的词句，因此，她选译的也基本属于文意晓然的词作，而避开用语优雅精致的典雅之作。像温庭筠的词作以用语繁复、意象精美著称，但她仅选译一首文意浅显的《南歌子》（倭堕低梳髻）来翻译。也正是她的译文风格与选择倾向，决定了她难以向英语世界的读者呈现中国古典词作的美感体验与艺术价值，因此，其译文在英语世界的影响力不大。但是，作为第一部大规模翻译中国古典词作的词集，其开创意义与文化价值是值得肯定的，更何况其译作中仍有像《乌夜啼》（无言独上西楼）这样的佳作。

第二节　译介重镇美国与研究热点转向

一　政治与诗学：北美汉学的兴起

第二次世界大战以后，英国的汉学研究逐渐走向衰落，一个重要的原因是英国汉学轻学术、文学研究，而重商业、外交等实用价值的传统。“英国汉学从发轫那天起就形成了一个明显的学术传统：注重商业和外交事务方面的实际应用，不太重视专业的学术训练。”[①] 这使得一批大有前途的汉学家前往美国发展，比如英国汉学家韩南（Patrick Dewes Hannan）与白之（Cyril Birch）便先后离开伦敦大学的东方与非洲研究学院，分别到美国哈佛大学与加州大学伯克利分校任教。另一重要的原因，是美国政府积极推动，投入大量资金进行东亚研究。1958 年 8 月 26 日，美国国会通过《国防教育法》，华裔学者柳无忌（Wu-chi Liu）谈到此项法案对其学术生涯的意义时说：“在一九五零年代的末期，美国国会通过了一项‘国防教育法律案’，鼓励美国青年学习外国语言。所以与国防有关，无非是知彼知己的意思，因为在法律中规定要修习的外国语，当时，大部分是与美国为敌国的语言，如中、苏与东欧，还有一些远东、近东以及非洲的语言。政府在各大学广设奖学金，成立研究中心，以招揽学生，学习

① 陈友冰：《英国汉学的阶段性特征及成因探析——以中国古典文学研究为中心》，《汉学研究通讯》2008 年第 3 期，第 43 页。

西欧以外的语言。”[①] 福特基金会为哈佛大学、密歇根大学、华盛顿大学、普林斯顿大学、康奈尔大学、哥伦比亚大学、斯坦福大学、宾夕法尼亚大学、耶鲁大学等15所大学提供了十年期和五年期的用于非西方研究的总计达2650万美元的捐款[②]。正是在这种语境下，西方汉学中心由欧洲转向了美国：“随着二次世界大战后国际形势的变化和新中国的建立，西方研究中国学术的中心从欧洲转移到美国，研究的目标从传统中国转向现代中国，研究方法也从文献考释发展为人文社会科学各学科的互相渗透，即‘科际整合’。美国研究基金雄厚，课题规模宏大，吸引许多欧洲、日本等地学者参与，不断提出各种新的解释模式，建构新型的西方‘中国学’，主导西方中国学术研究达数百年之久的欧洲汉学因此衰落。”[③]

除了政府的推动外，美国文学界内在的诗学需求也是重要原因。年轻的美国文坛希望脱离欧洲母体文化，塑造本民族独有的文化精神，便将探求的目光投向东亚民族。20世纪上半叶美国兴起影响深远的新诗运动，史称“美国诗歌复兴”（American Poetry Renaissance），以1912年哈丽特·蒙罗在芝加哥创办《诗刊》（*Poetry*）为标志。该刊力图革新旧风，开创新传统，发表一系列新人作品。新诗运动中最为突出的是意象派，他们积极向东方民族的诗歌学习，渴望在异族文学领域中寻找灵感，他们在对日本俳句的模拟中发现了中国古典诗歌的魅力。意象派诗人积极翻译中国古典诗歌，比如庞德（Ezra Pound，1885—1972）的《神州集》，艾米·洛维尔（Amy Lowell，1874—1925）与弗洛伦丝·艾斯库（Florence Wheelock Ayscough，1878—1942）翻译的《松花笺》等都是此时期产生的经典译作。哈丽特·蒙罗在与诗人康拉德·艾肯争论时，指出新诗派的最大功绩便是发现了中国诗。[④] 虽然此时期英语世界译介中国古典诗歌的重心在于唐诗，但英译中国诗歌却对美国文化产生深远影响，让英语世界发现了夺目璀璨、令人惊叹的东方文明，为20世纪下半叶美国掀起译介

① 《柳无忌散文选——古稀话旧》，中国友谊出版公司1984年版，第129页。

② 参见韩铁《福特基金会与美国的中国学》，中国社会科学出版社2004年版，第139—142页。

③ 杨国桢：《牛津大学中国学的变迁》，《中国史研究动态》1995年第8期，第5—6页。

④ 参见赵毅衡《诗神远游——中国如何改变了美国现代诗》，上海译文出版社2003年版，第13—15页。

研究中国古典词的热潮奠定了基础。

20世纪50年代以来，美国政治运动风起云涌，掀起了民权运动、黑人人权运动、同性恋等运动，女性主义思潮兴起，边缘文化与边缘力量奋力争取自身权利、反抗各种形式的霸权。在外交上，第二次世界大战后的美国奉行帝国主义政策，敌视共产主义国家，让高举惠特曼民主自由精神旗帜的美国诗人感到失望。① 在战争中成长起来的一代年轻人对种种社会现象感到忧心忡忡，认为西方文明面临破产，他们对现实感到失望，"于是成千上万的青年自我放逐，离开他们中产阶级的家庭，拦车到处流浪，在睡袋中露宿郊外，有些甚至吸大麻、性滥交，以体验反叛的生活"②。他们开始关注边缘文化，而处于边缘的东方文化成为他们的精神寄托之一。美国诗坛在50年代末60年代初涌现出形形色色的诗歌流派，其中最为著名的当属"垮掉的一代"，其领军人物王红公与加里·斯奈德（Gary Snyder）都深受中国文化的影响，他们十分推崇东方的禅宗，"寒山热"也正是此社会文化语境中的产物。东方民族诗人超逸洒脱、宁静自得的人格修养与心灵世界深深打动了这批内心躁动不安的青年人。这也可从1958年C.H.科沃克与文森特·麦克休（C.H. Kwock and Vincent Mchugh）翻译的《有朋自远方来：中国诗词150首》（*Old Friend From Far Away*：150 *Chinese Poems from the Great Dynasties*，North Point Press）见出。该译著分为五个部分："我缘何居于山上"（Why I Live on the Mountain）、"女士与隐士"（The Lady and the Hermit）、"对植物的爱怜"（Have Pity on the Grass）、"无用的爱人"（The Good—for—nothing Lover）与"醉汉、将士及其他"（The Drinking Man，the General and Others），充满着对东方民族隐逸志趣的向往，关注东方人悲悯善良的性灵。该译著在英语世界颇受欢迎，先后于1962年、1971年、1980年再版。也正是在这样的语境下，李清照等中国词人开始备受关注，中国女性诗人的边缘性获得重视，比如王红公先后出版了《中国诗百首》（1956）、《爱与流年：中国诗百首续》（1970），与中国台湾学者钟玲（Ling

---

① 参见钟玲《美国诗与中国梦——美国现代诗里的中国文化模式》，广西师范大学出版社2003年版，第9—16页。

② 同上书，第10页。

Chung）女士合作翻译了《兰舟：中国历代女诗人诗选》（1972）及《李清照全集》（1979）等译著，在英语世界影响甚大。

英语世界译介、研究中国古典诗词在20世纪60年代进入蓬勃发展期，正如英语世界第一部大型中国古代文学选集《葵晔集》的编者所指出的，这部选集之所以在英语世界反响强烈，受到读者的热烈追捧，主要原因在于："在这六七十年代的西方——尤其美国——社会，青年们因为在物质文明过度的享受中找不到人生的意义，转而向亚洲的文化追求理想与安慰，如宗教、哲学、美术，以及诗歌。"① 中国古代文学得以在西方世界再次获得生命力与影响力，与西方世界自身的内在需求息息相关。正如佐哈尔所总结的，使翻译文学在国别文学中占据主要地位的社会条件有三："第一，当一种文学还处于'幼稚期'或处于建立过程中时；第二，当一种文学处于'外围'状态或处于'弱小'状态时；第三，当一种文学正经历某种'危机'或转折点时。"② 60年代，英语世界中国古典词作的译介研究得以兴盛繁荣，与美国社会与文坛经历精神与文学上的危机，希望从异域文学中寻求新思想、新形式密切相关。而中国诗歌里包蕴的隐逸情趣、佛道思想与意象形式也的确对王红公、史奈德等诗人的作品产生了深远影响，他们在作品里大量移植东方元素，从翻译文学中吸纳营养，汲取灵感。中国古典诗歌的译介发源于英国，却最终在美国爆发出文化的辐射力与影响力，这与美国内在的文化结构模式与时代思潮密切相关。正如有学者总结的："历史的发展规定着其文化形态的变迁，文化迁徙和文化影响的发生都是历史发展'内需'的逻辑要求。这一观点或许能解释为什么英国虽然很早就翻译有大量优秀的中国文化作品，而中国文化对英国文学并没有产生什么特别的影响；与此相反，美国在上世纪初并没有多少中国文化的翻译作品，但中国文化对美国文学的影响却经久不衰。这当然涉及如各民族自身的文化结构模式等诸多复杂的问题，但不容否认，历史发展'内需'是接受外来文化的决定因素。"③

① Wu-chi Liu and Irving Lo（eds.），*Sunflower Splendor*：*Three Thousand Years of Chinese Poetry*（中文版），Bloomington and London：Indiana University Press，1976，后记。

② 廖七一编著：《当代西方翻译理论探索》，译林出版社2002年版，第66页。

③ 董洪川：《文化语境与文学接受——试论当代美国诗歌对中国传统文化的接受》，《外国文学研究》2001年第4期，第25页。

英语世界的中国词学研究重心便由英国移向了美国，随着众多华人学者前往北美，北美的中国古典词的译介与研究便逐渐兴盛起来。

二 北美词学研究概况与特点分析

（一）勃兴期：词体起源研究与北美词学的兴起

如果说20世纪三四十年代是英语世界中国古典词译介的萌蘖期，地点在英国，那么，五六十年代便是英语世界中国古典词学的勃兴期，重心在美国。1953年，白思达在《哈佛亚洲研究杂志》第16卷上发表了《论词律起源》（“Metical Origins of the Tz'u”）一文，探讨词兴起的时代背景，词与绝句之间的关系，标志着北美汉学家中国古典词学研究的兴起，也意味着英语世界开始将“词”视为中国古代诗歌里一个独特的文类。该文主要考察的是文人词，白思达考察词律起源时并未将民间词纳入考察范围，虽然他通过学者罗振玉的《敦煌零拾》注意到敦煌曲子词里有无名氏所作的长短句，但他显然认为这些曲子词没有多大的文学价值而未进行深入研究。另一方面，直到20世纪50年代，大陆学术界才有王重民、任二北等学者的敦煌曲词研究专著出版，直到60年代末，他们的学术成果才在英语世界学者陈士铨（Shih-chuan Chen）的论文《一些敦煌词的时间考察》[①]（《美国东方学会会刊》第88卷第2期，1968）里被引用，才逐渐为英语世界学者所熟知。陈士铨在这篇论文中，采用诗史互证的方法来考证敦煌词中一些词的写作日期。据他考证，《感皇恩》（四海天下及诸州、当今圣寿比南山、四海清平遇有年、万邦无事减戈铤）四首词当写作于唐玄宗时期。《剑器词》（皇帝持刀强）这首词也属于唐玄宗时期的作品，《婆罗门》（望月在边州）等以《婆罗门》为曲牌的词作也与《感皇恩》一样，基本写作于唐玄宗时期，大约在729—743年间。《菩萨蛮》（枕前发尽千般愿）写于天宝年间，《菩萨蛮》（敦煌古往出神将）写于764—781年间，《皇帝感》（新歌旧曲遍州乡、开元天宝亲自注、历代以来无此帝）写于天宝742—755年间。他还认为《别仙子》1首（S. 3821）、《定风波》2首（P. 3821）、《谒金门》2首（P. 3821）、《苏幕

① Shih-chuan Chen, “Dates of Some of the Tunhuang Lyrics”, *Journal of the American Oriental Society*, 1968, 88 (2), pp. 261—270.

遮》2 首（P. 3821）、《生查子》2 首（P. 3821）都可能写于唐玄宗时期。据此，他认为，胡适在《词的起原》中认为词“至早不得过西历第八世纪的晚年”的观点是错误的。1970 年，陈士铨继续撰文《再论词之兴起》（《美国东方学会会刊》第 90 卷第 2 期，1970）进一步考证词的起源时间，驳斥胡适的词体起源观。

白思达与陈士铨都从史料考证的角度来探讨词的起源时间，而美国哥伦比亚大学东方图书馆馆长魏玛莎的研究专著《莲舟：中国词在唐代俗文化中的起源》（*The Lotus Boat*：*The Origins of Chinese Tz'u Poetry in T'ang Popular Culture*，1984）则从俗文化角度探寻词起源的民间文化因素，作者借鉴西方口头文学与人类学的研究方法，考察传统文化—时代背景—表演情境这三维语境如何影响了词体的诞生，以及通俗文化语境如何与精英创作相互作用、相互影响。

20 世纪五六十年代，伴随着北美词学研究的兴起，翻译也取得一系列成果，花间词人、苏轼、李清照、李煜等的词作都受到重视。1952 年，白思达以《花间集研究》（Hua-chien chi，Songs of Tenth Century China；A Study of the First Tz'u Anthology）为题获得哈佛大学的博士学位。在其博士论文中，他翻译了大量花间词人词作。1965 年，著名汉学家白之编撰了英语世界第一部具有文学史性质的中国历代文学作品选集《中国文学选集》（*Anthology of Chinese Literature*），共 2 卷，其中收入的白思达译作有：温庭筠的《菩萨蛮》（小山重叠金明灭、翠翘金缕双鸂鶒、玉楼明月长相忆、南园满地堆轻絮、夜来皓月才当午），《更漏子》（星斗稀、柳丝长、金雀钗）共 8 首；韦庄的《菩萨蛮》（人人尽说江南好、如今却忆江南乐、洛阳城里春光好、劝君今夜须沉醉），《归国遥》（春欲暮），《谒金门》（空相忆），《天仙子》（深夜归来长酩酊），《小重山》（一闭昭阳春又春）共 8 首；薛昭蕴的《女冠子》（求仙去也）1 首；顾敻的《杨柳枝》（秋夜香闺思寂寥）1 首；孙光宪的《风流子》（楼倚长衢欲暮）1 首；鹿虔扆的《临江仙》（金锁重门荒苑静）1 首；阎选的《河传》（秋雨）1 首；毛熙震的《定西番》（苍翠浓阴满院）1 首。总计 24 首花间词作。①

① Also see Cyril Birch，*Anthology of Chinese Literature*：*From Early Times to the Fourteenth Century*，New York：Grove Press，1965，pp. 336—347.

白思达不仅翻译了大量花间词人作品，还翻译了《钦定词谱》[①]，以一系列成果开启了北美的词学研究。

1956年，被称为“垮掉一代之父”的美国现代诗人王红公选译了《中国诗百首》(*One hundred poems from the Chinese*)，该选集从日文转译，翻译词作11首：苏轼的《念奴娇·赤壁怀古》(大江东去)、《少年游》(去年相送)、《少年游·咏红梅》(好睡慵开莫厌迟)；李清照的《怨王孙》(湖上风来波浩渺)、《小重天》(春到长门春草青)、《鹧鸪天》(寒日萧萧上锁窗)、《蝶恋花》(暖日晴风初破冻)、《一剪梅》(红藕香残玉簟秋)、《浣溪沙》(淡荡春光寒食天)、《浣溪沙》(小院闲窗春色深)；陆游的《钗头凤》(红酥手)。此时关注苏轼诗歌的还有美国著名翻译家华兹生(Burton Watson)，他于1965年翻译了一部《苏东坡作品选》[②]，其中有苏轼的《江神子》(一名《江城子》)(十年生死两茫茫)，《浣溪沙》(旋抹红妆看使君)、(麻叶层层苘叶光)、(簌簌衣巾莎枣花)、(软草平莎过雨新)，《临江仙》(夜饮东坡醒复醉)，《鹧鸪天》(林断山明竹隐墙)共7首词作，这些词作后被收入白之主编的《中国文学选集》。

1972年，白之编撰的《中国文学选集》第2卷出版，这两卷作品选涵盖了中国历朝历代各种文类代表作，也是英语世界第一部将“词”收入的文学选集。其中，收入山姆·布洛克(Sam Houston Brock)、韦利及白之翻译的李煜词共10首。吴伟业、王夫之、陈维崧、朱彝尊、蒋士铨、左辅、蒋春霖、王鹏运等清代词人的词作首次被译介至英语世界。

1966年，美籍华裔学者、原任教于印第安纳大学的柳无忌教授出版《中国文学导论》(*An Introduction to Chinese Literature*)一书，它是一本简明中国文学史教材，介绍中国不同时期的代表作家作品，其中第八章介绍了词的产生与兴盛，重点介绍了李煜、柳永、苏轼、周邦彦、李清照、陆游、辛弃疾7位词人的词作特点。在此之前，虽然这几位词人的词作已经被翻译介绍至英语世界，但尚未有学者对他们(李清照除外)的艺

---

① Glen William Baxter, *Index to the Imperial Register of Tz'u Poetry*, Cambridge: Harvard University, 1956.

② Burton Watson, *Su Tung-p'o: Selections from a Sung Dynasty Poet*, New York: Columbia University Press, 1965, pp. 54, 60—61, 86, 95.

术特点与词作风格进行介绍研究，柳无忌的这本专著无疑为英语世界读者把握宋词面貌提供了宝贵资料。

（二）蓬勃期：七八十年代个案译介与研究的展开

20世纪七八十年代，英语世界中国古典词学进入蓬勃发展期，在此期间，李清照、花间词人、冯延巳、李煜、韦庄等词人词作得到全面翻译，柳永、周邦彦的词作也被大量译介，辛弃疾、陆游、吴文英、苏轼等词人的生平与艺术特色获得专门研究。80年代后期，英语世界出现第一部清代诗词集，众多清代词人的词作被译介至英语世界。

1982年，曾执教于芝加哥大学东亚语言文学系的美国学者罗伊斯·福瑟克翻译了整部《花间集》（*Among the Flowers*，*The Hua-chien chi*）词作，由哥伦比亚大学出版社出版。她依据华连圃《花间集注》（商务印书馆1935年版）及其他中国学者的花间集注本进行翻译，使得译文的准确性得到保证。美国达特茅斯大学的叶山教授（Yates，Robin D. S.）译著了《浣纱集：韦庄生平及词选》（*Washing Silk*：*The Life and Selected Poetry of Wei Chuang*，1988）一书，叶山教授是经著名美籍华裔学者陈世骧教授走入韦庄的艺术世界的。该书详细介绍了韦庄的生平，评述其诗与词在艺术特色与写作内容上的差异，翻译韦庄诗110首、词55首，至此，花间词人的词作基本上被全部译介至英语世界。

加拿大著名华裔学者叶嘉莹的高足、维多利亚大学亚太研究系教授白润德译有《南唐词人冯延巳与李煜》（*Lyric Poets of the Southern T'ANG*：*FENG YEN-SSU*，*903—960*，*and LI Yü*，*937—978*）。该译著选译了冯延巳《阳春集》中的54首词作，底本依据郑郁卿的《阳春集笺》。他还翻译了南唐二主李璟李煜的全部词作，底本依据王仲闻《南唐二主词校订》，附录中还译有冯延巳、李璟与李煜的诗与散文，附录B中还列出了误归入李璟、李煜的词作。至此，南唐最为著名的三位词人的词作也被译介至英语世界。

哈佛大学著名汉学家、教授海陶玮（James R. Hightower，1915— ）以研究中国诗歌与文学批评而著称，著作有《中国文学论题：概览与书目》（又译《中国文学流派与题材》，哈佛大学出版社1950年版），译著有《陶潜诗》（牛津大学出版社1970年版）等。他对中国宋词的贡献在于译介了《周邦彦词》（《哈佛亚洲研究杂志》第37卷第2期，1977年），《柳永词》(《哈佛亚洲研究杂志》第 41 卷第 2 期，1981 年；第 42 卷第 1 期，1982 年)，共译有周邦彦词 17 首、柳永词 129 首，均以唐圭璋《全宋词》为底本翻译，是英语世界译介周邦彦、柳永词最多的译者。另外，他还翻译有范仲淹词 2 首，晏殊词 1 首，欧阳修词 3 首，苏轼词 5 首，黄庭坚词 4 首，朱敦儒词 1 首，辛弃疾词 8 首，收入梅维恒 (Victor Mair) 教授编撰的《哥伦比亚中国古代文学选集》(*The Columbia Anthology of Traditional Chinese Literature*，1994) 中。他还译有叶嘉莹的《大晏词的欣赏》一文，收入宋淇 (Stephen C. Soong) 主编的《无乐之歌：中国词研究》(*Song without Music*：*Chinese Tz'u Poetry*，1987) 中。

随着西方女性主义运动的兴起，女权主义批评方法影响了整个西方学术界并逐步扩散至全世界，它不仅影响了文学创作界的文字书写、文学总集的编撰模式，还引起学术界对长期被忽视的女性作家的关注，重视并开掘女性书写的意义。在西方时代思潮与学术语境的影响下，掀起英语世界译介中国女性诗歌的高潮，而中国最为著名的女词人李清照的词作则被大量翻译，反复译介。李清照的词作在 20 世纪 60 年代中期以前便被零星译介至英语世界，但尚未形成规模，但 60 年代中期以后，李清照赫然成为英语世界最受欢迎、最受关注的中国词人，无论是其词作被翻译的频率还是对其进行研究的论文论著的分量，都要远远超过中国历史上任何一位词人。从 1966 年到 1989 年三十年的时间里，英语世界先后出版四部李清照全集：1966 年由特怀恩出版社出版，中国现代女诗人、文学翻译家胡品清译著的《李清照》(*Li Ch'ing-chao*)；1972 年王红公与钟玲合作翻译的《李清照全集》(*Li Ch'ing-chao*：*Complete Poems*)，由新方向出版社 (New Directions Book) 出版；1984 年，卡罗来纳鷦鷯 (Carolina Wren) 出版社出版美国译者詹姆斯·克瑞 (James Cryer) 翻译的《梅花：李清照词全集》(*Plum Blossom*：*Poems of Li Ch'ing Chao*)；1989 年中国大陆译者王椒升 (Jiaosheng Wang) 翻译的《李清照词全集》(*The Complete Ci-poems of Li Qing-zhao*：*A New English Translation*，1989)，由宾夕法尼亚大学出版社出版。

此时期，在中国本土并不知名的女词人却在西方女性主义思潮的推动下，先于众多男性知名词人被译介至英语世界。1972 年，王红公与钟玲合作翻译了《兰舟：中国历代女诗人诗选》(*The Orchid Boat*：*Women*

Poets of China），由纽约麦格劳·希尔（McGraw-Hill）出版社出版，译介了从公元前3世纪到当代共53位女诗人的百余首作品，其中明清女词人黄娥、贺双卿、吴藻、秋瑾等人的词作都是首次被译介至英语世界，李清照词被译介得最多，有7首。1975年，学者郭大夏（Ta-Hsia Kuo）发表书评，批评译者将《一剪梅》中“轻解罗裳，独上兰舟”的“兰舟”误解为“兰花船”，因此，1982年，新方向出版社出版该书时，译者将书名改为*Women Poets of China*①。

1979年，由香港中文大学主办的中英翻译期刊《译文》（*Renditions*）第11、第12期为“宋词专号”，发表一系列西方汉学家、华裔学者及香港学者的词学论文与译作，缪钺的《论词》、张宗橚的《词林纪事》、叶嘉莹的《大晏词的欣赏》、郑骞的《柳永苏轼与词的发展》、顾随的《倦驼庵东坡词说》及俞平伯等人的文章被翻译成英文。1980年，主编宋淇将该辑单独拿出，取名为《无乐之歌：中国词研究》（*Song without Music*：*Chinese Tz'u Poetry*），由华盛顿大学与香港中文大学出版社共同出版。

20世纪后半期，西方思想界各种思潮风起云涌，伴随着解构主义思想的盛行，学术界开始质疑文学经典的形成，文学经典的入选成为西方文学批评的热点话题，特别是女性主义、马克思主义、后殖民主义、新历史主义的学者们对经典话题展开热烈讨论，《拓宽经典》（the opening-up of the canon）与“经典修正”（Canon transformation）成为核心关键词。学者们开始审视经典得以形成与建构的三种重要途径：课程设置、文学史书写与文学选集。在这样的语境下，西方学术界开始撰写新的文学史，编撰新的文学选集，以期解构以往的文学经典观、建构新的文学经典。在这样的语境下，英语世界出现了从选集角度考察词之经典化的文章，如余宝琳《宋词经典化之形成——对词集的考察》（Song Lyrics and the Canon：A Look at Anthologies of Tz'u）② 一文溯源词体地位是如何提高的、词的美学传统如何形成等问题，新加坡国立大学中文系林立教授在《中国文学》

① 参见钟玲《美国诗与中国梦》，广西师范大学出版社2003年版，第40—41页。

② In Pauline Yu（ed.），*Voices of the Song Lyric in China*，Berkeley：University of California Press，1994.

第 24 期上发表的《尊体与删刭：提升词体声誉的精英策略》[①] 一文便考量了选集对提升词体地位的作用。英语世界学者还编撰了大量的中国文学方面的选集，其中一些是对已有翻译作品进行选择后再编撰，一些是编者邀请译者重新对已有译作进行翻译或翻译一些尚未介绍至英语世界的词人词作，一些是编者自编自译，无论哪一种都体现了编者对不同作家地位与文学价值的认识。不过，第一种还体现了编者对已有译作的价值判断与甄别，是英语世界英语翻译文学经典化的一种表征。英语世界中国文学选集对中国词人经典化的作用，下文还有进一步分析，现在只简要介绍部分重要选集在词作译介方面的贡献。

1975 年，美籍华裔学者柳无忌与罗郁正（Irving Yucheng Lo，1922—　）选编的《葵晔集》（*Sunflower Splendor：Three Thousand Years of Chinese Poetry*）分别由纽约双日书店与印第安纳大学出版社出版，前者是平装本，后者是精装本。翌年，柳无忌与罗郁正选编了配套的中文版《葵晔集》，供英语世界的读者对照阅读，在布鲁明顿（Bloomington）与伦敦同时出版。这是一部篇幅浩大的中国古今诗歌英译选集，横跨三千年的中国诗歌史，收入 50 多位美国与加拿大译者翻译的诗词曲译作约千首，译者大部分是北美洲大学里的教授或研究生。该书影响力极大，出版不到半年，销量已逾 17000 册，更被多家知名媒体报道宣传，被勃朗大学的戴维·拉铁摩尔（David Lattimore）教授称为一部划时代的出版物。这部选集自 1976 年始，更被众多学校作为讲授中国文学的课本，分别于 1983 年、1990 年、1998 年再版。《葵晔集》收入 39 位中国词人的词作，很多词人是首次被介绍到英语世界，如女词人顾太清。《葵晔集》对中国词学研究的贡献在于：第一，它首次全面收入中国历代最有影响力的词人词作，成为英语世界大专院校学者与学子的教科书，使得中国词人加入世界文学经典化的行列；第二，编者甄别已有词作的不同译本，推广优秀译作，是英语翻译文学的经典化过程，伴随着这一经典化过程的是中国词人在英语世界经典化与世界化的过程；第三，黄铢、陈亮、郑燮、龚自珍等词人词作首次被译介至英语世界；第四，重新建构一个不同于中国

① Lap Lam，"Elevation and Expurgation：Elite Strategies in Enhancing the Reputation of Ci"，*Chinese Literature：Essays，Articles，Reviews*，2002，24，pp. 1—41.

本土学者的词人词作经典观。在该选集中，温庭筠词作被译介最多，达17首，其次是李煜词，共12首，位列第三的是李清照的词作，共11首，辛弃疾、纳兰性德分别以8首译作，并列居第四位。

1980年，科沃克与文森特·麦克休编译的《有朋自远方来：中国诗词150首》①，翻译了中国诗词150首，其中共翻译了11位词人34首词作，李清照词被翻译得最多，姚宽等词人的作品首次被译介至英语世界。1984年，美国著名翻译家华兹生编撰并翻译了《哥伦比亚中国诗选：从古代到13世纪》（*The Columbia Book of Chinese Poetry*：*From Early Times to the Thirteenth Century*），由哥伦比亚大学出版社出版。华兹生翻译了大量中国古代文学作品，《史记》2卷（*Records of the Grand Historian of China*，1961）、《庄子》（*Chuang Tzu*：*Basic Writings*，1964）、《宋代诗人苏东坡作品选》（*Su Tung - p'o*：*Selections from a Sung Dynasty Poet*，1965）、《墨子、荀子与韩非子》（*Basic Writings of Mo Tzu*，*Hsün Tzu*，*and Han Fei Tzu*，1967）、《庄子全集》（*The Complete Works of Chuang Tzu*，1968）、《唐代诗人寒山诗百首》（*Cold Mountai*：*100 Poems by the T'ang Poet Han-shan*，1970）、《中国诗赋》（*Chinese Rhyme-Prose*，1971）、《随心所欲：陆游诗赋作品选》（*The Old Man Who Does as He Pleases*：*Selections from the Poetry and Prose of Lu Yu*，1973），他还翻译了大量日本文学作品，这些早期翻译为他编撰该选集打下良好的基础。该选集所收作品全部为华兹生本人翻译，其中收入14位词人的37首词作。1986年，齐皎瀚（Jonathan Chaves）在华兹生选集基础上续编了《哥伦比亚中国诗选：元、明、清（1279—1911）》——*The Columbia Book of Later Chinese Poetry*（*Yuan*，*Ming and Ch'ing Dynasties*，*1279—1911*），翻译了元明时期词人吴镇、沈周、杨慎三人的部分词作。

1986年，印第安纳大学的罗郁正教授与曾任教于亚利桑那州立大学的舒威霖（William Schultz，1923— ）教授编撰了英语世界第一部清代诗词选集《待麟集：清代诗词集》（*Waiting for the Unicorn*：*Poems and*

---

① C. H. Kwock & Vincent Mchugh, *Old Friend From Far Away*：*150 Chinese Poems from the Great Dynasties*，San Franciso：North Point Press，1980.

Lyrics of China's Last Dynasty，1644—1911)，由印第安纳大学出版社出版。该选集共译有 72 位清人的作品，其中译有 27 位词人的词作，屈大均、彭孙遹、曹贞吉、吴锡麒、王采薇、项鸿祚、庄棫等大批词人的词作都是首次被译介至英语世界。

20 世纪七八十年代，英语世界的词作译介成果丰硕，个案研究也取得一系列成果，辛弃疾、姜夔、吴文英、苏轼等词人研究都有专著产生。此时期的中国词学研究具有如下两个特点：其一，如果说西方本土汉学家对英语世界中国古典词作的翻译与经典化作出了突出贡献，那么华裔汉学家的词学研究则占据英语世界的主导地位，他们推进了英语世界词学研究的深度。其二，华裔汉学家的词学研究方法不同于中国本土学者，由于谙熟中西两种文学传统，精通西方文学理论，他们在西学中用中显示出深厚的理论功底，语言学、新批评、结构主义、文体学等西方文学批评方法被广泛运用，使一些研究著作具有分析性、逻辑性强的特点，往往观点新颖、新见迭出。

1971 年，罗郁正教授出版《辛弃疾》(*Hsin Ch'i-chi*，1971) 一书，向英语世界介绍了辛弃疾的生平经历，展示了作为隐士与艺术家的辛弃疾形象，探索其词作艺术世界里的悖论 (Paradox)、智慧 (Wit) 与用典 (Allusion)，全书共翻译辛弃疾词 39 首。该书也是"特怀恩世界作家系列丛书"中的一种。1978 年，美籍华裔学者林顺夫出版《中国抒情传统的转变——姜夔与南宋词》(*The Transformation of the Chinese Lyrical Tradition: Chiang K'uei and Southern Sung Tz'u Poetry*) 一书，无疑受到西方学术传统与文学批评的影响，"结构"是他分析姜夔词艺术特色的理论基点，无论是从形式上考察姜夔词词序与词作在结构上的关系，还是探索其词作中抒情主体的位置，都是从"结构"的角度来探索姜夔词的美学特征。

任教于加拿大不列颠哥伦比亚大学的叶嘉莹教授在海外传播中国古代文学，讲授中国古典诗词，影响了一批海外学者投身于中国古代诗词的研究。叶嘉莹论词见解独辟，她直探词体美感特质，提出著名的"兴发感动说"，同时，她还运用西方符号学、女性主义、阐释学等西方文学理论解释词人美学特质。她的中文论著多达 10 余种，以英文写就的论文有《〈花间集〉之含混与女性声音》(Ambiguity and the Female Voice in Hua-chien Songs)、《大晏词的欣赏》(An Appreciation of the Tz'u of Yen

Shu)、《论苏轼词》(On the Song Lyrics of Su Shih)、《论辛弃疾词》(On Hsin Ch'i-chi's Song Lyrics)、《拆碎七宝楼台——谈梦窗词之现代观》(Wu Wen-ying's Tz'u: A modern View)[①]、《王沂孙及其咏物词》(On Wang I-sun and His Songs Celebrating Objects)[②]、《陈子龙词与词之复兴》(Ch'en Tzu-lung and the Renascence of the Song Lyric)、《常州词派词论》(The Ch'ang-chou School of Tz'u Criticism)[③]、《王国维词及其文学理论》(Wang Kuo-wei's Song Lyrics in the Light of His Own Theories)[④]、《王国维批评实践与理论》(Practice and Principle in Wang Kuo-wei's Criticism)、《王国维之人格》(Wang Kuo-wei's Character)，以上论文都收入海陶玮与叶嘉莹合著的《中国诗词研究》[⑤]一书中，这些研究成果对英语世界词学研究影响深远。吴文英词被张炎斥为"如七宝楼台，炫人眼目"(《词源》)，叶嘉莹则在《拆碎七宝楼台——谈梦窗词之现代观》中将实证研究与感性分析相结合，论述梦窗词颇具现代特色的艺术特点，剖析其词作包蕴的幽微精美之处，使现代学者重新认识梦窗词的美学价值。碧山词历来不为学者所重视，但叶氏的《王沂孙及其咏物词》一书，引起英语世界对咏物词这一亚文类的重视。比如，1986 年，耶鲁大学孙康宜教授发表《〈乐府补题〉中的象征与托喻》(《哈佛亚洲研究杂志》第 46 卷第 2 期，1986 年）一文讨论《乐府补题》里咏物词的象征与托喻手法。1987 年，曾任布朗大学比较文学系研究员的杨宪卿完成其博士论文《宋代咏物词的美学意识》(Aesthetics Consciousness in Sung Yung-Wu Tz'u，普林斯顿大学，1987 年，指导老师高友工)。叶嘉莹教授的高足、华裔女学者方秀洁也发表了一篇论咏物词的文章《论咏物词的发展与吴文英的咏物词》[⑥]。1987 年，方秀洁的博士论文《吴文英与南宋词艺术》

---

① *Harvard Journal of Asiatic Studies*, 1969, 29, pp. 53—92.

② *Harvard Journal of Asiatic Studies*, 1980, 40 (1), pp. 55—91.

③ *Harvard Journal of Asiatic Studies*, 1975, 35, pp. 101—132.

④ In Pauline Yu (ed.), *Voices of the Song Lyric in China*, Berkeley: University of California Press, 1994.

⑤ James R. Hightower & Florence Chia-ying Yeh, *Studies in Chinese Poetry*, Cambridge, Massachusetts, and London: Harvard University Asia Center, 1998.

⑥ ［加］方秀洁：《论咏物词的发展与吴文英的咏物词》，陈磊译，载施蛰存编《词学》2000 年第 12 辑。

(Wu Wenying and the Art of Southern Song Ci Poetry) 由普林斯顿大学出版社出版，论著全面介绍吴文英的生平经历，探讨吴文英的艺术特点与写作主题。其中一章《吴文英的咏物词：作为技艺与作为隐喻的诗歌》也发表于《哈佛亚洲研究杂志》第 45 卷第 1 期（1985 年）。

英语世界关于苏轼的译介与研究十分多，早在 19 世纪 30 年代，就有英国译者李高洁（Cyril Drummond le Gros Clark）翻译的《苏东坡文学作品选》[①] 及《苏东坡诗赋选》[②]、林语堂用英文写作的《苏东坡传》[③]、华兹生翻译的苏轼诗词作品《宋代诗人苏东坡作品选》[④] 等译作。研究成果也颇为丰硕，专著有文森特·杨的《自然与自我：苏东坡与华兹华斯诗歌比较研究》[⑤]、艾朗诺的《苏轼的作品、形象与事迹》[⑥]、加州大学傅君劢的《通往东坡之路：苏轼诗学声音的发展》[⑦]、管佩达的《重游庐山：苏轼生活与创作中的佛教因素》[⑧]、毕熙雅（音译）的《苏轼文学思想里的传统与创新》[⑨]，论文有马奇的《苏轼作品中的自我与风景》[⑩]、艾丽斯·

① Cyril Drummond le Gros Clark, *Selections from the Works of Su Tung-p'o*, London: J. Cape, 1931.

② Cyril Drummond le Gros Clark, *The Prose-poetry of Su Tung-p'o*, Shanghai: Kelly & Walsh, Ltd., 1935.

③ Yutang Lin, *The Gay Genius: The Life and Times of Su Tungpo*, New York: John Day Co., 1947.

④ Burton Watson, *Su Tung-p'o: Selections from a Sung Dynasty Poet*, New York: Columbia University Press, 1965.

⑤ Vincent Yang, *Nature and Self: A Study of the Poetry of Su Dongpo with Comparisons to the Poetry of William Wordsworth*, New York: Peter Lang Publishing, Inc., 1989.

⑥ Ronald C. Egan, *Word, Image, and Deed in the Life of Su Shi*, Cambridge (Massachusetts) and London: Harvard University Press, 1994.

⑦ Michael Anthony Fuller, *The Road to East Slope: The Development of Su Shi's Poetic Voice*, Stanford: Stanford University Press, 1990.

⑧ Beata Grant, *Mount Lu Revisited: Buddhism in the Life and Writings of Su Shih*, Honolulu: University of Hawaii Press, 1995.

⑨ Xiya Bi, *Creativity and Convention in Su Shi's Literary Thought*, Lewiston N. Y.: Edwin Mellen Press, 2003.

⑩ Andrew Lee March, "Self and Landscape in Su Shih", *Journal of the American Oriental Society*, 1966, 86 (4), pp. 377—396.

陈的《苏东坡的诗歌、政治学与哲学》[①]、蔡涵墨的《探寻苏轼之流放：作为个案的宋代司法实践》[②] 等。不过，由于苏轼在诸多领域都取得很大成就，英语世界的苏轼研究重点并非在于其词作，尚未有专门译介研究其词作的文章专著。但是，刘若愚在其《北宋六大词家》（*Major Lyricists of the Northern Sung*，1974）、孙康宜在其博士论文《词与文类研究》（*The Evolution of Chinese Tz'u Poetry: From Late T'ang to Northern Sung*，1980）中都有专章讨论苏轼词作的艺术特点与词学贡献。这两部专著都是英语世界中国词学研究的佼佼者，前者受新批评等西方文学批评方法的影响，从措辞、句法、意象、典故、音律等微观层面细致剖析北宋六大词人的词作艺术风格，后者受西方语言学、文体学、新批评等理论的影响，围绕温庭筠、韦庄、柳永、苏轼等词人，从历时纵向与微观横向的层面探析宋词的流变轨迹。除苏轼外，英语世界还关注宋代欧阳修、陆游等人的诗词作品，艾朗诺于1984年出版了《欧阳修作品研究》[③]、焦大卫也于同年翻译出版《自由疏野：陆游诗词研究》[④]，两者都不是专门研究欧、陆二人的词作，但也旁涉两人的词作。

20世纪80年代还有几篇词学学术论文值得一提。柯素芝《中国古代文学中的性与超自然——以〈临江仙〉词为例》[⑤] 一文从神话学角度研究中国古代几种《临江仙》词的文学语言与主题思想，作者分析几位唐五代词人的《临江仙》，认为神女与君主的爱情是《临江仙》词探寻主题中的重要特点，并将原因追溯至宋玉的《神女赋》与《高唐赋》里神女与君王之间的爱情母题，全文体现出西方神话原型批评理论的影响。马迪琳娜·

---

① Alice W. Cheang, "Poetry, Politics, Philosophy: Su Shih as The Man of The Eastern Slope", *Harvard Journal of Asiatic Studies*, 1993, 53 (2), pp. 325—387.

② Charles Hartman, "The Inquisition Against Su Shih: His Sentence as an Example of Sung Legal Practice", *Journal of the American Oriental Society*, 1993, 113 (2), pp. 228—243.

③ Ronald C. Egan, *The Literarty Works of Ou-Yang Hsiu (1007—1072)*, Cambridge: Cambridge University Press, 1984.

④ David M. Gordon (trans.), *The Wild Man: Poems of Lu Yu*, Berkeley, California: North Point, 1984.

⑤ Suzanne Cahill, "Sex and the Supernatural in Medieval China: Cantos on the Transcendent who Presides over the River", *Journal of the American Oriental Society*, 1985, 105 (2), pp. 197—220.

朱撰写的《传统与创新的更迭：17 世纪词学的复兴》[①] 一文探讨了 17 世纪词学的复兴。

（三）深化期：词学研究中的西学中用

英语世界中国词学研究深受西方文学批评观念的影响，首先是文体研究（Genre Study）推动并更新英语世界中国词学研究的方法。20 世纪 50 年代以来，西方的文体研究在罗曼·雅各布逊等俄国形式主义者与弗莱、卡勒等欧洲结构主义理论家的推动下，获得新的发展。他们认为，个体词作与文类文体、作家风格和时代风习与文体形成、读者期待与文体形成之间有着密切的联系。正是在文体批评风行的 70 年代，白之教授编撰了《中国文学文类研究》[②] 这部论文集，内收入陈世骧、刘若愚等学者的中国文学文类研究论文。刘若愚教授的《词的文学性》—— "Some Literary Qualities of the Lyric (Tz'u)" 便收入该文集中。而 70 年代正在普林斯顿大学深造的孙康宜，也通过高友工、孟而康等学者接受了这股文学批评思潮的影响，萌发其博士论文选题，决定研究晚唐至北宋时期词体的演进过程，探讨词体成规与晚唐北宋几位词人风格之间的关系，这便是上文提及的《晚唐迄北宋词体演进与词人风格》一书，后来中文译本取名为《词与文类研究》。1987 年，方秀洁在台北召开的第五届国际比较文学会议上发表《宋词托喻解读里的语境化与文类符码》（Contextualization and Generic Codes in the Allegorical Reading of Tz'u Poetry）一文，后被收入《淡江评论》第 19 卷（1988—1989）中。1990 年 6 月，美国缅因州约克镇召开国际词学研讨会，从与会者提交的论题来看，此次国际大会主要从三个方面展开：一是从文类角度讨论词体的美学特质，如高友工（Yu-kung Kao）的《词体之美典》（The Aesthetic Consequences of Formal Aspects of Tz'u）、林顺夫的《词体特性之形成》（The Formation of Tz'u's Distinct Generic Identity）、宇文所安（Stephen Owen）的《词之传统中"真"的问题》（Meaning the Words: The Genuine as a Value in the Tra-

① Madeline Chu, "Interplay between Tradition and Innovation: The Seventeenth Century Tz'u (词) Revival", *Chinese Literature: Essays, Articles, Reviews* (*CLEAR*), 1987, 9 (1), pp. 71—88.

② Cyril Birch, *Studies in Chinese Literary Genres*, Berkeley: University of California Press, 1974.

dition of the Song Lyric）、施议对《词体结构论简说》（中文稿）。二是从女性主义角度研究中国词作。三是讨论词的传播、保存等问题。[①] 可以见出 90 年代以来英语世界词学研究的新发展，这些词学论文后来部分收入余宝琳编撰的《中国词里的声音》（*Voices of the Song Lyric in China*），于 1994 年由加利福尼亚大学出版社出版。

女性主义批评也对英语世界的词学研究产生深远影响。女性主义思潮除了上文论述到的影响了英语世界对中国女诗人作品的翻译外，还启迪西方学者运用女性主义文学批评方法分析中国词人词作。1991 年，叶嘉莹教授在哈佛燕京图书馆用中文写作的论文《论词学中之困惑与〈花间〉词之女性叙写及其影响》正是这股文学批评思潮的产物，文章运用西方女性主义文学批评对词为何具有幽微深隐、富于言外之意之美的特质，进行了溯本穷源的理论探讨。方秀洁的系列论文《刻写情欲：朱彝尊〈静志居琴趣〉里的爱情词》[②]、《宋词里的角色与面具》[③]、《论词的性别化——她的形象与口吻》[④] 都是从性别角度考察宋词里的男性视角与女性形象。在性别研究的学术思潮里，孙康宜特别关注清代才女柳如是的创作，1989 年，她在鲁特格斯大学（Rutgers University）召开的东亚人文学科研讨会上提交《柳如是与 17 世纪中国诗歌里的宫闱妇女》（Liu Shih and the Palace of Women in Seventeenth-Century Chinese Poetry）一文，在 1990 年缅因州国际词学研讨会上，提交《柳如是对晚明词学中兴的贡献》（Liu Shih and the Tz'u Revial of the Late Ming）一文，她还发表《柳氏与徐灿：阴性风格还是女性主义》[⑤] 等文，后来这些成果都在其研究专著《陈子龙柳

① ［美］孙康宜：《北美二十年来词学研究——兼记缅因州国际词学会议》，《词与文类研究》，李奭学译，北京大学出版社 2006 年版。

② Grace S. Fong, "Inscribing Desire: Zhu Yizun's Love Lyrics in Jingzhiju qinqu", *Harvard Journal of Asiatic Studies*, 1994, 54 (2), pp. 437－460.

③ Grace S. Fong, "Persona and Mask in the Song Lyric (Ci)", *Harvard Journal of Asiatic Studies*, 1990, 50 (2), pp. 459－484.

④ Grace S. Fong, "Engendering the lyric: Her Image and Voice in Song", in Pauline Yu (ed.), *Voices of the Song Lyric in China*, Berkeley: University of California Press, 1994.

⑤ Kang-I Sun Chang, "Liu Shih and Hsü Ts'an: Feminine or Feminist", in Pauline Yu (ed.), *Voices of the Song Lyric in China*, Berkeley: University of California Press, 1994.

如是诗词情缘》[①] 中有所体现。孙康宜、方秀洁等学者将性别研究理论运用于词体研究时，提出了一系列术语概念：男性凝视（Male Gaze）、男女声音置换（Cross-voicing）、性别越界，指出中国诗歌尤其是宋词里包含中国独特的艺术美学手法，即“面具美学”与“托喻美学”。其他的性别研究成果还有魏世德（John Timothy Wixted）的《李清照词：女作家与女性作家身份》（The Poetry of Li Ch'ing-chao：A Woman Author and Women's Authorship）[②] 等。

除从文体学、性别角度与细读角度来考察中国词之艺术特征外，英语世界研究者还开拓新的词学研究层面，从传播学、版本校勘等角度来研究宋词的声誉、词作归属问题。美国著名宋代文学研究专家艾朗诺发表《北宋词体的声誉问题》[③] 一文讨论宋词早期的声誉与接受状况，研究文人尊体之努力对词作风格的影响。美国马里兰大学中文系主任萨进德发表《宋词的发展语境：交流技术、社会变迁与道德》[④] 一文，采用文学社会学的方法分析词作的生产、出版、流通与消费，探析印刷文化对词体风格的影响，从版本角度进行研究的还有白润德的《信息的不确定起源：南唐二主词的文本传统》（Messages of Uncertain Origin：The Textual Tradition of the Nan-T'ang erh-chu Tz'u）[⑤] 等文。

20 世纪 90 年代以来英语世界的个案研究专著值得肯定的还有戴维·麦克劳的《17 世纪中国词人研究》[⑥]。戴维·麦克劳是刘若愚的学生，该论著以刘若愚的《北宋六大词家》为蓝本，也选取清代六位重要的词人为

① Kang-I Sun Chang, *The Late Ming Poet Ch'en Tzu-lung：Crises of Love and Loyalism*, New Haven：Yale University Press, 1991.

② In Pauline Yu (ed.), *Voices of the Song Lyric in China*, Berkeley：University of California Press, 1994.

③ Ibid.

④ Stuart H. Sargent, "Contexts of the Song Lyric in Sung Times：Communication Technology, Social Change, Morality", in Pauline Yu (ed.), *Voices of the Song Lyric in China*, Berkeley：University of California Press, 1994.

⑤ In Pauline Yu (ed.), *Voices of the Song Lyric in China*, Berkeley：University of California Press, 1994.

⑥ David R. Mccrow, *Chinese Lyricists of the Seventeenth Century*, Honolulu：University of Hawaii Press, 1990.

研究对象，考察陈子龙、吴伟业、王夫之、陈维崧、朱彝尊、纳兰性德六位词人的艺术特色。作者也采取先翻译、再研究的办法，从用辞、意象、句法、用典、音律几个方面分析词人作品。任教于丹尼森大学（Denison University）的连新达教授（音译，Xinda Lian）研究辛弃疾的词作，著有《疏野狂放：辛弃疾词里的自我表现》（*The Wild and Arrogant*：*Expression of Self in Xin Qiji's Song Lyrics*，1995），马里兰大学荣誉学院的教授田安（Anna M Shields，1966—　）发表其近作《精制选集：〈花间集〉的文化语境与诗学实践》（*Crafting a Collection*：*The Cultural Contexts and Poetic Practice of the Huajian Ji*，2006），采用统计学方法研究《花间集》，在英语世界反响强烈。温庭筠在英语世界颇受关注，其词作被反复翻译。另外，罗吉伟的《书写他人之梦：温庭筠诗歌研究》①、牟怀传（音译）的《重识温庭筠：其诗学迷宫的历史之匙》② 两部专著是研究温庭筠诗歌的。两书都是在作者的博士论文基础上修改出版的专著，不过，重心是对温庭筠的诗进行研究，词涉及得很少。

20 世纪 90 年代以来英语世界中国词作翻译出版已经不如七八十年代那样密集，学者们更热衷于中国历代文学选集的编撰。但有一部颇有分量的词集赢得英语世界的好评，这便是朱莉·兰多（Julie Landau）翻译的《春外集》（*Beyond Spring*：*Tzu Poems of the Sung Dynasty*），于 1994 年由哥伦比亚大学出版社出版。书名取自欧阳修《踏莎行》（候馆梅残）中最后一句“行人更在春山外”　（But He has gone even beyond the mountains，beyond spring!），作者对该句进行了创意翻译，诗意盎然。该词集共翻译了 15 位词人的 154 首词作，依据王仲闻《南唐二主词校订》与唐圭璋编的《全宋词》为底本进行翻译。

20 世纪 90 年代以来的中国文学选集还有孙康宜、苏源熙合编的《中国历代女作家选集：诗歌与评论》③，该书是一部规模庞大的女性作品选，

---

① Paul Frederick Rouzer，*Writing Another's Dream*：*the Poetry of Wen Tingyun*，California：Stanford University Press，1993.

② Huaichuan Mou，*Rediscovering Wen Tingyun*：*A Historical Key to A Poetic Labyrinth*，Albany：State University of New York，2004.

③ Kang-I Sun Chang & Haun Saussy，*Women Writers of Traditional China*：*An Anthology of Poetry and Criticism*，Stanford：Stanford University Press，1999.

邀请63位美国汉学家参与翻译，共收录了130多位中国古代女作家作品。词牌全部采用汉字拼音的方式，每位词人有小传，以帮助读者理解其作品。选集还收入女作家的文学评论，比如李清照的《词论》等。宇文所安选译的《中国古代文学作品选》（*An Anthology of Chinese Literature: Beginnings to 1911*），于1996年同时在纽约与伦敦出版。与之前具有通史性质的文学选集不同，该选集的所有译文均为宇文所安本人翻译，并且作者在翻译过程中对词作的背景进行注释说明，是一部译、研结合的文学选集。该选集将中国文学史分成六个阶段来介绍：早期中国文学（从早期民歌至战国）、中期中国文学（从西汉至隋朝）、唐代、宋代、元明与清代。在各代词人中，选译宋代词人共计21位，清代词人有纳兰性德与王国维2位。宇文所安虽然将研究重心放在中国的文论、诗歌研究上，但他在词的翻译上也做出了较大贡献。宇文所安翻译的李清照的6首词作《南歌子》（天上星河转），《渔家傲》（天接云涛连晓雾），《如梦令》（常记溪亭日暮），《醉花阴》（薄雾浓云愁永昼），《武陵春》（风住尘香花已尽），《声声慢》（寻寻觅觅）均被收入梅纳德·麦克编撰的《诺顿世界文学选集》（扩展版）[①] 中，这意味着李清照开始了走向世界化的进程。此时期收入大量英译词作的选集还有上文提及的梅维恒的《哥伦比亚中国古代文学选集》、闵福德的《中国古代文学译作选》（卷一）[②]、J. P. 西顿的《香巴拉中国诗选》[③] 等。

总体来看，英语世界中国词学研究具有如下几个特点：

第一，就传播历程而论，英语世界中国词的译介研究发轫于英国，成熟于美国，译介研究重心也随之由英国转移至北美，尤其是美国。

第二，就认知过程而论，西方汉学家对“词”的认识经历了有意忽略/懵懂无知到重视词的文类特征的过程。从韦利最初将“词”作为一种

---

① Maynard Mack, *The Norton Anthology of World Masterpieces* (expanded edition), New York and London: W. W. Norton & Company, 1956, 1965, 1979, 1985, 1992, 1995.

② John Minford & Joseph S. M. Lau, *Classical Chinese Literature: an Anthology of Translations* (From Antiquity to the Tang Dynasty, Vol. 1), New York and H. K.: Columbia University Press and The Chinese University Press, 2000.

③ J. P. Seaton, *The Shambhala Anthology of Chinese Poetry*, Boston and London: Shambhala Publications, 2006.

与“诗”无异的文体进行翻译到孙康宜等学者从文体的角度分析词作为一种独特艺术门类的美学特征，正是20世纪英语世界中国词学研究的重大转折。

第三，就翻译主体而论，英语世界本土汉学家与华裔汉学家在译介与研究上都对中国词学做出杰出贡献，但总体而言，在译介上本土汉学家更为突出，而在研究上华裔汉学家则更胜一筹。

第四，就翻译策略而论，英语世界的译者积极探索翻译中国古典词的模式，译者身份各异，译文面貌也各不相同。总体来看，诗人译作更具创造性，学者译文更具学院派特点。就典故俗语等文化内涵词的翻译而言，本土汉学家倾向于归化翻译而华裔汉学家倾向于异化翻译。译文有自由体散文诗，有自由体韵文诗，也有格律诗。总体来说，英语世界的词作翻译由最初的归化翻译逐步过渡到尊重原作意义与文化精神的意译。

第五，就传播媒介而论，中国古典词的英文选集在重塑中国古代词人在英语世界的历史地位中具有重大作用，有影响力、传播广泛的大型综合选集改变了中国词人在世界文学史上的历史地位。

第六，就研究理念而论，西方文化思潮与学术脉络影响了英语世界中国词学的译介研究，西方学者将女性主义、文体学、新批评、语言学等西方文学批评的理念与方法运用于词学研究，使得英语世界的词学研究迥异于大陆的词学研究，也使得中国词人由民族化走向世界化时，地位发生戏剧性的变化。

第三节　英语世界中国古代词人地位的定量分析[①]

在中国历代词评与当前词学研究史中，最受大陆学者重视的十大宋代词人依次为辛弃疾、苏轼、周邦彦、姜夔、秦观、柳永、欧阳修、吴文

① 本节写作受惠于武汉大学文学院王兆鹏教授的定量分析法，同时参考王兆鹏、刘尊明《历史的选择：宋代词人历史地位的定量分析》一文。

英、李清照、晏几道[①]。那么，当中国古典词作被译介到英语世界时，中国词人的历史性地位会发生怎样戏剧性的变化？考察东西方学者对中国词人词作的选择差异与不同偏好，可以管窥具备何种质素的词人词作更易西方化与世界化，把脉中国性与民族性转化成世界性的困难所在，并由此进一步探索中西文化之间的异质性能否被沟通。据此，本节对英语世界的词学研究状况进行详细全面的考察，以英语世界西方词学研究者公开出版的词学论文论著及词作译本为考察对象。

一 数据统计与分析

笔者从以下四个方面来统计数据：英语世界词人词作的翻译数量，译者人数、研究成果数量与选集中词人词作的入选数量。

（一）译目数量

西方译者选择翻译对象受制于下面几个因素：（1）译者对对象的审美偏爱；（2）原始材料容易获得（这在早期翻译中是很重要的因素）；（3）出版译作后商业利润的考量；（4）对象的可译性；（5）对象可以为西方读者提供思想与形式的灵感。第5点可以归入第1点中。当代社会交通便利、全球学术交流频繁，原始材料较易获得。通观中国词作的译者，大多是高等院校的专门研究者与诗人，他们在选择对象时商业利润的考量并不居于首要地位。因此，词人词作可以唤起的审美愉悦与思想形式的独到新颖，成为西方译者选择对象的首要因素。一位词人的词作被翻译得越多，说明其与译者的前理解越能发生融合与碰撞，其在英语世界的影响力也就越大。翻译是一种再诠释与再创造，法国文学社会学家埃斯卡皮认为，“翻译总是一种创造性的背叛”[②]。“说翻译是背叛，那是因为它把作品置于一个完全没有预料到的参照体系里（指语言）；说翻译是创造性的，那是因为它赋予作品一个崭新的面貌，使之能与更广泛的读者进行一次崭新

① 参见王兆鹏、刘尊明《历史的选择：宋代词人历史地位的定量分析》，《文学遗产》1995年第4期。

② ［法］埃斯卡皮：《文学社会学》，王美华、于佩译，安徽文艺出版社1987年版，第137页。

的文学交流；还因为它不仅延长了作品的生命，而且又赋予它第二次生命。”[①] 译者对作品的理解与诠释总有差异，因此同一作品的译本形态往往不同，用字措词、体式风格甚至是意义的诠释都有很大差异，可见，不同译本各自成为一种新的文学文本，成为英语文学乃至世界文学的组成部分。它们源于中国古代词作，但并不等同之，它们已经具有独立的文学价值与美学特征。基于此，本书在统计词作译目时，同一词作不同译者的译本采取累加计算方式，但不重复计入同一译者在不同地方发表的同一译作。因此，表格中统计的译目篇数是所有译作的总数，而不是指词人作品被翻译的篇目数。需要说明的是，本书统计的是已经公开出版的西方学者的译作，包括所有的译著、选集、研究论著与论文中的译作。未出版的博士论文所含译作没有统计在内。英语世界的词学资料在短期内难以穷尽，但笔者相信已经掌握了绝大部分词学资料，统计的数据也足以说明中国古代词人在英语世界的历史地位。

（二）译者数量

译者的数量也是反映词人在英语世界影响力与喜爱程度的重要标杆。凡公开出版过某位词人的译作，不论译者所译数量多寡，都统一计算在内。

（三）研究成果统计

影响力越大的词人，其作品就越能激发研究者的兴趣，研究成果无疑是展现词人历史地位的重要尺度。翻译就是一种理解与阐释，英语世界的译者进行词作翻译时，需要查阅大量资料，给词作做注等，因此，译著也计入研究成果之中。研究成果统计分为专著与论文两项。专著包括译著与研究性论著。由于一些词人身兼多种身份，比如苏轼身兼诗人、词人、政治家等身份，因此，本书只将专门研究词人词作的成果统计在内，一些既研究诗人诗作又研究其词作的论著，若以词为主，算作词人论著；若诗词分量各参一半，则将其统计成一篇论文；若词作只是附带提及，不计入在内。若研究者在论著中研究了多位词人，那么占据了一章分量的词人，按照一篇论文来计算。另外，专门研究词人词作的博士学位论文（含未出

---

① ［法］埃斯卡皮：《文学社会学》，王美华、于佩译，安徽文艺出版社 1987 年版，第 137—138 页。

版）计入论著。

（四）选集的入选篇目总量

中国古代文学选集无疑是英语世界学者构建中国文学经典的尝试，由于带有自身的知识框架、意识形态与美学趣味，词人词作进入英语世界选集的状况会与中国本土词人选集有较大出入。据此，选集成为一枚透视东西方不同审美趣味与学术指向的鲜活切片，也暗藏着中国古代词人在异质文化里地位迥异的内在原因。选集还可以考察古代词人在异域的影响力，哪些词人得以入选，哪些词人被排除在外，哪些词人词作篇目入选多，都体现了英语世界选集编撰者对词人地位的评价与考量。选集往往受时代学术思潮的影响，细致考察历代选集可以看出词人地位变迁背后潜在的西方社会思潮与学术旨趣的嬗变。考察不同阶段的选集，尤其是具有文学史性质的选集往往可以看出英语世界读者对词体地位的把握与认识变迁。

为了更加全面公正地考察中国古代词人在英语世界的历史地位，本书选取选集的标准如下：第一，原则上选本应以中国历代词作为对象，不考察唐代、清代断代选集，比如闵福德的《含英咀华集》（*Classical Chinese Literature: An Anthology of Translations*）因为只选到唐代部分词人，不在考察范围之列。第二，侧重某一类型、具有专题性质的选集，比如孙康宜与苏源熙（Haun Saussy）主编的《中国历代女作家选集：诗歌与评论》、王红公选编的《兰舟：中国女诗人作品选》等不纳入考察范围。当然，在具体讨论某位词人时，会考察到这类选集。第三，选取英语世界较具影响力与传播力度的选集。第四，选集既包括专门的词作选集，也包括涵盖中国各体文学作品的总集。选集中既有自编自译的词作选，也有集纳已有翻译成果的选集。前者无疑更能见出编撰者对词人地位的认识、评价及其美学趣味。本书考察的12部选集中，英国出版的有3部，有2部在英国与美国同时出版，其余的在美国出版。从年代来看，20世纪30年代1部，40年代1部，60年代3部，70年代2部，80年代1部，90年代3部，21世纪1部，基本涵盖了各阶段具有代表性的选集。下面一一介绍。

1. 英国女译者克拉拉·M. 坎德林翻译的《风信集：宋代诗词英译》。这是英语世界第一部以词为主要译介对象的选集，于1933年在英国伦敦出版。本译著涵盖了27位唐宋诗人的79首作品，其中，词作有60余首。译作排名前三位的是辛弃疾、陆游与姜夔，译作分别为9首、6首与5

首。李清照是唯一入选的女词人，但地位并不突出，译作只有2首。

2. 英国诗人白英选编的《白驹集：从古至今中国诗选》于1947年在伦敦出版，是英语世界第一部具有通史性质的历代诗歌作品选集，选译了从周代到现代的中国诗歌。其中，唐诗所占比重最大，占据1/3的篇幅，而词作数量较少，作者只选取李清照、辛弃疾、岳飞与纳兰性德4位词人的6首译作。可见，在白英心目中，宋词的地位远远不如唐诗。在这6首词中，李清照、纳兰性德译作各2首，岳飞、辛弃疾译作各1首。

3. 由邓根·迈根托斯与艾伦·艾丽共同翻译的《中国历代词选》由劳特利奇出版公司于1965年在伦敦出版。其中，李煜词译作最多，共19首，独占全部篇幅的26%，遥遥领先位列第一。其次是欧阳修、苏轼的译作，各6首。辛弃疾译作4首，位列第四。其余词人基本平均，各为1首或者2首。译者在中国生活多年，还在中国大学求过学，深深为中国古典词里词人深沉、鲜活的情感与生活方式所吸引，尤其偏爱李煜的词作。

4. 美国著名汉学家白之选编的《中国文学选集》共有上下两卷，涵盖从古至今（当代诗人）的历代中国文学作品，分别于1965年、1972年在纽约出版。它是英语世界第一部将宋词收入的具有文学史性质的中国历代文学作品选集，涵盖了中国历朝历代各种文类代表作。之前翟理斯等编撰的《中国文学史》都没有收入宋词。宋词得以进入选集，与敦煌词被发现、研究以及20世纪50年代白思达等美国学者的词学研究兴起密切相关。白之的这部选集选择了从唐至清共计24位词人的词作。其中，入选较多的词人依次是纳兰性德、李煜、温庭筠、韦庄与李清照，分别为12首、10首、8首、8首与7首。这部选集收入的词作大多依赖已有的译文。比如许芥昱（Kai-yu Hsu）于1962年在《美国现代语言协会杂志》（*Publications of the Modern Language Association of America*）第77卷第5期上发表《李清照之词》一文，介绍李清照的词作特点。在该文中，作者共翻译了17首李清照的词作，其中7首便被白之选入选集。可见，早期的选集编选带有较强的随意性，词人词作是否入选以及选入多少，与已有的翻译成果密切相关。由于早期词作翻译数量有限，译者不多，因此，入选的译作可选余地不大，质量也参差不齐。

5. 美国著名华裔汉学家柳无忌撰写的《中国文学导论》于1966年在美国布鲁明顿与英国伦敦同时出版，是第一部由华人撰写的中国文学史。

柳无忌是著名诗人柳亚子的哲嗣，具有深厚的中国文学修养，他的文学史撰写能将中国学术界对词人的评价与西方读者的审美趣味结合起来。该论著向英语世界的读者介绍了中国历代各体文学的主要成绩与代表人物，其中第八章介绍了词的产生与兴盛。

6. 美国汉学家威廉·麦克诺顿（William McNaughton）的《中国文选》（*Chinese Literature*：*an Anthology From the Earliest Times to the Present Day*）于1974年由查尔斯·E. 塔特尔（Charles E. Tuttle）公司出版，该选集也是一部具有通史性质的中国文学选集，涵盖从古至今的中国各体文学作品，但所选词作比重不大，共选入13位词人的24首词作。其中，所选李清照与李煜的词作最多，分别为6首、5首，李清照首次成为英语世界选集中入选词作最多的词人。

7. 上文介绍过的由柳无忌与罗郁正选编的《葵晔集》。

8. 美国著名翻译家华兹生选译的《哥伦比亚中国诗选：从古代到13世纪》于1984年由哥伦比亚大学出版社出版。该选集收入14位词人的37首词作，全部为华兹生本人翻译，苏轼、李煜、李清照词作分列第一至三位，分别收入8首、7首、4首。

9. 朱莉·兰多选译的《春外集》于1994年由哥伦比亚大学出版社出版。这是一部专门的宋代词选。选集收入15位词人共计154首词作，林逋、张昇等词人的词作首次被介绍至英语世界，其他诸位知名词人的一些词作也首次被英译。苏轼是译者最为重视的词人，选译有24首，占到全部词作的15%。其次是辛弃疾16首，李清照15首，柳永14首，李煜、欧阳修各13首。

10. 美国著名汉学家梅维恒教授编选的《哥伦比亚中国古代文学选集》于1994年由哥伦比亚大学出版社出版。这是一部按照中国古代文学文类编撰的文学选集，共分为五部分：第一部分是对中国古代文化的整体介绍与阐释，包括商周时代青铜器上的铭文、中国古代典籍里的哲学与宗教思想以及早期的文学批评思想；第二部分翻译了从《诗经》到清代袁枚历代代表诗人的诗歌，其中第二小节包括了从李白到王国维30多位词人的词作；第三部分的主体是中国古代散文选；第四部分介绍中国古代小说，第五部分介绍中国古代的口头表演艺术。杨慎、吴历等词人都是首次被翻译。李煜与李清照的词作被译介最多，各占10首，并列第一，其次是辛弃疾 8 首，苏轼与秦观各 5 首，并列第四。

11. 宇文所安选译的《中国古代文学作品选》。在各代词人中，宇文所安特别重视纳兰性德的词作，选译了纳兰性德 6 首词作，其次是晏几道，选译了 5 首，随后是李煜、吴文英、辛弃疾，各 4 首。

12. 21 世纪以来有影响力的中国文学选集是美国北卡罗来纳大学教堂山分校的 J. P. 西顿（J. P. Seaton）教授选译的《香巴拉中国诗选》，于 2006 年由香巴拉（Shambhala）出版公司出版，在波士顿与伦敦同时发行销售。香巴拉出版公司以出版佛教与古典智慧方面的书籍闻名。该选集只收入 4 位词人词作：李清照与欧阳修各 7 首，苏轼 6 首，柳永 3 首。

综合统计上述四项数目，绘制综合排名表如下：

表 1—1　　英语世界中国古代词人词作研译数据统计表

序号	词人	译目			译者		研究			选集		平均名次	最终排名
		存目	篇数	名次	人数	名次	论著	论文	名次	篇数	名次		
1	李清照	52	323	1	36	1	4	4	1	73	3	1.5	1
2	李煜	36	204	2	31	3	2	4	3	89	1	2.25	2
3	苏轼	362	156	6	32	2	1	4	5	82	2	3.75	3
4	辛弃疾	629	170	5	29	5	3	1	4	67	4	4.5	4
5	韦庄	48	181	4	30	4	3	3	2	24	10	5	5
6	温庭筠	60 多	145	7	27	6	0	7	7	34	6	6.5	6
7	柳永	213	195	3	22	8	0	6	8	31	8	6.75	7
8	欧阳修	242	133	8	23	7	0	2	9	41	5	7.25	8
9	周邦彦	186	57	9	16	11	1	1	6	28	9	8.75	9
10	纳兰性德	348	56	10	17	10	0	1	11	32	7	9.5	10
11	陆游	145	53	11	19	9	0	2	9	21	12	10.25	11
12	晏殊	140	47	12	13	12	0	1	11	24	10	11.25	12

表 1—2　**选集篇目统计表**

(本表只列主要词人词作，其他词人词作未纳入表格)

序列号	词人	风信集	白驹集	中国历代词选	中国历代词选续编	中国文学选集	中国文学导论	中国文选	葵晔集	哥伦比亚中国诗选	春外集	哥伦比亚中国古代文学选集	中国文学选集	香巴拉中国诗选	篇目累计
1	李煜	4	0	19	0	10	6	5	12	7	13	10	3	0	89
2	苏轼	1	0	6	14	3	5	0	6	8	24	5	4	6	82
3	李清照	2	2	2	0	7	4	6	11	4	15	10	4	7	73
4	辛弃疾	9	1	4	12	0	4	1	8	1	16	8	3	0	67
5	欧阳修	3	0	6	1	0	0	0	4	2	13	3	2	7	41
6	温庭筠	1	0	1	0	8	0	2	17	3	0	1	1	0	34
7	纳兰性德	0	2	2	1	12	0	0	8	0	0	1	6	0	32
8	柳永	2	0	1	0	0	2	0	6	0	14	1	2	3	31
9	周邦彦	4	0	2	1	0	2	1	4	1	11	0	2	0	28
10	姜夔	5	0	3	4	0	0	1	4	0	9	0	1	0	27
11	晏殊	2	0	2	1	0	0	0	2	0	13	2	2	0	24
12	韦庄	2	0	0	3	8	0	1	2	3	0	2	3	0	24
13	陆游	6	0	1	2	0	3	1	6	1	0	0	1	0	21
14	秦观	2	0	2	2	0	0	1	2	0	0	5	0	0	14
15	晏几道	1	0	1	0	0	0	0	4	0	0	0	5	0	11

表格说明：第一，表 1—1 中的“平均名次”是词人上述四项排名的平均名次。比如李清照词作译作共计 312 首，排名第一，翻译过李清照词作的译者人数为 33 人，排名第一，研究成果论著 4 部、论文 4 篇，排名第一，选集中收入译作总数累计 73 篇，排名第三。其平均名次为 1、1、1、3 的平均数 1.5。最终排名是将词人的平均名次排名后所得的名次，也是英语世界词人地位的具体体现。第二，表 1—1 中的各项排名是在这入选的 12 位词人中进行的，其他词人未进入排名。限于篇幅，笔者没有附

上其他各项数据的统计表格。

二　特点与缘由探析

分析表格数据，参照词人在中国历史上的地位，可以看出英语世界的中国词学研究与译介呈现如下特点：

第一，可译性文本更易在异质文化中传播。上述数据显示，在英语世界最受欢迎与重视的十大词人依次为：李清照、李煜、苏轼、辛弃疾、韦庄、温庭筠、柳永、欧阳修、周邦彦、纳兰性德。译目最多的前三位词人是李清照、李煜与柳永，译者参与翻译最多的前三位分别是李清照、苏轼与李煜。吸引研究者进行评论、研究的前三位词人是李清照、韦庄与李煜。入选选集篇目最多的前三位分别是李煜、苏轼与李清照。可见，李清照与李煜成为英语世界影响力最大的两位词人，尤其是李清照，在12部选集中，她是唯一一位被所有选集收入的词人。苏轼与辛弃疾位居第三、第四。而中国历代最受重视的宋代词人依次为辛弃疾、苏轼、周邦彦、姜夔、秦观、柳永、欧阳修、吴文英、李清照、晏几道，可见，苏轼与辛弃疾是东西方异质文化语境中地位相对稳定的词人，都被给予相当重视。姜夔与秦观在本民族语境中地位突出，在异域文化中则影响力小；李煜、韦庄、温庭筠在英语世界备受欢迎，而根据王兆鹏、刘尊明《历史的选择——宋代词人历史地位的定量分析》一文的数据统计与研究资料，这三位词人在本民族的地位尚未进入前三十名。综合上述数据分析可见，英语世界的译者倾向于言简意丰的词作，而过滤掉晦涩难懂的词人。

1976年，人类学家爱德华·霍尔出版的《超越文化》一书提出文化分为高语境文化与低语境文化。他认为，在低语境文化中，信息主要通过语言传递，非语言的语境性信息对信息的传递影响有限。而在高语境文化里，信息的传递与解码依赖于受信者与语境，这种语境包括交际双方的文化背景、习俗惯例和交际的具体语境。他还认为，“任何交流都表现为高环境、低环境或中环境”①。文学文本也可以分为高语境与低语境的文本。高语境的文学文本更依赖语境，包括作者创作时的个体语境、时代语境与作者所处的文学传统与文化语境。要理解明白高语境的文学文本语言，需

① ［美］E. T. 霍尔：《超越文化》，韩海深译，重庆出版社1990年版，第121页。

要深入了解语言背后的文化系统，通过表层的语言捕捉深层的含义，其表达方式较为含蓄、隐晦与间接。而低语境的文学文本语言更少依赖语境，其信息往往通过语言便可以获得，语境与文本作者只包含较少的信息，其表达方式较为直接。身处不同文化圈的读者无疑更易进入低语境的诗学文本，其审美体验来得更为畅快、直接。不同体裁的文学文本的语境往往也存在高低之别，抒情性的诗歌往往比叙事性的小说更依赖于语境。因为诗歌受到篇幅与文学形式的限制，要传达更深广的意义，需要调动更多具有文化积淀的文学故实，采用文化体系中读者熟悉的编码，也因此更依赖于文学传统与文化语境。这也是中国古代文学中小说、戏剧这些叙事性艺术最先被外国人译介的原因①。同一体裁里不同作家由于个性特征、艺术趣味、审美追求等方面的不同，作品也往往分为高低不同的语境。

纵观英语世界词作的英译，排列前五位的李清照、李煜、苏轼、辛弃疾与韦庄的词作，相比备受中国古今词评家、词选家推崇的周邦彦与姜夔来说，属于低语境的文学文本。这五位词人的词作往往真情流露，纯任性灵，坦率抒发真情实感，直言表达内心最深处的体验与感受，即使是不了解其生平经历与创作背景，大部分词作表达情感的深沉真挚与普遍性也足以唤起读者的体认与感动。他们的词作语言相较其他词人具有浅显易懂的特点，英语世界的读者也更易进入他们的文学世界并获得审美愉悦。由于其语言更少依赖文化语境，译者也更易传达语言所包含的信息。因此，对比上述表格中译者与译目的数据，就会发现，低语境的文学文本及其词人的确更易吸引译者参与翻译，李清照与李煜的诸多浅显易懂而别有趣味的篇目被反复翻译，比如《如梦令》（常记溪亭日暮）的译文更多达 15 种②。而高语境的词作由于浓缩大量文化语码而难以翻译转化，其民族性难以在异质文化之间转换生成具有世界性意义的质素。

第二，可译性是异域读者进入词人审美世界的重要因素，独特性——包括词人身份的独特性及由此带来的艺术独特性——则是吸引异域读者关

① 最早被翻译介绍至欧洲的中国文学是小说《好逑传》，1719 年被英国商人威尔金逊翻译成英文。1741 年，《赵氏孤儿》被哈切特改编成《中国孤儿》在伦敦出版。参见葛桂录《中英文学关系编年史》，上海三联书店 2004 年版，第 44、49—50 页。

② 本处只计算英语世界西方译者的英译本，限于篇幅不一一列举版本，可参见本书第二章第二节。

注的重要因素。英语世界译介词人词作时，李煜的帝王身份与李清照作为中国历史上最具代表性的女词人身份被反复书写。身为君王政客却具有极高的艺术鉴赏力，写得一手好词、精通音乐，享尽了人间富贵，旋即又失去了自由与国家，与此同时，艺术成就却达到顶峰，李煜坎坷戏剧般的一生充分满足了西方读者对异域东方的想象。英国译者邓根·迈根托斯与艾伦·艾丽便尤其推崇李煜，他们在《中国历代词选》中选译了19首李煜的词作，远远多于其他诸位词人的词作。在人物小传里，译者这样介绍李煜："李煜是一位学者、诗人、音乐家与画家，但不是政客，据说宋太祖曾说，'如果李煜治理国家的才能有他作诗那样精湛，我如何能够俘虏得了他?'……在沦为阶下囚之前的词作里，饱含着他敏锐的观察力、对生活的热情与对自我欲念的偏执追求，这对作为君王的他来说是危险而不负责任的。"[①] 同时，译者也认为正是在沦为俘虏的阶段，李煜的词作获得一种痛楚感，造就了他不可被模仿的艺术风格。"擅长使用简单字，充分利用长短句的并置艺术以及极少运用典故，这使得他的词作风格独一无二，难以被模仿。"[②] 印度译者沙希德·苏拉瓦尔迪（Shahid Suhrawardy）与刘易玲（Yih-ling Liu，音译）在译著《李后主词选》的序言里，将李煜塑造成一个打破阶级局限、具有平等意识的君王，他热爱艺术，也是一位虔诚的佛教徒[③]。这位多才多艺具备东方色彩的君王的悲剧命运吸引异域读者进入其艺术世界，体味其以血铸就的幽怨词篇，其本色洗练的语言风格、真挚直率的情感都与其非凡独特的生平经历密切相关，极具个性化特征，造就他不可被模仿的艺术诗篇，这是西方读者始终喜爱其词作并将之置于重要位置的原因。

相似而相异的是韦庄，他的词作可读性甚强，也是文意明晓，甚至可以当做故事来读。孙康宜将韦庄的词作特点概括为"直言无隐"："直言无隐的修辞言谈一旦结合附属结构与直述词，作者就得敞开心扉，把意图暴

---

① Dungan Mackintosh & Alan Ayling, *A Collection of Chinese Lyrics*, London: Routledge and Kegan Paul, 1965, p. 29.

② Ibid.

③ Yih-ling Liu & Shahid Suhrawardy, *Poems of Lee Hou-chu*, Bombay, Calcutta and Madras: Orient Longmans Ltd., 1948, Preface.

露在众人之前。”[①] 韦庄低语境的词作吸引了诸多译者翻译、研究，分别位列第四、第二，但是，文选家们却并不推重韦庄词作的艺术价值，其词作篇目在选集中处于第十位。

与李煜一样，李清照的生平经历与生活趣事在英语世界中国文学爱好者中广为传播，李清照夫妇猜书斗茶、琴瑟相和、相从赋诗的生活细节被反复书写[②]，让读者不禁向往这种夫唱妇随、琴瑟和谐，有着共同雅趣的东方夫妻，字里行间更充溢着对这对狂热爱好书册、古玩、石碑等艺术的夫妻的东方想象，李清照的才情也因此为英语世界的读者所激赏。中国台湾女诗人胡品清出版了英语世界第一部有关李清照诗词及生平的传记《李清照》(1966)，书中描绘了李清照的一生，认为李清照是美的化身，“有关她本人及其诗词的一切都是美的，她的情感引导她写作，她的诗词比任何抽象的美学论文都要有说服力。她是多才多艺的艺术家，与丈夫过着艺术般的生活”[③]。“李清照的一切都是美的，她在用梅花修饰发髻中获得愉悦，她喜爱漂亮的服饰，她擅长绘画，她喜欢歌唱，弹奏乐器，她在凝视花儿与鸟儿中，在庭院里徘徊时获得愉悦。更重要的是，她将灵魂中的色彩与音乐编织进诗词中，使它们充满着音乐的和谐，绘画般的美丽与建筑式的结构。”[④]

与李煜一样，李清照早年也生活得幸福快乐，到了中年却体验了国破夫亡的痛楚，词作艺术风格也为之一变。在传统文学中，中国女性的形象与心理体验往往通过中国男性文人之笔传递出来，直到李清照，她细致摹写了自我内心的深层情感与生活细节，让读者得以进入东方女性自我书写的世界。女性独特的心性体验、浅俗而精炼的用字以及清新的词风使得李清照词为词坛吹入一股本色之风。

第三，西方社会思潮与学术旨趣影响中国词人的地位变迁与世界化进

---

① ［美］孙康宜：《词与文类研究》，李奭学译，北京大学出版社 2004 年版，第 38 页。

② 比如，宇文所安在《追忆》里分析李清照《金石录后序》时的书写，艾朗诺在探讨宋代书籍形态时也谈到李清照夫妇猜书斗茶的情形，见艾朗诺《书籍的流通如何影响宋代文人对文本的观念》，沈松勤主编《宋代文学国际研讨会论文集》，浙江大学出版社 2006 年版，第 109 页，也见胡品清出版的英文传记《李清照》(1966 年)，第 33 页。

③ Pinqing Hu, *Li Ch'ing-chao*, New York: Twayne Publisher, 1966, p. 53.

④ Ibid., p. 56.

程。纵观李清照在英语世界的译介，其地位并不是从最开始就得到重视。考察历代选集中李清照词的比重，就会发现，《风信集》（1933）、《中国历代词选》（1965）等几部选集中，李清照词都不处于前列。直到柳无忌的《中国文学导论》（1966）及以后的选集，李清照词作才始终处于前三名的地位。李清照词的第一部英译全集在1966年由胡品清翻译，在纽约出版后，才先后有王红公、钟玲合译的《李清照词全集》，詹姆斯·克瑞翻译的《梅花：李清照词》等全译本及大量选译本。李清照在英语世界地位的提升及中国历代女诗人得以被译介与20世纪六七十年代西方女性主义思潮的兴起密切相关。女权主义批评作为西方文学批评领域一种崭新的批评方法影响了西方学术圈并逐渐扩散至世界，影响了文学史与文学选集的编撰，长期被忽视的女性作家被开掘出来。“女权主义批评的意图，便是改写文学史、文学批评史，重新发现在男性社会及父权中心下被埋没的女性作家和作品，建构支撑‘女性写作’和‘女性论述’的‘女性话语’。”[①]作为中国历史上最为炳耀史册的女诗人，李清照的历史地位被放大，在英语世界，她的影响力甚至盖过了其他所有的中国词人。在中国当代词学研究中也是如此，李清照研究成为仅次于“苏轼”的热点。“平心而论，李清照能成为本世纪词学研究的第二大‘热点’，也许主要并不是其词作的艺术成就能居第二位，而是由于她是宋代首屈一指的女性词人。”[②] 中国其他女诗人也纷纷伴随着这场影响深远的社会思潮开始西方化历程，清代女词人词作纷纷被译介，甚至成为西方学者研究的香饽饽。1972年，王红公与钟玲合译出版《兰舟：中国历代女诗人作品选》;，1999年，孙康宜与苏源熙合编了规模宏大的大型女作家选集《中国历代女作家选集：诗歌与评论》。大型中国古代文学选集《葵晔集》还收入顾太清等女词人。叶嘉莹、孙康宜与方秀洁等西方华裔学者将性别研究应用于词学研究，取得一系列重要成果[③]。口吻（Voice）、欲望（Desire）、面具（Mask）、男

① 赵一凡等：《西方文论关键词》，外语教学与研究出版社2006年版，第369页。

② 王兆鹏：《唐宋词史论》，人民文学出版社2000年版，第95页。

③ 如方秀洁的《论词的性别化——她的形象与口吻》（《词学》第14辑，华东师范大学出版社2003年版）、叶嘉莹《论词学中之困惑与〈花间〉词之女性叙写及其影响》（《词学新诠》，北京大学出版社2008年版）、孙康宜《陈子龙柳如是诗词情缘》（*The Late Ming Poet Ch'en Tzu-lung: Crises of Love and Loyalism*，1991）等。

女声音置换（Cross-voicing）、性别（Gender）也因此成为域外词学研究的关键词。可见，英语世界词人地位的嬗变不仅仅关涉诗学、美学层面，更是权力话语博弈与时代思潮嬗变的结果。

第四，情感的普遍性是中国古典词作实现世界性地位、得以成为世界文学经典的关键因素。李煜与李清照的悲苦言愁词作获得异域读者的普遍推崇与其词作能唤起相应的情感体验密切相关。李清照的《如梦令》（常记溪亭日暮）是英语世界西方译者翻译次数最多的词，已有 15 种译文，《武陵春》（风住尘香花已尽）则有 14 种译文，《声声慢》（寻寻觅觅）则吸引了 12 位西方译者反复翻译；李煜的《虞美人》（春花秋月何时了）译文有 13 种，《望江南》（多少恨）的译文有 8 种。邓根·迈根托斯在《中国历代词选》的序言中认为中国词作具有一种悲剧性特质，书写了人类对生命逝去的普遍性悲伤情感。“大部分中国词作在书写生命中的快乐时生发出一股辛酸感，同时产生对青春、爱情与生命过早消逝的强烈痛楚感。”[①] 其中，他又特别推重李煜，认为他的词作表现了人类“最鲜活、最深层的情感体验”[②]。这两位词人的地位实现由民族性、区域性向世界性转化的标志，便是入选两部全球极有影响力的世界文学选集。一本是梅纳德·麦克主编的《诺顿世界文学选集》（*The Norton Anthology World Masterpieces*，扩展版），其中仅收李清照一人的词作，由宇文所安翻译。该选集在英语世界传播甚广，先后于 1956 年、1965 年、1979 年、1985 年、1992 年、1995 年再版。另一本是 2004 年戴维·达姆洛什（David Damrosh）主编的 6 卷本《朗曼世界文学选集》（*The Longman Anthology World Literature*），在大量的英译中国古典词作中仅收入李煜、李清照各 4 首词作，意味着李清照、李煜作为“词”这一中国独特文类的杰出代表，被纳入世界文学经典大师的范围。

第五，译介的重复性、不平衡性与非系统性。英语世界译介中国古代词人多达百余人，然而，清代词人与女性词人大都只有几首词作被译介，零散而不成系统，而且重译现象严重。进行较大规模系统译介的不过 10

① Dungan Mackintosh & Alan Ayling, *A Collection of Chinese Lyrics*, London: Routledge and Kegan Paul, 1965, Preface, p. 12.

② Ibid.

余人，而其中又以李清照、李煜词作的重译最多。李清照、李煜存词数量都不多，分别为52首、36[①]首，译目则分别为319首、196首，译目总数是原作的五六倍。可见，英语世界在译介中国古代词作方面所投力量很不均衡。对比上述表格中的存词数量与译目数量便会发现，译目数量与词人存词数量、词人存目数量与词人在英语世界中的历史地位之间并无多大关联。译词不断重复的原因有二：一是英语世界词人所据版本大多是唐圭璋的《全宋词》，所选范围有限；二是译者常常是根据已有的译本进行重译。

第六，翻译与研究力量的分化。如果说翻译的中坚力量主要是西方本土译者的话，那么词学研究中，华裔学者的论著占据主体。在32部以古代词人词作为主要对象的译介研究专著中，有16部译著，16部研究与译介相结合的专著。在16部译著当中，由西方本土译者翻译的共10部，1部为西方本土汉学家与华裔学者共同翻译，即王红公与钟玲翻译的《李清照全集》。另外，有2部词学理论专著为华裔汉学家所译，即李又安与涂经诒分别翻译的《人间词话》，2部编选译著《待麟集：清代诗词选》与《中国历代女作家选集：诗歌与评论》，所收译作又主要是西方本土译者翻译的。可见，西方本土汉学家是英语世界词作翻译的主体力量。

研究性论著中，有9部论著为华裔汉学家所著，他们大都将翻译与研究结合起来。有5部词学论著为西方本土汉学家所著：魏玛莎的《莲舟：中国词在唐代俗文化中的起源》、艾朗诺的《欧阳修作品研究》、焦大卫的《自由疏野：陆游诗词研究》、戴维·麦克劳的《17世纪中国词人研究》、田安的《精制选集：〈花间集〉的文化语境与诗学实践》。另外两部为论文集，收入西方本土与华裔汉学家的词学论文。总体上，词学译著与研究成果丰硕，但在研究的深度与广度上，还有待加强。李清照、李煜等人的词作被大量翻译，但研究成果却较缺乏，尚未出现系统专门性研究论著。苏轼、欧阳修与陆游是英语世界学者介绍研究最多的宋代诗人，尤其是苏轼的研究多达10多部（含博士学位论文），但专门讨论研究其词作的不多。

第七，与中国大陆学者更重豪放派词人不一样，英语世界更青睐婉约

---

① 据杨敏如在《南唐二主词新释辑评》（中国书店2008年版，前言第8页）中的分析考证。

派词人作品，李清照、李煜等婉约抒情派词人无论是译作还是研究专著都远远多于辛弃疾与苏轼，位列前十的词人中也多倾向于婉约细腻的风格。大陆学者多年来更倾向于内容积极正面，在情感上能给予人正面激励、具有英雄主义情怀的词人，而英语世界诗人、学者则更重视中国文学作品在艺术手法上的独特处，希望从中获得更新西方艺术的灵感，婉约派词人无疑更重视炼字，在艺术上更精微。美籍华裔学者孙康宜认为，英语世界更重视婉约派词人的原因还在于其艺术趣味与西方的抒情诗暗相契合：“盖词之为体实与西方的抒情诗（lyric）暗相契合，均属音乐语言与文学语言并重的艺术形式，又皆以抒情为主，尤重感性修辞。换言之，二者都以表达人类最微妙的感情层次为目的。此外，词中所谓‘曲尽其妙’的境界，正合乎西方抒情诗百转千回的风格。”①

在词学的研究上，华裔汉学家由于通晓东西方两种语言，具有良好的中国古典文学修养与广阔的跨文化视野，其研究往往在中西文学之间游走，将西方理论运用于中国古典文学的阐发，体现出西方现代学术体制和主流文化思想的规训与影响，其研究也具有较为明显的西学中用色彩。英语世界的词学研究以其崭新的方法论与理论阐释体系拓展了词学研究的方法与思路。总体考察英语世界的中国词学成果，西方汉学家在推动中国古代诗词世界化进程中做出了突出贡献。

---

① ［美］孙康宜：《北美二十年来词学研究——兼记缅因州国际词学会议》，《词与文类研究》，李奭学译，北京大学出版社2006年版，第163页。

第二章

视角与策略：英语世界中国古典词的翻译研究

第一节　词的翻译实践与西学视角：以《花间集》为中心

一　现代性与福瑟克的“结构对等翻译法”

花间词人鼻祖温庭筠最早被译介至英语世界是在1931年，坎德林在《风信集》中翻译了温庭筠的一首词作《南歌子》（倭堕低梳髻），标志着花间词人在英语世界译介传播的开始。在英语世界，花间词人中温庭筠与韦庄最受关注。据统计有27位译者参与温庭筠词作的译介，译作有145首。有30位译者翻译过韦庄的词作，译作有181首。全面译介花间词人词作的是罗伊斯·福瑟克翻译的《花间集》，翻译了所有花间词人共500首词作。该译本以《宋本花间集》（台北艺文印书馆1960年版）、华连圃《花间集注》（上海商务印书馆1935年版）、李冰若《花间集评注》（香港乐知出版社1960年版）、李一氓《花间集校》（香港商务印书馆1960年版）、萧继宗《花间集》（台湾学生书局1977年版）为底本翻译，其中华连圃与萧继宗两人的注释与评说影响了罗伊斯·福瑟克对《花间集》的理解，对其译文有很大帮助。

（一）开掘《花间集》的审美现代性

罗伊斯·福瑟克对花间词人产生译介兴趣，无疑与她对花间词独特的审美价值的体认密切相关。她认为，“《花间集》的重点不在于其表达的内容，而在于其在特定诗学技巧范围内的表达方式"[①]。罗伊斯·福瑟克发现，花间词人尤其是温庭筠词的艺术特征与西方唯美主义、象征主义美学有暗相契合之处，她从中开掘出花间词的审美现代性特征，具体表现在如下几个方面：超越性、自律性、重视人工技艺以及想象力、多义性、官能性。

第一，超越性。罗伊斯·福瑟克认为，首先，花间词是对现实世界的一种逆反与背叛，它的诞生具有某种矛盾与悖论。"花间词描绘的是一个充满感官追求的奢华世界，但它们产生的时代却正处于水深火热的动荡之中。"[②] 花间词不再像传统的中国文学那样，追求文以载道的传统理念，也不再以反映现实生活、表征人民的苦难现实为目的，而是营造一个远离现实生活的华丽精美的世界。其次，其超越性与叛逆性还体现在艺术创作旨归上，她强调《花间集》是对传统道德说教与政治教化的反叛与超越。她指出，《花间集》词是为配合流行曲调而制作的，它不以精致或博学为旨归，也不是为了文学教诲，而仅仅是为了享乐。罗伊斯·福瑟克高度赞扬花间词人的艺术贡献，认为他们带给中国文坛一种新的韵文形式——一个时代带给另一个时代最好的礼物之一，因为，它们以其独特的形式刷新了人类的感知与体验[③]。罗伊斯·福瑟克认为温庭筠本人尤其体现出超越性与叛逆性，他拒绝接受被大家认同的价值观，而追求享乐，这在其词作中随处可见。

第二，自律性。从艺术价值的评判来看，罗伊斯·福瑟克强调《花间集》词艺术价值的自律性，反对从社会的、政治的与道德的层面来评论《花间集》，否定一切他律性的价值判断。她说："花间词一直以来被视为逃避主义的产物，渴望在美与享乐中结束痛苦。后世的批评家批评花间词人在死亡与毁灭直呈于前时，其表现的内容却是狭隘而琐碎的。传统道德观会谴责这群社会与政治结构最为依赖的群体逃避现实。然而，欣赏诗歌却不能立足于既定的诸种动机或者诗人的个人道德，应该完全从诗歌本身

① Lois Fusek (trans.), *Among the Flowers*, *The Hua-chien chi*, New York: Columbia University Press, 1982, Preface, pp. 4—5.

② Ibid., Preface, p. 10.

③ Ibid., Preface, p. 12.

的价值来评价《花间集》词。”[①] 法国象征主义代表波德莱尔也强调艺术的自律性，他说：“艺术越摆脱教训，便越取得大公无私的纯粹之美。……诗不可同化于科学和伦理，一经同化便是死亡或衰退。诗的目的不是‘真理’，而只是它自己。”[②] 马克斯·韦伯将审美的独立与自律视为现代性的重要表征，深受西方审美现代性洗礼的罗伊斯·福瑟克，其美学评论标准必然有异于传统的中国知识分子，她强调审美判断的合法性根据不在艺术之外的宗教、伦理、政治，而在于艺术本身，彰显出有别于传统的美学评判逻辑，这正是审美现代性的重要主题。

第三，强调人工技艺与自然一样重要。欧阳炯在《花间集序》云：“镂玉雕琼，拟化工而迥巧；裁花剪叶，夺春艳以争鲜。”[③] 他肯定了《花间集》雕琢艳丽的艺术趣味，认为这些美词巧夺天工，可与大自然的花朵媲美高下。这与传统中国文学一贯以来强调“天然去雕饰”的自然之美、主张冲淡幽远的自然之旨显然有别，却与西方波德莱尔等象征主义者的艺术主张有几分相似。波德莱尔十分重视人为艺术，主张艺术应远离自然。“自然对我们什么也没有教导，或几乎没有教导。……一切美好、高贵的东西都是人谋的结果。”[④] 只是欧阳炯尚未否定自然艺术的重要性，但他敢于肯定人工技巧同样重要，已经显示出花间派艺术旨趣有异于传统理念，体现出一种现代性特征。罗伊斯·福瑟克敏锐地指出花间词艺术的现代性特征：“《花间集》意象的主要特征之一，便是将人工与自然混杂在一起，通过这种方式，真实与非真实合二为一。物理世界被嵌入梦境世界，使得人们难以分辨哪里是开始、哪里是结束。”[⑤]

第四，开掘温庭筠词艺术表现手法与主题内蕴的现代性特征。罗伊斯·福瑟克揭示出温庭筠词的独特艺术特质，表现在：暗示、象征手法的运用、视觉想象力的重要性、意义的多重性以及由此营造出的独特心境与

---

① Lois Fusek (trans.), *Among the Flowers*, *The Hua-chien chi*, New York: Columbia University Press, 1982, Preface, p. 11.

② 伍蠡甫：《西方文论选》（下），上海译文出版社 1979 年版，第 226 页。

③ 金启华、张惠民：《唐宋词集序跋汇编》，江苏教育出版社 1990 年版，第 339 页。

④ 伍蠡甫：《西方文论选》（下），上海译文出版社 1979 年版，第 226 页。

⑤ Lois Fusek (trans.), *Among the Flowers*, *The Hua-chien chi*, New York: Columbia University Press, 1982, Preface, p. 13.

色调，这些都是审美现代性的表征。罗伊斯·福瑟克指出，温庭筠喜欢通过人造情境来暗示自然世界。暗示正是象征主义重要的表现手法，象征主义对传统艺术的超越与叛逆的表现之一便是反对模仿现实世界，直接描写现实世界，而主张用暗示的方式表现心灵世界。象征主义的代表人物马拉美认为："与直接表现对象相反，我认为必须去暗示。对于对象的观照，以及由对象引起梦幻而产生的形象，这种观照和形象——就是歌。……指出对象无异是把诗的乐趣四去其三。诗写出来原就是叫人一点一点地去猜想，这就是暗示，即梦幻。"[①] 暗示、象征手法使得诗歌艺术具有梦幻的神秘性特征，这使得象征主义艺术区别于传统艺术而具有现代性意味。象征主义艺术的现代性还表现在象征主义表现的不再是传统文学艺术中的客观世界，而是人的心灵状态。"这就是这种神秘性的完美应用，象征就是由这种神秘性构成的：一点一点地把对象暗示出来，用以表现一种心灵状态。反之也是一样，先选定某一对象，通过一系列的猜测探索，从而把某种心灵状态展示出来。"[②] 与象征主义诗歌相似的是，温庭筠词中也大量描写具有象征意味的闺阁饰物，重视书写主人公的感觉印象，这些视觉与感觉大多与外在现实世界无关，具有内指性与主观性的特点，温庭筠通过这些感觉、视觉书写来激发读者的联想与想象、刺激其感官，从而暗示主人公独特的心境。

由于象征主义强调通过象征手法来暗示内心世界，想象力对诗人来说尤其重要。波德莱尔十分重视想象力："第一次教给人们以形、色、声、香的道德意义的，便是想象力。在世界之初，想象力创造了比拟和比喻。它分解万物，使用一些除了灵魂最深处再无其他来源的规则，积累素材而加以处理，创造出一个新世界，产生出一种清新的感觉。"[③] 他还称想象力为"各种官能的皇后"，"它与一切官能有关；激动它们，驱使它们作战"[④]。罗伊斯·福瑟克在分析温庭筠《菩萨蛮》（宝函钿雀金鸂鶒）时，也认为视觉想象力对温庭筠来说应该十分重要，视觉想象力驱动着他对意

① 伍蠡甫：《西方文论选》（下），上海译文出版社1979年版，第262页。

② 同上书，第262—263页。

③ 同上书，第232页。

④ 同上书，第231页。

象选择的取舍，使意象得以呈现人物的内在心灵世界。她说："这首诗表面描写了一幅雅致而哀伤忧郁的场景，就像看一幅卷轴画那样，选择要关注的与要忽略的。显然，这样的一首词应该是由一位视觉想象力对其十分重要的诗人写成的，但是，就是在这些并置意象里，这些经过仔细地，甚至是人为挑选的意象里，诗歌呈现出意义与内在性的生命。"①

罗伊斯·福瑟克经由揭示温庭筠词暗示性特征，还指出温庭筠词所具有的另一重现代性：意义的多重性。她说："温庭筠词看似简单，实则不然。一个孤独的个体，常常是一位女性，通过一个单一的瞬间场景被描绘出来，而在这一时刻，温庭筠却捕捉到了人类的悲伤处境。"② 她认为温庭筠不仅仅是位香艳派词人，更是精神孤独的代表。温庭筠词作中的女性既无个性化特征又无个体人格特征，这使得人物具有抽象性，使之超越个体而成为人类普遍孤独精神的代表。温词的世界是一个梦幻的世界，如同镜中人物与影像相互交织映衬一般，在这里，感觉与意象穿过人物渴求入睡的意识。温庭筠的人物力图进入梦境，是将之作为抵抗痛苦的手段。他的主人公们将睡眠与梦境作为一种遗忘的手段或者是一种回归记忆中美好过去的方式，这是对与当下活动相反的现实的悬置。真实世界与虚拟世界的关联成为温庭筠所有作品的色调。这种生命体与复制品之间的对照形成了一幅短暂而永恒的图景。温庭筠词里的人物却是在人为虚拟世界中而非在自然世界里获取安慰。……人物的沉默与无意识的移动暗示着对现实的抵制，但是这种空洞可以是空虚，也可以是深奥，它有时候意味着对普通知觉层面的超越，也可以是如同植物般毫无思想的表征。温庭筠词可以被视为空洞的幻想，也可以视为对生命与体验深处的瞬间捕捉。③ 罗伊斯·福瑟克认为，温庭筠创造的这种独特的艺术色调、这种意义的多重性与象征主义的艺术旨趣极为相似。"波德莱尔试图将内在视界投射到外在世界，寻求主客之间的相互作用。他不希望直接描述体验，而是采用意象与象征来暗示它。他将普通生活中的事物纳入诗歌，使之呈现出的意义价值远远

① Lois Fusek (trans.), *Among the Flowers*, *The Hua-chien chi*, New York: Columbia University Press, 1982, Preface, pp. 15—16.

② Ibid., Preface, p. 13.

③ Ibid., Preface, pp. 18—19.

多于其本身。”[①] 这种追求诗歌艺术意义多样性与多元性的旨趣，正是审美现代性的重要特征。19 世纪末 20 世纪初以来的西方艺术思潮与文学批评的走向，便是追求意义的差异与多元，强调读者对文本意义建构的重要作用。“审美思维对差异或歧义的宽容恰恰正是审美现代性的特征之一，它呈现为多元性或多义的包容涵纳，它与科学思维追求唯一一种正确的解答不同。”[②]

罗伊斯·福瑟克揭示出温庭筠词作一系列与象征主义代表波德莱尔和马拉美作品相似的特征，这些特征无疑是审美现代性的症候，经由罗伊斯·福瑟克的诠释，温庭筠的艺术世界具有了一种现代意味。当然，罗伊斯·福瑟克也指出温庭筠与波德莱尔之间的差异，波德莱尔着迷于表现美与丑、天使与魔鬼的对立。对他而言，自然的是邪恶的，人为的则是美好的。而温庭筠并不关心美与恶，他的意象创造了一个美丽奢华却本质上空无的世界。在这一点上，温庭筠的词与马拉美的诗歌相似。两者的作品都有着敏锐的感觉性，并且倾向于使生活化为静止、成为反映现实的梦境。

（二）有意味的形式与“结构对等法”的创立

罗伊斯·福瑟克不仅从《花间集》产生的时代背景、艺术手法、意义内蕴等方面对温庭筠词进行现代性阐释，开掘出温词艺术世界的审美现代性特质，她还赋予词体结构形式一种现代性意义。罗伊斯·福瑟克认为，词体结构形式并非与其内容无关，中国诗歌的结构形式是有意味的，影响诗词的内容与美感的生成。为此，她积极探索译介《花间集》的不同方法：“在我翻译的这部《花间集》里，我试图赋予不同词作的结构形式以一定的意义。《花间集》的重点不在于其表达的内容，而在于其在特定诗学技巧范围内的表达方式。可以理解，中文与英文是两种完全不同的语言，要从结构上转译原文几乎是不可能的。但是对《花间集》这样的作品来说，结构形式十分重要，特别是要翻译其全部作品时尤其如此。”[③]

英语世界译介中国诗歌最为常见的是采用自由诗体形式，一方面，她

---

① Lois Fusek（trans.），*Among the Flowers*，*The Hua-chien chi*，New York：Columbia University Press，1982，Preface，p. 19.

② 周宪：《审美现代性的四个层面》，《文学评论》2002 年第 5 期，第 51—52 页。

③ Lois Fusek（trans.），*Among the Flowers*，*The Hua-chien chi*，New York：Columbia University Press，1982，Preface，pp. 4—5.

认为，虽然这种方法在大部分情况下很合适，“但是，采用自由诗体翻译《花间集》却无法显示出词的形式的重要意义”①。另一方面，她发现要完全将中文词作的结构转译成英文，是几乎不可能实现的，为此，她探索了一种新的翻译法，既可以通过译文见出原词的结构形式，保证同一首词牌的译文在结构样式上相同，同时，又尽力保证意义与风格的准确性，这便是她创造的“结构对等法”。“我试图采用一种从视觉上可以区分不同词牌的词体样式。同一首词或同一作者用同一词牌写的一系列词，其原文每行汉字字数相等的句子在译成英文时在长度上也是相等的。”② 罗伊斯·福瑟克希望通过这种空间结构上的安排使译文与原文一样获得一种诗学意义，从形式上区分不同词牌的结构形式。这样，不同词牌的形式差异可以更清楚地在译文中得以体现。但是，在形式上译文也不是与原文完全对应，因为汉字字数与译文字数便不对等。下面举例说明罗伊斯·福瑟克的“结构对等法”。以温庭筠的《女冠子》为例：

含娇含笑，宿翠残红窈窕。鬓如蝉，寒玉簪秋水，轻纱卷碧烟。雪胸鸾镜里，棋树凤楼前，寄语青娥伴，早求仙。

Reserved beauty, restrained smile, (4)
Her faded make-up, a veil of soft reds and blues, (6)
Her hair, a cicada's wings, (3)
Her jade hairpin, a ripple of autumn water. (5)
The rolled curtain, a silken mist of azure. (5)

Her breast shines snow - white in the mirror . (5)
Among the magical trees fronting the tower , (5)
She gives a message to a lovely fairy girl , (5)
Let the immortal come soon! (3)

---

① Lois Fusek (trans.), *Among the Flowers*, *The Hua-chien chi*, New York: Columbia University Press, 1982, Preface, p. 5.

② Ibid.

罗伊斯·福瑟克在英文译文后面用括号标示出原文的汉字数，原文字句相等的句子转译成英文后在长度上仍然相等。比如，原文中，上片的4第、第5句与下片的第6、第7、第8句都是五个字，翻译成英文后，它们在长度仍然相同，第3句与第9句都是三字句，译成英文后，它们在长度上也仍然相等。六字句与六字句的译文在长度上也与原文在空间上保持着相应的平衡。更为难得的是，罗伊斯·福瑟克不仅注意到在一首词中译文与原文保持一致，而且由同一作者写的同一词牌的词，译文的结构形态也保持一致。比如温庭筠写的另一首《女冠子》：

霞帔云发，钿镜仙容似雪。画愁眉，遮语回轻扇，含羞下绣帷。玉楼相望久，花洞恨来迟。早晚乘鸾去，莫相遗。

温庭筠写的这两首《女冠子》在结构上是相同的，罗伊斯·福瑟克的这两首译文在结构上也相同，看她对此词的翻译：

Clouds of hair fall to her collar.
Her fairylike face is as snow in the gilt mirror.
Her delicate brows painted,
She raises her dainty fan to hide her face,
And blushingly lowers the brocade curtains.

Long she looks for him from the jade tower,
Let him not come late to the flower grotto.
Eventually he will leave, riding a phoenix,
May he not forget her then!

此种翻译法是罗伊斯·福瑟克的首创，这种翻译方式无疑对译者提出极大的挑战，一方面要注意准确传达原文的意思与风格，另一方面又要兼顾同一词牌的结构形式。如何在形式与内容上达到一种动态的平衡？罗伊斯·福瑟克说，她的意图是要提示读者对中国古典词结构形式的重视，并不以追求每一首词结构的严整对饬为目的。“我希望用这种方法来揭示词人是在严格的结构形式内进行创作的。空间形式并不是，也不可能是原文的复制或完全拷贝。它只是一种手段，而非目的，仅仅用于提示读者词体形式的重要。此种样式有助于揭示花间词人力图掌握不同结构形式的方式，正如揭示交织于词牌内外的相同主题与形象一样。”① 因此，仔细考察不同作者同一词牌词作的译文会发现，尽管在整体的结构形式上，它们极为相似，但实际上在长度上仍然有所差异。另外，罗伊斯·福瑟克没有采取逐字翻译法，没有追求原文字数与译文字数的对等，这也为她的译文提供了创造的空间，得以在重视词体空间形式的同时保证原作意义情感的传递。

罗伊斯·福瑟克之所以创造这种“结构对等法”的翻译法，一方面是因为她重视中国古代诗词的空间排列形式，体悟到空间美感本身具有一种诗学意义，另一方面与她对《花间集》的现代性阐释密切相关。《花间集》译文前的序言、文末附录中的术语（Glossary）阐释都显示出罗伊斯·福瑟克对中国文学文化卓越的理解力、对《花间集》现代性特质的深刻揭示。她认为，花间词的结构与主题之间构成了一种张力，影响了花间词风格的形成，翻译应该努力揭示出这三者之间的关系，其“结构对等法”正有助于此。“此种译法也揭示出，原文精炼的结构使其与主题之间形成一种重要的张力，以使词作传递的深沉、热烈情感不至于泛滥，而是维持在一种平衡、一种可控制的范围内。正是这种间离效果形成了《花间集》词某种典雅、庄重的风格，使其不致过分感伤。”②

罗伊斯·福瑟克的“结构对等法”无疑带给西方读者视觉上的审美冲击，的确有助于英语世界的读者对词体结构形式的重视。不过，这种结构对等法的形式规范无疑也影响了罗伊斯·福瑟克对原文的翻译，有时为了形成结构上的对称与照应，她不得不增添、删减个别词语。比如《菩萨蛮》（小山重叠金明灭）一词中的“弄妆梳洗迟”，作者译为“Slowly, tardily, she gets ready for the day”，显然作者采用的是意译法，将具体的动作行为抽象化了，没有翻译“梳洗”两词的意思。要完全传递原文意

① Lois Fusek (trans.), *Among the Flowers*, *The Hua-chien chi*, New York: Columbia University Press, 1982, Preface, p. 9.

② Ibid.

思，应译为“Slowly，tardily，she makes up and freshens up”，但这样一来与上句就无法形成结构上的对等。再如《菩萨蛮》：

宝函钿雀金鸂鶒，沉香阁上吴山碧。杨柳又如丝，驿桥春雨时。画楼音信断，芳草江南岸，鸾镜与花枝，此情谁得知？

罗伊斯·福瑟克译为：

Mandarin ducks atop a gold hairpin dip over the pillow.
Above the aloe-wood hall，Wu Mountain seems to be jade.
Once again the willow branches turn to silk.
The spring rains have shut the post-bridges.

In the painted hall，all news is broken off.
South of the river，grasses cover the banks.
A flowering spray in the glow of the mirror，
Who can know what her feelings are just now?

该译文中译者添加了大量原文没有的动词：dip、shut、cover、spray，其原因一方面是原文词作中含有大量意象并置的句子，直接转换为英文则不符合英文语法，必须得添加动词，另一方面是译者为了使译文结构与原文保持对等导致的。最为明显的是最后一句，作者为了与上一句保持结构上的对等而添加了原文没有的意义“刚刚”（just now）。添加原文没有的动词，会改变原文意思与内涵的容量。“驿桥春雨时”这一句应当是主人公由窗外杨柳又发芽而联想到当年与“他”在驿桥分别也正是春雨时分，又到了春天，可是仍没有他的音讯。这样上片与下片之间形成一种关联与过渡。译文添加“have shut”之后，使回忆中的场景，成为现实世界的情景，并且与下文的“音信断”（all news is broken off）形成一种呼应，由此使读者误解为是由于春雨隔断驿桥，使得“他”的来信不能传递给“她”，这显然与原文的意思有所区别。原文的女主人公在年复一年的等待、一次次的失望中遭受心灵的痛楚，她已经多年来没有收到他的音讯了，原文表达的是她的痛苦绝望的心情，春天如此美好，而她的心境却如冬日般萧飒。而译文却暗示她只是由于春雨隔断驿桥暂时收不到他的音讯而已，而文末添加“just now”一词，表明她哀伤的情感并不是一种常态，只是某时某刻的一瞬而已，该词连同上文一起弱化了女主人公的悲惨处境，削弱全词哀伤的情感浓度。

英语世界的读者对其结构对等翻译法肯定者有之，否定者有之。亚利桑那州立大学魏世德认为，虽然原文诗句的空间结构具有意义，但是在英文诗歌中，诗行字数形成的空间毫无意义。“罗伊斯·福瑟克的翻译从视觉上讲，其长度的确接近，但是在英文中——其诗行字数的空间相对来说毫无意义。”他还认为，罗伊斯·福瑟克过分夸大了翻译中词的形式结构的意义，并且认为这种方式有误导倾向。他给出两种原因：第一，他认为，“起初，中国人是用耳朵听这些词作被演唱，一旦其出版，就像所有的古典诗歌一样，他们并不是以独立的诗行进行视觉上的排列”。第二，罗伊斯·福瑟克的这种翻译法会使得她为了形成特定的字数空间，改变原文的意思。“同样的原因，意译与省略也会频繁发生。并且最不幸的是，当读者遇到令人怀疑的译文时，常没有办法知道是罗伊斯·福瑟克误解了词意还是她仅将这种方法作为使译文符合其视觉策略的权宜之计。”① 魏世德分析得也不无道理，应该指出，一方面，虽然唐宋词是用来听的，但是对于具有极高审美能力的文人士大夫听众来说，词在演唱过程中会自动转换为视觉结构，结构形式肯定是文人十分重视的一个层面，不然，很多词牌的上下片就不必严整地对称了。另一方面，虽然罗伊斯·福瑟克在译文中会增添、删减字词，但总体来看，其译文十分忠实原文，不必说这种重视结构形式的译文，就是其他采用自由体形式翻译的译作恐怕也存在增添、删减字词的现象，这恐怕也是翻译中不可避免的现象，不能因为少数字句未能完全遵守原文而否定译者在翻译模式上探索的努力与创新。

（三）意象空间与动词序列的主题意义

罗伊斯·福瑟克在翻译花间词时十分重视原作者对词的结构布局与意象安排，体悟这种安排所带来的诗学意义及其与主题之间的关联。仍以

---

① John Timthy Wixted, “Review on *Among the Flowers*, *The Hua-chien chi*”, *The Journal of the Asian Studies*, 1984, 44 (1), pp. 163-165.

《菩萨蛮》（宝函钿雀金鸂鶒）为例加以分析。作者指出，"金发夹"(golden hairpin）本来没有特别的含义，但是当这一意象与"吴山"这一意象并置时，一种独特的内与外的空间关系由此而形成，暗示被奢华空间囚禁住的女孩，犹如被发夹固定着的鸟（鸂鶒）一样。从视觉上看，这首诗具有零度美感（frozen beauty)，但全词并不是完全静止，而是由一个意象过渡到另一个意象，形成一种视觉运动。"金鸂鶒"、"吴山"暗示女主人公的空间所属，属于空间意象，"杨柳"、"春雨"暗示时间发展变化，属于时间意象，自然界时空中的事物发生着变化（如杨柳发芽：turn to silk)，但人类世界却并未随着自然事物的变化而变化，人类的行动被悬置（all news is broken off)。但是生命不会永远保持静止，迟早当下所有的美丽都会像词的开头所揭示的那样被局限于时空中。罗伊斯·福瑟克认为，"本词的主题、空间的运动与情感的生成不是通过逻辑的叙述，也不是通过含蓄的个人象征手法，而是通过意象之间特定的位置来揭示的"[①]。可见，罗伊斯·福瑟克认为温庭筠在词的结构布局上下足了功夫，意象的结构安排具有深意，与全词的意义阐释密切相关，体现了作者精于构思的特点。

同时，她还认为动词对意象与主题之间的生成关系具有重要作用，以《菩萨蛮》为例：

夜来皓月才当午，重帘悄悄无人语。深处麝烟长，卧时留薄妆。当年还自惜，往事那堪忆？花露月明残，锦衾知晓寒。

The moon rises on high, shining in the sky at midnight.
It is quiet in the screens, there is no one to talk to.
In the deep recesses, incense still lingers.
As she sleeps, she wears a trace of make-up.

Long ago she held her flowering beauty dear,

① Lois Fusek (trans.), *Among the Flowers*, *The Hua-chien chi*, New York: Columbia University Press, 1982, Preface, p. 16.

But how can she endure memories of the past?
The flowers wither，and the moonlight fades.
Under the quilts she feels the cold of dawn.

为了更好地分析罗伊斯·福瑟克的译文特点，揭示其翻译法与主题诠释之间的关联，下面列举几种不同的译文：

白思达的译文：

Five Poems to the "Strangers in Saint's Coif" Tune
[P'u-sa man]

A brilliant moon has just now reached the zenith of the night.
Behind the lowered blind all's still，no one to say a word.
Secluded there amid perpetual incense
She goes to bed in her same old careless make-up.
Sufficient are her sorrows of this year—
How could she bear to think about the past?
Flowers lie fallen us the moonlight pales，
And under her quilt she knows the chill of dawn. ①

罗吉伟的译文：

Pusa man（twelfth of fourteen）

Bright moon of last eve，
　Just at midnight；
Double curtains were still，
　no one spoke.

---

① Cyril Birch，*Anthology of Chinese Literature*：*From Early Times to the Fourteenth Century*，New York：Grove Press，1965，p. 337.

In a secluded place, a musk incense trailed;
Lying down, she left on a thin layer of powder.
"I still cherish the year gone by,
But can't bear to recall past affairs;
Dew on flowers, the moon's brightness fades;
Under my brocade quilt I feel the dawn cold. "[①]

罗伊斯·福瑟克在译文中采用了 8 个实义动词：rises、lingers、wears、held、endure、wither、fades、feels，白思达则采用了 4 个实义动词：has reached、bear、fallen、knows，罗吉伟采用了 6 个实义动词：trailed、left、cherish、bear、fades、feel。从动词形态来看，罗伊斯·福瑟克与白思达基本采用现在时，罗吉伟上片采用过去时，下片采用现在时引语。罗伊斯·福瑟克选择的动词及其时态与她对该词的理解密切相关。为表达月正中天的意思，罗伊斯·福瑟克用了 rises on high 来表达，白思达用的是 has reached the zenith，罗吉伟没有使用动词，罗伊斯·福瑟克之所以用 rise（升）这个明显具有向上动作的词汇，是为了与后面的 withers（花枯萎）、fades（月明残）形成对照关系。事实上，原文并无枯萎（withers）一词的意思，但罗伊斯·福瑟克为了强化原文中自然物象与女主人公情绪的对照关系，在揣摩原句含义基础上添加了 withers 一词。罗伊斯·福瑟克认为，午夜当空的月亮（rising moon）达到其最高点时，意味着衰落即将到来，"皓月"与静悄悄无人语的"重帘"两个意象的并置暗示着事情正倾向于悲伤的结局。第三句"麝烟长"之"长"，罗伊斯·福瑟克用 lingers 一词来表达，不仅十分形象地描绘出麝烟的形态，而且与下句的 wear 一词存有呼应，显出译者炼字用功之深。"lingers"、"wears"都具有想留住、不愿离去的含义，作者用这两个动词暗示曾经的欢愉残留于徘徊着的麝烟与淡妆里。但是，欢愉很快就会与残花（withering flowers）和残月（fading moon）一起消散。下片中，罗伊斯·福瑟克用 held 一词表示"自惜"，比罗吉伟用"cherish"要好，因为

① Paul Frederick Rouzer, *Writing Another's Dream: the Poetry of Wen Tingyun*, California: Stanford University Press, 1993, p. 64.

held一词更暗示女主人公的矜持与含蓄，cherish在程度上稍过了些。最后一句，罗伊斯·福瑟克用feel一词来翻译原文的“知”也比白思达用know这个动词要好，feel更强调女主人公的心理感知体验，与全词的意境风格吻合。无疑，全词采用现在时态不仅与原文意思相符，而且更能融情于景、情景交融，达到哀伤之情与衰败之景互相暗示的艺术效果。罗伊斯·福瑟克深知温词精于炼字，她在翻译过程中也对动词的选择不断揣摩，不拘泥于单句意思，而选取与全词意境吻合的动词，读者通过其译文能够读出诗句的深意来。她说：“温庭筠词大量留白，其艺术的本质便是隐藏。其艺术技巧是表层的，不可否认有时其精于雕琢的表层词句分散了人们对其内容的注意。但是，温词精微的暗示性使得他可以含蓄地表达言外之意。”① 罗伊斯·福瑟克特别指出，要不是温庭筠重视词作结构序列的意义，这种暗示性也不会有效。因此，罗伊斯·福瑟克在翻译中也力图体现温庭筠精于炼字，重视词句前后文在结构与意义上对照对应的特点，力图在译文中表达出原词构思精细巧妙的特点。

二 阈限性与田安的翻译实践

美国汉学家田安的《精制选集：〈花间集〉的文化语境与诗学实践》是21世纪以来英语世界词学研究的最新力作，由哈佛大学出版社于2006年出版。田安在哈佛大学获得中国文学硕士学位，在印第安纳大学获得博士学位，随后任教于马里兰大学、密西根大学、亚利桑那大学、普林斯顿大学等美国高校。目前，她是马里兰大学荣誉学院的主任、副教授。

全书共分为两大部分。上编采用文化视角研究《花间集》产生的时代文化与政治语境，分析其与花间词之间的关系。上编共分三章：第一章探讨唐代曲子词产生的文化史、文学史原因。第二章经由前蜀与后蜀的社会政治语境来考察词人的境况，作者通过统计花间词人的官职，分析欧阳炯所作《花间集》序言潜在的话语意图与词集排列顺序，揭示出花间词文本的社会野心与前蜀的政治关联，认为《花间集》中由唐代与前蜀词人创作

① Lois Fusek (trans.), *Among the Flowers*, *The Hua-chien chi*, New York: Columbia University Press, 1982, Preface, p. 17.

的词作不仅可以作为文学文本来解读，更可以作为政治与社会文献来分析。第三章考察《花间集》及序言与10世纪韦庄编撰的《又玄集》、韦縠编撰的《才调集》之间的相似性与承继关系。下编中，作者深入《花间集》文本，分别考察《菩萨蛮》、《酒泉子》、《浣溪沙》、《临江仙》和《女冠子》组词的文本。其中，第四章将温庭筠及其他花间词人的《菩萨蛮》组词并置研究，发现词人们常采用第三人称“窥淫者”（voyeuristic）视角描写被弃闺怨女性，也由此形成词中闺阁在时间与空间上的阈限特征。同时，作者还从文体的角度探寻花间词人对花间鼻祖温庭筠的模仿与创新，揭示花间词人创作的前后关联性。第五章以《浣溪沙》和《酒泉子》组词为考察对象，探讨《花间集》里文体（style）、声音（voice）与性别（gender）之间的复杂关系，考察文本中抒情主人公性别及其口吻对词体风格的影响。在这两组组词中，词人常常置换主人公声音，一些词作既可以作为第一人称男性抒情声音，也可以作为第一人称女性声音来解读，而这部分词常常被大家忽略，作者着重分析了这部分词的诗学意义。第六章以《女冠子》、《临江仙》组词为考察对象，质疑了西方汉学家薛爱华（Edward H. Schafer）及柯素芝（Suzanne Cahill，音译苏珊·卡西尔）对《临江仙》组词的研究，认为必须将这两组词置于整部《花间集》词的背景中，才能正确估量道家因素对《花间集》的影响，作者还探析了神女主题对理解《花间集》的诗学意义。

在上编（第一至三章）里，作者将选集置于历史的、文学的视角中加以考察，认为《花间集》是唐代文化与文学发展的产物，同时，作为文化艺术的一部分，这部选集又反映了10世纪蜀地的社会政治特点。在下编（第四至六章）中，作者从文体角度细致分析《花间集》文本在措词、造句、结构及叙事上的特点。这种既从外部的社会文化语境考察，又深入内部的文学细读法正是西方学术常常采用的将外部与内部、横向与纵向相结合的历史诗学研究法。该专著体现出西方学术路径与文化思潮的影响，20世纪70年代以来的文体研究法影响其学术实践，论著的下编便致力于词集的文体研究。为了考察《花间集》文类特征的一致性，作者打破以词人为单位进行研究的传统做法，而是将不同词人的同一词牌组词并置在一起，并引入统计法进行对比研究，通过细致辨析文本在措词、用字、结构等方面的特点，发现词人间的模仿与革新，揭示文本的互文性特征。

（一）《花间集》的阈限特征

“阈限”（liminality）是指一种处于“两者之间”（in-between）的中介状态，是从人类学仪式研究衍生出来的概念。人类学家阿诺·范·基尼（Arnold van Gennep，1873—1957）在《过渡仪式》（*The Rites of Passage*，1909）中提出这一概念，指出仪式的结构包括分离（separation）、过渡（transition）与重新整合（reincorporation）三个阶段。处于阈限状态中的个人不属于先前所处社会的一部分，也未被重新整合至新的社会中，从而处于一种中间过渡阶段。后来文化人类学家维特·威特·特纳（Victor Witter Turner，1920—1983）在《从仪式到戏剧：人类的严肃游戏》（*From Ritual to Theatre*：*The Human Seriousness of Play*，1982）一书里，探析了基尼的这一概念，并进一步做了发挥。他指出，在人类学所描述的阈限里，进入该阶段的人在身体上与他人隔开，并且处于日常行为与社会规则限制之外的状态里。田安在《精制选集：〈花间集〉的文化语境与诗学实践》一书中借用该概念来分析《花间集》中无处不在的阈限特质。

田安认为，《花间集》的阈限特质表现在如下几个方面：

一是空间的阈限性。田安研究了花间词人以《菩萨蛮》为词牌的系列组词，指出词人往往采用窥视的方法来展示被弃女性的生活场景，突出闺阁空间上的阈限。她分析温庭筠的《菩萨蛮》（蕊黄无限当山额）、《菩萨蛮》（玉楼明月长相忆）与《菩萨蛮》（牡丹花谢莺声歇）三首词，指出女性往往被局限于闺房内，被囿于窗户后与栏杆旁。女主人公处于被人观察的位置，但又不是完全被暴露，她徘徊于两个空间（内在世界与外在世界）之间。作者指出，为了揭示女性被束缚的无奈处境，词人通过门、墙、窗等将女主人公与外在世界分离开的意象来暗示其空间上的阈限。温庭筠善于采用一些闺阁中隐蔽与制造隔离的意象来制造阈限、确立基调，营造了一种女性闺阁的超现实感，暗示她们的住所不在正常的时空范围内。其他动态意象如漫游的梦魂、飞鸟、熏香与传入闺房的声音都用于引起读者对女主人公空间位置的注意。

二是时间的阈限性。《花间集》尤其是《菩萨蛮》组词中的时间背景往往具有阈限性特征，比如黎明、黄昏及春夏之交的过渡性季节。以温庭筠的《菩萨蛮》为例：

牡丹花谢莺声歇，绿杨满院中庭月，相忆梦难成。背窗灯半明，翠钿金靥脸，寂寞香闺掩，人远泪栏杆，燕飞春又残。

牡丹花谢、绿杨与残春等意象将该词的季节定于春夏之交。黄莺停止歌唱意味着它们即将告别这个季节，也暗示傍晚的来临。传统的主题“春天又来了，他却还未回来”在最后一行中得到强烈暗示，这一主题由于温庭筠选择“春去”而非“春来”作为背景从而更富诗学效果。外在世界时间的流逝与闺阁内毫无变化的静止之间形成对照，强化了词中女主人公的被隔离感与超世感。

三是人物情感状态的阈限性。田安认为，温庭筠为了展现女主人公悲伤心情与无奈处境，不仅探索如何表现主人公活动空间与时间上的阈限性，还积极探索女主人公在情感上的阈限性。女主人公们常常在清醒与梦境之间纠结，在醉酒与理智之间痛苦，在情人归来的希望落空与希望再生里煎熬。与情人分离本身就是介于爱与被拒绝的阈限状态，在这种状态里交织着女主人公的焦虑、恐惧，受到记忆失落与梦境不真实的威胁。梦境是《花间集》最为常见，也是最为重要的表现阈限的手法。比如这首《菩萨蛮》，女主人公希望进入梦中与情人相会，却难以成梦，表明她陷入渴望回忆情人与难以回忆的困境里。“梦境本身是介于清醒状态与完全无意识（睡眠或死亡）状态之间的阈限阶段，因此，它们回应着情人正经历分离的过渡阶段。”[①] 作者将她置于半明半暗的灯影里，暗示其闪烁昏暗的心境，女主人公陷入黑暗（无望）与光明（希望）交织的困境里。空间、时间的阈限性特征暗示女性被抛弃的悲惨命运，而情感上的阈限特征更加重了词作哀怨悱恻的基调。

田安还研究了温庭筠在词中对阈限的种种开拓及其对后来花间词人的影响，指出后来的花间词人也反复描写主人公阈限性的心理状态，特别是梦境与醉酒状态。但是，在词作的阈限开拓上，后来的花间词人对温庭筠的技巧也有所舍弃与创新，比如毛熙震虽然模仿了温庭筠的封闭式描写手

① Anna M. Shields, *Crafting a Collection: The Cultural Contexts and Poetic Practice of the Huajian Ji*, Cambridge and London: Harvard University Press, 2006, p. 202.

法，但他舍弃了温庭筠词作中的突转特点，也就是空间与场景的无提示位移，同时沿用温庭筠采用外在世界里的景物与声音来暗示女主人公困境的方法。他更倾向于将外在世界与内在世界并置，以此来描述女主人公的阈限状态。与温庭筠着力描写女性闺阁里的精致意象不同，其他花间词人虽然也描写这些对象，但已经将视角拓展至外在世界。田安认为温庭筠对女性服饰的细节描写是“静默”的：它们很少能暗示女主人公的心理状态。后来的花间词人也特别关注女性华服，但他们更转向外在世界，以开掘更有效的意象。

（二）性别、口吻与文体：《花间集》的翻译研究

田安在第五章研究了《花间集》中《酒泉子》与《浣溪沙》系列组词，探讨花间集里的性别声音、人称视角与风格之间的关系，将不同词人的同一词牌作品并置研究，揭示后来的花间词人对温庭筠、韦庄艺术手法的沿袭与创新，揭示花间体风格的嬗变。本节欲讨论田安对花间词的阐释与性别研究如何影响其翻译，通过对比研究不同译者的花间词译作，揭示造成译作风格差异的缘由。

从人称视角与性别声音（Voice）角度来看，花间词主要分为两类：一类采用第三人称视角来描绘女性，一类采用男性第一人称视角，第一类视角在《花间集》中占据主导地位。不过，田安更为关注另两类为数不多但十分重要的词：一类是既可以以第三人称也可以以第一人称视角进行阅读的词作，另一类是既可以以男性视角也可以以女性视角来解读的词作。这类词作在进入英语世界时其文体风格由于译者的阐释与翻译不同而呈现较大差异。以李珣的《酒泉子》（第二、第三）为例：

雨渍花零，红散香凋池两岸。别情遥，春歌断，掩银屏。　孤帆早晚离三楚，闲理钿筝愁几许？曲中情，弦上语，不堪听。

秋雨联绵，声散败荷丛里。那堪深夜枕前听，酒初醒。　牵愁惹思更无停，烛暗香凝天欲曙。细和烟，冷和雨，透帘旌。

田安与罗伊斯·福瑟克两人对第一首词的翻译分别为：

田安译文：

Rain soaks blossoms to bits：
Red petals scatter，fragrance withering around
　the pool.
My feelings at parting go far，but spring songs
　are cut off，
　enclosed by silver screens.
Solitary sails at last depart from Chu.
Listlessly I strum the filigreed zither—so
　much sorrow.
The feeling in the tune，the message from the
　strings—
I can't bear to listen!

罗伊斯·福瑟克译文：

The rains drench the fallen flowers.
Perfumes fade from bits of red strewn beside the pond.
Her grief at separation runs on.
The spring song comes to an end.
She closes up the silver screen.

Day and night，solitary sails depart the land of Ch'u.
She idly tunes the gilt zither，her plain so very deep.
Emotion overflows in the melody.
Words pour out from the strings.
She can't bear to hear any more!

再看两人对第二首词的翻译：
田安译文：

Autumn rains go on and on,
their sound scattered among dying clusters of lotus.
On my pillow, how can I bear to listen to it
through the deep night?
The wine begins to clear from my head.
Entangled by sorrow, disturbed by longing—
watches toll without end.
The candle has gone out, its fragrance cold—
the sky is about to lighten.
Drizzle and mist, chill and rain,
pierce the curtain sashes.

罗伊斯·福瑟克译文：

The autumn rain falls without cease.
The sounds are scattered among the withered lotus.
How can she bear to listen on her pillow in the night?
Her fuddle head clears of wine.

Her melancholy thoughts race on with the endless rain.
It is near dawn, the candle is dark, the incense cold.
The mist spreads filmy and fine.
The rains beat bitter and chill.
They seep in through the screen!

两位译者对这两首词的翻译最为显著的区别是对人称视角的选择，田安选用第一人称翻译这两首词，而罗伊斯·福瑟克则选择第三人称来翻译。这两首词都与“听”密切相关，情感的表达与感觉交织在一起。在第一首词中是听曲，第二首词中是听雨，正是词人对意象的选择影响了读者对主人公性别的不同判断。田安认为，在第一首词中，孤帆的离去，闺阁内的银屏（silver screens）与钿筝都暗示词中描写的是一位女主人公，她为情人的离去而无法忍受内心的煎熬。而之所以选择第一人称翻译，是因为田安根据词中的感觉词与情感词来判断，在她看来，“第一人称声音，无论是男性还是女性，最为常见的是通过对字词与句法的选择来表现自己。比如，指涉情感或感觉的词（例如忆、想、忘）总是被置于一个句法单元的开头，强烈暗示第一人称说话人”①。田安认为，在这首词中，“不堪”这一表示心理情感体验的词语便暗示作者采用的是第一人称说话人。因此，她采用了第一人称视角，也由此带来词意内涵的变化。词中上片的前两句景物描写便成为“我”眼中所见，凋零的花一如伤心的“我”一样红颜逝去。下文一系列动作都是因“我”的情绪引发：因为心情惆怅，用银屏隔断外面的春歌，为了排遣哀愁，百无聊赖地弹筝，可是所弹之音更让“我”难以忍受！正如田安所认为的，采用第一人称可以为下文的描绘与叙述搭好框架、奠定基调，第一人称的运用使得本词主人公惆怅纷乱的情感更为直接地传递出来，情感表达得更直率。全词的逻辑序列由于第一人称的采用也更为明晰，冒号、破折号的运用暗示词句之间的因果关联，转折词“but”的添加，使得上片三个三字句的逻辑关系十分清楚。由此，田安译文的逻辑结构十分清晰，笔触随着主人公的情绪而展开，景与情相互缩结，文意晓畅。

罗伊斯·福瑟克采用第三人称来翻译，无论是景物还是她内心的情感都由一位全知全能的叙述者客观地陈述出来，使得全词情感客观，头两句中的景物成为叙事者的客观描述。一方面为了追求结构上的对等，另一方面为了与第三人称客观的叙述相呼应，罗伊斯·福瑟克在翻译中采用并置的方法来排比词句，这与田安采用逻辑序列的方式不一样，由此也呈现出两位译者对原句的不同理解。“别情遥，春歌断，掩银屏”，田安将这三个三字句融为一个句子：“我”的离情已经随他飘得很远很远，（心情烦乱的我）用银屏将（外面欢乐的）春歌隔断在外面。罗伊斯·福瑟克采用并列法翻译这三句：离别的悲伤连绵不绝，（外面欢乐的）春歌接近尾声，（于是）她拉上了银屏。可见，采用逻辑序列的翻译法表达的情感更为浓烈，

① Anna M. Shields, *Crafting a Collection: The Cultural Contexts and Poetic Practice of the Huajian Ji*, Cambridge and London: Harvard University Press, 2006, p. 223.

客观并列式的翻译法则使得女主人公的情感显得节制而含蓄，两词在风格上的差别也昭然若揭。

田安认为词人对这两首词里意象的选择影响了读者对词中性别的把握。在第一首词中，孤帆暗示分离，挑弄琴筝表示主人公为女性，但是，在第二首词中，词人并未选择任何闺阁女性特有的意象来暗示主人公的性别身份，因此，第二首词可以被解读成男性声音，也可以被解读成女性声音。田安认为词人故意取消性别暗示以创作性别模糊的词，形成了另一种含蓄的风格。本词便是如此，在译文中，田安采用了无性别特征的第一人称"I"（我）来翻译，直接宣泄"我"内心孤独寂寞的情感，"我"可以是一位惆怅难眠、孤苦伶仃的思妇，也可以是一位漂泊在外、孤苦无依的游子，多层次、多角度的阅读让本词的情感更富张力。正由此，田安选择用"curtain sashes"来翻译原文的"帘旌"，而罗伊斯·福瑟克则选用"screen"（幔、屏）。"screen"一词有保护隐私、隔断外室的意思，用于室内时，常暗示主人公为女性。而"curtain"一词则无此层含义。可见，对原文主人公性别的理解会影响译者对意象的翻译，不同的译文往往也存在含义上的细微差别，尤其是诗歌翻译。与上一首词的翻译类似，田安在译文中采用代词 their、it 来勾连上下文的逻辑关系，用两个破折号来表示上下句的句法关系，整首词逻辑序列关系十分明晰。采用第一人称，使外在自然意象与"我"之间具有听觉、知觉、视觉之间的诸种感官联系，第二首前两句与文末最后两句的景物描写便可被解读为"我"所听到、感觉到的。而罗伊斯·福瑟克采用第三人称视角翻译，将主人公定位为女性，同时引入另一位潜在的叙述者，也因此使主人公的情感表达力度削弱，而偏向于含蓄。同时，偏好并列结构的罗伊斯·福瑟克在并置意象时也使得全词形成客观含蓄的风格。

经田安统计，与《菩萨蛮》组词相比，《酒泉子》与《浣溪沙》中的男性声音或无性别第一人称声音词作数量更多，这类词往往用词与句法结构都更为朴素简单，常用口语与虚词，它们的意象更简单，在逻辑联系上更为清楚，主人公直接表达他们的情感①。田安十分重视《花间集》词中

① See Anna M. Shields, *Crafting a Collection: The Cultural Contexts and Poetic Practice of the Huajian Ji*, Cambridge and London: Harvard University Press, 2006, p. 225.

第一人称男性声音词作的诗学意义，她认为花间词基本上不被视为词人个人经验的反映，也不被当作传记解读，而距离《花间集》创作年代不远的冯延巳与李煜的第一人称男性视角的词作却被解读成个人生平经历的写照。鉴于这两种阐释传统，田安认为应该从词的文类特征的发展角度与词体接受史的角度重估《花间集》里第一人称男性声音的词作，这些词作表明词人从不同角度重建文人趣味的努力：通过男性直白的口吻，在词中真诚表达情感。根据王兆鹏先生在《唐宋词史论》中的数据统计，《花间集》中大约不到20%的词是男性主人公①，田安不认可这一数据统计，她认为应该加上既可被解读成女性也可以被解读成男性主人公的词作，这样，《花间集》词作中第一人称男性主人公的词作大约有百来首，是李煜词作的三倍。② 她发现，《酒泉子》与《浣溪沙》中的男性主人公词作常与女性主人公词作并置，她推测，编撰者的目的可能是引起读者对词人不同写作风格的注意。

正因为重视男性第一人称声音词作的重要意义，在翻译这类既可以阅读成第一人称又可阅读成第三人称的词作时，如果意象不再局限于女性的闺阁，而包含大量外部世界自然意象，且主人公情感的表达直率真挚时，田安一般采用第一人称视角进行翻译，而不像罗伊斯·福瑟克那样采用第三人称"she"来限定词作的性别声音。比如李珣的第二首《酒泉子》虽然与温庭筠的词作具有很多相似之处——情与景并置，"景"得以与人的情感形成对照；都具有阈限特征等，但是李珣与张泌都不再将视线局限于闺阁中，不再采用窥淫者视角与静态文体风格，而是通过主人公的视角与感知来勾连内部世界与外部自然世界。因此，他们的诗学结构安排迥然不同，而与唐诗的构诗法相似。温庭筠词中叙述者的视线停留在女性及其闺房上，读者需要调动传统爱情诗的阅读经验以勾连其片断场景的书写，从而获取意义。张泌与李珣的词作则通过词中主人公的各种感官往返于内部世界与外在自然世界，外在世界的自然意象是主人公感官中的意象，也由此染上主人公的情绪情感特征。这样，看似跳跃性很大的突转，由于采用

① 参见王兆鹏《唐宋词史论》，人民文学出版社2000年版，第57—58页。

② See Anna M. Shields, *Crafting a Collection*: *The Cultural Contexts and Poetic Practice of the Huajian Ji*, Cambridge and London: Harvard University Press, 2006, p. 228.

了第一人称的视角，也使得景与情之间获得内在的逻辑联系。[①] 田安把握到花间词人在视角与文体上的嬗变，她的翻译遵从原文的无性别视角，采用第一人称将这种嬗变呈现了出来。田安采用第一人称视角进行翻译的另一依据是原文的文体风格，原文情感表达直率，用词简单朴实，她便倾向于采用第一人称，比如李珣的第二首《酒泉子》用字简练，有诸如“那堪”这类口语化、直接表达情感的词语。她认为：“第一人称男性视角与第三人称视角的词有很大差别。在男性声音与性别不明晰的词中，句法、字词的选择更直白些，包括用口语与虚字，他们的形象更简单，他们常直接表达其情感。”[②] 罗伊斯·福瑟克则并没有从性别声音角度对《花间集》的文体风格进行研究，她处理这类无性别特征的词作时，基本沿用了温庭筠奠定的第三人称视角，在风格上也延续温氏含蓄、节制的特点。

如果词作内容为香艳题材，既可以以第三人称观察者视角来解读，也可以以第一人称男性视角来阐释，田安通常选择前一种，这与她对《花间集》整体风格的把握有关。田安经研究发现，词中的主人公如果显示为男性，常采用第一人称追忆的手法，以一种直率的，口语化的方式来讲述爱情遭遇。但如果第一人称男性主人公“回想”（recalls）或“想象”（imagines）女性，文体风格则通常转向以女性为中心的描述性的、静态的风格。[③] 一方面是因为转向描述性的静态风格可以引入一个隐匿的叙述者，使得香艳题材的词作风格含蓄些；另一方面也与传统宫体爱情诗的写作惯例与阅读经验有关。“南朝宫体诗与唐代闺阁韵文传统表明，女性面颊与服饰是以隐匿的第三人称视角而非场景中的男性视角来观察的。虽然根据诗歌中的语言，观察者是隐匿的，无明显性别特征，但对闺阁女性的描写是直露的窥淫者视角（voyeuristic）。”[④] 因此，像欧阳炯的《浣溪沙》（相见休言有泪珠）这类词作，田安则采用第三人称视角来翻译，相比叶嘉莹与宇文所安采用第一人称的翻译少了一分直率，多了一分含蓄。

可见，田安细致辨析了《花间集》词作的性别声音、意象选择、抒情

---

① See Anna M. Shields, *Crafting a Collection: The Cultural Contexts and Poetic Practice of the Huajian Ji*, Cambridge and London: Harvard University Press, 2006, pp. 241—242.

② Ibid., p. 225.

③ Ibid., p. 271.

④ Ibid., p. 223.

口吻及动词类型，她对词作的诠释影响了译文的风格面貌。当词作并无性别指向而呈现自我抒情倾向时，她采用无性别指向的第一人称来翻译，以体现原词含蓄多义的美学旨趣；当词人选择心理体验动词，即便是意象指向女性性别，田安也采用第一人称翻译，由此使得译文情感抒发直接、浓烈；当词作内部诸因素显示主人公性别为男性、整首词视线的流动呈动态而非静态或者情感表达直率，用词简单朴实、可以以第一人称也可以以第三人称阅读时，田安也采用第一人称视角来翻译。这样，看似情感、意象跳跃性有很大的突转，由于译文采用了第一人称的视角，使得景与情之间获得内在的逻辑联系，译文文意晓畅，情感抒发直率、浓烈，由此形成率直的风格。不过，当词作显示为香艳题材，而且作者采用男性窥淫者视角时，田安便遵循中国艳情诗传统而采用第三人称翻译。而罗伊斯·福瑟克的译文基本上全部采用第三人称的视角，由此抒情描写显得很有节制，形成含蓄委婉的风格。这表明，同一首词，由于译者的诠释不同，使得译文风格面貌亦有迥异。当诗歌被转换成异族语言时，脱离了传统文化的母体，进入新的文化场域中，经由译者与异域读者的再次塑造，生成了一种有别于原作的新文学。

第二节　词的经典化与世界化：以李清照为个案

一　文学史、选集与重译：李清照之经典化形成

李清照在西方世界的传播大致经历了三个阶段：19 世纪下半叶，首次被译介至法国，开始跨文化的传播之旅；20 世纪上半叶，伴随着英国汉学研究的兴起，李清照与其他中国文学家一起被介绍至英语世界，此时的介绍是零星的、不成体系的；20 世纪 50 年代以来，伴随着美国汉学的兴起与发展，在解构主义思潮的冲击与女性主义文学批评的盛行下，李清照在英语世界终于散发出夺目的光芒，一跃成为英语世界最受重视的中国词人，实现了由民族著名诗人向世界文学大师转化的世界化与经典化历程。

李清照在西方世界的传播之旅始于法国。1867 年，法国著名作家奥菲勒·戈蒂埃（Théophile Gautier）的女儿朱迪特·戈蒂埃（Judith Gautier）在中国家庭教师丁敦龄（Tin-Tun-Ling）的协助下，翻译出版了一本中国古代诗词集，取名为《玉书》（*Le livre de Jade*），选译了《诗经》、李白、杜甫、苏东坡及李清照的作品，其中翻译李清照词六首。《玉书》出版后在西方世界流传甚广，多次再版，庞德等英语世界不懂中文的译者便曾根据其翻译转译中国古诗。

英语世界译介李清照词始于20世纪上半叶，译介重心在英国，只有零星几首词作在50年代以前被翻译。英语世界李清照译作最早见于1933年在伦敦出版的《风信集》，由英国译者克拉拉·M. 坎德林翻译，内收李清照词两首：《声声慢》（寻寻觅觅）与《武陵春》（风住尘香花已尽），译文简练流畅。1937年，中国著名翻译家初大告先生在剑桥大学留学期间翻译出版了《中国词选》，其中也翻译了这首《武陵春》。1949年，英国诗人白英选编的《白驹集：从古至今中国诗选》中收有索菲亚·陈（Sophia Chen）翻译的三首词作，其中第一首《如梦令》（谁伴明窗独坐），疑为宋代诗人向滈之作。

20世纪50年代末，随着旧金山文艺复兴（San Francisco Renaissance）诗歌运动的兴起，美国开始了继20年代初意象主义运动之后的第二波译介中国古典诗歌的高潮。美国最初译介李清照词的，正是这场运动的旗手、著名诗人王红公。1956年，他从其他语种转译了百首中国古代诗词，即《中国诗百首》，其中便翻译了7首李清照词，开启李清照诗词在美国的传播之路。

60年代，华裔汉学家是将李清照诗词艺术特点介绍到英语世界的重要媒介。1962年，美籍华裔学者许芥昱在《美国现代语言协会会刊》第77卷第5期上发表《李清照词》——The Poems of Li Ch'ing-Chao (1084—1141）一文，分析李清照词作的艺术特点，他在文中翻译了17首李清照词，结合词作分析李清照对中国文学的几点贡献：第一，大胆援引口语，丰富了中国诗歌语言。第二，语言优美、富于暗示性，善于用典，且典故不使诗意发生歧义或削弱语言的表达力。第三，叠字重句增强了语言的诗意与音乐性。第四，最为重要的艺术技巧则是，她善于以外部景物或微小事物来表达其内心最细微的情感。这几点总结虽建立在前人的研究分析基础上，但却准确地把李清照词的艺术特征介绍给了英语世界的读者。这几首译作中有7首被收入白之编撰的《中国文学选集》中。该选集还收入了 C. H. 科沃克（C. H. Kwock）与文森特·麦克休共同翻译的 5 首李清照词。1966 年，柳无忌在其影响广泛的文学史论著《中国文学导论》中，翻译了李清照 4 首词，结合其生平向英语世界读者介绍李清照词的艺术特点，指出她对词的音乐性与节奏技巧的开拓，高度肯定李清照词将女性细腻的内心感受真实地再现了出来，突破了以往词人的局限。同年，英语世界出版第一部详细介绍李清照生平及艺术特色的研究专著，即胡品清译著的《李清照评传》（*Li Ch'ing-chao*），由特怀恩出版社出版，是“特怀恩世界作家系列丛书”中的一种。该系列丛书以介绍世界各国重要作家为目的，涵盖澳大利亚、加拿大、印度、意大利等 20 多个国家的文学、哲学与历史，以简明扼要的英文向英语世界读者介绍各国重要作家的生平及著作。《李清照评传》译有李清照词共计 53 首，在该专著中，作者不仅翻译李清照的词作，从句法、听觉、语法等层面对李清照词作理性而多样的分析，还力图经由李清照词管窥中国古代诗歌艺术。

70 年代是英语世界大量译介李清照词的繁荣期，王红公是将李清照引介到英语世界最重要的译者之一，他以独特的“创意翻译”（钟玲语）译介了大量李清照词作，深受英语世界读者的喜爱。1970 年，他在《中国诗百首》基础上，继续翻译了 100 余首中国古典诗歌，题为《爱与流年：中国诗百首续》（*Love and The Turning Year：One Hundred More Poems from the Chinese*），大部分是诗歌，词仅译蒋捷、辛弃疾、朱淑真各 1 首，所译李清照词最多，共 6 首，其中《一剪梅》（红藕香残玉簟秋）在《中国诗百首》基础上有所修改。1972 年，王红公与钟玲合作翻译了《兰舟：中国历代女诗人诗选》，共译介 53 位女诗人的百余首作品，其中李清照词被译介得最多，有 7 首。重新翻译的有《蝶恋花》（暖日晴风初破冻）、《武陵春》（风住尘香花已尽）2 首，译文是在 1956 年与 1970 年译本基础上修改而成。1979 年，王红公与钟玲再度联袂翻译了《李清照全集》，是英语世界出版的第二种李清照全译本，全集共翻译李清照 67 首诗词，其中词 50 首，诗 17 首。按照李清照生平经历与作品内容，将译文分为 7 个系列：青春（Youth）、寂（Loneliness）、流离（Exile）、悼（His death）、讽（Politics）、玄（Mysticism）、暮年（Old age）。王红公的“创意翻译”使得西方读者对其译文赞不绝口，也使得中国最伟大的女词人逐渐为西方读者所熟知。

美籍华裔著名比较文学学者、翻译家欧阳桢教授对推动李清照词世界化起了重要作用。1975 年，英语世界规模最庞大、译文质量颇高的中国文学选集《葵晔集》中收入欧阳桢翻译的 13 首李清照词，后来欧阳桢在此基础上又翻译了 9 首，共计 22 首，收入 1999 年由孙康宜与苏源熙主编的大型中国女性文学选集《中国历代女作家选集：诗歌与评论》中。2004 年，美国学者戴维·达姆洛什编撰了著名的《诺顿世界文学选集》，其中便收入欧阳桢翻译的《一剪梅》（红藕香残玉簟秋）、《如梦令》（常记溪亭日暮）两首词，李清照作品被收入影响广泛的世界文学选集中，意味着她由中华民族重要诗人迈入世界经典大师的行列。

在美国如火如荼介绍中国文学艺术的同时，20 世纪六七十年代，英国伦敦也出版了两部中国诗词选，分别是邓根·迈根托斯与艾伦·艾丽编译的《中国历代词选》（1965）和司各特·约翰编撰的《爱与反抗：中国诗选（从公元前 6 世纪到 17 世纪）》（1972）。不过，两部选集都没有给予李清照特别重视，前者选译了两首李清照词，后者仅选译了一首。

到了 20 世纪 80 年代，美国学术界与文学界对李清照的热情有增无减。1980 年，美国旧金山北点出版社（North Point Press）出版 C. H. 科沃克与文森特·麦克休翻译的《有朋自远方来：中国诗歌 150 首》，其中翻译了李清照词 20 首。两位译者的译文在西方本土译者译介李清照词中独树一帜，具有如下两个特点：其一，以原文结构、意义为圭臬，期望忠实地译介出原文的节奏、意象与意义。其译文往往以原句的意义与节奏为切割单位，将诗句横向与纵向中具有相似功能单位的成分并置、对照排列，以期灼照中国古代诗词的句法结构。他们认为，译者应该洞见原诗的表达方式，并力求在译文中再现这一表达方式（下文有进一步分析）。其二，重视诗的整体和谐，当单个词的翻译与整体诗发生冲突必须做出选择时，须以整首诗的和谐统一为重点。因为，他们认为诗是非理性的。①

接着，英语世界出现了第三种全译本，即詹姆斯·克瑞翻译的《梅

① See C. H. Kwock and Vincent Mchugh, " A Translator's Dialogue", *Old Friend From Far Away: 150 Chinese Poems from the Great Dynasties*, San Franciso: North Point Press, 1980, pp. 183—188.

花：李清照词全集》，共译有李清照词 54 首。该译著吸引西方读者的首先是其形式上的美感，一边是中国画家聂丹先生典雅的写意画与灵动的书法，一边是译者简练雅致的译文，两者相得益彰。科瑞译文具有如下特点：第一，改变原文的节奏与结构，不设标点，也不以大写字母来区分句与句之间的关系，使得整篇译文成为由一系列短句组成的大句子。基本上，原文完整的一句会被打散成三个甚至四个短句，创造出他独特的“短句翻译法”。第二，全部译文归化倾向明显，为了使译文易为西方读者读懂并接受，译者常改变原文的内容与意义。如果说王红公的译文常常以原文的词句为基础，发挥想象，添加大量具体而形象的词汇，那么，科瑞则倾向于省略原文的文化意象词。王红公的译文常常将原文抽象的词汇改造成具体而鲜明的意象、动作，而科瑞则常常将原文具体的意象以抽象概括的词汇表达。比如《鹧鸪天》（暗淡轻黄体性柔）里，他将原文的“浅碧深红色”概括为“rich colors”，将原文特指的“骚人”（屈原）转换为抽象的“残酷诗人”（cruel poets），等等。同年，翻译家华兹生出版他编撰的文学选集《哥伦比亚中国诗选：从古代到 13 世纪》，其中收有华兹生翻译的 4 首李清照词。

20 世纪 80 年代末，英语世界还出现了一本影响甚大，由中国本土译者王椒升翻译的《李清照词全集》，由宾夕法尼亚大学出版社出版。王椒升先生曾译有郁达夫《故都的秋》、朱自清《荷塘月色》，为中国翻译界熟知。但王先生所译的《李清照词全集》由于在国外出版，国内学者知道的不多，但事实上国外学者对其译作评价甚高，著名汉语史专家、美国宾夕法尼亚大学梅维恒教授认为其译文是他“所接触到的最优雅、最有感觉的中国诗歌译文”①。因此，1994 年，梅维恒在编撰《哥伦比亚中国古代文学选集》时，放弃所有其他译者的李清照译作，独独选了王先生翻译的 10 首译作。此外，他还邀约王椒升翻译了白居易词 3 首，刘禹锡词 1 首，李煜词 10 首，柳永词 1 首，晏殊词 2 首，苏轼词 5 首，秦观词 5 首，陈与义词 1 首，辛弃疾词 8 首，吴文英词 2 首，张炎词 1 首，纳兰性德词 1 首，王国维词 3 首，可见梅教授对王先生译文的肯定与欣赏。

---

① Ch'iu-ti Judy Liu, “Review on *The Complete Ci-Poems of Li Qingzhao: A New English Translation*”, *Chinese Literature: Essays, Articles, Reviews*, 1991, 13, p. 152.

从未出过国门，也未接受正规大学教育的王椒升一生在国内翻译界颇为寂寞，未曾想到他乡遇伯乐。这也是英语世界文学选集首次收入中国大陆译者翻译的中国古典词作。王椒升的李清照词翻译十分忠实原文，不仅努力将原文的艺术技法如口语、虚词等独特之处体现出来，还竭力将原文包蕴的情韵义呈现出来。下文在具体的个案分析中，读者将会深入体会王椒升的译文对细节的处理十分精微而高超。一方面译者尊重原文，力求忠实；另一方面，为了让西方读者更好地理解原文，他给大部分词都拟了个小标题。另外，他还以注释的形式，简明扼要地介绍原文中的典故、艺术手法等。

20 世纪 90 年代以来，西方学术界对李清照的兴趣仍然不减，李清照的影响力主要体现在文学选集当中。1994 年，朱莉・兰多的译著《春外集》翻译李清照词 15 首，仅次于苏轼（24 首）、辛弃疾（16 首）。1996 年，执教于美国的华裔学者黄彰位也翻译出版《10 部中国古代文学作品》（*Ten Excellent Works of the Chinese Classical Literature*）一书，选译李清照词 4 首。同年，宇文所安在其编译的《中国古代文学作品选》中选译了 4 首李清照的词作。值得一提的是，在英语世界几部权威的世界文学选集里，中国词人部分仅选录李清照与李煜两人。耶鲁大学著名教授梅纳德・麦克主编的《诺顿世界文学选集（扩展版）》多次再版，词的部分仅收入李清照词 6 首，由宇文所安翻译，它们是《南歌子》（天上星河转）、《渔家傲》（天接云涛连晓雾）、《如梦令》（常记溪亭日暮）、《醉花阴》（薄雾浓云愁永昼）、《武陵春》（风住尘香花已尽）、《声声慢》（寻寻觅觅）。2004 年，美国学者戴维・达姆洛什编撰了著名的《诺顿世界文学选集》除收入上述欧阳桢两首译作外，还收入余宝琳所译《武陵春》（风住尘香花已尽）与《声声慢》（寻寻觅觅）。2006 年，J. P. 西顿译编的《香巴拉中国诗选》收入克瑞翻译的李清照词 7 首，是入选最多的词人。

经过近一个世纪的翻译，李清照词中被译介最多的前五位分别是：《武陵春》（风住尘香花已尽）（16 种版本）、《如梦令》（常记溪亭日暮）（16 种版本）、《声声慢》（寻寻觅觅）（14 种版本）、《一剪梅》（红藕香残玉簟秋）（12 种版本）、《如梦令》（昨夜雨疏风骤）（10 种版本）（见下表）。前四首都已被收入几部著名的世界文学选集中，而它们也是国内词学界对李清照评述最多、评价最高的几首词。由于不同的译者带着自身的文化符征与前理解，中国古代诗性语言中一些特有的文化意象词难以通约成为对等的英语诗性语言，当一些中国古典词被翻译成英文时，某些中国文化特性与诗学特征业已消失。中国古代文学一旦被翻译成他国文字，便成为一种新的文学形态，拥有独立于原文文本的诗学价值，一旦入选到影响广泛的世界文学选集，其经典化地位便得以确立，被纳入世界文学的视野。

可见，李清照经典地位的确立得益于世界范围内涌起的解构主义思潮与女性主义批评，为了颠覆传统批评家与专家对女性作品的漠视，改变女性作品的边缘性地位，西方学者开始广泛关注世界范围内的女性作家，李清照作为中国最为突出的词人便被英语世界的学者、批评家与诗人广为关注。同时，李清照艺术手法高超细腻、意象优美，语言清新易懂，吸引了西方读者不断反复翻译。其中一些优秀的译文被作为英语翻译文学的典范获得批评界与读者的认可，被收入到一批颇有影响力的重要文学选集当中，被视为经典文学作品得以保存流传。于是，在社会思潮的作用下，在译者、批评家与选集的共同努力下，李清照的经典地位在英语世界逐步得以确立，实现了世界文学的价值转换。

影响力最大的五首词

译者	词牌				
	《武陵春》（风住尘香花已尽）	《声声慢》（寻寻觅觅）	《如梦令》（常记溪亭日暮）	《一剪梅》（红藕香残玉簟秋）	《如梦令》（昨夜雨疏风骤）
克拉拉·M. 坎德林	1	1			
初大告	1				
许芥昱	1		1	1	1
C. H. 科沃克、文森特·麦克休	1	1	1	1	
柳无忌	1	1		1	
胡品清	1	1	1	1	1

续表

译者	词牌				
	《武陵春》(风住尘香花已尽)	《声声慢》(寻寻觅觅)	《如梦令》(常记溪亭日暮)	《一剪梅》(红藕香残玉簟秋)	《如梦令》(昨夜雨疏风骤)
王红公	1			1	
王红公、钟玲	1	1	1	1	1
詹姆斯·克瑞	1	1	1	1	1
朱莉·兰多	1	1	1	1	1
戴维·伦德	1				
王椒升	1	1			
宇文所安	1	1	1		
欧阳桢	1	1	1	1	1
余宝琳	1	1			
邓根·迈根托斯、艾伦·艾丽		1			
威廉·麦克诺顿		1			
唐安石		1			1
Mayhew			1		1
倪豪士			1		
刘殿爵			1		1
约翰·卡雷			1		
华兹生			1		
叶维廉			1		
索菲亚·陈				1	
黄彰位				1	
约翰·司各特					1
托尼·巴恩斯通、周萍	1		1	1	
戴维·欣顿			1		
总计	16	14	16	12	10

二　王红公的铺展译法与意象营造

诗人王红公自幼热爱东方文化，与美国诗人史奈德（Gary Snyder，1930—　）一样，对东方文学文化中的佛禅思想十分倾心，他善于从其他民族诗歌中汲取养分，翻译了大量中外诗歌，译作有《日本诗百首》、《法国诗百首》、《西班牙爱情与流浪诗三十首》及《中国诗百首》等，中国诗人中除了杜甫，他最为倾心的当属李清照。

（一）诗人身份与铺展译法

1956年，《中国诗百首》出版后，在美国影响强烈，好评如潮。美国著名诗人威廉·卡洛斯·威廉斯（William Carlos Williams，1883—1963）称赞《中国诗百首》是他"有幸读到的以美国风格译就的最为杰出敏感的诗歌"[①]。《中国诗百首》里的诗不断在各种诗刊上被重新刊印，或被收入选集。该诗选最为突出的特点便是，作为诗人译者的王红公不拘泥于原文，不以再现原文字句的精准为目的，而是以原文为出发点，充分发挥其想象力，以地道的美国诗句、优美的意象感染读者。将译文与原文对比，就会发现整部诗集是王红公的创造性翻译，误读与发挥随处可见。但王红公高超的艺术表现力与文字驾驭力使整部诗集语言优美流畅，语调亲切自然，毫无艰涩之感，使译文不似翻译，更像王红公本人的创作。1969年，美国当代诗人作品选《赤裸的诗：近来开放形式的美国诗歌》（*Naked Poetry: Recent American Poetry in Open Forms*）中居然收入了王红公《中国诗百首》中的14首译作[②]，可见，这些译作是作为创作而非译作被选入的。

以李清照《蝶恋花·离情》为例：

	ALONE IN THE NIGHT
暖雨晴风初破冻，	The warm rain and pure wind
柳眼梅腮，	Have just freed the willows from

① Ling Chung, "This Ancient Man is I: Kenneth Rexroth's Versions of Tu Fu", *A Brotherhood in Song*, *A Renditions Book*, Hong Kong: The Chinese University Press, 1985, p. 307.

② Ibid., p. 308.

已觉春心动。	The ice. As I watch the peach trees,
酒意诗情谁与共，	Spring rises from my heart and blooms on
泪融残粉花钿重。	My cheeks. My mind is unsteady,
	As if I were drunk. I try
乍试夹衫金缕缝，	To write a poem in which
山枕斜欹，	My tears will flow together
枕损钗头凤。	With your tears. My rough is stale.
独抱浓愁无好梦，	My hairpins are too heavy.
夜阑犹剪灯花弄。	I throw myself across my
	Gold cushions, wrapped in my lonely
	Double quilt, and crush the phoenixes
	In my headdress. Alone, deep
	In bitter loneliness, without
	Even a good dream, I lie,
	Trimming the lamp in the passing night.
	(《中国诗百首》)

从该译文中，可见王红公早期译文的特点：

第一，忽视词作为一种独特文类的诗学特点。对于身处异质文化的译者来说，词区别于诗最为明显的外在形式特征是：(1) 依调填词的音乐特征，体现在词牌与韵律上。(2) 长短句形式与双调的结构特征。王红公的译文忽视原文调名，依原文内容自拟标题，将双调结构译为整体连贯的诗，其所译诗与词难以从外在形式特征上予以区分。显然，他抛弃了词体的形式结构特征，转而关心词体内部诗学特征。

第二，以原文为基点，合并意象，发挥想象力创造意象。与其他的词作译者不同，王红公并不追求译文与原文逐句对应，他往往将词的上下句意象进行合并，并以原文为基础发挥其想象力，增添意象，使译文生动流畅。比如，他将第二句中“柳”的意象融入到第一句进行翻译，将第二句与第三句结合起来创造了与原文含义迥异的译文。“柳眼梅腮”是比喻的手法，指初生的柳芽形状似眼睛，梅花的外层花瓣如同女孩娇嫩的脸颊。王红公抛弃作者的比喻手法，将梅花当作“桃花”(peach)，并将之与中心词“腮”分开，他以“梅腮”、“春心”为基础想象出令人讶异的诗句：“当我凝望桃树时，春从我心中生，开在我脸颊上。”他更将第三句的“动”与下句的“酒”进行了意象关联：“我的心在动，就像我喝醉了酒。”译文无疑改变了原文的意思，却生动形象、自然流畅，体现了作为诗人的译者本人的创造力与想象力。

第三，将中国闺房内独特的饰物意象改造为适合美国当代读者理解的意象。比如下片的“山枕”（山形的枕头）这一意象被代之以“cushion”（软垫），同时，省略掉“金缕缝”这一意象，将“金”拿来修饰 cushion。

第四，虽然译者大幅度改变原文意象，但整首词的基调意境并未发生本质改变，可见，王红公是在揣度整首词的风格与主题之后进行意象的变动与调整。该词通过描写女主人公的外在动作与形貌特征来折射内心的孤寂与悲愁，通过译文，我们仍可以形象地看到一位美丽孤独女性的百无聊赖。这些特征在王红公后期译文中仍有体现，尤其是追求意象的形象生动这一特点更是贯穿其翻译的始终。而且，他引入第一人称说话人，语调自然平实，娓娓道来，亲切动人。

1979 年，王红公与钟玲合作翻译的《李清照全集》重新翻译了这首词，相比 1956 年的译本，1979 年的译文无疑更贴近原文，将追求字词的准确性放在了第一位。但是，相比其他译者的译文，王红公的译文仍体现出他的诗人身份，其译文富于意象美、晓畅生动。《李清照全集》基本以意象为构句单位，围绕意象敷衍展开，可称之“铺展译法”。请看例句：

《菩萨蛮》（归鸿声断残云碧）：角声催晓漏

Bugles sound. Dawn comes. Drums beat the watch.

（王红公、钟玲，1979）

围绕“角声”、“晓”、“漏”三个意象，铺写成三个短句。

《一剪梅》：红藕香残玉簟秋

Red lotus incense fades on
The jeweled curtain. Autumn
Comes again.

（王红公、钟玲，1979）

“秋”作为一个独立的意象，被敷衍成一个短句，在原文基础上添加了“又”(again)。

《武陵春》：风住尘香花已尽

The gentle breeze has died down.
The perfumed dust has settled.
It is the end of the time
Of flowers. (王红公、钟玲，1979)

本句存在一定程度的误读，原文意思是大风过后，花儿被吹零落尽，碾入尘土，发出阵阵清香。译者将“风”、“尘”、“花”作为各自独立的意象，铺展成三个并列短句。

从上可以看出，王红公的译文是一种铺展的翻译，他围绕意象来组织词句，往往在此基础上进行适当发挥。比如，最后一句，他在原文意思基础上添加了“安定”(settle)、“晚春”(the end of the time of flowers)的含义，根据下文“闻说双溪春尚好”，可见本词表现的并不是晚春时节情形。短小精炼含蓄的原文，经王红公发挥后，变成了意象丰美、层次多样的英文诗歌。

为了营造丰美鲜明的意象，他大量改造原文，以铺展生成更多丰美的意象，造成原文词意的大量扩容与语意衍生，本书将此方法称为“铺展译法”。原文中仅起到烘托、渲染与修辞作用的背景语汇，在王红公的译文中却承担起很重的意义分量。难怪有论者认为，王红公的译文是“偏向过分的翻译”(on the side of over-translation)①，王红公的译文都比原文长出很多，原文一行诗句被译成三行是很普遍的现象。

(二) 意象营造与创意翻译

20 世纪美国新诗运动以来的诗人推崇简朴、自然的语言，以对抗艾略特以来的西方现代主义诗歌的晦涩与凝重，他们重视意象的营造，喜以

① Peter Dragin and Paul Dresman, “Forms of Open Form: A Comparison of English Translations of Li Ch'ing Chao”, *Tamkang Review*, 1984—1985, 15 (1—4), p. 304.

生动形象的意象表现一种清新的意趣。现代派诗人王红公之所以翻译世界各国的诗歌，也是希望从中获取艺术的灵感，他捕捉到中国诗歌的运思方式迥异于西方，中国诗歌的意象直观、具体，物象作为精心选择的客体，承载着传示作者深隐微幽的主观情感与心志意图的功能。意象的丰美生动是诗歌的重心，而西方诗歌中的意象却是手段与媒介，是诗人推导隐藏其后之象征意义的途径。比如，英国著名诗人华兹华斯的山水诗中同样创造了大量的意象，但诗人扩张自我意识，动用其天才的想象力，将自我的情感与思想加到客观意象之上，“使日常的东西在不平常的状态下呈现在心灵面前”[①]，从而建构一个言说自我的自然世界。王红公指出，在中国诗歌中，“暗喻及各种象征皆非由意象推出的结论，它们是意象本身彼此具体的关系。就是这种诉说手法的直接性，令中国诗歌的译文在大多数西方诗人那里受到如此的欢迎”[②]。中国诗歌善于以细微优美的意象含蓄暗示人物内心的情感思想，这给予他巨大的艺术灵感与启发。在翻译李清照词的过程中，王红公十分重视意象的塑造，追求意象的具体、生动与形象。下面看看他意象创译与铺展的几种方法：

第一，将形容词修饰语改造为形象鲜明的意象。

《浣溪沙》：绣面芙蓉一笑开

She smiles as she pushes aside,

The curtain embroidered with water lilies　　（王红公、钟玲，1979）

唐宋以前妇女脸上会贴纹饰花样，“绣面”指女性脸颊上贴花如绣[③]，“芙蓉”指女孩面容如荷花般娇嫩美艳，两个词都形容女性的美貌。译者却将“绣”关联成“刺绣”（embroidered），进而联想成“绣着芙蓉的门帘”，“芙蓉”这个比拟肤色的形容词也被实指成“荷花”（water lilies），“开”在原文中应为“跑开”，译者译成“推开”。经译者在原句基础上进

① ［英］华兹华斯：《抒情歌谣集·序言》，载刘若端编《十九世纪英国诗人论诗》，人民文学出版社1984年版，第5页。

② 钟玲：《美国诗与中国梦》，广西师范大学出版社2003年版，第18页。

③ 参见徐北文主编《李清照全集评注》，济南出版社1992年版，第89页。

行想象力发挥后，这个美貌年轻的女孩飞跑的形象被描绘成“她笑着推开绣有芙蓉的门帘”。原文中的形象是动态的，译文则是静态的。仅从意象角度来看，译文要比原文的意象丰富，由一个行为动作变成了两个行为动作。再如：

《玉楼春》：红酥肯放琼苞碎
You permit your red crisp blossoms
To be broken like pieces of jasper.　　（王红公、钟玲，1979）

原文中的“琼”在中国古代诗歌中常见，表示“美好的”意思。“琼”的本义与字典义是“美玉”，王红公在翻译过程中可能通过字典查到“琼”的本义，将这个形容词变成了名词“jasper”（碧玉），用“如碧玉般开裂”来形容花苞的确别具一格，新颖生动，这又是王红公基于原文字词，发挥联想的创造性翻译。

第二，基于原文字词进行拆字翻译，以创造新意象。

《小重山》（春到长门春草青）：碧云笼碾玉成尘
Blue-green clouds carve jade dragons.
The jade powder becomes fine dust.　　（王红公、钟玲，1979）

碧云笼，是古人装茶叶的笼子，碧云，是形容茶叶的颜色。宋代崇尚团茶，将茶叶调和香料压成团状，吃的时候再碾成碎末，称为“碾玉”。可能王红公觉得将这种中国古代习俗译成英文后并不诗意，于是，他基于原文意象，按字面意思进行了“硬译”，将形容词“碧云”译成了“碧蓝色的云朵”，将形容词改变为具体的物象。原文的意思是将茶笼子里的团茶碾压成碎末，结果原文的一句诗被译为两句，“碧云雕玉龙，玉粉成细尘”，完全改变了原文的含义。其中，他将装茶叶的笼子译成“玉龙”，dragon（龙）一词无疑是由“笼”的下半部分衍化而来，王红公进行了拆字翻译。类似的例子还有《鹧鸪天》（寒日萧萧上锁窗）中的“莫负东篱菊蕊黄”：

I refuse to be burdened
By the yellowing heart
Of the chrysanthemum
Along the wall. （王红公，1956）

译文中的“heart”（心）即是由“蕊”的下部分联想而来。

第三，王红公擅长将抽象的物象与情感化为具体可感的意象。

《怨王孙》：红稀香少
The red lotus blossoms are few,
Their fragrance is sparse. （王红公、钟玲，1979）

原文中的“红”是以抽象的色彩借代花朵，王红公在译文中则将之具体化为荷花。

《殢人娇》：玉瘦香浓
Perfume thick as sandalwood （王红公、钟玲，1979）

原文只是抽象地说香气浓郁，但译文具体形象化为“如檀香般的浓香”，无疑从嗅觉上刺激了西方读者的感官。

《念奴娇》（萧条庭院）：重门须闭
The outer wooden shutters should all be closed.
（王红公、钟玲，1979）

重门，原文指屋内屋外多重的门，译者将之具体化为“外面的木制百叶窗”，经过具体形容词限定修饰后的意象的确比简单地译成“doors should be closed”要形象可感。

将含义晦涩的典故与情感指向抽象的套语转化为具体生动的形象也是王红公在翻译诗词时的策略之一。典故与套语由于被诗人不断使用，而积淀了丰富的文化信息，其本身只是抽象的符码，只有长期浸润本民族文化的读者才能对这些已成定型符码的语汇展开丰富生动的联想。如果按照字面含义直译成目的语语言，却难以唤起该民族文化读者的审美体验。对于此类文化意象词，王红公有以下几种处理方式：

第一，补充典故包含的内蕴。

李清照《多丽》（小楼寒）中包含了大量典故："贵妃醉脸"、"孙寿愁眉"、"韩令偷香"、"徐娘傅粉"。在译文中，王红公对"偷香"与"傅粉"这两个特定语境中的典故进行了补充说明：

You should not be compared to Chia Wu
Who stole the imperial incense for her love.
Nor with the lewd Lady Hsü
Who powdered only half her face
To make fun of her one-eyed husband, the Emperor.

（王红公、钟玲，1979）

作者用定语从句对原典中"韩令偷香"、"徐娘傅粉"的具体内容进行了阐释。再如：

《渔家傲》（天接云涛连晓雾）：蓬舟吹取三山去
Until my little boat has been blown
To the Immortal Islands
In the Eastern Sea.（王红公、钟玲，1979）

三山，是传说中渤海里的三座仙山蓬莱、方丈与瀛洲，据说神仙与不死之药都在这三座山上。王红公没有直接译成"three mountains"，而是指出其地理方位（在东海）与隐含意（永生岛），便于西方读者阅读。

第二，古诗词中常常有大量套语，尤其是表示情感特征的形容词十分抽象，王红公将之改造成生动形象的意象。兹举例如下：

《怨王孙》（帝里春晚）：恨绵绵

My sorrow is drawn out，endless as silk floss.

（王红公、钟玲，1979）

本句采用比喻法翻译，化抽象之“愁”为具体可感之“乱丝”，此种译法深得中国古诗神髓，颇有李白“缘愁似个长”、李煜“问君能有几多愁，恰似一江春水向东流”等名句的美学神韵。

《临江仙》（庭院深深深几许）：谁怜憔悴更凋零

No one cares for me now.

I wither away like last year's

Scattered leaves.　（王红公、钟玲，1979）

译者没有简单地将“憔悴”译为“languish”等词语，而是采用比喻手法，将主人公的憔悴比喻为“如去年的落叶般凋零飘落”，形象可感。

《生查子》（年年玉镜台）：人远天涯近

The gates of Heaven are nearer

Than the body of my beloved.　（王红公、钟玲，1979）

原文中抽象概括的“人”被具体化为“我所爱之人”（the body of my belovcd），原文中表示空间范围的“天涯”被改造成西方语境中读者所熟悉的“天堂之门”。

《念奴娇》（萧条庭院）：斜风细雨

The wind blows the fine rain into slanting lines.

（王红公、钟玲，1979）

中国古诗中有大量的“风”、“雨”意象，这些意象往往成为套语，营造一种凄清的氛围，渲染主人公孤寂的情怀。王红公将之扩写成“风儿将蒙蒙细雨吹成了无数条斜线”，读者脑海中立刻闪现出春秋时节斜斜飘洒的毛毛细雨画面，如在眼前。

有时，王红公也将抒情与直叙改写成可感之形象与动作。

《声声慢》：守着窗儿，独自怎生得黑！
Motionless at my window,
I watch the gathering shadows. （王红公、钟玲，1979）

原文以口语入词，十分新颖，若将之直译为英文，便是“I wait at the window, how can I bear alone till the dawn comes”，王红公显然觉得将之直译为英文，不够诗意，于是改写成“静静地守在窗边，我凝望着不断聚集的阴云”，将一位孤寂、百无聊赖的女性形象刻写得鲜活生动！王红公的改写无疑十分成功，而且与上下文意境、语境都十分吻合。再如：

《采桑子》（窗前谁种芭蕉树）：点滴霖霪。点滴霖霪。
Dien! Di! Dien! Di! Bitter cold, unceasing rain.
Drip! Drop! Drip! Drop! Bitter cold, unceasing rain.
（王红公、钟玲，1979）

王红公将原文直陈叙述性语言改写成可听、可感与可见的意象，既描绘了雨的声音，又传递了雨带给人的感觉（寒冷），又写出了雨的形象（连绵不停）。

王红公除了追求意象的具体、准确、形象外，还重视译入语符合英语读者的阅读习惯与期待视野，让诗歌形象、易懂。除了上面所述的，将中国文化特色语汇改造成西方读者易懂的西方语汇，如将表示空间距离的抽象词汇“天涯”改造成具体的具有宗教意味的“天堂之门”，将“山枕”改造成“软垫”，他还有意淡化中国文化习俗意象，将之改造成西方读者易理解易接受的意象。再如：

《生查子》（年年玉镜台）：梅蕊宫妆困
Now my rouge
And cream sicken me. （王红公、钟玲，1979）

梅蕊宫妆是一种梅花妆，古代贵族妇女在眉心间画五瓣梅花，暗含宋武帝女寿阳公主梅花妆之典故。但译者根本不提这一中国古代女性喜爱的妆容，代之以“口红”(rouge)、“乳霜”(cream) 两种西方读者所熟悉的化妆品，虽然译文表现的仍是女主人公因心上人离开而对化妆毫无兴致的无精打采，但通过意象转换后，在西方读者头脑中映射出的不再是一位古代深闺的中国佳人，而是一位喜爱涂口红、抹乳霜的现代西方女性形象。

(三) 字典释义与硬译误读

上面分析了跨异质文化语境下王红公译文对中国古代诗词的有意创造与发挥，下面分析王红公在翻译李清照词时的无意误读，这种误读一般是字面意义上的误解，还有一些是对古代中国的习尚文化不了解所致。

由于王红公并未接受正规的中文学习与训练，他在翻译中国古代诗词时，一是参照其他语种译本，二是借助中英字典，据钟玲考查，王红公常参考的字典为《马修中英词典》(*Mathew's Chinese-English Dictionary*)。在与钟玲合作翻译诗歌之前，他在翻译中国古代诗词时，先将每个汉字的含义查出来，然后用诗意的语言替代字典上的释义，再将修饰语加到名词前面。[①] 这样翻译无疑纰漏百出，特别是古代汉字以单音字居多，一词多义，他早期翻译的《中国诗百首》中有大量的误解，而一些无法理解的典故或习俗词便被忽略不译，或者按照字面义硬译。比如下面这两例，便属于忽略不译的例子。

《鹧鸪天·寒日萧萧上琐窗》中的“仲宣怀远更凄凉”，在1956年的《中国诗百首》中王红公并未翻译“仲宣怀远”所包含的思念家乡的典故。这一典故是理解全词的题眼，不知道这一典故便不明白主人公忧愁之心缘何而来，就不了解本词大概的写作时间与写作背景(金兵南下，李清照遭遇国破家亡的痛楚)。

① See Ling Chung, "This Ancient Man is I: Kenneth Rexroth's Versions of Tu Fu", *A Brotherhood in Song*, *A Renditions Book*, Hong Kong: The Chinese University Press, 1985, p. 313.

If I indulged my sad heart
The days would be still more
Frozen and sad　（王红公，1956）

I am more lonely and homesick
Than Chung Hsüan　（王红公、钟玲，1979）

1956 年的译文仅译出“凄凉”一词，1979 年，王红公与钟玲合译的《李清照全集》中，则译出了原典故思乡的内涵。

字典释义对王红公译文影响甚大，他常常依据字典、辞典释义，组合字典本义与字词衍生义，将之锤炼成诗意的语言，要是不明白他的翻译过程与翻译方式，读者肯定对下面一段译文感到捧腹与费解。

《浣溪沙》（髻子伤春慵更梳）：玉鸭熏炉闲瑞脑，朱樱斗帐掩流苏，遗犀还解辟寒无。

其中，最后一句“遗犀还解辟寒无”，王红公翻译成：

I eat melon seeds
I drink the tepid wine left over
In the rhinoceros horn cups
I try to keep warm
Like the gold tree of the South　（王红公、钟玲，1979）

该词下半阕写女主人公闺阁内的环境，“遗犀”是一种可驱寒的植物。王红公则将这一句译成了 5 行：“我吃着瓜子，喝着牛角杯里剩下的温酒，如南国的黄金树一般，我设法取暖。”一幅贵妇人悠闲的生活场景映入西方读者的脑海中，与全诗表现伤春怀人主题全然不相呼应。译文中出现的“瓜子”、“牛角”、“温酒”、“黄金树”诸意象都来自原文中“遗犀”这一词汇。王红公与钟玲查阅字典与各项资料，发现“遗犀”有三种解释：（1）剩余的瓜子；（2）牛角杯里剩余的酒；（3）南方交趾国进贡来的黄金树。[①] 也许是他们难以取舍该采用哪个意象，也许是他们觉得这几组意象构成一幅生动活泼的闺房图，便将这三组解释都融汇到了译文中。

在王红公早期译文中，最为明显的便是硬译，由于对原文一知半解，根据字典释义后，便开始发挥想象进行翻译。对照《中国诗百首》(1956)与《李清照全集》(1979)的译文，可更清楚地看出：

《鹧鸪天》：寒日萧萧上锁窗

“锁窗”，也作“琐窗”，窗棂作连锁形的图案叫锁窗。王红公在《中国诗百首》中将“锁窗”译为 closed window (第 107 页，其所依版本很可能是“锁窗”)，将“锁”字译成了形容词，取其本义。显然，当他与钟玲合作时，钟玲指出其错误，在《李清照全集》中，他将之改译为 window catches (第 40 页)。

下面这句译文最能体现王红公早期译文的方式：

《鹧鸪天》：酒阑更喜团茶苦，梦断偏宜瑞脑香

根据汉英字典，他首先将关键词标注如下：

苦	梦	断	偏宜	瑞	脑	香
bitter	dream		enjoy		head	perfume

然后，运用想象将之串联成诗句：

I lay aside my bitter revery,
And enjoy the perfume that rises to my head. (王红公，1956)

① Kenneth Rexroth and Ling Chung (trans. and eds.), *Li Ch'ing-chao*: *Complete Poems*, New York: New Directions, 1979, p. 100, Note 24.

他用“revery”（梦想、幻想）替代“dream”，并将上文形容茶的“苦”（bitter）字添加到“梦”（revery）的前面。瑞脑，也叫龙脑，是一种香料，王红公没有弄明白，断章取义译成“head”（脑），并发挥想象，译成“熏香升腾到脑海”。1979 年，与钟玲合作后，他明白“瑞脑”是一种香料，将之翻译成“Auspicious dragon incense”。瑞，字典释义为“吉祥的”，他直译为 auspicious，又得知，“瑞脑”也叫“龙脑”后，便又将“dragon”作为形容词加在意象“香料”（incense）前。

再如“负”有“负担”与“辜负”两个含义，“莫负东篱菊蕊黄”一句应取“辜负”一义，但在 1956 年译本中，他误译为“负担”（burden）：

I refuse to be burdened
By the yellowing heart
Of the chrysanthemum
Along the wall. （王红公，1956）

1979 年，该句的翻译无疑更为准确：

I should not be ungrateful
For the yellow chrysanthemums
Along the Eastern wall. （王红公、钟玲，1979）

再如《凤凰台上忆吹箫》（香冷金猊）中的“休休”意思是“罢了罢了”，但译者翻译为“结束了、完了”（Finished、Finished）（第 30 页）。

“谢”在古汉语中有凋谢、感谢、谢绝等含义，王红公在理解《浣溪沙》（小院闲窗春色深）中的“难禁梨花谢”时出现了偏差，原文含义是“凋谢”，但《中国诗百首》中，作者将之理解成“感谢、歉意”：

O bright pods
Of the pepper plant，you do not
Need to bow and beg pardon. （王红公，1956）

《永遇乐》（落日镕金）中有“来相召，香车宝马，谢他酒朋诗侣”，结合上下文应理解为“谢绝”，但王红公将之译成“感谢”（thank）。将“谢”译成“谢绝”还是“感谢”，会直接影响对诗人的心境与全诗情感基调的理解。学者普遍认为该词是李清照晚年的追昔伤今之作，上阕情感哀伤低沉，女主人对美好的春天也觉得索然无味，因此有友人热情相邀共度佳节，她也不想去。根据上下文的情感基调，应当译成“谢绝”更符合原意。如果译成“谢谢”，暗示女主人公应朋友之邀赴会，与下文孤独寂寞的心境与憔悴衰老的面容不相吻合。因此，在《李清照全集》中，他在钟玲的帮助下将之改译为“谢绝”（decline）。

恨，有“遗憾”、“痛恨”、“嫉妒”等多重含义，在《殢人娇》“今年恨探梅又晚”中，应该取“遗憾”之意，但王红公将之翻译成“憎恨”：

This year I hate to visit the late blooming plums

晓，有“知晓”、“早晨”等含义，在《小重天》（春到长门春草青）、“留晓梦”中，“晓”无疑指“早晨”，但王红公在《中国诗百首》中理解成“易懂、知晓”：In a dream that was too easy to read。

过，有“度过”、“超过”等诸多含义，对“着意过今春”中的“过”，王红公有过两次改动，在《中国诗百首》中，他翻译成“超过”，在《爱与流年》中，他译为“度过”，但在1979年《李清照全集》当中，他又译成了“超过”。看来，他认为第一种翻译更为诗意：

Today he returns,
And my joy is already
Greater than the spring　（《中国诗百首》与《李清照全集》）

Now he is coming home,
And I will thoroughly enjoy this spring.　（《爱与流年》，第37页）

倦，有“疲倦”、“慵懒”两个不同含义，当它们出现在诗词中时，情感与意境也是迥然有异的。在《武陵春》（风住尘香花已尽）中有“日晚倦梳头”一句，联系上下文，表现的是女主人因为物是人非，他已不在，而无心再打扮自己，取“慵懒”义更为合适。但在《中国诗百首》中，王红公将之译成“疲倦、精疲力竭”（I have been too exhausted to comb my hair），这与女主人公的身份、上下文的语境都不大吻合。所幸，这一错误在《李清照全集》中得以改正。

另一些则是由于对中国文化习俗不了解而导致的误译，比如《生查子》（淡荡春光寒食天）中有诗句“玉炉沉水袅残烟”、“海燕未来人斗草”。“沉水”，是一种香料名，沉木置于水中则沉，故也叫沉香。“斗草”，则是古代年轻妇女儿童用草来赌输赢的一种游戏，这两个词语都具有中国文化习俗特色。王红公显然未能理解它们是有所特指的，他将“沉水”译为“丝线漂浮在水上”（silk thread floating in water），将“斗草”直译为“为草而战斗、竞争”（fighting for straws）（《中国诗百首》，第 110 页）。这两种译文在 1979 年都得到修正，不过“斗草”一词，译者将之转化为“拾掇野花香草”（People are gathering wild flowers and herbs），淡化了原文的民俗色彩。

三　微观研究与众译者的策略特点

文学翻译不仅仅是一种跨语际语言转换，更为重要的是，要将原作的意境与美感传递出来。汉语与英语是形态迥异的两种语言，中国古典诗词中的一些概念无法在英语中寻找到对等的字词进行翻译。正如索绪尔所揭示的，语言不是分类命名集，一种语言系统内的概念并不是都能在另一种语言系统内找到对应物。“如果词的任务是在表现预先规定的概念，那么，不管在哪种语言里，每个词都会有完全相对等的意义；可是情况并不是这样。”① 而且，这两种语言系统在语言结构与句法上都有很大差异，中国古代诗歌与英文诗歌在运思方式与艺术表达上都非常不同，处于异质文化语境中的西方读者对李清照英译诗歌的审美感受与审美反应也与中国读者不同。当一种语言里的句法、意象、修辞手法等难以转换成另一种语言时，便是最能考验译者创造力的时候。下面着重考察李清照词中虚词口语、修辞手法、重字叠句与典故俗语等微观层面的翻译，从语言形式层

① ［瑞士］索绪尔：《普通语言学教程》，高名凯译，商务印书馆 2008 年版，第 162 页。

面、意义内蕴层面与文体美学层面探析不同译者翻译李清照词的策略与特点，论析优秀的译文应不仅准确传递原文的宣示义，还应揭示原文的启示义，要发挥译入语优势，再现原文高超的艺术技法，在文体风格上也应与原文保持一致。

（一）虚词口语翻译与文体风格的匹配

李清照词艺术的一大特点便是以口语入词，善用虚词，虚词往往体现主人公情感的流动与变化，将含蓄深沉的心理情感描写得摇曳动人，荡人心魄。学者王兆鹏说，李清照词“多用虚词和叙述语汇将意象连接贯穿在一起，其意象不是平列静止地排列在一块，而是随着主体情感的流动而分布、穿插，结构呈流线型。故读其词，不独能体察到创作主体心灵的流动变化，其意象也流动婉转，结构显得疏荡摇曳。”① 要将虚词的功能与内蕴翻译出来，还不减原文韵味，是对译者的创造力与审美力的考验。

《武陵春》：闻说双溪春尚好，也拟泛轻舟。只恐双溪蚱蜢舟，载不动许多愁。

At Twin Stream
　　　　　　they say
　　　　　　　　　the spring still beautiful
I too
　　would like to go rowing in a light boat
but I'm afraid
　　　　　that little boat on Twin Stream
would not carry
　　　　　so much sorrow!

（C. H. 科沃克、文森特·麦克休，1965）

I hear that Spring at Two Rivers

① 王兆鹏：《唐宋词史论》，人民文学出版社2000年版，第167页。

Is still beautiful.
I had hoped to take a boat there,
But I am afraid my little boat
Is too small to ever reach Two Rivers,
Laden with my heavy sorrow. (王红公, 1972)

I hear that Spring at Two Rivers
Is still beautiful.
I had hoped to take a boat there,
But I know so fragile a vessel
Won't bear such a weight of sorrow. (王红公、钟玲, 1979)

I hear at Twin Creek spring it's still lovely;
How I long to float there on a small boat—
But I fear at Twin Creek my frail "grasshopper" boat
Could not carry this load of grief. (欧阳桢, 1975)

still I've heard
by Twin Streams
Spring's yet good
perhaps I'll drift
down in my skiff
if a boat so small
will float
so weighted with
my sorrow (詹姆斯·克瑞, 1984)

I hear Twin Brooks is still sweet
With the breath of spring.
How I'd, too, love to go for a row,
On a light skiff.

I only fear at Twin Brooks my grasshopper of a boat
Wouldn't be able to bear
Such a load of grief. (王椒升，1989)

Along the Shuang, I hear it's still spring—
  If only I could take the skiff there!
But I'm afraid—that light boat on the Shuang—
  How could it carry so much sorrow? (朱莉·兰多，1994)

Yet I've heard it said that at Double Creek
  the Spring is lovely still,
and I think I 'll go boating there.
But then I fear
  those little boats of Double Creek
Won't budge if they are made to bear
  this much melancholy. (宇文所安，1995)

I've heard it said at Twin Stream, spring's still fine.
I too would like to float there in a light boat.
Only I fear that Twin Stream's tiny "locust" boat
Could not carry so much grief. (余宝琳，2004)

这首词表现的是李清照经历国破家亡种种生活苦难后心中无法抹去的哀愁。"闻说"、"也拟"、"只恐"三个口语词汇将主人公内心一波三折的心理活动表现得生动婉转，"闻说"暗示主人公整日离群索居，无心情外出，听人家说双溪犹有美好春光可赏，心里不觉一动，欲泛舟出游，可词人笔锋一转，杀出个转折，"只恐"心中浓愁太重，小舟载不动，出游的念头转瞬被打消了。不是小舟载不动浓愁，而是浓愁无法排遣，挥之不去，将主人公围困而迈不出脚步，最后仍无精打采地待在家里。词人构思巧妙，意象形象生动，化抽象为具体之形象。从文体来看，词人用词朴素，不事雕琢，情感却自然真率，感人肺腑。

要将该句的韵味翻译出来，这三个口语词汇的翻译是关键，它们不仅关涉词人情感的流动变化，还使得诗句结构摇曳多变。对比这九种译文，差异较大的也是对这三个词的翻译。C. H. 科沃克和文森特·麦克休的译文很有特色，而且与原文句法结构、意象情感与文体风格十分接近。在形式结构上，他们不像一般译者采用自由韵文的形式，而是期望再现中国古代诗歌简奥的结构与节奏，以语意、意象为切分单位，遵从原文结构，相似成分在形式上形成对称，将原文情感的关节点分离出来单独成句。“they say”（闻说），“I too”、“would like to”（也拟），“but I'm afraid”（只恐），翻译得很准确，且各自独立成句，对原文内心的波动转折加以强调。并且，其译文用词朴素简练，风格同样清新自然。C. H. 科沃克和文森特·麦克休在《有朋自远方来》这一诗集中选译了韦庄、李煜、李清照、牛希济、辛弃疾等 11 位词人的词作，所译李清照词最多。两位译者追求译文与原文在形式与内容上的一致，忠实是其翻译的原则之一。他们认为，翻译中国古代诗词应尽可能还原原文，如果译者在原文基础上自由发挥，何不自我创作诗歌？两位译者对中国诗词简奥的句法结构十分痴迷，认为中国诗词的句法结构与字词序列十分奇特，不仅可以省略介词、冠词和形态变化，而且也没有单复数之别，他们期望在翻译过程中摸拟古诗的简约结构。①

对比 1972 年与 1979 年的译文，就会发现，王红公 1972 年的译文自我发挥较多，而 1979 年的译文更接近原文。I had hoped 与原文“也拟”的含义有距离，“也拟”，也打算、也想之意，只是主人公一时的触动与想往。hope 则表示希望、盼望，显示出主人公急切渴望的心情，在语意程度上要重于原文，而且，“泛轻舟”是在听说“双溪好”之后才动的念头，而不是长期以来的想法，用完成时态与原意不符合。but I know 与“只恐”的含义也有距离，“只恐”含有担心的意味，表面上是担心小舟承载不了自己的哀愁，实际上却担心美景也难以遣愁，只怕愁更愁。这三个词表现主人公欲借景消愁却恐愁难以排遣，而终于没有成行，吞吐跌宕，哀

① See C. H. Kwock and Vincent Mchugh, “A Translator's Dialogue”, *Old Friend From Far Away: 150 Chinese Poems from the Great Dynasties*, San Francisco: North Point Press, 1980, pp. 183—188.

婉凄绝。用“but I know”（我知道）则使主人公的情感少了一层波动，不如原文那样具有艺术感染力。不过，王红公的译文妙在最后一句“a weight of sorrow”上，形象生动地赋予“愁”以重量，达到原文诗意的效果。当然，这与动词的选用密切相关，原文使用了“载”这个动词，其后面常常接的是具体的事物，这样就把抽象的感情具体化了。对“载”的翻译基本有两种：carry 与 bear，两个动词各有优点。carry 除了有“承载重量”（support the weight of）的意思外，还有“带走”（move from one place to another）的含义，用于此处，一语双关，既可表示小舟承载不了“我”的哀愁，也可理解为担心双溪里的小船带不走“我”如此多的哀愁。bear 也有支撑（support）的含义，它还引申有“经得起”（be able to accept or stand up to）的含义。王红公译文最后一句“Won't bear such a weight of sorrow”，小船无法经受浓愁之重，一轻一重，船为轻、愁为重，也别有诗意。

欧阳桢分别采用的是 I hear、how I long to、but I fear，没有翻译出“也拟”之“也”的含义，“也”表示主人公也想与其他人一样，享受春天的美好，暗示主人公独自索居的寂寞，理应译出。long to 表示“渴望”的意思，其程度比原文的“拟”字要重很多，“拟”只有“打算”的意思，带着几分慵懒。饱经风霜、中年之后的女主人公被浓愁包裹，对大自然已经不像以前那样饱含热情，用“拟”字可见李清照炼字之精准，这样，long to 并未能译出原文的深意来。fear 更多一层“惧怕”的意思，程度与情感浓度也要重于“只恐”，不妥。

克瑞采用 still I've heard 来翻译“闻说”，表示主人公听别人已经有一段时间了，但却迟迟没有行动，用完成时态很好地暗示主人公的倦怠慵懒与离群索居。后文用“yet”来翻译“尚”，“still”的翻译是多余的，另外，他还将后两句合并翻译，将原文的转折句翻译成了条件句（if），“如果这样的小船可以承载我的哀愁，我可能会泛游舟上”，原文中主人公出游的计划被搁置，而译文的重心却在“可能会泛游舟上”，改变了原文的意思。同时，译文中主人公内心的波折起伏被抹平，难以再现原文主人公内心的哀沉，身世之悲与飘零之痛也被消解，不如原文意味深长，让人玩味再三。克瑞的李清照译文与众译者最大的不同之处在于，他打破了原文的节奏与韵律，将原文的一句分割成几句，将意象与行动分离，使主从结构的流动被打断，由于对象与行动不断被打断、被悬置，每个词都承担很大的分量，形成了凝重滞涩的风格。这种风格适合传递李清照情感深沉、意绪繁杂的词，而不适合表现她生动清新、自然朴实风格的词。上述词句婉转流动，并不适合被打散译成简短的词句，它大大改变了原文的节奏与风格。马里兰大学萨进德教授评论詹姆斯·克瑞的《梅花：李清照词全集》，认为他“不是尽力以某种方式去再现原文的节奏韵律，克瑞常常通过谐音、内部节奏与其他方式创造自己的精微的节奏，以将整首诗联结到一起，对读者的耳朵产生吸引力”①。克瑞不仅改变原文的节奏与结构形式，创造自己的“短句翻译法”，他还常常改变原文意象，译文更追求可读性，当原文的艺术技巧或内蕴难以再现时，他往往采用归化的翻译方式，使之更符合英文语法习惯与美感特质，以满足西方读者的审美趣味与阅读习惯，而不是以再现中国艺术精神为旨归。因此，他的译诗表面上传递了原文的意义，但实际上改变了原文的深层内蕴。这首《武陵春》便是如此，虽然作者传递了原文的表层含义，却遗失了原文中深层细微的情感流动与心理变化。萨进德也认为克瑞的译文“雅”意十足，但“信”、“达”却不足。“该译本的诗歌很好，大部分非常好。因此，容易赢得敏感读者的尊重。但是，这些诗歌不是李清照的，而是詹姆斯·克瑞的。”②

王椒升的译文较贴近原文，“I hear”、“How I'd，too，love to”、“I only fear”，译出了“也”、“只”，将主人公内心的犹豫、踯躅不前的微妙心理揭示出来。不过 love 与 fear 在情感强度上都比原文要大，改变了原文中主人公慵懒独居、与世界隔绝的衰老心态，“泛轻舟”在她心中只不过是细微的涟漪，很快便被无边的浓愁吞没。兰多的译文在前人基础上的变动在于“只恐”，她译成一个感叹句“要是我也在那泛舟该多好呀！”表达的是一种很强烈的渴望，一种年轻的心态，与原文也有较大的出入。宇文所安采用的词语分别是“I've heard”、“and I think”、“But then I

① Stuart Sargent，“Review on *Plum Blossom*：*Poems of Li Ch'ing-chao*”，*Chinese Literature*：*Essays*，*Articles*，*Reviews*，1985，7 (1)，p. 185.

② Stuart Sargent，“Review on *Plum Blossom*：*Poems of Li Ch'ing-chao*”，*Chinese Literature*：*Essays*，*Articles*，*Reviews*，1985，7 (1)，p. 185.

fear”，通过时态与连接词展现了主人公内心的变化过程，但 think（“想”）一词又过于普通与平淡，在诗意与炼字上无法与“拟”字对等。余宝琳分别采用的是“I've heard”、“I too would like to”、“Only I fear”，综合借鉴了前人的译介成果，选取她认为最为合适的译法。综上所述，“闻说”、“也拟”分别采用“I've heard”、“I too would like to”来翻译，是非常恰切的，“只恐”翻译成“but I am afraid”较好。

另外，“双溪”、“蚱蜢舟”、“愁”也有几种不同的译法。“双溪”的翻译有 Twin Stream、Two Rivers、Twin Creek、Twin Streams、Twin Brooks、Shuang、Double Creek 7 种。从语义上来看，这 7 组翻译都差不多，专有名词的翻译多以意译加音译为主，纯粹用音译，对西方读者来说，常常构成阅读障碍，妨碍审美快感。比如将双溪译成“Shuang”便使西方读者不知所云，用 creek 与 stream 则易于让读者明白其所指乃为一条小溪。creek 指狭窄的小溪，stream（a small，narrow river）指较小的小河、小溪，从语义的忠实度来讲，stream 要优于 creek。另外，采用复数也是不对的，“双溪”据学者考证是在浙江金华，是唐宋时风景优美的游览胜地，因为有东港、南港两水汇于金华城南，故曰“双溪”。它仍然是一条溪，而不是两条，而且也不可能同时在两条溪里泛舟。用“twin”比用“two”要好，东港、南港两水的确像一对双胞胎，用 twin 很形象生动，很有诗意。难怪余宝琳最后在翻译时博采众长，综合考量，仍选用了 C. H. 科沃克和文森特·麦克休最先创译的“Twin Stream”。

“蚱蜢舟”是指形状像“蚱蜢”的小船，译文有：little boat、so fragile a vessel、frail “grasshopper” boat、a boat so small、my grasshopper of a boat、light boat、those little boats、tiny “locust” boat。vessel，一般指比较大的船（a ship or large boat），可见用在此处不大合适。译文中也出现了 skiff 一词，它常指单人划行的轻舟或小艇，可以用来翻译原文的“轻舟”。译者在原文中用 little、small、light、tiny 等表示“小”的修饰语来代替“蚱蜢”也是可行的，译者要忠于原文，将“蚱蜢”译成“grasshopper”、“locust”，也是可以的。

“许多愁”的翻译有：so much sorrow、heavy sorrow、a weight of sorrow、this load of grief、so weighted with my sorrow、a load of grief、this much melancholy、so much grief。melancholy，常指深沉而持久的愁

思，是非常抒情、诗意、书面的词汇。grief，常指由于某人的亡故造成的悲伤、悲痛。sorrow，泛指一切不幸造成的悲伤痛苦。三个词汇都可以用来翻译“愁”。不过，李清照此处所写的哀愁不仅仅是失去心爱的丈夫，更有国破家亡、四处颠沛流离的痛楚，用 grief 恐怕不足以传递主人公内心的深沉愁苦，melancholy 在含义上十分吻合，也非常诗性，不过该词汇过于文雅与书面化，与原文朴素的风格、真率的情感不大吻合，原文词汇不事雕琢，用语平淡，用 sorrow 一词更好。

可见，优秀的译文不仅仅要译出原文的表层义，还要译出原文的深层义，此句的深层义便是主人公离群索居的孤寂与内心情感的细微波动。同时，还须在语气程度上与原文保持一致，这就需译者对原文有深刻的理解，考察原文是在怎样的背景与心态下写成的，过于强烈的渴望口吻便与原文语气程度及作者的心境都不吻合。另外，译文还应在文体风格上与原文保持一致，原文平淡中蕴含深意，情感真挚深沉，文辞不事雕琢，译文也不宜采用过于雅化与书面的词汇来对译。否则，原文的语意与文体风格便会发生变异。

李清照善以浅俗语发清新之思，她将大量的口语引入词中，情感真挚直率，赢得后世批评家的击节赞赏。比如：

《声声慢》：守着窗儿，独自怎生得黑？

Beside my window，here，I pause alone.
When will the night descend?　　（克拉拉·M. 坎德林，1933）

Watching from my window all alone
How am I to live until the darkness falls?
（邓根·迈根托斯、艾伦·艾丽，1965）

Alone I wait by the window.
How can the day get dark?　　（胡品清，1966）

I stay at the window.
All alone；oh，how dark it gets!　　（柳无忌，1966）

They cake the windows.
Alone, how should one wait for night?　（威廉·麦克诺顿，1974）

While I the casement keep
Lone, waiting, waiting for night.　（唐安石，1976）

All alone,
Motionless at my window,
I watch the gathering shadows.　（王红公、钟玲，1979）

I
 Watching alone
 at the window
when will it be dark?　（C. H. 科沃克、文森特·麦克休，1980）

Staying long at the window
how will I last the night alone?　（詹姆斯·克瑞，1984）

There's nothing for it but stay at the window,
Motionless, alone.
How the day *drags* before dusk descends!　（王椒升，1989）

I keep my vigil by the window
Alone, how can I stand its getting dark?　（朱莉·兰多，1994）

I stay by the window.
how can I wait alone until blackness comes?　（宇文所安，1996）

At the window,

Alone, how do I brace myself against the encroaching dark?

（欧阳桢，1999）

Keeping the window,

How can I live alone till dark? （余宝琳，2004）

“守着窗儿，独自怎生得黑”，此句如同口语，十分浅俗，却将主人公无聊烦闷、痛楚抑郁之情传递出来。核心词“窗”、“独自”、“黑”，前两个词基本译为 window、alone，有意求新者如唐安石将“窗儿”译为 the casement（窗棂），在文体风格上很不一致，casement 是个极书面的词，用来翻译口语化词汇，显然不恰当。“黑”的翻译分别有：dark、night、dusk、blackness，差别不明显。从句式来看，上述 14 种译文基本用两种方式来传情达意：其一，译为感叹句；其二，译为反问句，这两种句式都表达出原文强烈的情感，以及口语式的特点。唯一例外的是唐安石，他采用叙述口吻，虽然情感同样深沉，也传达出主人公哀痛的心情，但在文体风格上，唐安石的译文古奥雅致，与原文迥异。所有译文中，值得注意的有两个：一是王红公与钟玲的译文，将原文抒情口吻改为描写叙事，没有译出“独自怎生得黑”，而是描写“我凝望阴云的聚散变化”，一位百无聊赖、孤独寂寞的女性形象跃然纸上，虽脱离了原文，却具有很强的艺术感染力。二是王椒升的译文。他擅长传递原文细微的情感。他采用“drag”（拖、费力地移动）一词，将主人公对时间难捱的内心感受再现出来，更刻写了一位孤寂凄凉的女性形象，该词立刻使得译文充满了生命力，在众多译文中脱颖而出。其他译者采用 live alone、wait 等词在意思上符合原文，但在情感传递的力度上分量尚不足，不能细致深微地揭示主人公情感的寂寞、心情的绝望。优秀的译文往往能开掘出原文的微妙之处，创造性地发挥译入语的优势，寻找更诗意、更能传递原文深层次意义的语汇。“‘意译’所要译出的，主要就是第二个层面的‘意’。整个‘意’的根本特点是它的微妙性、不确定性、暧昧性、延伸性和开放性。”① 这一点在下文分析李清照重字叠句时将进一步深入探讨。

---

① 《王向远著作集·翻译文学研究》，宁夏人民出版社 2007 年版，第 160 页。

（二）修辞手法翻译与意境美感的传达

李清照擅长炼字，以平常字词练就新奇俊逸之句，虽浅俗，却精炼之致，为后世词评家赞不绝口。那么，这些妙语天成之句怎样转译才能传递原文的韵味呢？下面列举几个典型案例试作分析。

《如梦令》：应是绿肥红瘦

The green may be thriving，the red must be thin now
（许芥昱，1962）

Tis time when green should be fat and the red thin （胡品清，1966）

there'll be
too much green too little red （唐安石，1972）

They're green enough，but not so red （Mayhew，1974）

The leaves should be lush and the petals frail （欧阳桢，1975）

The green must have grown fat and the red gone thin
（刘殷爵，1979）

For the green to grow fat and the red to grow thin?
（王红公，1979）

The green leaves
flourish
the red blossom
fades （詹姆斯·克瑞，1984）

"Don't you know it is time

The green should be plump and the red lean" （王椒升，1989）

The green ought to be fat, the red, thin （朱莉·兰多，1994）

"绿肥红瘦"是指树叶繁茂，而花朵稀疏，使用了两种修辞手法，一是拟人手法，用"肥"与"瘦"来形容枝叶花朵，一是借代的修辞手法，以颜色分别代指绿叶与红花。以上对"绿"与"红"基本有两种翻译法：其一，直译法，遵从原文直接译为green、red；其二，意译法，还原原文含义，翻译为（green）leaves、（red）petals/blossoms。英文中，the+形容词，常可以代指一类人或者事物，the green可指绿色的枝叶，the red也可指红色的花朵，采用直译法不仅与原文直接对应，而且符合英文语法，比译成leaves与petals/blossoms更简洁，也更留有联想的空间。"肥"与"瘦"基本有三种翻译法：其一，直译法，译成对应的形容词fat、thin；其二，意译法，遵从原文译成绿色长得繁茂，红花凋零，如动词flourish、fade，形容词thriving、lush；其三，替代法，寻找可以替换fat、thin的拟人形容词，替代fat的形容词有plump，替代thin的形容词有frail、lean。上述几种翻译法还是属王椒升的译文更能传递原文神韵。胡品清、刘殿爵、王红公与兰多的译文基本属于直译，但也译出了原文生动活泼的韵味。不过，王椒升的译文更胜一筹，他用plump翻译"肥"比用fat要好很多，fat主要指一个人肥胖多脂，plump则主要形容人丰满圆润，用plump形容绿叶十分形象生动，让读者联想起绿叶的肥美丰润，其他词如thriving（植物茂盛的）、lush（繁茂葱翠的）虽然符合原意，但比较平铺直叙，少了一份意趣与灵动。其他意译法如克瑞的翻译虽然传递了原文的意思，但由于采用直叙法，使译文少了一份原文的生动活泼，没有能译出原文的艺术技法与美感。

《念奴娇》：宠柳娇花

Adorable willows, coquettish flowers （胡品清，1966）

Graceful willow, delicate blossoms （欧阳桢，1975）

I love the pussy willows and the returning orioles.

（王红公、钟玲，1979）

on graceful willows
on enticing flowers （詹姆斯·克瑞，1984）

Favorite flowers，darling willows （王椒升，1989）

Willows and flowers profit （朱莉·兰多，1994）

“宠柳娇花”四字并列词也历来为词评家称奇。人受喜爱曰“宠”，人可爱美丽曰“娇”，两个字都是形容人的，词人拿来形容柳与花，也用了拟人的修辞法。上述六种译文，除了王红公、钟玲改变原文“花”的意象代之以“黄鹂”（oriole），其他译文在“花”、“柳”两字的翻译上，区别不大。译文的主要区别仍在“宠”、“娇”这两个形容词上。“宠”的译文有：adorable，graceful，favorite。adorable 形容人可爱的、迷人的，graceful 侧重人姿态、举止等的优雅，favorite 指中意的，宠爱的。三个词中，graccful 最佳，柳丝拂动的姿态十分优美，用 graceful 形容杨柳不仅恰切，而且暗含拟人修辞格。虽然 adorable 也指人可爱迷人，用它来形容杨柳，也是拟人修辞法，但“可爱”与“杨柳”之间并无天然的直接关联，读者难以在两者之间建立直观感受。用 graceful，读者则可以迅速联想起“柳丝”飘拂的优雅姿态。王国维在《人间词话》中指出，“词以境界为上，有境界则自成高格”，有境界的诗句“不隔”，所谓不隔即是“语语都在目前”[①]，写情则沁人心脾，写景则在人耳目。叶朗教授指出，“不隔”就是“文学语言要能够直接引起鲜明生动的形象感”[②]。优秀的译文也应该做到“不隔”，译文以能在读者脑海中唤起鲜明生动的形象为佳。可见，要寻找到恰切的形容词修辞语，尤其在翻译拟人的修辞语时，不仅

① 王国维：《人间词话》，《王国维文学论著三种》，商务印书馆 2004 年版，第 38 页。
② 叶朗：《中国美学史大纲》，上海人民出版社 2007 年版，第 618 页。

仅要以原文意义为基础，还应充分调动想象力，以意象特征为基点，寻找与意象特征吻合而又生动的形容词，两者之间既具有关联点与相似点，又能产生陌生化的艺术效果。用 plump 形容绿叶，graceful 形容杨柳，都既能做到写景而景“不隔”，又出乎意料地带给读者陌生化的审美阅读快感。

“娇”的译文有：coquettish、delicate、enticing、darling。coquettish 一般形容女人卖弄风情，delicate 形容人时侧重柔弱，enticing 指迷人的、诱惑的，含有诱惑、引诱的意味，darling 形容人十分可爱，获人珍视宠爱，与 favorite（受宠的）含义相近。原文中，“宠”与“娇”互文见义，王椒升选择的“darling”、“favorite”也互文见义，看来他在译文里将“花”、“柳”的顺序颠倒，是暗示原文的两个形容词也可以相互置换。上述四个词虽然都是形容人的，含义却各有侧重，coquettish 和 enticing 都不适合形容花朵，虽然用 delicate 形容花朵十分恰当，但原文也没有花朵娇嫩不经摧残的含义。相比较而言，用 darling 来翻译“娇”要更好些，darling 还含有对花、柳喜爱宠溺的含义，与上下文期待春暖花开的语境吻合。可见，在翻译具有修辞手法的词句时，优秀的译文不仅要在目的语语言中寻找适当的词汇译出原文高超的艺术手法，还应追求意象的形象生动，在语意上与上下文情境吻合。

（三）重字叠句的翻译与启示义的呈现

李清照词中有大量的叠字重句，基本分为三类：其一，重笔。比如，《行香子》（天与秋光）“渐一番风，一番雨，一番凉”、“闻砧声捣，蛩声细，漏声长”，《行香子·七夕》“甚霎儿晴，霎儿雨，霎儿风”，它们都是由结构相同的三个短句构成，并且至少有一个字重复，前人称之为“重笔”。在李清照词中，还有由两个结构相同的短句构成的句子，比如《忆秦娥》（临高阁）“又还秋色、又还寂寞”，在此也一并归入此类。其二，叠字。包括模拟大自然、动物声音，状写形貌的重言联绵词如“萧萧微雨”，也包括单音词的重叠形式，如“庭院深深”、“纤纤手”、“千千遍”、“寻寻觅觅，冷冷清清，凄凄惨惨戚戚”。前者与后者的区别在于，前者是单纯词，其意义与单字意思无关，后者则与原单音字意义密切相关。英语世界的译者只有区别了这两种独特的词组构成形式，才能做出正确的翻译。其三，重句。目的在于为营造情感氛围、加强语气等，比如《添字采桑子》（窗前谁种芭蕉树）“阴满中庭。阴满中庭”、“点滴霖霪。点滴霖霪”，《如梦令》（昨夜雨疏风骤）“知否，知否”，《如梦令》（常记溪亭日暮）“争渡，争渡”等。这些叠字重句，使词作节拍复沓，音韵回环反复，情感婉转低回，增强了语言的音韵美、结构的形式美与情感的抒情美。那么，译者如何将这形式结构与语言情感的美感在译文中呈现出来呢？

《行香子》：渐一番风，一番雨，一番凉

By turns the weather is ***windy***, ***rainy***, ***and chilly***.

（王红公、钟玲，1979）

Slow
this turn to wind
this turn to rain
this turn to cold　（詹姆斯·克瑞，1984）

Aware that I am in for
A spell of wind,
A spell of rain,
A spell of cold.　（王椒升，1989）

In time, it ***turns*** windy,
Then ***turns*** rainy,
Then ***turns*** cold.　（欧阳桢，1999）

“渐一番风，一番雨，一番凉”写出了秋季气候变化迅速，除王红公是通过尾韵“y”来重构原文的音韵美外，其他三种译文均通过重复字词来对译原文的结构。克瑞与欧阳桢采用动词“turn”，王椒升选用了词组“a spell of”（一段时间），王椒升在译文中介入了主人公“I”，改变了原文的纯景色描写，“意识到我将遭遇一阵风、一阵雨、一阵凉”。上述四组译文均译出了原文含义与结构美。综合四位译者的译文，笔者稍稍改译如下：

Slow, it turns to
A spell of wind,
A spell of rain,
A spell of cold.

这样，既能体现原文结构美、音韵美，又不改变原文含义。

《行香子》：闻砧声捣，蛩声细，漏声长

The sound ***of*** the fullers' mallets,
Beating cloth for winter,
The shrill crying ***of*** the crickets,
And ***the*** lingering notes ***of*** the bugles? （王红公、钟玲，1979）

Listening
to the beat
on the washing stones
the delicate chirr
of the crickets
the water clock's
endless tears? （詹姆斯·克瑞，1984）

In my ears ***the*** dull thud
Of mallets on the washing-blocks,
The feeble chirp ***of*** crickets,
The monotonous dripping ***of*** the clepsydra. （王椒升，1989）

I hear ***the sounds of*** washing clothes, pounding;
The sounds ***of*** the crickets, chirping;
The sounds ***of*** the water clock, dripping… （欧阳桢，1999）

上述四种译文除克瑞的外，都采用三个“the＋名词＋of”的结构，译出了原文结构的对称美与音韵美，形成了韵律上的回环复沓。原文写主人公在寂静的秋季黄昏，独自回忆往事时聆听外面传来的惹人愁思的“砧声”、“蛩声”（蟋蟀声）与“漏声”。译文基本有两种处理方法：一是采用英文拟声词来模拟声音。比如，克瑞采用了 chirr（昆虫发出的长且低的颤声）、王椒升与欧阳桢采用了 chirp（鸟类、虫类发出的短而高分贝的“唧唧”声）来模拟蟋蟀声。蟋蟀声响亮短促，用 chirp 更合适。二是注意描摹听者对声音的心理感受。王红公与王椒升还注意开掘听者（主人公）此刻的心理感受，移情于声，情传于声，声情融会，先后添加了 crying、dull、monotonous 等主观心理情绪词。

译者各有侧重，王红公与钟玲的译文“(我听到) 刺耳哀泣的蟋蟀声，久久徘徊的号角声”，侧重情感的渲染与意象的营造，重视词语蕴含的深层情感。蛩声，蟋蟀声，在中国古代诗词意象中，具有很强的情感色彩，暗示秋天的到来，而“悲秋”是中国诗词的重要主题，“悲哉秋之为气也!”（宋玉《九辩》）因此，“蛩声”一词不仅仅有其表层义（宣示义），指蟋蟀的叫声，更附带一种冷清萧瑟的凄凉情韵。“砧声”使人联想起在家的思妇为远方游子捣洗衣服，为他准备过冬的衣服。在古代诗词中，“砧”多与怀人相关联，饱含着思妇怀念亲人的情感。“漏”，古代计时工具，暗示时间的流逝，思妇惦念远在他乡的游子。听得到漏声表示周边环境安静，暗示主人公情感孤寂、独自索居，因此附带有哀愁凄凉的情感韵味。在翻译中国古代诗词时，不仅仅要译出原文的宣示义，更要译出原文的启示义。袁行霈将中国古典诗歌的意义层次分为宣示义与启示义：“宣示义是诗歌借助语言明确传达给读者的意义；启示义是诗歌以它的语言和意象启示给读者的意义。”① 他又将启示义分为双关义、情韵义、象征义、深层义与言外义。中国古代诗词语言中很多词汇具有情韵义，由于历代诗人不断提炼、使用，而使这些词汇附带有各种情感与韵味。“凡是熟悉古典诗歌的读者，一见到这类词语，就会联想起一连串有关的诗句。这些诗

① 袁行霈：《中国诗歌艺术研究》，北京大学出版社 2009 年版，第 6 页。

句连同它们各自的感情和韵味一起浮现出来，使词语的意义变得丰富起来。”[①]“砧声”、“蛩声”、“漏声”便是具有丰富情感韵味的词汇，李清照用这三个惹人愁思的典型词汇，表达她对往事昔人的怀念与悒郁感怀的情感。当这三组词汇进入英语语境中时，其所附带的情感韵味消失，因此，译者有必要补充三组词汇的情韵义。王红公与王椒升的翻译都注重开掘原文的情韵义。王红公在原文中添加了“shrill”（尖声刺耳的）、“crying”两个形容词，传递出蛩声带给人的悲怆情感心理反应。王椒升添加了“monotonous”（单调乏味的）一词传递出听者（主人公）孤寂凄凉的心理情感。王红公在译文中，又肆意将“漏声”改为“号角声”（bugles），保留了“长”的意义，将之译为“lingering”（徘徊的，逗留不去的），将声音的环绕不绝想象成人久久不愿离去，采用拟人修辞手法，形象生动地描绘了声音的持久。再次可见出，王红公更为关心意象的生动鲜明，语言的形象优美。

克瑞译文一向不重视原文艺术手法的再现，个人发挥想象成分较多，他更重视语言的诗意优美。此处，他或许受王红公译文的启发，也采用了拟人的修辞手法，将流个不停的“漏声”译成“流不尽的眼泪”，将滴滴答答的水珠想象成人的眼泪，把听觉转换为视觉，诗意盎然。

王椒升的译文显示出他对细节处理的高超艺术手法，不仅开掘原文包蕴的深层情感韵味，还分别从声音（chirp）与形象（drip，滴）上来刻写蛩声与漏声，可见译者用功之深。这两个词为欧阳桢所欣赏借鉴。欧阳桢的译文最能再现原文的结构美与声韵美，他采用三个结构完全对照的句子对译原文，三个现在分词尾韵相同，读来韵味悠然，而且现在分词表示动作（听）正在进行，与原文意思吻合。不过，欧阳桢的译文虽然完美再现原文的结构音韵美，却没有体现原文情韵义。综合以上各位优秀译者的翻译，笔者建议译文如下：

I hear the dull sounds of washing clothes，pounding;
The chilly sounds of the crickets，chirping;
The dreary sounds of the water clock，dripping.

---

① 袁行霈：《中国诗歌艺术研究》，北京大学出版社 2009 年版，第 8 页。

dull（沉闷的）既模拟了捣衣服时发出的沉闷声音，又形容听者听到此声音的心理感受；chilly（寒意的，寒冷的）将听者在重阳节黄昏时的凄凉心理感受投射到对象上去，又将与蛩声（秋）相关联的情韵义表达了出来。dreary（单调的，阴郁的）一词多义，既显示漏水声不断重复的单调，又暗示听者心情的阴郁低沉。

可见，“重笔”的主要特征是结构的对称美与由个别字词的重复形成的声律美。译成英文时，可以充分发挥译者的想象力，转换成结构同样具有对称美、语言具有音韵美的译文。通过以上几种译文，可见出重复之处不必拘泥于原文，译文中重复的字词不一定要与原文对应，以上好几种优秀译文的重复之处都未一味照原文硬译。

李清照词中多次出现“萧萧”叠字，但含义却不同，其一属于模拟雨声、风声的象声词，比如，《蝶恋花》（泪湿罗衣脂粉满）“萧萧微雨闻孤馆”（也作“潇潇”）、《孤雁儿》（藤床纸帐朝眠起）“小风疏雨萧萧地”、《多丽》（小楼寒）“恨萧萧无情风雨”。其二则是在此基础上的衍生，指“冷落萧索的样子”，进一步发展为形容头发稀疏枯少的样子。前者如《鹧鸪天》“寒日萧萧上琐窗”，其含义为“萧索”；后者如《清平乐》（年年雪里）“萧萧两鬓生华”、《摊破浣溪沙》“病起萧萧两鬓华”，其含义为“萧疏”，翻译时应区别对待。另外，“萧萧”叠字出现在中国古诗词中，是带有情韵义的，让熟悉中国诗歌的读者马上联想起《史记·刺客列传》“风萧萧兮易水寒”，王褒《楚辞·九怀》“秋风兮萧萧”等系列诗句，由于秋风萧瑟凄冷，因此，“萧萧”便与“凄凉、冷落”的情感特征相关联在一起，当诗人用于诗句中时，便传达哀凉的情感。下面看各位译者如何处理中国古诗词中的叠字、多义词及具有情韵义的词汇。

《多丽》：恨萧萧无情风雨

I loathe the merciless wind and rain.（胡品清，1966）

I hate the ***hsiao hsiao*** of the implacable wind and rain.

（王红公，1979）

hating the strident storm's
heartless wind and rain
all night. (詹姆斯·克瑞，1984)

Damaged overnight by relentless wind and rain. (王椒升，1989)

《蝶恋花》：萧萧微雨闻孤馆

The ***drizzling*** rain is heard in the silent inn. (胡品清，1966)

Hsiao! ***Hsiao***! I listen to the fine rain
All alone in a lonely inn. (王红公，1979)

listening now
to the fine rain sigh
alone at the inn (詹姆斯·克瑞，1984)

In my lonely lodge I listen all night
To the patter of mizzling rain. (王椒升，1989)

《孤雁儿》：小风疏雨萧萧地

The whispering breeze, the pattering rain (胡品清，1966)

Small wind, fine rain, ***hsiao***, ***hsiao***,
Falls like a thousand lines of tears. (王红公，1979)

now a faint wind sighs
through the thin rain

quick fall　　　　（詹姆斯·克瑞，1984）

Fine rain，gusty wind：
Lugubrious sounds·　　　　（王椒升，1989）

《鹧鸪天》：寒日萧萧上琐窗

The cool sun climbs up my window adorned with swastikas.
（胡品清，1966）

The icy sun rises silently
Across the closed window.　　　　（王红公，1956）

The chilly sun climbs up the window catches.　　　　（王红公，1979）

a cold day
of windrush
by barred windows　　　　（詹姆斯·克瑞，1984）

As their shadows fall on my patterned window
Where the bleak sun is ***dismally*** climbing.　　　　（王椒升，1989）

Wintry day ***whistles*** through the window shut tight.（欧阳桢，1999）

《清平乐》：萧萧两鬓生华

My temples have turned grey.　　　　（胡品清，1966）

Strand by strand my hair turns gray.　　　　（欧阳桢，1975）

My temples have turned white.　　　　（王红公，1979）

the mournful wind
brings snow
to my hair　　（詹姆斯·克瑞，1984）

Lonely，***lonely***，gray invading both temples.　　（华兹生，1984）

My hair at the temples is streaked with grey.　　（王椒升，1989）

《摊破浣溪沙》：病起萧萧两鬓华

In convalescence，my temples have turned *gray*.　　（胡品清，1966）

After my sickness
My temples have turned gray.　　（王红公，1979）

sickness
has rifled
my hair
of its bloom　　（詹姆斯·克瑞，1984）

My ***sparse*** hair greying at the temples　　（王椒升，1989）

胡品清所译的6句诗中，有4句未译出“萧萧”的意思，所译的两句都是作为象声词的“萧萧”。“萧萧微雨闻孤馆”中用drizzle（fine misty rain，蒙蒙细雨）来状写细雨之形貌，“萧萧”在此处本属于象声词，译者将声音转换为形象，因为原文中写的是微雨，用表示“蒙蒙细雨”的“drizzle”来翻译是可行的。“小风疏雨萧萧地”中，用英文中对应的拟声词whisper和patter来形容风声与雨声，whisper此处用来形容风飒飒响，patter（make a repeated light tapping sound）形容小雨噼噼啪啪的声音，并且whispering与pattering由于尾韵相同，也一定程度上传递出了原文的音韵美。对于象声词的“萧萧”，王红公则全部将之音译为对应的韦氏拼音“hsiao，hsiao”，而对于具有“萧索”、“萧疏”含义的实义词“萧萧”，他则全部未译。

考察克瑞的上述6种译文，便发现克瑞没有区分作为象声词与实义词的“萧萧”。对于象声词“萧萧”，他基本采用英文中对应的拟声词“sigh”进行翻译，“sigh”指风的瑟瑟悲鸣，风吹拂发出的声音。“恨萧萧无情风雨”中的“萧萧”，克瑞将之转换成实义词“strident”，形容声音大而刺耳的，它表示的是实义，而非声音的模拟。克瑞显然未弄明白作为“萧索”、“萧疏”的“萧萧”与上述三种作为象声词的“萧萧”是不同的，他先后用“windrush”、“mournful wind”（悲鸣的风）来翻译表“萧索”、“萧疏”义的“萧萧”，可见，他将模拟风声雨声的“萧萧”等同于形容头发稀疏的作为实义词的“萧萧”。另外，如果说他将“萧萧两鬓生华”译成“凄厉哀嚎的风把雪花往我头上吹”还有几分诗意的话，那他将“病起萧萧两鬓华”中的“华”译为“花”（bloom）便属胡乱误译了。可见，克瑞的译文也常常根据字典义来发挥想象，此类翻译纯粹属于误译，而不是建立于弄通原文基础上的创造性翻译。犯了类似错误的还有华兹生，他也将形容头发稀疏的“萧萧”译成了“lonely、lonely”（孤寂地），也未区分“萧萧”的多重含义。

王椒升对于象声词“萧萧”的处理各不不同：第一句未译，第二句将“萧萧地”视为形容词，并结合上下文，意译成形容词 lugubrious（悲哀的）sounds。显然，王椒升把握到了“萧萧”叠字的情韵义，如此翻译融情于景，乃优秀译文。第三句则采用拟声词加状貌形容词双管齐下的方法翻译，patter 是模拟雨声的滴答滴答声，mizzle，毛毛细雨，是状貌。对于实义词“萧萧”，王椒升是唯一一位将含义全部译出的译者。“寒日萧萧”译成 dismally（沉闷的，阴郁的），将“萧萧两鬓”中的“萧萧”译成“sparse”（稀疏的），都非常尊重原文的含义。

上述译文中只有王红公的译文追求叠字再现，采用音译的方法。综上所述，对于象声词的翻译，译者们有三种处理方法：（1）不译；（2）选用目的语中对应的象声词翻译；（3）化听觉为视觉，将原文中横拟声音的词汇转化为目的语中状写形貌的词汇。从叠字的声律效果来说，译者也有三种处理方法：（1）采用音译的方法重复再现原文的声韵美（王红公）；

（2）重复目的语词汇也形成叠字声韵效果（华兹生与欧阳桢）；（3）通过目的语词汇的相同尾韵（头韵）来造成声律的重叠效果（胡品清）。实义词的叠字“萧萧”似乎更难翻译，从胡品清、王红公的不译到华兹生的误译、克瑞的胡译再到王椒升的确译，实义词“萧萧”最终由中英文功底俱佳的中国译者再现出来。可见，多义词的翻译对于西方译者来说是一项挑战，由于中国古汉语以单音节字为主，常常一词多义，西方译者较难辨别其中的差异，由此闹笑话的不计其数。因此，华裔学者与中国学者加入到中国古代诗词的翻译队伍中是十分必要的，他们尊崇中国文化，尊重原文，期望将中华文化与文学精髓推向世界，由此。翻译中十分严谨，常常对西方译者的乱译起到纠偏的作用。同时，他们深谙中国文学的符码系统，能够把握字词深层的启示义，将其体现于译文当中，使原文的情韵义、深层义等启示义不至于在跨文化语境中流失。

李清照将单音词的重叠形式运用到极致的当属“寻寻觅觅，冷冷清清，凄凄惨惨戚戚”一句，一共 14 个叠字，重字既双声又叠韵，其中，觅、凄、戚三字又构成叠韵。堪称千古卓绝的诗句。叠字的声律效果往往能增强情感，加重语气。李清照通过这 14 个叠字将内心若有所失的彷徨惆怅情怀表达出来，营造了一种寂寞、悲伤的艺术氛围。英语世界关于此句有多达 16 种译文：

《声声慢》：寻寻觅觅，冷冷清清，凄凄惨惨戚戚。

Seek，seek：*search*，search：
Cold，cold：bare，bare：
Grief：grief. Cruel，cruel grief. （克拉拉·M. 坎德林，1933）

Search and search，look
and look again，
Lonely，
Chilly，and dreary （许芥昱，1962）

Unending search in *endless* quest

So cold and still, how cold and still;
By grief and anguish, grief and anguish hard oppressed.
(邓根·迈根托斯、艾伦·艾丽, 1965)

Seek…seek, search…search;
Lone…lone, cold…cold;
Sad…sad, pain…pain, moan…moan (柳无忌, 1966)

Searching, searching,
Seeking, seeking,
Lonely, lonely,
Solitary, solitary,
Sad, sad,
Grieved, grieved,
Mournful, mournful. (胡品清, 1966)

Search, search, seek, seek
Chill, chill, clear, clear
Grieved, grieved, sorry, sorry ai! ai! (威廉·麦克诺顿, 1974)

Seek-seek, search-search,
cold-cold, quict-quiet,
sad-sad, sorrowful-sorrowful, grieved-grieved. (刘若愚, 1974)

I *pine* and *peak*
And questless seek
Groping and *moping* to linger and *languish*
Anon towander and wonder, glare, stare and *start*
Flesh *chill'd*
Ghost *thrilled*
With grim *dart*

And keen canker of rankling *anguish*. (唐安石, 1976)

Search. Search. Seek. Seek.
Cold. Cold. Clear. Clear.
Sorrow. Sorrow. Pain. Pain. (王红公、钟玲, 1979)

Seeking
seeking
        Searching
        searching
over and over
            lonely and forlorn
Sighing;
grieving
sighing
        in the same round (C. H. 科沃克、文森特·麦克休, 1980)

I seek I search
Seek and search
In the chill so clear (詹姆斯·克瑞, 1984)

Searching, seeking.
  Seeking, searching:
What comes of it but
  Coldness and desolation,
A world of dreariness and misery
And stabbing pain! (王椒升, 1989)

Searching, searching, again and again
  Cold and still, cold and still

Bitter bitter, cruel cruel sorrow— (朱莉·兰多, 1994)

Searching and searching, seeking and seeking,
so chill, so clear,
dreary,
and dismal,
and forlorn. (宇文所安, 1996)

Searching…seek
Dreary… desolate
Dismal… downcast…disconsolate (欧阳桢, 1999)

Seeking, *seeking*, *searching*, *searching*,
Cold, cold, chill, *chill*.
Sad, sad, grieved, grieved, mournful, *mournful*.
(余宝琳, 2004)

为了翻译出该句的神韵,译者们寻找各种创新方法探索有效而诗意的翻译方式。但最为常见的仍然是逐字对译,重复字词,其次是采取直译加意译的方法,如邓根·迈根托斯与艾伦·艾丽、王椒升、唐安石等。译者们也充分发挥译入语的语言优势,追求声律的和谐优美,主要有如下方式:(1)押头韵,比如 seek 与 search。这两词被入选的频率非常高,也的确因为它们不仅在字面义上与原文对应,而且由于押头韵,呼应了原文的音律美。再者,长元音[iː][əː]使得 seek、search 的发音拖长,变慢,如同主人公彷徨迷惘地慢慢寻觅,音与义得到完美和谐的统一。(2)押尾韵,如 lonely、chilly 与 dreary。(3)押行内韵,如 unending 与 endless,lone 与 cold。(4)押纵向行头韵,如 seek 与 sad。(5)押纵向行尾韵,如唐安石的 peak 与 seek,languish 与 anguish,chill'd 与 thrilled,start 与 dart。

上述译文中,探索音律最细微的当属唐安石与余宝琳的译文。唐安石的英译诗都采用韵体来翻译,总是尽力追求译文的音韵美,要求译文读起来也像诗歌，因为诗歌的本质在于音律。著名比较文学学者李达三（John J. Deeney）指出他的译文特点，“字面义的忠实让位于音律的忠实”[①]。他翻译的这 14 个叠字充分体现出他的译学主张，音律优美，充分调动了译入语的语言优势，分别押了头韵（pine 与 peak，stare 与 start），尾韵（groping 与 moping），行内韵（linger 与 languish，glare、stare 与 start），行末韵（chill'd 与 thrilled），还充分调动同音异形字 wander 与 wonder 来营造音律美与节奏美。他还独具匠心地运用长元音［ai］［iː］［əu］来体现主人公摸摸索索、东寻西觅的动作。为了呼应原文的声律美，唐安石不惜添加大量原文中没有的词汇。不过，他用语古奥，不似原文平淡朴素的语言中饱含深情，在文体风格上与原文有出入。余宝琳的译文表面上是逐字对译，但也充分开掘词汇的音律：seeking 与 searching，不仅押头韵还押尾韵；seeking 与第三行 sad，又属于押纵向行头韵；cold，sad 与 grieved 三词又押了尾韵，chill 与 mournful 也是明显地押纵向行尾韵。

如果说唐安石的译文侧重点在于音律美，余宝琳的译文侧重点在于音律美、形式美与忠实原文的话，那么王椒升的译文则再次显示他关注诗词言语背后的深层情感与情韵义。他的译文不是简单地重复对译原文，而是揭示出主人公动作背后的心理体验与变化。主人公寻寻觅觅，探触到的却是一个寒冷（coldness）与荒凉（desolation）的世界，进而感受到了凄凉（dreariness）、痛苦（misery）与钻心的痛（stabbing pain），展示了主人公由视觉转向知觉的感官情绪变动，由呈现外在世界转向揭示内心体验，十分细腻生动，再次体现出王椒升对细节的高超处理技法以及对原文的深刻理解。这 14 个叠字不是简单的重复，而是写出了主人公的心理变化与心理层次。“良人既已行矣，而心似有未信其即去者，用以‘寻寻’。寻寻之未见也，而心似仍有未信其便去者，用又‘觅觅’；觅者，寻而又细察之也。觅觅之终未有得，是良人真个去矣，闺闼之内，渐以‘冷冷’；冷冷，外也，非内也。继而‘清清’，清清，内也，非复外矣。又继之以‘凄凄’，冷清渐蹙而凝于心。又继之以‘惨惨’，凝于心而心不堪任。故终之以‘戚戚’也，则肠痛心碎，

① John J. Deeney, “Preface”, in John Turner, *A Golden Treasury of Chinese Poetry*, Hong Kong: The Chinese University Press, 1976, p. 7.

伏枕而泣矣。似此步步写来，自疑而信，由浅入深，何等层次，几多细腻！”[①] 上述译者也许有人意识到了其中蕴含的动作变动与体验变化，但是却没有人将之揭示出来。宇文所安的译文应该受到了王椒升的启发，也是先呈现主体寻觅的结果是一个“寒冷”（chill）、“晴朗”（clear）的世界，继而揭示主体心理情感的变动：从阴沉（dreary）到忧郁（dismal）最后到凄凉（forlorn）。宇文所安巧妙地通过结构形式上的层层挪移与连词“and”的层层推进，刻写出主人公心理体验的流动变化，十分高明。并且，译文不是简单地对译原文，而是用连词“and”连接searching与seeking，“searching and searching，seeking and seeking”，比起前人翻译的“seek，seek，search，search”的语速要慢，就好像主人公正若有所失地慢慢地、反复地寻找着什么东西。从语意上来讲，这更贴近了原文的深层含义，从语法规范上来说，也更符合英文表达法，而不是简单地堆砌词汇。第二句用两个“so”，一方面增强语气与情感，另一方面也构成了音律的复沓。细细咂摸，宇文所安的译文也极高明。可见，优秀的译文一定要建立在对原文的深刻理解的基础上，然后发挥译语优势以诗意的语言译出原文的情感内蕴。

另外，为了弥补直接对译带来的意义流失，传递原文深沉的情感，译者们还调动各种手段来增强情感。（1）采用程度副词词组so、how、again and again；（2）借助连词，层层推进，如王椒升与宇文所安译文中的“and”；（3）借助语气词，如ai（威廉·麦克诺顿）；（4）引入破折号（朱莉·兰多）、感叹号（王椒升）与省略号（欧阳桢），加强情感强度。

（四）典故俗语的翻译与情韵的流失

中国古诗词中的典故多用来阐明主题，往往是理解诗词主旨的关键。由于典故的内涵未被作者明确阐述出来，这需要读者具备丰富知识，进入作者的前理解中。同时，典故往往以少总多，简单的字句便可容纳丰富的历史故实，在翻译时就要既兼顾深层意思的表达又不影响诗意。试看译者如何处理典故中的专有名词。

《鹧鸪天》：仲宣怀远更凄凉

① 傅庚生：《中国文学欣赏举隅》，北京出版社2003年版，第3页。

If I indulged my sad heart
The days would be still more
Frozen and sad. （王红公，1956）

Like Wang Ts'an I am homesick （胡品清，1966）

I am more lonely and homesick
Than Chung Hsüan （王红公、钟玲，1979）

but lonely like Chung Hsuan （詹姆斯·克瑞，1984）

I feel more dreary than
the homesick Zhong Xuan of bygone days （王椒升，1989）

Zhongxuan pined for home; I too am lonely （欧阳桢，1999）

宋代严羽谈写诗技法时说："语忌直，意忌浅，脉忌露，味忌短。"[①] 以要眇宜修为特点的词更忌意脉一览无余，语意寡味。李清照的这首《鹧鸪天》（寒日萧萧上琐窗）当写于词人南渡之后，全词基本为融情于景的写景，意脉深隐，只有"仲宣怀远更凄凉"融入作者深沉的思乡怀国之愁，点明了题旨，因此，理解该句的真正含义十分重要。王粲，字仲宣，曾写有《登楼赋》抒发思念故乡与怀才不遇的情怀，李清照借此表达的是比王粲更为凄凉的身世之悲：国破家亡，背井离乡，奔波迁徙，老无所依。译文必须译出该典故的题旨，才能使读者明晓作者的衷曲心迹。上述译文中，对于人名专有名词，译者统一采用音译法，胡品清、王红公与钟玲、王椒升、欧阳桢等熟知中国文化典故的译者均译出了典故包含的"homesick"（思乡）情怀，而王红公（1956年）与克瑞的译文均只译出了原文字面上的凄凉含义，未把握到典故的深层实质义（思乡）。上述译

① 严羽著，郭绍虞校释：《沧浪诗话校释》，人民文学出版社2006年版，第122页。

文属王红公与钟玲的译文最为简洁准确，不仅译出了思乡情怀与凄凉心情，还译出了“更”的语气程度。王椒升的译文稍显冗长，其他几种译文在意义上不够准确。

《多丽·小楼寒》：也不似、贵妃醉脸，也不似、孙寿愁眉。韩令偷香，徐娘傅粉，莫将比拟未新奇。细看取，屈平陶令，风韵正相宜。

They resemble not the rosy cheeks of the Precious Consort
　In tipsiness,
Nor the frowning Sun Shou.
Neither the perfume stolen by Han Shou
Nor the powdered face of Lady Hsü
Are comparable to them.
Viewed with minuteness,
They have the air of Ch'ü P'ing and Magistrate T'ao.

（胡品清，1966）

Your face is not like Yang Kuei-fei flushed with wine,
Nor like Sun Shou's worried brow.
You should not be compared to Chia Wu
Who stole the imperial incense for her lover,
Nor with the lewd Lady Hsü
Who powdered only half her face
To make fun of her one-eyed husband, the Emperor.
These comparisons are not apt.
After careful consideration,
I think your charm is that
Of the poets Ch'ü Yüan and T'ao Ch'ien.　　（王红公、钟玲，1979）

I'm not like Kuei Fei
with her drunken face

or Sun Shou of the frowning brow
or ***she who stole perfume***
for lord Han
or Granny Hsü ***thick in make-up***
there's no comparison
I'm not strange enough
carefully keeping to taste and tenet
of T'ao Ch'ien and Ch'ü Yuan （詹姆斯·克瑞，1984）

You are not like Yang Guifei flushed with wine.
Sun Shou with knitted eyebrows,
Jia Wu *who stole royal incense for Han Shou*,
Or Lady Xu *who powdered half her face to please a one-eyed emperor*.
It would be inappropriate to compare you to these.
On maturer thoughts, your charm may fitly be likened
To that of Qu Yuan and Tao Qian. （王椒升，1989）

《多丽》是咏白菊的咏物词，由于原文内容均未正面点明所咏对象为白菊，王红公、钟玲，克瑞，王椒升采取为词作添加标题“white chrysanthemums”（白菊）的方法，胡品清则在词中译出所咏对象为白菊。李清照为赞颂白菊的风神气韵与精神品质，引用了杨贵妃、孙寿、韩令、徐娘等历史人物反衬白菊的端庄，白菊不像贵妃醉酒后那样娇媚造作，更不像东汉梁冀之妻孙寿那样故作愁态媚惑，也不像韩寿那样偷他人的奇香和徐娘那样涂抹半面妆来取悦他人。同时，援引屈原与陶渊明来正衬白菊品质的高洁。对于“韩令偷香”与“徐娘傅粉”的典故，王红公与钟玲、王椒升都用定语从句补充说明典故的内容。而且，王椒升还采用注释的方法进一步解释典故的内涵，属于意译法。胡品清则基本属于原文对译，没有在译文中进行补充说明，而是在下文中进行了解释说明。克瑞的译文则除“韩令偷香”采用意译法外，基本按照原文表层义进行翻译，没有补充说明，也没有注释。屈原与陶潜的典故出现在中国古典诗歌中都具有情韵义，暗示所咏对象品质高洁，不随流合污。当其被直接音译至英语世界，又不进行注释说明时，其所包蕴的情韵义便无可避免地流失掉。

综上所述，英语世界典故的翻译一般采用如下方法：（1）音译加注释说明；（2）意译，补充典故内容；（3）音译而不加说明。当译者采用第三种方式时，典故包含的情感与意义常常流失。

李清照词常以日常生活中的情景入词，如分茶、斗草等风俗习惯不能仅依字面义进行理解，否则会存在误读。她在诗词中多次提及“分茶”、“碾茶”，这是她对日常生活的诗意描写，体现她雅致的生活趣味。“分茶”在宋代士大夫生活中较为常见。宋代诗人杨万里在《澹庵坐上观显上人分茶》诗中曰：“分茶何似煎茶好，煎茶不似分茶巧。蒸水老禅弄泉手，隆兴元春新玉爪。二者相遭兔瓯面，怪怪奇奇真善幻。纷如擘絮行太空，影落寒江能万变。银瓶首下仍尻高，注汤作字势嫖姚。不须更师屋漏法，只问此瓶当响答。”写出了显上人高超的分茶技艺。署名为陶谷（903—970）的《清异录》中有“茗荈门”类下“茶百戏”的条目：“茶至唐始盛。近世有下汤运匕，别施妙诀，使汤纹水脉成物象者，禽兽虫鱼花草之属，纤巧如画，但须臾即就散灭。此茶之变也，时人谓之茶百戏。”[①]“茶百戏”指的就是分茶，可见，分茶的方法大致是用茶匙取茶汤注入器皿中，技法高超的分茶人可以使茶汤呈现“作字”、“幻画”的奇幻场景。分茶是一种高雅的茶戏，体现着古代士人的文化雅趣。宋代词人向子諲《浣溪沙》题云：“赵总怜以扇头来乞词，戏有此赠。赵能著棋、写字、分茶、弹琴。”[②]可见，分茶与传统文人热衷的琴棋书画等雅趣一样，成为他们的精神追求与魅力体现。但当这些生活风俗场景转换成英文时，只能以抽象模糊的“喝茶”取代，其中蕴含的宋代文人士大夫的茶文化与品茶方式之雅趣被消解。

《摊破浣溪沙》（病起萧萧两鬓华）：豆蔻连梢煎熟水，莫分茶

① 陶谷：《清异录》（二），中华书局1991年版，第301页。

② 唐圭璋：《全宋词》，中华书局2005年版，第1266页。

Cardimum seeds are boiled together with their twigs,
There is no need for tea. （许芥昱，1962）

The cardamom is boiling in hot water,
Not the tea leaves. （胡品清，1966）

I boil a drink of cardamom leaf tips
Instead of tea. （王红公、钟玲，1979）

Nutmeg
Cardamom
Water
boiling hot
No one
to share this tea （C. H. 科沃克、文森特·麦克休，1980）

without tea
simmer a twig of cardamom （詹姆斯·克瑞，1984）

A drink of cardamom leaf tips boiled over a living fire
Will do for me instead of tea. （王椒升，1989）

李清照此处写自己生病尚未痊愈，只能煮豆蔻熟水来饮用，像“分茶”这种高难度、高技巧之雅举，此刻只怕无精力也无心思来完成吧。许芥昱将“莫分茶”译成了“不需要茶”，胡品清，王红公与钟玲的译文都说煮的是豆蔻而不是茶叶，王椒升的译文也类似：“在活火上煮豆蔻叶而不是茶来喝，这对我有好处。”克瑞说没有茶，炖的是豆蔻根枝，几种译文都将“分茶”译成了“茶”。C. H. 科沃克与文森特·麦克休的译文则属于明显误读，“没有人一起分享煮的茶”。为了不使译文艰涩难懂，译者都没有对“分茶”进行补充解释，原文特有的风俗意味被消解了。

《浣溪沙》(淡荡春光寒食天):海燕未来人斗草

The swallows have not come back
From the Southern Sea, but already
Men begin again, *fighting for straws* (王红公,1956)

Swallows are yet to return, though ***people are playing the game of weeds now.*** (许芥昱,1962)

Swallows have not yet arrived, though *people are playing the game of weeds.* (胡品清,1966)

Sea-swallows are still away,
the people gather grass (Mayhew,1974)

The sea swallows have not yet come,
Idly we duel with blades of grass. (欧阳桢,1975)

People are gathering wild flowers and herbs
though the sea swallows
haven't yet come back (王红公、钟玲,1979)

I'll go gather herbs (詹姆斯·克瑞,1984)

People are already competing in games of grass. (王椒升,1989)

“斗草”是古代年轻妇女儿童用草来赌输赢的一种游戏,具有中国文化习俗特色。上述译文中,许芥昱、胡品清、欧阳桢、王椒升都将“斗草”的游戏特征翻译了出来。而王红公1956年的版本,显然属于误译,将“斗草”直译为fighting for straws。此外,西方本土译者Mayhew、克瑞都只将它译为“拾掇香草”,显然,他们都明白“斗草”不是为草而

“打斗”，只不过，他们觉得将该词的原义译出不如译为“拾掇香草”更有诗意。可见，对于文化意象词与俗语词，华裔学者与中国本土译者更倾向于遵从原文含义，而西方本土译者则综合考量原文含义与读者阅读习惯，尽量不采用注释使得诗歌的阅读快感被打断，还会忽略或简化对理解原文影响不大的文化意象词。

第三章

起源与发展：英语世界中国古典词的源流研究

第一节　词的起源探讨与研究方法[①]

一　国内词之起源观点

由于词乐资料的失传，词的起源在中国词学研究界是一桩千年学案，自宋以来，代有论说，历代学者都从不同角度对之进行研究，对词的起源与兴起时间存有不同意见。

自宋至清，中国学界就词体起源说主要存在三种不同看法。第一种是长短句起源论，认为词体由长短句发展而来，将词体起源追溯到汉魏六朝乐府，古代的杂言体诗歌，甚至上溯至《诗经》里的杂言。宋人将词体的形式特征概括为“长短句”，并将其作为词体的代称，不少词人将自己的词集命名为“长短句”，比如辛弃疾的《稼轩长短句》、秦观的《淮海居士长短句》等，强调的是词体在文体形式方面与其他诗体的区别。南宋词人张镃认为它是中国古体诗歌的一种变体，他在给史达祖词作的序《题梅溪词》中说：“《关雎》而下三百篇，当时之歌词也。圣师删以为经，后世播诗章于乐府，被之金石管弦。屈宋班马，由是乎出。而自变体以来，司花傍辇之嘲，沈香亭北之咏，至与人主相友善，则世之文人才士，游戏笔墨

① 本节参考资料有谢桃坊《中国词学史》，巴蜀书社2002年版；吴熊和《唐宋词通论》，浙江古籍出版社1985年版；李昌集《词之起源：一个千年学案的当代反思》，《文学评论》2006年第3期；安乐哲主编《北美汉学家辞典》，人民文学出版社2001年版等。

于长短句间。”[①]

第二种是“填实泛声”说，由北宋著名学者沈括提出，认为词由乐府、唐代近体诗五七言律绝演变而来，为了使五七言律绝入乐，在其中加入“和声”、“泛声”、“散声”等以协乐，后来文人将这些虚声填以实字变成了长短句。持这种看法的有宋人王灼的《碧鸡漫志》、朱熹的《朱子语类》、明杨慎的《丹铅录》以及近人况周颐的《蕙风词话》等。沈括在《梦溪笔谈》卷五《乐律》中说：“诗之外又有和声，则所谓曲也。古乐府皆有声有词，连属书之，如曰‘贺贺贺、何何何’之类，皆和声也。今管弦之中缠声，亦其遗法也。唐人乃以词填入曲中，不复用和声。”[②] 朱熹《朱子语类》卷一百四十：“古乐府只是诗，中间却添许多泛声，后来人怕失了那泛声，逐一添个实字，遂成长短句，今曲子便是。”[③] 和声、泛声、缠声都是指乐府歌辞中无实义的虚声词字。

第三种是“倚声填词”说，也就是胡乐传入中国后，依据乐曲曲调以填词，从而导致词体的生成。南宋初年词家鲖阳居士为其编的词选集《复雅歌词》作序时，追溯了词体渊源：“更五胡之乱，北方分裂，元魏、高齐、宇文氏之国，咸以戎狄强种，雄踞中夏。故其讴谣，淆糅华夷，焦杀急促，鄙俚俗下，无复节奏，而古乐府之声律不传。周武帝时龟兹琵琶乐工苏祗婆者，始言七均；牛洪、郑译因而演之，八十四调，始见萌芽。唐张文收、祖孝孙讨论郊庙之乐，其数于是乎大备。迄于开元、天宝间，君臣相为淫乐，而明皇尤溺于夷音，天下熏然成俗。于是才士始依乐工拍但之声，被之以辞，句之长短，各随曲度，而愈失古之‘声依永’之理也。”[④]

其中的“夷音”是指隋唐时代的新乐。隋朝统一南北后，北部与西部少数民族的音乐经过龟兹等处传入中原，与中原音乐融合而形成了一种新音乐——燕乐。鲖阳居士在此将长短句的词体与隋唐以来新燕乐的关系表述得十分清楚。新燕乐被称为“胡乐”、“夷声”，始于隋朝，唐代开元后

① （明）毛晋辑：《宋六十名家词》，上海古籍出版社 1989 年版，第 196 页。

② 沈括著，金良年校点：《梦溪笔谈》，齐鲁书社 2007 年版，第 30 页。

③ 朱杰人等主编，郑明等校点：《朱子全书》第 18 册，上海古籍出版社、安徽教育出版社 2002 年版，第 4331 页。

④ 金启华、张惠民：《唐宋词集序跋汇编》，江苏教育出版社 1990 年版，第 364 页。

十分盛行，由此而产生了文人才士依据乐曲节拍填写歌辞，句子之长短随着曲调而变化，从而形成了长短句。这种观点在20世纪中国学界被广为接受，成为一种主流观点。

20世纪上半叶的学者对词之起源进行较详细分析的有胡适、胡云翼、龙榆生等人。胡适在《词的起原》一文中指出，“长短句的词起于中唐，至早不得过西历第八世纪的晚年”①。他通过考证初唐、盛唐的乐府歌词，指出：“总观初唐、盛唐的乐府歌词，凡是可靠的材料，都是整齐的五言、七言，或六言的律绝。当时无所谓‘诗’与‘词’之分；凡诗都可歌，而‘近体’（律诗，绝句）尤其都可歌。”② 也就是说，初盛唐时期，词体尚未产生。随后他考证了中唐可信的六个词调：《三台》、《调笑》、《竹枝》、《杨柳枝》、《浪淘沙》、《忆江南》，以证实词调确起于中唐，并认为《调笑》和《忆江南》是最早的创体。需要指出的是，后来学者认为胡适同意朱熹等人的“填实泛声”说③，事实上，胡适的确同意朱熹等人的“泛声”说，即由于整齐的五言、六言或七言诗与音乐曲调不相协而添加“泛声”、“和声”或“散声”，但是他认为填实泛声成长短句的说法太过于机械，其证据是大量词调里仍然有泛声存在。胡适也推测依曲拍作长短句的歌词最初起于民间，起于乐工歌妓，但其考证的曲调歌辞均为文人词。另外，在考证词体起源过程中，胡适认为词体的产生与音乐密切相关，但他并没有指出配词以入乐的正是燕乐，是燕乐的流行最终导致填词行为的发生。

胡云翼的看法与上述第三种词体起源观一致，他认为是胡乐入华导致词体的产生：“词的起源，只能这样说：唐玄宗的时代，外国乐（胡乐）传到中国来，与中国古代的残乐结合，成为一种新的音乐。最初只是用音乐来配合歌辞，因为乐辞难协，后来即依声以制辞。这种歌辞是长短句的，是协乐有韵律的，——是词的起源。”④ 词学大家龙榆生则明确指出词体与燕乐的关系，并批判了“词为诗余”的观点，指出词体的本质属性

---

① 胡适：《词的起原》，《胡适古典文学研究论集》，上海古籍出版社1988年版，第535页。

② 同上书，第536页。

③ 如李昌集《词之起源：一个千年学案的当代反思》，《文学评论》2006年第3期。

④ 胡云翼：《宋词研究》，中华书局1932年版，第13页。

即是其音乐特性，而非其与其他诗体在文体形式上的区别。他说：“其所以‘上不类诗，下不入曲’者，固以所使之曲调，既不为南北朝以前之乐府，又不为金、元以后之南北曲，非文辞之风格上有显然之差别也。诗、乐本相互关系；诗歌体制，往往与音乐之变革，互为推移。在古乐府中，亦先有词而后配乐，或先有曲而后为之制词者。后者为填词之所托始，而所填之曲，则唐宋以来之词，与古乐府又截然二事。”① “凡所称‘诗余’、‘乐府’、‘长短句’、‘琴趣外篇’、‘乐章’、‘歌曲’一类之雅号，皆所以附庸于风雅而于词之本体无与。知词为‘曲子词’之简称，而所依之声，乃隋、唐以来之燕乐新曲，则‘词为诗余’之说，不攻自破；即词之起源问题，与诗、词、曲三者之界限，亦可迎刃而解矣。”②

虽然胡乐入华导致词体产生这种看法已经得到学界的广泛认可，但倚声填词的具体时间，其初始阶段情况如何，声诗与长短句的关系，敦煌曲子词与文人词之间的关系等问题还十分模糊，有待学界进一步考证研究。针对词的起源问题，英语世界也有几位学者进行了研究，并提出一些有一定参考价值的观点。

二 白思达、陈士铨之词体起源的实证研究

英语世界就词的起源进行研究的有：白思达、陈士铨、魏玛莎。白思达，生于 1914 年，于 1947 年在斯坦福大学获得文学学士学位，后来进入哈佛大学攻读研究生，分别于 1949 年、1952 年取得文学硕士、哲学博士学位，其博士论文题目为《〈花间集〉研究》(1952)。白思达对中国古典文学研究的贡献主要在词学方面。他在撰写博士论文的过程中，完成了《〈钦定词谱〉书目提要》(《哈佛大学亚洲研究杂志》卷 14，1951)；其后又编成了《〈钦定词谱〉引得》(哈佛大学出版社 1956 年版)，发表了论文《论词律起源》(《哈佛亚洲研究杂志》卷 16，1953，也收入 John L. Bishop 所编《中国文学研究》)，被誉为北美词学研究的开创者。此外，白思达还分别为《大不列颠百科全书》(1956) 和《诗歌与诗学百科全书》

① 龙榆生：《词体之演进》，《龙榆生词学论文集》，上海古籍出版社 2009 年版，第 2 页。最早见《词学季刊》(创刊号，1933 年)。

② 同上书，第 7—8 页。

(1965) 撰写了题为“中国文学”与“中国诗歌”的词条。

(一) 白思达词体文类观与词体起源

1953 年，白思达发表《论词律起源》(《哈佛亚洲研究杂志》第 16 卷第 1 期) 一文，考察词体生成的时代背景，结合大量历史与文学资料，考察长短句如何由绝句逐渐演变而来，其观点在一定程度上受到胡适《词的起原》的影响。该文值得重视的有如下几点：

第一，作者在考察长短句生成过程中，始终贯穿着一种文类意识，并将文人词视为词体形成文类的标志。只有当词体有别于其他可歌的诗体形式，并且文人明确意识到此点时，词才有可能形成一种独立文类。作者认为，只有当文人自觉地倚声 (胡声) 填词，形成了长短句，文人才开始具有词体意识。事实上，也只有当词体具有长短句形式时，词体才能在形式上与其他诗体形式区别开来，因此长短句这一外在形式特征成为词体形成的前提条件。由于具有文类意识，作者在探讨词的起源时，就把握了词之特性的基本标准，避免混淆词体概念而导致词体起源时间无法判断的问题。在判断词体起源时，作者依据两个标准：其一，文人开始具有词体意识，并且开始按声乐作长短句之词。这必然使得作者忽视可能存在的民间词体，作者也由此认为词体是伴随着刘禹锡等文人的创作，在 9 世纪时才开始具有长短句的形式。其二，当绝句与歌词同时并存可歌时，词体作为一种文类仍然没有独立。“在唐代，用于歌唱的歌辞被称为‘歌’、‘曲子’，这些术语表明这些歌辞只具有演唱的功能，而没有成为一种文类。”① 作者考察发现，7 世纪时，同时存在可歌的近体诗与词，“既然诗与词都用于歌唱，那么词就仍然没有成为一种文类，其功能仍在于演唱”②。

第二，作者否定了词由长短句发展而来的观点。他根据历史文献描述了七八世纪时中国本土音乐与外来音乐此消彼长的情况。作者指出，唐之前的杂言体长短句都由长江地区的诗人所写，很显然与南朝流行歌曲吴歌

---

① Glen William Baxter, “Metrical Origins of the Tz'u”, *Harvard Journal of Asiatic Studies*, 1953, 16 (1), p. 112.

② Glen William Baxter, “ Metrical Origins of the Tz'u, *Harvard Journal of Asiatic Studies*, 1953, 16 (1), p. 124.

相关联，这些杂言体歌辞在唐代第一个世纪里仍被歌唱，属于清商乐。隋唐时期，由于战争、商业与宗教等因素外来音乐被引入中原，但作者认为，中国不可能立刻丢掉他们的本土音乐，将外来音乐全盘拿来，而是在一定程度上将这些外来音乐加以改造以适应本土乐妓歌唱、娱乐，同时外来音乐强大的吸引力也使得他们对旧有曲调进行改造。作者暗示，新燕乐极可能包含南朝民间歌曲的因素。《通典》等文献资料表明，在8世纪时，吴歌旧曲不再受宫廷与民间的欢迎，文人们也不再模仿它，作者由此推断杂言体长短句诗歌并没有成为谱写外来曲调歌辞的模板。在此，作者否定了一些中国学者及日本学者认为唐之前的长短句诗歌是词体最初萌芽的观点。

第三，长短句是如何产生的？作者认为，长短句的词由可歌的绝句演变而来。填词的直接外在动因是外来音乐广为传播，需要配以中国本土歌辞。添加和声、泛声、散声等衬字是唐代歌辞由绝句转向长短句的主要原因。可是有严格格律的绝句能够配合复杂的外来曲调吗？既然绝句难协新音乐，为什么在唐代最初的两个世纪里，会存在大量五言、六言、七言绝句配合这些新曲调？比如沈佺期、李景伯的《回波乐》，张说的《舞马》等。作者给出原因：一是在8世纪前后，绝句、律诗在文坛上居于主导地位，律绝技巧成为参加科举考试必须掌握的技能，因此文人才士基本都会律绝。二是绝句好记诵，但是，难以协乐歌唱的绝句终究要转化为其他形式。由于歌者与听众共同作用的结果，绝句常常被加以改造以适应曲调。作者列举《花间集》所收皇甫松（9世纪末）《采莲子》：

菡萏香连十顷陂举棹
小姑贪戏采莲迟年少
晚来弄水船头湿举棹
更脱红裙裹鸭儿年少

《采莲子》一曲传自梁朝，也经历了很多变化，许多诗人为之填词，但在皇甫松之前还没有人以这样的形式作过词。作者指出，这种形式也有可能产生于歌唱当中，乐工增加这些韵律以吸引听众。

从现有文献来看，《杨柳枝》这一曲调在唐代的曲辞皆为七言绝句，也有可能，尽管当时的乐妓已经在演唱时添加了各种泛声，但这样的形式并没有保留下来。在 10 世纪时，已有此类文本出现，词人在每行七绝之后添加了三字短句，比如顾敻的《杨柳枝》：

秋夜香闺思寂寥
漏迢迢
鸳帏罗幌麝烟销
烛光摇
正忆玉郎游荡去
无寻处
更闻帘外雨潇潇
滴芭蕉

在这首词中，将三字句拿掉，剩下的四句仍构成一首绝句，而这些三字句不仅在韵律上而且在内容上，成为该词的整体构成部分，增加了整首词的悲伤情调。

事实上，这种处于较成熟阶段的绝句的变异早在 8 世纪晚期韦应物的《调笑》中就体现出来：

胡马胡马
远放燕支山下
跑沙跑雪独嘶
东望西望路迷
迷路迷路
边草无穷日暮

该词可能是韦氏所作，也有可能是韦氏听到该词时将之记录了下来。在这首词里，四个六字句虽然有绝句的遗迹却无法独立，不能将之从词中抽出来。看似多余的首句也无法去掉，它提示了整首词的主题。该词表明，在音乐的影响下，可歌的绝句发生了变异，发展到一种成熟的阶段。

作者认为，在七八世纪时，诗人为新音乐作的曲辞（包括上述所说五言、六言、七言格律）或者乐妓为音乐选取的曲辞在形式上严整，而使这些歌辞与乐曲协调是乐工的事情，与诗人无关。但是到了9世纪初期，一些对流行音乐感兴趣的诗人，开始从近体诗中解脱出来。这也许是因为他们厌倦了千篇一律的绝句样式，也许是因为他们当时考虑的是旋律，而非其文学性，从而在无意识中改变了绝句的形式[①]。比如张志和（730—810）的《渔歌》：

西塞山前白鹭飞
桃花流水鳜鱼肥
青箬笠，绿蓑衣
斜风细雨不须归

类似的形式还有韩翃（750年左右）的《章台柳》、白居易（772—846）的《花非花》。白思达的论证过程的确较清晰地揭示了一条绝句逐渐演化的过程，并且认为在词体生成过程中，文学与音乐一度构成一股张力关系，最初文人谱之以绝句，随后渐渐妥协于音乐旋律，开始倚声填词。“文学与音乐的影响可能为文本与旋律的结合铺了一条道路，但是不管这些影响的作用与力量何在，在9世纪上半叶，白居易、刘禹锡与韦应物，已经开始倚声填词了。”[②]“温庭筠的词则完全不属于近体诗这一文学典范样式的变异，而直接满足于音乐的需求。”[③] 作者对词体起源的研究无疑受到胡适的影响，他也同意民间是词起源的温床，最初乐妓们可能关注的是歌辞的演唱功能与效果，而不会考虑歌辞的文学性。但是他没有考察民间词与文人词之间的关系，也正是因为作者没有考察民间词与文人词之间可能存在的影响关系，从而得出“词体由绝句发展而来”的观点。《论词律起源》一文也交织着白思达的困惑：他同意词体起源可能与江南民谣存

① Glen William Baxter: “Metrical Origins of the Tz'u”, *Harvard Journal of Asiatic Studies*, 1953, 16 (1), p. 133.

② Glen William Baxter: “Metrical Origins of the Tz'u”, *Harvard Journal of Asiatic Studies*, 1953, 16 (1), p. 143.

③ Glen William Baxter, “Metrical Origins of the Tz'u” *Harvard Journal of Asiatic Studies*, 1953, 16 (1), p. 144.

在渊源上的关联，考察现有文献却发现吴歌民谣在8世纪开始衰落，不再受文人重视。造成其困惑的主要原因是在20世纪初被发现的敦煌曲子词，迟迟未进入英语世界学者的研究视域。直到20世纪50年代才有王重民、任二北等学者的敦煌曲词研究专著出版，直到60年代末，英语世界里才有陈士铨在《一些敦煌词的时间考察》（《美国东方学会会刊》第88卷第2期，1968）、《再论词之兴起》（《美国东方学会会刊》第90卷第2期，1970）两文中介绍敦煌词对词之起源研究的重要意义。因此，白思达的研究主要集中于文人词，而忽略了民间词的存在。

第四，关于词体起源时间。作者虽不反对词可能起源于民间，但认为文人词的兴起才是词作为一种文类形成的标志。作者认为，在白居易时代已经出现了长短句这种流行歌曲歌辞，刘禹锡的《忆江南》即是填词实践的明证，而且其歌辞内容与南方毫无关联。因此，词体起源于9世纪初期。

综上所述，白思达承认外来音乐是词体产生的直接动因，但是并不是随着外来音乐的流行就产生了倚声填词的长短句，其中经历了文人为之填写齐言绝句的过程，在9世纪时文人才士才逐渐放弃齐言绝句，依曲拍填句，从而形成了长短句。

在绝句逐渐变异与长短句形成之间存在一段时间差，在这段时间里，文人是逐渐有意或无意地妥协于音律开始倚曲拍填句，还是在与乐妓交往过程中受到民间长短句的影响，从而开始长短句的创作，学术界对其中的具体过程存在不同推测。前者的代表有胡适，他说："长短句之兴，是由于歌词与乐调的接近。通音律的诗人，受了音乐的影响，觉得整齐的律绝体不很适宜于乐歌，于是有长短句的尝试。这种尝试，起先也许是游戏的，无心的；后来功效渐著，方才有稍郑重的，稍有意的尝试。《调笑》是游戏的尝试，刘、白的《忆江南》是郑重的尝试。这种尝试的意义是要依着曲拍试做长短句的歌词；不要像从前那样把整齐的歌词勉强谱入不整齐的调子。这是长短句的起源。"①

胡云翼则解释得更为详细，认为文人词的产生是乐工与文人交互影响的结果："唐代的新体乐府，在盛唐的时候，还是诗人自作他们的律绝诗，

① 胡适：《词的起原》，《胡适古典文学研究论集》，上海古籍出版社1988年版，第544页。

乐工们自制他们的乐曲和依曲拍为句的长短句歌词，两方面的关系是分离的；不过乐工们的歌辞做不好，乃取诗人现成的律绝诗谱为乐歌，以应燕乐的需要。因此，诗人与乐工伶妓们的关系逐渐接近。到了中唐，懂得音乐的诗人，他们看着拿律绝做诗歌词，实在是不十分协乐；同时又看乐工们做的长短句的歌词，音调和谐，体制新颖，乃亦依其歌词的曲拍，戏填为长短句的歌唱。一个诗人偶然填了一首，又一个诗人起来效尤填一首，一再尝试成了功，渐渐地风行，于是长短句的词体便在文人的社会里确立起来。”① 如何从以律绝入乐的声诗阶段过渡到长短句歌词创作过程，胡适与胡云翼的推测都较为合理。强调前者的，就认为词体由绝句逐渐演化而来，比如白思达；强调后者的，就认为词体兴起于民间，文人词是受民间词的影响才开始出现。

宋代的一些文献对于词体具体如何生成，也较为模糊：

宋人李之仪在《跋吴思道小词》说：“唐人但以诗句，而用和声抑扬以就之，若今之歌阳关词是也。至唐末，遂因其声之长短句，而以意填之，始一变以成音律。”② 李清照云：“乐府声诗并著，最盛于唐开元天宝间。”③《苕溪渔隐丛话》后集卷 39 中苕溪渔隐曰：“唐初歌辞，多是五言诗，或七言诗，初无长短句。自中叶以后，至五代，渐变成长短句。及本朝，则尽为此体。”④ 张炎曰：“粤自隋、唐以来，声诗间为长短句。”⑤

这些文献大抵表明声诗与长短句由并存期逐渐转化为长短句占主导地位，可以肯定的是，词体生成过程中的确存在以文人诗句入乐，并添加和声以佐曲调的过程，也存在齐言体声诗与长短句的词体并存的阶段。但是，词体具体起源状况却难以实证。

20 世纪初期敦煌词的发现似乎为词起源于民间提供了一些证据，敦煌词从文体风格与用词用意上都趋于民间状态，应该是词体的初级形态当是无疑。不过，敦煌曲的绝大部分作品当是中、晚唐及五代时的作

---

① 胡云翼：《中国词史大纲》，北新书局 1933 年版，第 19—20 页。

② 金启华、张惠民编：《唐宋词集序跋汇编》，江苏教育出版社 1990 年版，第 36 页。

③ 胡仔纂集，廖德明校点：《苕溪渔隐丛话》后集卷 33，人民文学出版社 1962 年版，第 254 页。

④ 同上书，第 323 页。

⑤ 张炎著，夏承焘校注：《词源注》，人民文学出版社 1981 年版，原序，第 9 页。

品，就是早期的一些作品，要确定其具体年代也颇为困难。最早的文人词也难以确证其时间，《忆秦娥》这首词到底是不是李白所作，学术界也众说纷纭，莫衷一是。“就文人词来说，盛唐时代还难以肯定有依曲拍为句的词。盛唐诗人大都以近体诗入乐，而近体诗当时也是新体，是诗人们熟练地掌握才不久的。就是到了中唐，爱好者如白居易、刘禹锡，他们宴集间所歌的，还以五言、七言近体诗居多。长短句的小词，不过偶一为之。不过，‘贞元、元和之间，为之者已多’，这是个重要的历史事实。”[①] 因此，难以确定民间词与文人词出现的最早时间，一般学者推测民间词创作要早于文人词，但尚无充足材料证明。在长短句创作初期或许一开始就存在民间词与文人词共存状态，若果当如此，白思达认为文人长短句由绝句发展而来也未尝不可能，词体的起源也许有两条同时共存的生成途径，一条是由文人齐言绝句逐渐变异发展而最终形成文人倚声填词的长短句，一条则起源于民间，由乐工按曲拍以度句，逐渐影响文人开始自觉地创作长短句。

（二）陈士铨词体起源时间论及其失误

1970 年，美籍华裔学者陈士铨发表《再论词之起源》[②] 一文，主要针对胡适及其他学者认为词体由绝句衍生而来，并且直到 8 世纪晚期词体才形成的观点，提出自己的不同看法。根据敦煌词与《教坊记》，作者认为填词实践应该早于刘禹锡（772—842）的时代，他虽然承认齐言声诗与长短句的词同时并存过，但是后者不是前者的衍生物，他针对胡适的考证一一进行了批驳。

胡适认为，《教坊记》中的曲名表是“后人随时添入新调”，所以“《教坊记》中的三百多曲名不可用来考证盛唐教坊有无某种曲调”[③]，其中几首曲调如《天仙子》、《清杯乐》、《杨柳枝》、《忆江南》、《菩萨蛮》是后人所作而被加入教坊记中的，其证据如下：

---

① 吴熊和：《唐宋词通论》，浙江古籍出版社 1985 年版，第 30 页。

② Shih-chuan Chen, “The Rise of the Tz'u, Reconsidered”, *Journal of the American Oriental Society*, 1970, 90 (2), pp. 232—242.

③ 胡适：《词的起原》，《胡适古典文学研究论集》，上海古籍出版社 1988 年版，第 547 页。

1. 表中有《天仙子》。段安节《乐府杂录》说：“《万斯年》曲是朱崖李太尉进，此曲名即《天仙子》是也。”（《古今说海》本，页七）《唐书》二十二也说，“会昌初，（约八四三）宰相李德裕命乐工制《万斯年》曲以献。”是此曲制于会昌初年，崔令钦何以哪能列入表中？

2. 表中有《倾杯乐》。《乐府杂录》云：“宣宗喜吹芦管，自制此曲。”（页二四）此曲是宣宗（八四七—八五九）制的，如何得入此表？

3. 表中有《菩萨蛮》。《词源》引《唐音癸签》说，大中初（约八五〇），女蛮国入贡，其人危髻金冠，璎珞被体，人谓之“菩萨蛮”，当时倡优遂制此曲，《杜阳杂编》也说此调作于宣宗时（引见上）。

4. 表中有《望江南》。《乐府杂录》说此调“始自朱崖李太尉镇浙日，为亡妓谢秋娘所撰”（页二四）。

5. 表中有《杨柳枝》。《乐府杂录》说此调是“白传闲居洛邑时作，后入教坊”（页二四）。

段安节为段文昌之孙，段成式之子，成式曾在李德裕浙西幕府中（见《酉阳杂俎》续四），所以安节谈会昌、大中两朝的故事，应该可信。此外如《乐府杂录》记《望江南》即《梦江南》，而《教坊记》曲目中既有《望江南》，又有《梦江南》；又如表中有“大曲名”一个总目，而其下的四十六曲不全是大曲：这也可见此表有后人妄加的痕迹。[①]

陈士铨就胡适的考证提出异议，并一一加以研究分析。

针对《天仙子》，陈士铨指出，敦煌词里《天仙子》曲调有三首词（S. 1441；P. 2838），句型是 7 7 7 3 3 7，每首词与该词调题名相关，该曲调属于民歌。晚唐时期，皇甫松为该曲调写了一首相同句型的词。根据《新唐书》，李德裕进献的是《万斯年》一曲，由于是进献给皇帝的，必是

① 胡适：《词的起原》，《胡适古典文学研究论集》，上海古籍出版社 1988 年版，第 548—549 页。

一首精心制作的曲调。根据任二北《敦煌曲初探》一书的考证，事实上《万斯年》是一首由十多首曲子组成并伴以舞蹈的大曲。而像《天仙子》这样的小曲应该不适合这种场合。段安节在《万斯年》下注明此曲即《天仙子》是错误的，也许是排印错误所致。顺着段氏的错误，胡适也因此怀疑《天仙子》是后来添加入《教坊记》的。

《忆江南》在不同时期有不同的题名。在汉魏时期就有《江南》、《江南弄》、《江南诗》、《江南曲》，大多数都收入《乐府诗集》。历代都有诗人用此曲调作词，这表明《望江南》早就存在了，并不是由李德裕所制。

关于《倾杯乐》的考证，陈士铨援引任二北在《敦煌曲初探》中的考证，指出隋朝牛弘修改周乐之声，向隋朝宫廷献六言《奠登歌》一首，该曲调与《倾杯乐》很像。唐初时，《倾杯乐》发展成为由十首歌辞组成的伴舞大曲，用龟兹乐。太宗时期，长孙无忌曾为此曲调作过一首词。根据《唐会要》等历史文献，开元时期、玄宗时代该曲调都被采用。敦煌曲当中也记载了该曲调的两首乐谱，可惜无法读懂。作者指出，胡适所认为的由宣宗所作的《倾杯乐》其实是段安节《乐府杂录》所录的《新倾杯》，胡适由此将早已存在的乐曲名当作晚出的乐曲。

《杨柳枝》是根据隋朝大运河边上的杨柳而创制的，当隋炀帝造访扬州时，乐妓歌唱此曲以资娱乐。根据《乐府诗集》卷 22 中记载，它是一首四行七言绝句。唐初贺知章曾以此曲作词。作者认为此曲早已存在，在开元、天宝年间流行开来。后来白居易为了使之协律而添加和声，但《乐府诗集》里所载白居易词是一首七言绝句。胡适基于长短句之词不可能早于中唐，而认为白居易创了此调，这是错误的。

《菩萨蛮》曲调在《教坊记》与敦煌词中都有记载，陈士铨认为该曲调也早已存在，流行于开元、天宝年间，证据如下。（1）它记载于 713—740 年间的《教坊记》中。（2）《菩萨蛮》之名还出现于许棠（约 744 年）《奇男子传》一书中。（3）敦煌词当中也有两首的年代可以确认，其中一首（S. 3944）应当作于 742 年，另一首（S. 3128）大概作于 764—781 年间。（4）虽然胡应麟（约 1590 年）和胡适认为李白（701—762）所作《菩萨蛮》是后人假托，但近世学者则认为李白很有可能写过该词。可见，它并不是宣宗时所创制。

综上所述，陈士铨认为，胡适认为这些曲调都是后人加入《教坊记》

中的，但其实它们早已存在。我们虽然不能肯定《教坊记》当中没有后加入的曲调，且崔令钦也没有记录每首曲调的曲辞形式，我们也不能肯定这343首曲调都在开元、天宝间被采纳，不过，其中有23首已经被学者龙沐勋证实是开元、天宝年间所制。而且，《乐府诗集》记录了其中的33首曲辞，有47首出现在敦煌词里，73首出现在《花间集》（约编撰于940年间），有95首出现在《尊前集》。因此，《教坊记》所列曲调中有208例被后来词人采用，这些曲调不可能都是后来增添的，否则《教坊记》就应该编撰于940年之后了。

在《词的起原》一文中，胡适认为初、盛唐的乐府歌词，凡是可靠的材料，都是整齐的五言、七言或六言的律绝。当时无"诗"、"词"之分，凡诗都可歌。中唐的乐府新词有《三台》、《调笑》、《竹枝》、《杨柳枝》、《浪淘沙》、《忆江南》，这六调是可信的。[①] 陈士铨对这六调也进行了考察。

《三台》也列于《教坊记》中，在敦煌词手稿中，是以舞曲的形式呈现（P. 3501；S. 5643），由8段不同乐章组成。韦应物曾为该曲写下两首六言绝句，宋代李匡义（济翁）在其《资暇录》中提到，《三台》是由秦朝石季龙为客劝酒而创制的曲调。

《调笑》的词体形式是2 2 6 6 6 2 2 4 2，并不像是胡适所说该词调由绝句演变而来。在《词谱》（《钦定词谱》）中，在《古调笑》调名之下，有"乐苑商调曲一名宫中调笑"[②] 的解释。

《竹枝》在《教坊记》里为《竹枝子》，敦煌曲中有两首该曲调的词（P. 2838；S. 1441），这两首词组成64字的联章，格式为4 4 5 7 7 7 7 3 6 7 7、7 5 6 7 7 7 5 6 7 7，这与白居易所作《竹枝》4 3 7 4 3 7的格式全然不同。唐开元、天宝年间的冯贽在其《云仙杂记》中说，张旭醉酒后喜欢唱《竹枝曲》，反复唱九遍乃止。后来，刘禹锡在长江上游地区听到民歌《竹枝》，便模仿该曲调，作了四言七字的《竹枝新词》。胡适由此相信《竹枝》是七言绝句，在《刘梦得集》中有两首4 3 7 4 3 7格式的《竹枝》词，胡适认为是他人误放入其中的。但是刘禹锡该集子最后指出，该卷里

① 胡适：《词的起原》，《胡适古典文学研究论集》，上海古籍出版社1988年版，第536页。

② 《钦定词谱》，中国书店1983年版，第98页。据康熙五十四年（1715）内府刻本影印。

的词最初没有被刻印是因为它们是词，现在将其刻印在该卷后面，显然是刘禹锡自己将这两首词放入该集子当中的。

关于《浪淘沙》，胡适说它出现于教坊记当中，敦煌曲中发现了四首《浪淘沙》词，每首词的格式为7773，7773。我们无法断定绝句与长短句的《浪淘沙》何者在前，有可能两者在当时都比较流行。既然冯贽在《云仙杂记》中提到该曲早已存在，那就不可能为刘禹锡所创制。

根据上述推断，作者由此得出结论说，胡适认为最早的曲调事实上不是最早的，也不可能是由刘禹锡、白居易、韦应物所创制。由于他认为词之长短句由绝句发展而来，因此他不相信这两种形态是并存的，当他发现这种情况出现在刘禹锡的诗集中时，便认为长短句词是后人添加的。词不是由长短句发展而来，事实上有很多早于刘禹锡、白居易的文人已开始填词活动，他们的作品在现存《本事诗》、《乐府诗集》、《全唐诗》等中可看见。敦煌545首手抄词进一步证实词在开元、天宝年间已经繁盛。

陈士铨的考证的确指出了胡适论断中的一些错误，但是，也存在不少问题：第一，他没有区分曲调和词调，也没有区分曲调中哪些是外来胡乐，哪些是本土音乐。传入中原的胡乐往往有曲无词，到后来才渐有乐工、文人为之作词，因此不能将曲调出现的时间定为词存在的时间，否则会将词的起源时间提前。第二，他没有考察声诗与长短句的关系，将入乐的绝句当作词作，也会导致词的起源时间被提前。

三　魏玛莎之词体起源的民间文化探讨

魏玛莎的专著《莲舟：中国词在唐代俗文化中的起源》（哥伦比亚大学出版社1984年版）将英语世界中国古典词的起源研究由探讨文人词的兴起并将之作为词体产生的标志转向词体起源的民间文化动因。导致词体研究起源视角转变的关键原因在于敦煌曲子词的发现，以及任二北、王重民等人敦煌词的研究成果为海外学者所了解。该专著的研究主旨并不在于通过考证，指出词体起源的最早时间，而是采用社会文化批评方法，研究文人、乐妓之间的相互影响，从而更深入地分析温庭筠、韦庄的词体风格，正确评价被社会主流意识形态边缘化了的乐妓、乐工在词体发展历史中的贡献。

该专著围绕中国诗学传统，中国乐妓文化传统与表演情境中观众的阐释接受对词体创作的影响，来研究民间文化传统对词体兴起、发展的推动作用，揭示乐妓表演与文人创作的交互影响与词体的生成过程。如图所示：

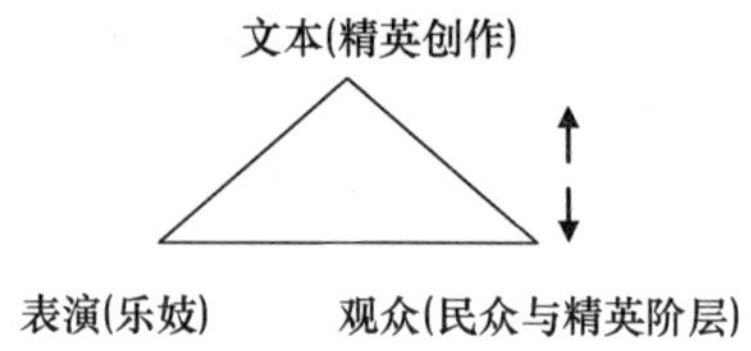

作者在研究过程中，紧扣词文本、乐妓、观众这三个维度，贯穿着强烈的“传统”（tradition）意识。正是作者将敦煌曲子词看作是一个丰富传统的产物，使得她将研究视角从曲子词的文本研究转向熟悉口头表演传统的观众如何接受、理解曲子词的口头表演。该专著的研究重心不在于歌者的心理状态与文本的创作方式，而在于探讨早期词作表演的社会环境，尤其关注观众如何理解并阐释这些歌词。“传统”对词体创作与词体阐释的影响表现在三个方面：中国诗学传统，中国乐妓文化传统和观众的感觉结构与知识型构。

第一，中国诗学传统对词体创作与观众如何阐释文本存在极大影响。魏玛莎指出，中国古典诗歌中弃妇闺怨主题传统发源于《诗经》与汉乐府，经历了书写陷入相思恋中的采桑女、被遗忘的商人妇、幽怨的宫女到惆怅的征人妇的主题形象变迁，也反映了民间文化对精英文人写作题材的影响。南朝民间歌谣在绝句形式、浅显的措辞与歌女表演的关系上与早期词作都存在呼应，尤其在爱情主题上，民间文学具有一种有别于精英文学的清新的爱情书写方式，它们既表现恋爱初始阶段的相互吸引，又刻写恋人分别的痛苦，四五世纪时期的《子夜歌》就以直率袒露的语言书写弃妇的闺怨情绪。而文人诗歌往往避免歌颂爱情，而着重书写弃妇形象。在六朝诗歌里，不论是以男性的还是女性的视角，女性深夜的孤独徘徊与皎洁月光下的孤枕难眠意象已经成为一种诗歌书写传统。梁代宫体诗的典型特征也在于表现美丽孤独的宫廷妇女被拘束在奢华住所里的悲哀，它是一种高度程式化的诗体风格，专为熟悉这种主题、意象与微妙之处的读者而作。这一主题在唐代诗歌中的变异表现为书写征人之妇的闺怨。[①] 唐五代时期的词作在主题书写上承继了这一高度程式化的中国诗学传统。魏玛莎从纵向的历史维度考察中国诗学传统，正是西方学者惯有的研究思维模式，他们常将单一的、具体的文学作品放置到整个文学传统与文学作品中去考察，重视传统对文学文本的规训。正如艾略特所揭示的，传统具有一种约束的力量，它在某种程度上规定着诗人的创作。传统涉及一种历史感，这种历史感对于一位真正想成为诗人的人来说必不可少。“历史感不仅感知到了过去的过去性，也感知到了它的现在性；这种历史感迫使一个人不但用铭刻在心的他们那一代人的感觉去写作，而且他还会感到自荷马以来的整个欧洲文学以及处于这个整体之中的他自己国家的文学同时存在，组成了一个共存的秩序。这种历史感既是永恒感又是暂存感，还是永恒与暂存交织在一起的感觉，就是这种意识使一位作家成为传统的。与此同时，它使得一位作家敏锐地意识到他在时间中，在同时代诗人中的位置。”[②] 诗人不可避免地继承着传统，另一方面又力图逃避传统，突破传统。魏玛莎也指出，文人词家与梁代诗人一样，他们虽然从传统民间文学中吸取主题、题材与音律上的养料，但是他们却通过种种艺术手法，发展了一种新的精英文学文类，比如雅化措辞，描写更为细腻，用承载了诸多隐喻内涵的程式化意象来取代直露的双关语与民间文化里的文字游戏。不过，晚唐词人不像六朝文人那样，后来脱离了民间文化的土壤，而是与乐妓交往密切，因此，晚唐词作里更深刻地反映了民间文化对其的影响。[③]

第二，中国歌妓文化传统对词体创作与词体传播影响广泛。中国自古以来，歌女与精英文人就交往密切，历代王公贵族与士大夫阶层都有豢养歌妓的传统。在唐玄宗时期，歌妓被分为四类[④]：（1）宫妓，为皇族表演

---

① See Marsha L. Wagner, *The Lotus Boat*: *The Origins of Chinese Tz'u Poetry in T'ang Popular Culture*, New York: Columbia University Press, 1984, pp. 53－62.

② ［英］拉曼·塞尔登：《文学批评理论：从柏拉图到现在》，刘象愚等译，北京大学出版社 2003 年版，第 411 页。

③ See Marsha L. Wagner, *The Lotus Boat*: *The Origins of Chinese Tz'u Poetry in T'ang Popular Culture*, New York: Columbia University Press, 1984, p. 78.

④ Ibid., pp. 81－91.

歌舞的女子，或在皇家梨园、国家仪式典礼上进行表演，她们可以被极富之人购买为妾。（2）家妓，五品以上的高级官员拥有相应规模的歌妓队伍，她们也可以作为礼物被赠送。（3）官妓，政府为地方行政官提供的职业乐妓，如果她们被送往军营，就称为“营妓”。地方行政长官任满离职后，他可带走乐妓。（4）民妓，分布在各大城市青楼里，政府对她们进行管辖，她们亦可被买卖。荷兰外交官高罗佩（Robert Hans Van Gulik，1910—1967）以研究中国古代性史著称，他认为乐妓的首要功能在于社交性，社会功能占据最重要地位，性的因素则处于次要地位，这也是古来作传者更多称赞其艺术才能而非其美貌，士大夫文人与其关系长久、复杂且有真感情的原因。魏玛莎承认乐妓的社会功能，但她更为强调乐妓的文学功能。中国古代家庭妇女的文学修养有限，乐妓是文人唯一可能接触到的、可以与其共享文学与音乐爱好的女性，乐妓推动了词这种新文学体式的知名度与被接受度。而且，《本事诗》里大量的诗歌表明乐妓在文学上的造诣与魅力。755 年至 850 年间的文人词与其社会、音乐语境密切相关，此时的文人词为乐妓的表演与大众的欣赏而作，因此它们具有一种普遍的而非针对某些个体的诉求。850 年以前被词体形式吸引的文人几乎都生活在乐妓文化发达的江南一带，此时期词体的发展也依赖于文人与当地歌妓的社会交往与文学切磋。文人与乐妓相互尊重、相互启发，他们之间共同的填词实践，提高了词体的声誉。另外，对文人士大夫来说，与乐妓的交往可以让其摆脱日常公务的烦琐，而且也是文人士大夫公共活动的一部分，考中进士的文人常常与朋友在这些娱乐场所欢庆。可见，乐妓对于文人士大夫来说，不仅是其社交的纽带，也是文学上的良伴。敦煌曲子词里文人词与民间词共存的状态表明精英文体与民间风格尚未分开，文人词是乐妓与文人交往密切、相互启发的杂交产物。然而，乐妓的沉浮命运对词体的流通也产生直接影响，随着乐妓的沉浮与社会流动，词调与歌词也由一个社会阶层流向另一个社会阶层，从而扩大词体的流传与影响力。

第三，观众的感觉结构与词文本的互文性特征对文本阐释与创作具有影响。观众的感觉结构和知识型构都是在民族文化传统中慢慢积淀而形成的。“感觉的结构”是雷蒙·威廉斯在《文化分析》中提出的概念，指在特定历史时期社会群体共享的一种特有的经验与感觉[①]。H. A. 泰纳在《英国文学史》中谈到类似的心理结构："人类情感与观念中有一种系统；这个系统有某些总体特征，有属于同一个种族、年代或国家的人们共同拥有的理智和心灵的某些标志，这一切是这个系统的原动力。"[②] 同时代的观众与歌者共享在本民族传统中积淀的知识型构和感觉结构。魏玛莎在论著中多次强调本民族传统、时代文化精神（如乐妓文化）与早期词作的表演情境对观众感觉结构的塑造功能。她认为，敦煌手稿里的民间词与中唐时期的文人词都反映了当时歌词的表演情境，它们是对某些片段与时刻的书写，为公众表演而作或为特定的接受对象而作。这些歌词的接受者与创作者共享一套通常剧目的话语规则，剧目会因接受对象的社会阶层、职业、地域而有所变动，但是它却在创作、表演、传播与接受上建立了一定的规范与准则。[③] 敦煌词中有大量"演故事"的叙述特点，对话占据重要地位，体现敦煌词的表演性质。魏玛莎指出，在这些词作里，虽然作者较少进行背景暗示，但是当时的听众仍然能够在听的过程中对词作进行细节空白填补，了解各种主题的词作里每首词作的大语境，比如表现的对象是游子、失恋者还是思妇。

魏玛莎还指出了敦煌词的互文性特征，敦煌词与中国传统诗歌的亚文类存在关联，比如与唐代文人边塞诗存在关联，敦煌爱情词的书写可能会溯源至南朝歌曲或梁代宫体诗。因此，难以将敦煌词文本孤立地分离出来加以阐释。在现存 148 首非系列性的敦煌世俗词中，有大量不断反复出现的元素，大到词作的说话人、情境、态度，小到常用口头表达语与传统意象。这些诗学技巧是如此常见以至于使其具有程式化的特点。因此，欣赏阐释一首歌词常常需要了解遵循同样诗学传统的其他歌词，将词从其语境中抽离出来会导致误解，比如敦煌词 121—122 便可作为这种互文性的典型范例，这两首词互相说明、互相阐释。克里斯蒂娃给互文性下了定义：

---

① 参见［英］雷蒙・威廉斯《文化分析》，载罗钢、刘象愚主编《文化研究读本》，中国社会科学出版社 2000 年版，第 132 页。

② ［英］拉曼・塞尔登：《文学批评理论：从柏拉图到现在》，刘象愚等译，北京大学出版社 2003 年版，第 429 页。

③ See Marsha L. Wagner，*The Lotus Boat*：*The Origins of Chinese Tz'u Poetry in T'ang Popular Culture*，New York：Columbia University Press，1984，p. 92.

“互文性表示一个（或几个）符号系统与另一个符号系统之间的互换；但是因为这个术语经常被理解成平常迂腐的‘渊源研究’，我们更喜欢用互换这个术语，因为它明确说明从一个指意系统的转移需要阐明新的规定的位置性，即阐明的和表示出的位置性。”[①] 新的指意系统是各种各样不同指意系统互换的产物，因此这种新的指意系统不是单一的、完整的，而是具有指涉性。魏玛莎指出，敦煌民间词就具有这种互文性特征，该特征部分地将其与文人词分辨开来，尤其是与被作为个体阅读而非给大众表演的文人诗区分开来。也就是说，以表演为目的的民间词更具有互文性特征，更依赖于历史语境中观众的感觉结构与知识型构。魏玛莎指出，单个敦煌词作的语码引导着观众（读者）的期待视野，同时又被大量同类词作所限定，而其中一些词作已经亡佚。一些敦煌词的亡佚影响了对现存词作的理解，因为遗失的部分也许正是唐代观众共享的知识型构，乐妓表演与词体创作只用稍作提示，观众便可自动获得整个语境[②]，而这些对现代读者来说则非如此，重建当时丰富的社会语境，还原观众知识型构与表演情境都较为困难。

另外，词作的社会表演情境与观众的期待视野对文人词的创作特点形成影响。魏玛莎以读者接受理论为基点，力图重构晚唐时期社会表演情境、词人创作与观众阐释的相互影响与制约关系。读者接受理论一方面认为读者参与文本的创作过程，读者的期待视野影响并作用于作者的文本创作。姚斯认为：“每一部作品都有特殊的、由历史和社会决定的读者，每一个作家都依赖于他的读者的背景、观点和思想观念，而文学的成功事先决定了一部书要‘表达群体所期待的东西，并以群体自身的形象表现那个群体’。”[③] 另一方面，文本具有一种召唤结构，吁请读者对文本空白进行填补、连接空缺并更新视阈。“每一个阅读瞬间都是延续和滞留的辩证运动，传达一个有待占领的未来视界，随着一个过去的

---

① ［法］朱丽娅·克里斯蒂娃：《诗歌语言的革命》，载［英］拉曼·塞尔登《文学批评理论：从柏拉图到现在》，刘象愚等译，北京大学出版社 2003 年版，第 422 页。

② Marsha L. Wagner, *The Lotus Boat: The Origins of Chinese Tz'u Poetry in T'ang Popular Culture*, New York: Columbia University Press, 1984, p. 93.

③ ［德］汉斯·罗伯特·姚斯：《向文学理论挑战的文学史》，载［英］拉曼·塞尔登《文学批评理论：从柏拉图到现在》，刘象愚等译，北京大学出版社 2003 年版，第 206 页。

（而且仍在消逝的）视界已被填补，游动的视点便同时在二者间打开一条通道，让它们在它经过后融合起来。”①

魏玛莎认为，词作的表演情境与观众对词作的期待视野使得温庭筠词具有香艳特征。9世纪时，流连欢场的文人学会了曲调与填词，他们采纳民间词主题并加以革新雅化，创造了花间词体。温庭筠因为常常流连于欢场而对词的民间传统与创作主题十分了解，他用直露语言写就的《梦江南》（梳洗罢）之类的词作正体现了民间表演情境对其创作的影响，温词有的还具有民间词片段性与跳跃性的特点。常停留于欢场的观众十分熟悉诸如《乐世词》（菊黄芦白雁南飞）词调里的边塞与闺怨传统，因此，在听到具有跳跃性特点的温词时，应该能毫不费力地将跳跃性意象进行关联，而且在关联过程中还会产生填补空白的主体能动性快感。当温庭筠为具体表演场景作词时，他应该会考虑、关注观众在聆听与阐释过程中的积极能动作用。因此，表演情境提供的部分解释使得温庭筠敢于在创作过程中依赖观众固有的知识型构，相信其具有将跳跃性的意象关联的能力，从而使得他在词作中极为简单地暗示人物情境，并从民间传统中借用大量承载丰富内涵的意象，由此温词具有意象并置、含蓄深隐的艺术特点。② 晚唐时期另一位深受民间文学影响的是韦庄，韦庄词具有陈述性、自传性的特点，语言洗练直观，善于将大量传统意象与民间题材置于某一情境，将读者带入生动的往事情景中，形成某种特定的美学效果。韦庄与温庭筠均采用民间文学中的惯用语，但是他们使用材料的方式却改变了，体现了文人词的雅化过程。敦煌词中最为简单的流行爱情歌词是民间表演剧目里的组成部分，民间剧目限定了词作常见主题范围、文体规范与理解文本所必需的叙事语境。由于文人词体正是从这些民间词中衍生出来，因此要正确评价文人词的贡献，必须了解对之形成影响的社会的与文学的语境。

魏玛莎采用社会文化批评方法来研究词的起源，突破了过去英语世界学者与中国学者局限于考证方法来研究词的起源的传统方式。她将词体起

---

① ［德］沃尔夫冈·伊塞尔：《阅读行为》，载［英］拉曼·塞尔登《文学批评理论：从柏拉图到现在》，刘象愚等译，北京大学出版社2003年版，第214页。

② See Marsha L. Wagner, *The Lotus Boat: The Origins of Chinese Tz'u Poetry in T'ang Popular Culture*, New York: Columbia University Press, 1984, pp. 119－127.

源置于动态的口传文学的社会语境中加以考察，从纵向的中国诗学传统与乐妓传统和横向的唐代社会文化背景与表演情境来考察民间乐妓表演与文人创作的交互影响，揭示词体的生成、发展过程，显示出其开阔的文化视野与明晰的方法论意识。魏玛莎的研究方法与思想路径基于西方文学理论资源，除了上文中分析指出的互文性理论、读者接受理论，她还借鉴、吸纳了《荷马史诗》研究专家格雷戈里·纳吉（Gregory Nagy）和文化人类学家路丝·芬尼根（Ruth Finnegan）等西方学者的研究路径与思想资源。格雷戈里·纳吉研究《荷马史诗》时，注意揭示《荷马史诗》在措辞与主题上的传统性，他认为《荷马史诗》艺术性的获得的关键不在于荷马的天才，而在于希腊全部的诗学传统精华在《荷马史诗》里达到了顶峰。[①] 魏玛莎也认为，传统十分重要，它可以解释观众如何接受与阐释口传文学。歌者采用的是观众都了解的情境、主旨、母题与措词，当观众对口头表演的传统规范十分熟知时，诗歌中便包蕴了这一传统里不断积聚的意义。[②]

芬尼根的口述文学研究则牢牢把握三个维度：歌者的表演，观众的理解与口头文本的创作和传播，他将口头文学视为社会群体间的“交流事件”，了解表演细节与内容，熟悉观众都是文本创作与文本传播不可或缺的部分。他的研究方式无疑启发了魏玛莎从词作的表演语境来研究乐妓、观众与词人创作。另外，人类学家莫里斯·弗里德曼（Maurice Freedman）和以研究中国通俗文化著称的戴维·约翰逊（David Johnson）都强调中国通俗文化与精英文学的交织状态。魏玛莎承继了这些西方学人的研究路径与文化研究的视角，强调唐代词体的发展也体现了通俗文化与精英文化互相影响、相互交织的状态。她将这些西方理论资源进行整合，在研究中既关注中国诗学传统对文本创作的影响，又考查乐妓的表演情境与观众的理解方式，以及词体产生的通俗文化语境如何与精英创作相互作用。

---

① See Marsha L. Wagner, *The Lotus Boat*: *The Origins of Chinese Tz'u Poetry in T'ang Popular Culture*, New York: Columbia University Press, 1984, p. 8.

② Ibid.

第二节　词的发展谱系与精英策略考察

英语世界的词学研究者在面对词这一文类时，他们被这一独特的文化现象所吸引：中国古代文人一方面对词持排斥贬低的态度，另一方面又不由自主地被词体吸引而大量填词。针对这一现象，香港城市大学的林立（Lap lam，现为新加坡国立大学中文系教授）发表《尊体与删裂：提供词体声誉的精英策略》（《中国文学》2002 年第 24 期）一文，从多元文化和解构批评的立场出发，以雷蒙·威廉斯的文化理论与情感结构理论为思想资源，重新审视评价了精英文人为提高词体所采取的策略。他细致分析了文人提高词体的三重策略：其一，词体的谱系建构，即将词与诗、骚联姻，扩大词的表现内容，引严肃、合礼教的情感入词，开掘词的政治隐喻内涵；其二，确立词作的醇雅风格，具体表现为文人对婉约与豪放的争论，清代文人对词的教化功能之争；其三，删裂词集，以巩固雅正的词风。雷蒙·威廉斯强调文献资料的重要性，认为文献文本与文化实践保持了时代的“情感结构”。因此，林立认为，由于文人为提高词体地位采取了一系列策略，经过删裂的选集等文献资料没有保存当时生活的情感结构，导致我们对词的理解基本来自精英文人对词的态度，对大众的词的态度不甚了了，也不重视词体的通俗语境，从而扭曲了后来文人对词的理解与阐释。余宝琳（Pauline Yu，1949—　）从词的谱系角度溯源词体地位是如何提高的、词的美学传统如何形成等问题。萨进德则从宋代信息交流技术、社会语境变迁来考察宋词的发展与传播，探析词作书写方式与保存方式对词体风格的影响。

一　词的经典化与选集的欲望叙事

余宝琳，早年毕业于哈佛大学，主修现代欧洲历史与文学且取得学士学位，后来在斯坦福大学获得比较文学硕士与博士学位，曾任加州大学洛杉矶分校东亚语言文化系教授，兼任文理学院院长，美国学术团体联合会（The American Council of Learned Societies）主席，在美国汉学界享有盛誉。研究领域与专长为中国古典诗歌，比较诗学与文学理论，尤其是对唐诗有独到研究，出版的专著有《王维的诗：新译及评论》（1980）、《中国诗歌传统中意象的读法》（1987）等[①]，先后发表《诗歌的定位——早期中国文学的选集与经典》（《哈佛亚洲学刊》卷 50，1990）和《宋词经典化之形成——对词集的考察》[②] 两篇论文，研究选集在中国古典诗词经典化过程中的作用。与魏玛莎强调文人词与民间词之间的相互作用、相互影响的出发点不同，余宝琳在后文中通过考察词集（主要是总集）探索精英欲将文人词从民间词中分离出来的努力，开掘词集在表层叙事背后的潜在欲望。在余宝琳看来，选集的存在形态、编撰方式、标题拟定以及序跋的叙事潜在地叙说编撰者的心态与欲望，笔者将之概括为“选集的欲望叙事”。

选集、序跋与诗学的关系早已为西方学者所重视，厄尔·迈纳在《比较诗学》一书中研究“亚洲诗学中的抒情诗”时，开篇便援引日本诗歌总集《古今集》的序言和中国的《诗大序》，认为这两篇序言涉及了文学理论的所有维度：诗人、作品、读者、世界，还涉及诗歌的创作。他还从这两篇序言中总结抒情诗的诗学理论，“情感是这两种基于抒情诗（和某些经典性的历史著作）的诗学的主要相通之处”[③]，认为抒情诗是情感—表现诗学。20 世纪 80 年代以来，国内学者也开始研究词集，关注词集体现的词学观、词集与词体风格的形成等问题，比如杨海明《从宋人词集的名称看宋词的几个问题》（《浙江师范学院学报》社会科学版 1982 年第 3 期）一文，从词集的名称来看词的形式特征及宋人对词体的看法和认识，董希平的《词集的出现与词之主体风格的形成——试论晚唐五代词体演进的一个重要标志》（《清华大学学报》哲学社会科学版 2004 年第 6 期）考察晚唐词集（包括别集与总集）对词体风格形成的影响，张雁的《从〈花间集〉到〈花外集〉——从词集名称看宋人词学观念的演进》（《文学遗产》1999 年第 4 期）通过考察词集的名称，来看宋人词学观的演进与变化轨迹。余宝琳也极为重视选集的意义，她认为选集的重要性主要体现在如下

① 参见王万象《余宝琳的中西诗学意象论》，《台北大学中文学报》2008 年第 4 期。

② See Pauline Yu (ed.), *Voices of the Song Lyric in China*, Berkeley: University of California Press, 1994.

③ ［美］厄尔·迈纳：《比较诗学》，王宇根等译，中央编译出版社 2004 年版，第 126 页。

几个方面。

第一，余宝琳重视选集与选者批评观的关联，认为选集凝聚着选者的文学批评思想。选集绝不是对文本的任意选择与随意编排，选者往往会选择最有价值的文本，因此选集作为一种话语，体现着选者潜在的叙事欲望。诗人戴维·安廷（David Antin）认为，“选集之于诗人犹如动物园之于动物”，余宝琳对此观点表示出特别的兴趣，并作出自己的阐释。她认为选集与动物园具有类比性体现在，“它们都以一种可能多少更具深长意味的排列或并置的方式将它们的对象置于被展示的地位”①。正如动物园倾向于以代表性为目标，选集也更体现了选者的特殊癖好而非包容性，反映了编者对于什么是文学、什么是优秀文学作品的理解。另外，余宝琳认为，与纯粹的具有“理论色彩”的文本相比，对诗歌的编选往往比其理论探讨更为清楚地体现学者们的文学理念。鲁迅在《集外集·选本》中也认为：“凡是对于文术自有主张的作家，他所赖以发表和流布自己的主张的手段，倒并不在作文心，文则，诗品，诗话，而在出选本。”② 而且，总集往往比单纯的理论文本更具影响力，这一点已为著名学者王瑶所论述，他说：“就影响上来考察，对读者和作者发生‘文学批评’的实际效果的，倒是‘总集’；那作用和影响是远超过诗话之类的书籍的。”③ 王瑶认为诗文评是零碎的，散漫的，不成系统的，而且掺杂轶闻异事，带有很浓的说部性质，所以诗文评并没有发挥现代人所整理出来的那么多的理论作用。

第二，历史传统、选者的批评观、选集也存在互动关系，通过选集不仅可以了解历史语境的变化，还可以看出历史语境对选集的规约作用。余宝琳指出：“应该澄清选择与搜集的行为是被那种既非自明的亦非简单臆断的传统与优先权所引导的。并且就像动物园设计的时尚与哲学不时经历着显著的变化那样，选集也显示了批评观、超文学的环境和它们之间关系的流变。”④ “文集显然隐喻地和历史地将诗歌置于它们的位置上以期直接

① 余宝琳：《诗歌的定位——早期中国文学的选集与经典》，载乐黛云等编选《北美中国古典文学研究名家十年文选》，江苏人民出版社 1996 年版，第 254 页。

② 《鲁迅全集》第 7 卷，人民文学出版社 1981 年版，第 136 页。

③ 《王瑶全集》卷 2，河北教育出版社 2000 年版，第 268 页。

④ 余宝琳：《诗歌的定位——早期中国文学的选集与经典》，载乐黛云等编选《北美中国古典文学研究名家十年文选》，江苏人民出版社 1996 年版，第 255 页。

或间接地表达那个时代的价值。”① 可见，考察选集，对了解同时代的文学理论与价值观念十分重要。由此，余宝琳也肯定了选集的文学史意义及其所探讨的文艺理论的重要价值。与动物园只能展示活的动物不同，选集不必如此，它允许选者从历时的维度对具有代表性与专门性的文本进行选择。选集往往由一系列历史文本构成，具有编年史的功能，早期的选集往往是一部早期文学史，按照年代进行编排，并附有作家小传介绍，而选集的序言更对作家作品形式进行溯源，考察作品的原型、先辈的嗜好。“这些早期序言是最先提出纠结于文学传统的那些诸如过去与现在、持久与变迁、正统与变异之间的关系一类问题的作品”②，选集的早期序言必然关涉文学理论的正与变、文学传统与文学创新等问题，同时也极可能讨论文学的本质、功能等文学理论问题。“这些选集广泛涉及了文学与文化研究的各个范畴，包括文学的界定及其本质、文学与历史的关系、文学分期与变化的概念、文类的概念及其与个体作者间的关系、评价的标准和它对诗人的命运的影响以及阐释的模式。解答上述问题的尝试可能不仅存在于选集工作本身的取舍中，同时在许多选集所附加的序言与评注中更为明显地表现出来。”③ 余宝琳认为，即便是选集的基本目标在于全面性，也反映了编者的标准与评判，值得研究者探讨。

第三，选集对于塑造经典，形成特定的美学趣味，甚至阐释模式都具有关键作用。选集（教材）对美学趣味的制约早被读者反应理论的代表人之一姚斯所关注，他认为文学作品一旦被纳入学校教材便会成为一种“隐性制度化”，“它们作为美学标准不知不觉进入一种传统，成为预先确定的期待而使后世的美学态度标准（制度化）”④。选集的功能其一是保存文化遗产，相当于龙榆生先生所说的“传人”⑤，其二是形成规范，确立经典，

---

① 余宝琳：《诗歌的定位——早期中国文学的选集与经典》，载乐黛云等编选《北美中国古典文学研究名家十年文选》，江苏人民出版社 1996 年版，第 276 页。

② 同上书，第 259 页。

③ 同上书，第 256 页。

④ 王先霈：《文学理论批评术语汇释》，高等教育出版社 2006 年版，第 212 页（见“传统”词条）。

⑤ 龙榆生在《选词标准论》里将选词的目的分为四种：便歌，传人，开宗，尊体，见《龙榆生词学论文集》，上海古籍出版社 2009 年版，第 63 页。

相当于龙先生所说的“尊体”。选集可以帮助后来研究者了解经典是如何形成的，文学的美学趣味与品味是如何生成的。对此，余宝琳同意芭芭拉·史密斯（Barbara Herrnstein Smith）对这一问题的研究，芭芭拉说：“没有人的文学品味可能独立地形成、保持或运用。那么文学价值理论的问题，就在于它们是怎样形成，保持不变并得以运用的。而选集本身就可被视为文学价值的多种社会决定因素的作用的隐喻。”[①] 经典的形成受制于编者的价值判断，一方面它体现编者对文学作品及其社会地位的理解，另一方面也为同代人及后人确立文学的典范与品味。正如李又安（Adele Rickett）所分析的：“选择与排除的过程以及许多篇章之后的批评性评注使批评家将他对于文学与文学的社会地位的理解付诸实践。他的目标不仅是影响其同代与后代的人们对于文学的品味与理解，而且通过提供可资研究与效仿的过去大师们的范本使他们自身的创作日臻完善。”[②] 这尤其符合中国历史情况，如《文选》便被参加科举考试的文人钻研得烂熟于心。另外，作为选集组成部分的评注与序跋也连同文本一起规范了文学创作，影响了对作品的解读方式。“选集不仅通过对作品的取舍而且也通过对个人作品的阐释来确立经典”[③]，对诗歌历史与理论的讨论意味着经典的逐步形成，选集则是经典形成的主要媒介。作为选集的《诗经》及作为序言的《毛诗序》所奠定的经典文本及依经立意的托喻式解读模式便影响了中国几千年的诗学传统。

第四，选集也具有目录学的价值，促进文体意识的形成。编者为了对作品进行分类、编排，自然而然会对作品的特征予以关注。

虽然余宝琳表示研究文集有诸多维度，比如研究地理位置对选集效用发挥的作用，研究选集的意识形态功能，包括研究具有意识形态的作品（维系统治阶级社会秩序的作品）和乌托邦的作品（非官方的，具有反经典、颠覆性的作品），通过选集考察某位作家声誉的变迁轨迹，描述文学价值的流变，揭示文学价值如何体制化等，但她本人最为倾心的却是研究

---

① 余宝琳：《诗歌的定位——早期中国文学的选集与经典》，载乐黛云等编选《北美中国古典文学研究名家十年文选》，江苏人民出版社1996年版，第257页。

② 同上书，第258页。

③ 同上书，第259页。

选集与中国古典诗词经典之确立的关系，尤其注意开掘选集作为一种叙事话语背后的潜在意图，考察文人通过哪些策略来确立词的经典地位。她从两个方面来考察词的经典化过程：其一，作为选集一部分的序跋与评注的理论主张；其二，选集的存在形态，包括选集的编撰方式、选择对象、所选词调，甚至是选集名称。

余宝琳对《花间集》的阐释与国内学者研究思路有很大差别，具有极为明晰的心理分析色彩，体现她作为一名在西方现代学术体制下成长、受到西方文学理论思想规训的汉学家，在分析文本时所持有的隐秘心态和分析理路。她注重开掘《花间集》及其序言的潜在叙事欲望：欲将词从民间传统中分离出来，提升为文人创作的新文类。她认为《花间集序》体现文人力图使词合法化的努力，它将词的源起上溯到乐府诗里穆王与西王母的传说以及唐代李白词的传统，意在鼓励文人填词不必感到惭愧。同时，欧阳炯将词体与乐府关联，是潜在地希望词能像乐府那样，在政府机构与文学实践上（成为文人活动）都能制度化、合法化。西王母为穆王佐觞之曲据称是《白云谣》，收于民间词集《云谣集》里，但是欧阳炯回避了乐府与词的民间起源，原因在于欧阳炯希望使词成为文人的活动。“欧阳炯指出这些曲子词的作者是‘诗人’，而非‘南国婵娟’，表明他欲提高词体的社会地位。”①

此外，余宝琳还对《花间集》的形态特征进行了剖析。从编排方式上来看，《花间集》的词作按作者年代的先后顺序进行编排，这暗示作者属于一定的社会阶层，需要编者确认其生平。同时，为了与其他普通民间词人区别开来，《花间集》的作者被注以官职。从所录对象比例来看，温庭筠是唯一在序中被提到的词人，其词作又在选集中占据主导地位，这都表明选集“试图恢复词的文学地位”的欲望。从所选词作的主题与词调来看，与敦煌词的主题相比，《花间集》词的主题范围大大受到限制，其所采用的词调范围也与之有很大不同。余宝琳认为，“这种（在主题与词调

① Pauline Yu, “Song Lyrics and the Canon: A Look at Anthologies of Tz'u”, *Voices of the Song Lyric in China*, Berkeley: University of California Press, 1994, p. 74.

范围上的）牺牲对确立适合文人阶层写作的新文类来说是必要的”[①]。最后，她还指出，《花间集》虽然按照作者年代排序，但所收500首词被生硬地分成10卷予以编排，破坏了单个词人词集的完整性。可见，《花间集》的编者虽然希望填词能成为文人接受的精英活动，但还不敢将之提升到诗的经典地位。

余宝琳主要从两个方面分析南宋选集，考察南宋文人提高词体地位的精英策略：其一，通过研究词集名称来挖掘南宋文人欲在词体内部确立雅正的诗学传统；其二，通过研究词集所录词人比例与对象来考察文人使词合法化策略的转变。南渡以后，词集多以“雅”冠名，比如由鲖阳居士题序的《复雅歌词》、曾慥所编《乐府雅词》等，且《乐府雅词》明确标榜雅正，将之作为选词标准，“涉谐谑则去之”。余宝琳指出，将词导入由来已久的“雅正”诗学传统里，其潜在意图不仅在于给予词以相当价值，而且希望在词体内部确立雅正的中心传统。另一部出于同样目的而采用不同策略的是南宋初黄大舆所编的《梅苑》，余宝琳认为选者的兴趣虽在于编纂一部与特定社会语境相适合的词集，但他注意到了梅花所代表的高雅品质，是有品德的学者的象征。而且，该词集强调醇雅的风格，似乎力图证明宋代词人也具有高雅的品格。周密《绝妙好词》选词偏向于婉约词，该词集只包含了辛弃疾三首词，而且不是他豪放的爱国词，而是婉约风格的词，表明他力图促进词体雅正的典范地位。南宋黄升编纂的《唐宋诸贤绝妙词选》、《中兴以来绝妙词选》合称为《花庵词选》，该词集不仅介绍词人的社会地位、文学资历，按年代进行编纂，并附有评论，而且选取对象较为严格，将僧侣与妇女词作排除在外，收辛弃疾、苏轼词最多。余宝琳认为，这表明选者看重宋词抒发个人情感尤其是政治抱负的功能，显示出文人提升词地位的策略与兴趣发生改变，由关注词体创作的传统语境、社会环境转向关注词体的个体情感表达功能。

清代词体正统地位的确立得益于清代学者通过选集确立词体典范与对词作进行托喻式的解读。余宝琳认为朱彝尊编选的《词综》坚持词作的醇雅风格，删除鄙陋低俗与豪放风格的词，对经典的形成至关重要。常州词

① Pauline Yu, “Song Lyrics and the Canon: A Look at Anthologies of Tz'u”, *Voices of the Song Lyric in China*, Berkeley: University of California Press, 1994, p. 76.

派虽与浙西词派都致力于建立词的经典地位，但是他们采用的方式不一样，常州词派主要通过阐释，从解经的角度对词作进行托喻式解读，两者对后世影响深远，词体典范地位最终得到确立。

仔细考察余宝琳的研究思路，便会发现，不仅余宝琳的研究理路与解读策略体现了现代西方学术界学者的知识构型与西方当代文艺理论的规训，她从选集角度研究中国诗词经典化之确立的选题，也折射了20世纪后半期西方的历史文化语境与时代社会思潮。20世纪70年代，美国正经历一场文化与政治的斗争，处于边缘化的女性群体与少数族裔群体为争取性别、种族等方面的平等多次掀起政治运动，随着一批西方女权主义批评家的崛起，她们开始审视西方文学传统中的经典，批判西方文学经典书单中的男权中心主义，要求挖掘被意识形态遮蔽埋没的优秀女作家，主张重建经典。响应她们呼声的还有大批非裔、亚裔美国作家，也要求为少数族裔作家正名。在这股时代潮流的推动下，20世纪70年代整个西方学术界，尤其是女性主义、马克思主义、后殖民主义和新历史主义的学者对经典展开激烈的讨论，挖掘被父权制等意识形态遮蔽湮没的女性作品与少数族裔作品，开始重新审视、解读原有的经典作品，包括重新思考传统的文学价值观念。

重写文学史与对文学选集的关注正是经典修正潮流的体现与具体实践。“在经典修正过程中，文学选集成为许多评论家关注的焦点，他们对以往的文学选集进行了重新审视，指出在经典构成的过程中，传统的文学选集起到了系统排斥作为他者的文学传统或使其边缘化的作用。”① 正是意识到这一点，女权主义等边缘群体要求将自己的作品收入文学选集中，进入大众流通领域。20世纪80年代的几部文学选集就是在这样的语境下诞生的，比如1985年由桑德拉·吉尔伯特（Sandra Gilbert）和苏珊·古芭（Susan Gubar）合编的《诺顿女性文学选集》（*The Norton Anthology of Literature by Women*）收入14世纪至20世纪后半叶的女性英语文学作品，1990年出版的两卷本《希斯美国文学选集》（*The Heath Anthology of American Literature*）收入大量少数种族和女性作家的作品，1997年诺顿出版社出版的《诺顿非裔美国文学选集》（*Norton Anthology of*

① 赵一凡等：《西方文论关键词》，外语教学与研究出版社2006年版，第301页。

African American Literature）第一次全面展现非裔美国文学传统。[①] 当时西方对经典的热烈讨论无疑影响了 20 多岁正在美国求学的余宝琳，促使她关注历代中国诗词选集，注重挖掘选集背后的叙事欲望，考察诗词经典地位的形成过程。

二　传播媒介与宋词发展

美国马里兰大学中文系主任萨进德（Stuart H. Sargent）发表《宋词的发展语境：交流技术、社会变迁与道德》[②] 一文，采用文学社会学的方法分析词作的生产，包括考察词作的书写方式、存在形态、出版商动机、词作的流通与消费，关注词作印刷与意识形态、词人地理位置的流动与分布之间的关系，探析印刷术对词体风格的影响。

（一）唐宋词的存在形态与功能差异

萨进德认为，早期词作的书写文本主要功能在于辅助人们记忆歌辞，配曲演唱。词虽然与诗常常共享相同的主题、意象，但是词产生于口头表演，词作节奏上的停顿、转换、变化都模仿情感体验。因此，要了解词这一文类，必须重视词作的书写方式与保存形态。

唐五代的词保存在敦煌的洞窟中，包括写在敦煌手稿空白处的词也是不同类型的诗歌表演文本。对于这些写在敦煌文献空白处或背面的词作，有人认为这些是用于练字的文本。但是，萨进德认为，这些词中的很多字对刚入行的会计、僧侣或办事员并不是立即就有实用价值，这些词作应该只是人们对所喜爱歌曲的一种保存方式，一种供记忆、回忆的手段。一旦歌曲被记在脑海里，或表演成功，书写文本就该发挥其作用了。这些词与按照年代编排的词作形成对比，它们是完全由于其本身的价值而得到保存与珍藏的，比如敦煌曲子词 P. 3994 系列词。

在宋代，词作书写方式与保存形态主要为木刻印刷、墨写文字与石刻

---

① 关于西方经典的背景介绍与研究参见刘意青的《经典》和金莉的《经典修正》，本段论述于后者多有参照，见赵一凡等主编《西方文论关键词》，外语教学与研究出版社 2006 年版，第 301 页。

② Stuart H. Sargent, "Contexts of the Song Lyric in Sung Times: Communication Technology, Social Change, Morality", in Pauline Yu (ed.), *Voices of the Song Lyric in China*, Berkeley: University of California Press, 1994.

文本，其功能主要是更利于词作广泛传播，作者期望通过这些方式扩大自身声誉。墨写文字写在墙上或其他固定物的表面，就像手抄文本一样，必须用手抄的形式才能更广地流通。不过，宋代词人采用这种方式表达个人情感遭遇的情况十分普遍。在石头、墙上作词的词人都潜在地觉得其词作会得到流传。比如，被劫掠的妇女常常在墙上题词，以表征其忠诚与个人心迹，这些词作在传播其故事与个人事迹过程中起到关键作用。同时，这些词在进入书写系统时有可能被雅化了，被世人理想化了，其功能在于宣传女性的抵抗与忠诚。

石刻文本被刻写在石头上，往往可用于提高景点的知名度，并且可用于拓印，比手抄本获得更广泛的流传。几乎所有的苏轼作品都是被刻写在石头上，通过拓本流传的。可见，石刻词文本更易获得流传、出版。同时也表明，相当多的公众能够理解或歌唱这些复杂的文本。

（二）宋代印刷文本与复杂社会动因

萨进德着重考察了宋代印刷技术发展下词作的生产、传播与消费，探究复杂的政治、经济、文化因素对出版动机、词人词作产生的影响。他以宋代江南西路的刻书地点为研究个案，以期折射宋代词人创作与词作保存过程中社会语境的变迁。在宋代，江南西路有 18 个刻书点，而《全宋词》中收录个人词作超过 20 首的该地区词人多达 25 位。其中，有 12 位词人的词作在 13 世纪初，被该区之外的商业出版家出版。他们是晏殊、欧阳修、晏几道、黄庭坚、谢逸、王庭珪、杨无咎、袁去华、京镗、石孝友、赵师侠、杨炎正。

萨进德考察了该地词作印刷出版的政治、经济与文化动因。首先，萨进德认为，王庭珪、欧阳修等人文学作品的出版可被视为一种政治行为。萨进德通过考察王庭珪的作品序言，发现胡铨属于强烈反对秦桧政治集团派，而胡铨因为请愿斩杀秦桧被流放，王庭珪以诗词为胡铨送行也遭到流放。刘过、杨炎正等词人深受爱国词人辛弃疾的影响，他们这些词人词作的出版可被解读成为一种政治行为。其次，萨进德还发现出版中的文学史动机与地方主义意识。词人的后代或门生为了使其作品成为当代、后代人认可的文学史中的一部分，而对保存其作品感兴趣。同时，另一些词集的出版则仅仅是为了“传人”，比如《花间集》不断再版，表明这部词集已经充当了文学史的功能，为后人保存了古代技艺精湛、最有文学艺术性的作品。另一方面，萨进德还分析了江南西路词人的职业、地理分布，揭示出当地在秦桧当权时期不断增长的地方主义意识。江南西路的很多文人在秦桧当权时期对政府采取不合作态度，不愿去政府工作，因此全国有近 1/3 的政府职位是空缺的。江南西路的词人们主要在经济繁荣地区如南昌、庐陵等地聚集，就表明词人的经济来源更多地依赖于当地的经济而非政府的资助。在这种社会政治背景下，即使出版商与词人没有血缘或门生关系，他们发现印刷词人的文本有助于意识形态的统一或增加地方的认同感与自豪感，也会乐意出版精英的作品。这些就是为什么庐陵的欧阳修、王庭珪、刘仙伦与南昌的京镗等人的作品能够出版的原因。再者，词作出版还与经济因素密切相关。一些私人刻书点之所以愿意刻印外地文人的作品，是因为木刻印刷比活字印刷费用要低很多，也不需要那么高的技术。同时，政府资金与公共赞助有时候也会促使私人刻书商愿意刻印词作。而且，地方政府发现出版也是筹措资金、有利可图的方式。另外，词作的出版形态也受经济因素制约。私人出版商为了让印刷文本销路更广，往往采用一人一卷的编排方式来编纂多卷集词集，比如福建出版的《琴趣外编》，这样可以吸引读者为他们钦慕的某位词人词作买单。《花间集》、《尊前集》及南宋的选集也按词人，而非词调或主题进行编排，表明了相似的功能。

（三）印刷文化对词体风格的影响

萨进德讨论了词作印刷的诸种动机后，进一步追问这些动机对词体形式、词作内容的影响。他将中西历史上印刷术发明阶段的文学进行了比照，并吸纳西方学术界研究印刷技术革命与文学变化互动关系的最新研究成果。他同意芬尼根的观点，认为将人类发展区分为口头语言与文字书写两个阶段意义不大。相比于人类由口头语言向文字书写阶段迈进来说，人类向印刷时代跃进是更为根本的变化。因为，印刷技术允许复制大量信息，对信息进行大量存储，这是书写系统与口头系统所缺乏的。印刷技术的采用最具革命性的一点在于海量信息的确定与传播。信息的标准化与保存是统一新王朝、教化官员、确立宗教经典的方式之一。萨进德从以下三个方面讨论了印刷文化对宋词发展的影响。

第一，萨进德认为印刷技术影响了宋人对待文献的态度与宋代文学的面貌，促进了宋词的兴盛。“当一个关心知识保存的社会成员确信知识得以安全保存时，其作品会更关注个体情感而非共享的传统。”① 也就是说，印刷技术的推广，使得知识分子由重视古代文献的传承逐渐过渡到重视个体情感的表达，由追求复古向创新转化。10、11 世纪宋词的兴起便是明证，宋词适于开拓人类情感的细微之处，适合唤起人们的情感过程与内心世界，因此，宋人对这一新的诗体形式兴趣日增。

印刷技术还对宋人的阅读方式与书写方式产生影响。书籍获取容易降低了单个文本的价值，丰富的书籍导致人们懒于精读的毛病，这在手抄本时代是对社会知识存储的威胁。

第二，印刷技术促使宋词向书面化、文学化方向发展。宋词的流行、散文的繁盛与印刷技术密切相关。这两种文体都比五言诗、七言诗难于记忆，更依赖于印刷文本的传播。词的表演性所需要的音乐天赋使它局限于专业人士的口头传播，尽管其听众是广泛的。因此，没有印刷术，词这一文类的存在可能是短暂的，不可能向长调、文学性的方向发展。

第三，印刷术促使宋词风格嬗变，使词体在 13 世纪时向日益典雅，语言日趋复杂的方向发展。当文本书面化后，词人更注重炼字炼句。萨进德认为，苏轼对词体进行改革，创作具有高度创造性、文学性的词作与他意识到自己的作品会作为印刷品流通有关，而吴文英“质实”的风格则是印刷文化成熟的产物。

第三节　词史研究与中西理论资源互补

国内的词史研究或以年代/时间演进为序，流派、或以代表人物为框架，来展现词史演变历史。英语世界的词史研究由于受到西方文体研究的影响，将文体研究与词史研究结合起来，以强力诗人（Strong Poets）为主线，以文体为切入点来考察词史的嬗变，因此，他们特别重视词人们在形式结构上对前人的继承与开拓。前面论述的白思达的《论词律起源》一

① Stuart H. Sargent, “Contexts of the Song Lyric in Sung Times: Communication Technology, Social Change, Morality”, in Pauline Yu (ed.), *Voices of the Song Lyric in China*, Berkeley: University of California Press, 1994, p. 249.

文便紧紧围绕“文类的确立”来考察词体起源的时间，还将词置于中国诗歌传统里，考察绝句、律诗的结构形式对词的影响。林顺夫的《词体特性之形成》一文、孙康宜的《词与文类研究》一书都体现出西方学者从文体研究词史演变的视角。孙著以西方文体观为依托与理论框架，从词体的演进历程考察了词体的早期发展史，将词人置于动态的词体沿革中，考察各自特色与贡献。同时，孙康宜还以中国词史中的独特现象为研究对象，开展性别研究与咏物词研究，并以此质疑西方话语的普适性，希望能以自己的文学史现象研究对西方理论进行纠偏。

孙康宜（Chang，Kang-I Sun，1944—　），生于北京，1946 年随家迁居台湾，台湾东海大学外文系毕业，1968 年移居美国，曾获英国文学、图书馆学、东亚研究等硕士学位，1978 年获美国普林斯顿大学文学博士学位。曾任普林斯顿大学葛斯德东方图书馆馆长、耶鲁大学东亚语文系主任，现任耶鲁大学中国诗学教授。主要论著有《晚唐迄北宋词体演进与词人风格》[①]、《抒情与描写：六朝诗概论》[②]，《陈子龙柳如是诗词情缘》[③]、其他学术随笔有《我看美国精神》、《文学经典的挑战》、《游学集》、《文学的声音》、《耶鲁·性别与文化》、《古典与现代的女性阐释》、《耶鲁潜学集》、《把苦难收入行囊》等。发表中英文论文几十篇，散文一百多篇。2003 年，收到剑桥大学出版社的邀请，与宇文所安教授共同主编《剑桥中国文学史》，还编纂英文会议论文集《明清女作家》[④]，与苏源熙合编《中国历代女作家选集：诗歌与评论》[⑤]，共收录了 130 位左右的古典女作家作品，由 63 位美国汉学家翻译为英文，注重中国古代妇女的各种角色与声音。

---

① Kang-I Sung Chang, *The Evolution of Chinese Tz'u Poetry: From Late T'ang to Northern Sung*, Princeton: Princeton University Press, 1980.

② Kang-I Sung Chang, *Six Dynasties Poetry*, Princeton: Princeton University Press, 1986.

③ Kang-I Sung Chang, *The Late-Ming Poet Ch'en Tzu-lung: Crises of Love and Loyalism*, New Haven: Yale University Press, 1991.

④ Kang-I Sung Chang & Ellen Widmer, *Writing Women of Late Imperial China*, Stanford: Stanford University Press, 1997.

⑤ Kang-I Sung Chang & Haun Saussy, *Women Writers of Traditional China: An Anthology of Poetry and Criticism*, Stanford: Stanford University Press, 1999.

一 词史研究与西学中用

孙康宜在自序文《叩问经典的学旅》[①] 中追忆自己在博士求学阶段之前，一直沉浸在西洋文学的世界里，直到 20 世纪 70 年代初读博期间，才转入中国古典文学的研究中。青年时代的学习积累建立了她坚实的西方文学知识构架，也为日后进行中西文学的比较研究奠定了扎实的基础。她的博士论文《词与文类研究》和第二本论著《抒情与描写：六朝诗概论》虽然以中国古典诗词为研究对象，但研究方法与路径都体现出鲜明的西方文学批评特色，采用新批评细读法，借鉴奥尔巴哈（Erich Auerbach）、弗莱等人的文体研究成果，具有较为明显的西学中用的挪用色彩。

首先是西方文体研究对《词与文类研究》文学批评路径的影响，关注文类与作家风格形成的密切关系。20 世纪 70 年代，美国文学界盛行“文体研究”（Genre Study）。“近世西方结构主义的文论，极重视文类的批评，他们以为一定要通过对一种文类的共同模式的整个系统的认识去看一个作者或一篇作品的特殊意义和价值。”[②] 受这股文学研究潮流的影响，叶嘉莹、林顺夫、孙康宜等华裔汉学家也将文体研究运用到中国古代诗词研究中。比如叶嘉莹在《论咏物词之发展及王沂孙之咏物词》一文中讨论王沂孙的咏物词特色时，对“咏物”这一文类，进行了历史性的回顾，林顺夫在《词体文类特质的形成》[③] 一文中也将个体词人与词史、词体性质结合起来探讨。孙康宜深受奥尔巴哈等人文体分析方法的影响，她自称通过奥尔巴哈的《模仿论》一书，掌握到了研究文学经典的秘诀，即从文本的片段、语言中看到整体文化的意义[④]，也就是将文学文本研究与文化研究结合起来。孙康宜将这一方法挪用来分析世界文学，她声称《词与文类研究》一书建立在两个基设之上：其一，诗体的演进乃时代新美学与文化观的反映；其二，诗体的根本意义植基于其

① ［美］孙康宜：《文学经典的挑战》，百花洲文艺出版社 2002 年版。

② ［加］叶嘉莹：《迦陵论词丛稿》，北京大学出版社 1998 年版，第 211 页。

③ Shuen-fu Lin, “The Formation of a Distinct Generic Identity for Tz'u”, in Pauline Yu (ed.), *Voices of the Song Lyric in China*, Berkeley: University of California Press, 1994.

④ ［美］孙康宜：《文学经典的挑战》，百花洲文艺出版社 2002 年版，自序第 6 页。

恒动的演化史上。[①] 可见，孙康宜的文体观具有两个向度：第一，强调文体演进与时代美学和文化的关系；第二，强调文体的动态演变性。前者体现出西方新历史主义所主张的历史诗学的时代思潮，后者则表明孙康宜的文体研究是从纵向角度考察文类发展过程中的强势词人（strong poet），从历时性角度来探析文类的发展。在《词与文类研究》一书中，孙康宜从文类发展史的角度，探讨个体词人对词这一文类传统的继承与突破，在词体文类的流变中，探析强势诗人对文类的推动与贡献，关注词体发展与词人风格的关系。与其同事哈罗德·布鲁姆（Harold Bloom）的观点不谋而合，孙康宜认为强势诗人的风格经常发展为诗体成规，进而转化为文类特性。反之，弱小的诗人只能萧规曹随，跟着时代的成规随波逐流。基于此种文体观，在《词与文类研究》一书中，作者探讨了温庭筠、韦庄、李煜、柳永与苏轼这五位强势词人，考察他们在词体发展史中，对词体成规的建立与突破。温庭筠的词作喜将感官静态意象进行排比并列，而韦庄则采用线性的叙述方式形成序列结构，两人奠定了词体弦外之音与直言无隐两种表达方式。李煜的词作则具有极强的抒情性，他在继承韦庄直言无隐的抒情方式的基础上，通过使用具有大范围的时空意象，扩大了词体抒情达意的强度。柳永在继承民间通俗文学的基础上，发展出其独特的慢词诗学。作者详细考察他对领字和换头的技巧运用，探析此技巧对其风格形成的作用。孙康宜最后从词序、用典、用字与句构角度考察苏轼对词体境界的开拓，从中国古典文学传统来看待苏轼对词史的贡献，认为苏轼使得词体成为词客们尽情宣泄情感的媒介，可以借以考察作者的抒情心灵与想象世界。

作者由词人词作的语言、结构与词体形式入手分析词体风格，将文学批评与文学史研究结合起来，重视文学传统的力量，在词体的发展史中辨析个体强势诗人在其文化历史语境中的贡献。与传统词学论著不同，全书体现了“新批评”所倡导的扎实的细读功底，将西方文学批评挪用至中国古典词的研究，使得全书具有西体中用的色彩。

其次是挪用现代西方批评术语来诠释古典词作。在该书中，孙康宜

① ［美］孙康宜：《词与文类研究》，李奭学译，北京大学出版社 2006 年版，前言第 1 页。

遵从新批评的细读法，从文学文本出发，由词作的形式（平仄与分片的原则）、结构（构词方式）与功能（主客体的关系）来探析词人的风格。中国词话家评词往往以婉约与豪放来划分词人词作的类别。同时，中国传统批评家认为，文风乃人格的呈现，往往将人品与词品挂钩，甚至将文类之体与诗人之风格混为一谈。具有西方知识结构的孙康宜则从传统词评家的视野中跳脱出来，运用西方的话语体系与批评术语来研究中国古典词人词作。《词与文类研究》一书以德国教授奥尔巴哈所提出的“并列法”（parataxis）与“附属结构”（hypotaxis）两个术语为基础来分析中国诗词。这两个术语是奥尔巴哈在《模仿论》（*Mimesis*）中讨论拉丁语法时提出的，“并列法”是指词句的排比并列，“附属结构”则是以时间或因果关系的从句来结构词句，多用连接词、示意字，使诗作引发逻辑或序列之感，词句一气呵成，叙说上自成整体。孙康宜将这一对西方文学批评术语挪用过来分析中国词作，认为中国词作存在两种基本的达意方式，即以温庭筠为代表的重弦外之音的言传模式和以韦庄为代表的直言无隐的抒情方式。温庭筠由于讲究各景并列，以言外意来建构各景，刻画一幅客观的图景，而收起自己的真面目，从而使得言外意更胜过字面义。在构词原则上，温庭筠少假连接词，不用指涉性的代词或指示词，而是通过一个个意象来结构字句。作者精心选择意象，使得各个意象之间形成彼此呼应的意象群，从而形成一种隐喻性的修辞美学。韦词则多为叙事性的线性发展，写景抒情顺由词人思路演进，词作中频见情态词与思绪动词，因此韦词甚至可以当作“故事”来读，形成直言无隐的风格特征。孙康宜通过分析李煜词作中的情态动词、发语感叹词、连接词与句式，认为这些修辞技巧使得句构之间具有流畅性，因此李煜词作更具有附属结构的特点。

在比较李煜、李璟与冯延巳的词体风格时，作者又借用托米（Alan Tormey）《表达的观念》（*The Concept of Expression*）一书中达意的（Expressive）与描述的（Descriptive）这对二元对立术语，形成达意语与意象语两个概念，并用以概述这三位词人的风格。作者将李煜的词作归为“达意”派，认为在李煜的词作中，自然界的意象对词的美学价值固然重要，但词的意义仍然要由发话者外现的声音来决定，意象本身的串联并不具有意义。[①] 李词常通过明喻与拟人法来制造意象，把人类的情感加诸非动物身上，从而强调人类情感的特别意义，如“离恨恰如春草，更行更远还生”、“问君能有几多愁，恰似一江春水向东流”。孙康宜将李璟与冯延巳归为“意象派”，认为意象在他们的词作中十分重要，两位词人并不在词作中进行主观陈述与抒情，而是经由客观意象，引发联想，传达出内省性的思绪，这也表明两人的词作已经不像温庭筠那样作置身意象之外的客观笔法，而是将主客观融为一体，融合了“意象”派与“达意”派的风格。在分析柳永词作具有调和“达意”与“写景”的双重特点时，作者借用佛里曼（Ralph Freedman）的“鉴照”这一术语来概括柳永的这一技法。该术语是佛里曼在分析欧洲抒情小说时提出的概念，“鉴照”可以使抒情性自我化为“自然的美学形象”，抒情自我可以吸取外在世界的一切意象[②]，因此，“鉴照”技法就是将情感表达与意象描写融合在一起。同时，作者通过分析柳永的领字技巧与附属句构，认为柳永大致继承了韦庄一派直言无隐的风格。

可见，《词与文类研究》一书体现出较为明晰的西学中用色彩，吸纳西方学术界最新的文体研究成果，还借鉴了新批评的细读法，援引其他批评术语对文本进行了多层次的细读，让读者更好地理解各位词人的文体特色。但是，由于作者借用了大量西方二元对立式的批评术语，比如直言无隐（explicit meaning）与弦外之音（implicit meaning），达意派与意象派等，在进行分类时将词人词作简单化与单一化了。正如刘若愚所批评的，这种分类法“容易使西方人对中国词产生误解，模糊了词的整体性质，事实上，词总是包括一系列元素：语言、文化、知识、艺术等，而不是简单的二元对立，更不用说只属于其中某一种特性”[③]。

二　性别研究与话语质疑

20世纪90年代以来，孙康宜加入西方文学女性批评的学术思潮中，

---

① ［美］孙康宜：《词与文类研究》，李奭学译，北京大学出版社2006年版，第68页。

② 同上书，第106页。

③ James J. Y. Liu, “Review on *The Evolution of Chinese Tz'u Poetry: From Late T'ang to Northern Sung*”, *Harvard Journal of Asiatic Studies*, 1981, 41 (2), p. 673.

关注中国历史上的女诗人、女词人们，展开了她别具特色的性别研究，取得了令人耳目一新的学术成果。随着孙康宜学术研究的不断成熟，其学术的立足点已经从过去挪用西方文学批评术语以西释中的研究路径转向在西方学术语境下思考汉学研究的学术价值，追问西方语境下的汉学研究能给西方甚至全球文化带来什么样的广阔视野，如何促进东西文化的真正对话与互补[①]。经历早期纯粹挪用西方文学批评方法研究中国古典文学后，孙康宜开始反思西方文学批评理论对汉学研究的适用性问题，关注异质文化语境中中国文学与文化现象的独特性，试图在还原中国古代文化语境过程中，重新发现被历史遮蔽的文学现象，期望通过这种谱系追溯与历史还原的手法，纠正中国学术界对某些问题的想象性误判与盲区，甚至对西方批评界的相关理论进行纠偏。

早期西方女性主义者以强调男女的性别差异来发起对西方传统文化的反击，她们主张采用全新的女性视角来纠正传统男性视角的盲区，增进男女之间的平等。同时，她们将受男性中心主义文学传统压制的女性作家命名为“疯女人”，揭示了这群“疯女人”作家长期被排斥于文学经典之外。以克里斯蒂娃为代表的法国女性主义者则从语言的角度揭示男性写作与女性写作的差异，将男性书写语言与女性书写语言完全对立起来，认为女性书写与女性本质一样，缺乏男性的“菲勒斯”形式。孙康宜认为，强调“性别差异”是西方女性主义批评的策略根基。西方的性别理论启迪了美国的汉学研究，促使他们关注中国文学与文化现象中的男女权力关系与地位。但是，以孙康宜为代表的美国汉学家在检索明清历史时发现中国古代文学与文化现象的独特性，他们以各自的研究纠正西方性别理论研究者的偏颇。孙康宜在这方面做出了突出的贡献，具体体现在如下几个方面。

首先是对明清女性作家的重新发现与对“五四”话语的质疑。“五四”以来的学人常常认为传统中国是一个被“女子无才便是德”的观念统治的社会，传统中国社会压制女性的才能。但是，胡文楷先生的《历代妇女著作考》使美国汉学家发现，原来世界上没有一个国家比传统中国出版过更

---

① 参见［美］孙康宜《文学经典的挑战》，百花洲文艺出版社2002年版，第266页。

多的女诗人作品[①]，明清文人事实上十分重视女子的才能。明清时期，有三千多位女诗人出版过诗集，这被孙康宜视为中西文学史上最奇特的文学现象之一。然而，这一文化现象被学术界忽视了。1990 年，孙康宜与苏源熙发起一项重大的翻译工程，编纂《中国历代女作家选集：诗歌与评论》，通过对古代中国女性创作史料的整理，孙康宜等美国汉学家发现，与西方历史传统不同，中国男性文人与女性作家之间并不是水火不容、相互对立。相反，中国明清文人维护才女作家，编纂出版各种名媛诗词选集，为这些作品作序，甚至将一些女性作家作品的地位提升至经典的位置。究其原因，是中国传统文人与才女在怀才不遇的社会语境下所具有的同病相怜的身份认同的反映。可见，“五四以来把中国妇女完全说成是封建礼教牺牲品的话语也过于绝对化了”[②]。这也表明，在跨文化语境中，汉学家在汲取西方理论批评资源的同时，更能以比较的眼光发现中国古代文学现象的独特性，孙康宜希望通过揭示这种独特性来纠正西方性别理论研究学者的“男女两极对立论”。她认为：“西方的汉学家们更能站在传统中国文化的立场，会用客观的眼光来对现代西方文化理论进行有效的批评与修正。”[③]

其次，孙康宜发现了古代女性才德与其权力的内在联系，提出“女性道德权力”的命题。“五四”以来的知识分子一直认为，在古代中国，妇女是一个受压迫无地位的受害者群体。但是，孙康宜通过梳理中国古代文学典籍发现，传统中国男女之间的“权力”分配十分复杂，不能简单地以“压迫者”、“受害者”来阐释。人的权力是多向度的，不能局限于政治权力，中国传统女性拥有一种“道德权力”。道德权力指的是“中国传统女性在逆境中对自身高洁忠贞的肯定，从而获得一种‘自我崇高’的超越和权力感。换言之，这种‘道德权力’意识经常使得中国古代的女性把生活中所遭受的痛苦化为积极的因素，进而得到一种力量”[④]。中国女性也很懂得运用这种道德权力，通过彰显自身的道德力

① 参见［美］孙康宜《文学经典的挑战》，百花洲文艺出版社 2002 年版，第 248 页。

② 同上书，第 248 页。

③ 同上书，第 266 页。

④ ［美］孙康宜、钱南秀：《美国汉学研究中的性别研究——与孙康宜教授对话》，《社会科学论坛》2006 年第 11 期，第 107 页。

量来获得社会的认同与尊崇。一些女性常用灵动感人的文字书写她们崇高的心灵体验，从而获得一种道德权威。美国乃至西方的性别研究强调男女双方的差异，基本思路是探讨性别“差异”所造成的男女权力关系的不对等，强调压迫者（男性）和被压迫者（女性）之间的对立，指出女性是男权制的牺牲品与受害者，女性创作也一直被排斥在经典（canon）之外。这种话语方式也影响到中国大陆的性别研究，学界普遍认为中国妇女是一群长期处于封建专制压迫下的受害者形象。但是，以孙康宜为代表的美国汉学性别研究者通过还原历史语境，以大量实例论证此种话语系统的虚构性，帮助我们重新认识一种被遮蔽的历史真相，有助于学界重构一部真实的中国史，也揭示了西方性别研究的局限性，有助于西方学者开拓研究思路，重构性别研究理论。“汉学性别研究不仅可以帮助我们重构中国文学史、中国历史，也可以帮助西方学者丰富和重建文学、历史与性别研究理论。”①

再次，孙康宜着重分析了中国文学中“男女声音置换”（cross-voicing）与“文化男女双性”现象，以大量文学史料揭示西方性别理论遭遇中国古典文学时的局限与非普适性。在中国传统诗歌中，男性作家常常将自我构建为女性形象，借助女性声音大胆表露深藏内心的政治情怀，由此形成必要的自我掩饰与自我表现。孙康宜将这种通过虚构女性声音建立起来的托喻美学称为“性别面具”（gender mask）。同时，孙康宜也在女性创作中发现了性别的位移，19 世纪的女词人兼剧作家吴藻便在杂剧《饮酒读骚图》（又名《乔影》）中自比为屈原，曲折幽隐地表达对男性文人世界的向往与对自身处境的不满。在面具的保护下，男性文人与女性作家大胆地经由文字符号暗示真实的自我人格。孙康宜在研究明清文学时发现，明清女性诗人在艺术上，认同由男性传统建构的艺术趣味，与男性文人一样追求真率、质朴、典雅、淡泊等“清”的美学特质，她们还以传统男性文人诗作为模拟对象。明清女性作家不仅会在艺术中虚构为男性角色或模拟男性口吻，在生活中也有男性文人化的倾向，比如注重生活的艺术化及对俗世的超越。以商景兰和黄媛介为代表的寡妇才女在生活与艺术的追求

① ［美］孙康宜、钱南秀：《美国汉学研究中的性别研究——与孙康宜教授对话》，《社会科学论坛》2006 年第 11 期，第 114 页。

上则更多地体现了男性化的价值观。一些才女甚至女扮男装，与男性文人承担经世救国的重任（比如女词人柳如是）。孙康宜将这种男性文人的自我女性化倾向与女性诗人的文人化现象概括为“文化男女双性”（cultural androgyny），夏洛特·弗思（Charlotte Furth）等西方汉学家也对中国古典文学中的性别越界现象进行了深入细致的研究。这些研究成果无疑挑战了西方女性主义者的性别差异理论。

三 咏物词研究与理论纠偏

由于具有以自我汉学成果对西方文学理论进行纠偏的自觉意识，孙康宜特别看重中国古典诗词中的独特现象，上一小节分析了她经由研究明清女性诗词引出其性别研究中的独特发现，本小节将探讨她对中国古典词里象征与托喻互补共存性的开掘，分析它们之间的互为依托在中国诗词中何以可能及如何可能。

在西方文学理论批评中，理论家对象征与托喻这两种艺术技巧孰高孰低进行了长久的争论，长期以来，这两种艺术手法作为对立面存在着。在对中国古词进行研究时，孙康宜发现，象征与托喻在中国诗歌中并不是相互区别而是互为补充的，而且两者可以并存于同一文本。孙康宜认为：“象征与托喻的真正区别在于：对于象征来说，我们关于（诗歌）意义的广泛联想是否确实符合作者的意向是无关紧要的；而在托喻中，作者的意向则是必要的。”[①] 中国古代诗歌的托喻指向常常很明确，对于共享同一套话语体系与历史背景的读者来说，作者的托喻意向较易识别。

孙康宜着重研究了《乐府补题》里的咏物词，认为象征手法与托喻手法共存于这一系列组词里。她分析了组词中单首词作的意象结构，指出在《乐府补题》里，词人通过多种相关联的意象，引起读者的联想，使得具体的意象与被象征之物之间由于共同的特质联系起来。同时，意象与象征意义之间的关系却是经由读者发现的。由于共享一套传统的话语系统，读者往往可以通过承载丰富传统内涵的意象与典故来获取这种象征意义。孙康宜指出，在具有象征色彩的咏物词中，作者往往采用两种基本手法来实

① ［美］孙康宜：《〈乐府补题〉中的象征与托喻》，《文学经典的挑战》，百花洲文艺出版社2002年版，第150—151页。

现象征意义。一是用典。词人通过指向词外某种事物的典故，来体味词中的各意象、细节之间具有的共同特质，从而把握诗人指向的隐秘的意向客体。二是重复手法的运用。通过意象在词作中的反复出现，将词作织成厚密的意象网络，使得读者一再探求诗词复杂的意象系统，意象便在意义的反复运动中转化为象征。“由于运用了这种意象重复的手法，读者被不断地引向其他的事物而把它们当作词章的真正含义，直到穷尽所有可能的象征意义。”①

与此同时，经作者研究发现，《乐府补题》的咏物词里，由意象运动生成的象征客体实际上成为作者托喻的手段。例如，周密等人选择“白莲”作为一系列咏物词的共同题目，对杨贵妃的描写，其实是托喻性地指向宋朝的孟后。诗人们借写杨妃暗写孟后，“白莲”组词实际上是遗民祭词，表达词人们对南宋的忠诚。那么，象征客体如何转化为托喻的手段？咏物词由于意象丰富、晦涩难懂，给读者以距离感，要将读者引向作者试图表达的意义上去，作者采取的方法之一，便是运用循环反复的、与真实事件有直接联系的枢纽意象。这些枢纽意象与历史故实密切相关。例如，根据周密的《癸辛杂识》记载，1278 年，南宋帝后遗骨被从陵墓中掘出并被抛掷于荒野，一位樵夫拾到青丝、翡翠钗等后妃的遗物。同时，唐珏与林景熙等义士将这些骸骨改葬于兰亭山，并移植了六株冬青种于兰亭山遗骨冢。于是，黑发、玉钗、冬青等都成为枢纽意象。这样，一方面，相似意象构成厚密的意象网络系统，意象在读者的反复来回阅读中运动，生成文本的象征意蕴；另一方面，枢纽意象将读者引入以托喻方式表达出的历史事件中。孙康宜将这类咏物词称为“意象型托喻”，托喻的传达媒体依赖于诗词意象及其共有外在结构之间的联系。不过，《乐府补题》里的托喻并不像西方托喻那样指向道德与宗教的真理，而是指向历史与政治的事实。

具有中西跨文化背景的孙康宜，其学术历程经历了由西学到中学的转变，从着迷西方文学转变为寻找中国文学文化之根，从关注中国早期词史的演进到关注词史上的独特现象，从运用西方文学理论研究中国文学到发

---

① ［美］孙康宜：《〈乐府补题〉中的象征与托喻》，《文学经典的挑战》，百花洲文艺出版社 2002 年版，第 145 页。

现中国文学的独特性，从而质疑西方文论的普适性，并自觉总结文学理论以纠正西方主流话语，最终达到中西文学、理论资源互补。孙康宜不断反思其学术研究的合理性，体现了在跨文化语境中华裔汉学家学术理念的成熟、学术立场的转变。

第四章

关系与规则：英语世界中国古典词的结构研究

“结构”一词在西方文学批评中运用得十分广泛，其含义亦丰富复杂。随着结构主义批评理论在西方世界的盛行，采用结构主义批评方法研究文学作品在20世纪下半叶十分普遍。受到西方现代学术体制和主流文化思想规训的汉学家，也将西方的结构研究法运用于中国古代词的研究中。英语世界词学研究者从结构角度来研究中国词体的，有华裔学者林顺夫、高友工及西方本土学者任博克和从原型结构理论出发分析《临江仙》词的柯素芝。

第一节　林顺夫与词体结构研究

林顺夫（Shuen-fu Lin，1943—　），1965年毕业于台湾东海大学，获学士学位，1972年毕业于普林斯顿大学，师从高友工教授，获博士学位，现为密歇根大学亚洲语言文化系教授。著有《中国抒情传统的转变——姜夔与南宋词》（普林斯顿大学出版社1978年版），是在博士论文基础上修改而成的，还与宇文所安合编《抒情声音的重要性：汉末至唐的诗歌》（*The Vitality of the Lyric Voice：Shih Poetry from the Late Han to the T'ang*，普林斯顿大学出版社1986年版），另发表了论文《语境的重要性》（“The Importance of Context”，《中国文学》1982年第2期），《〈儒林外史〉的礼及其叙事结构》等。

林顺夫的《中国抒情传统的转变——姜夔与南宋词》是一部从结构角度研究姜夔词作的论著。其所谓的“结构”，其实是一种“关系”，在该论著中，他讨论了姜夔词体的几种结构关系。第一，他驳斥了历代词论家对姜夔词序的错误观点，讨论了姜夔词序与主词相生的结构关系，指出两者是一个和谐统一的有机整体，在词中承担不同的功能，有着各自的文学规范与审美趣味，而且在相互补充中拓展了中国传统诗歌的美学范畴。第二，他讨论了令词与慢词形式结构的差异及其对情感进程的影响。第三，他分析了咏物词抒情结构的转变，探讨姜夔咏物词中抒情主体与描写客体的结构关系嬗变。

一　词序与主词相生的结构关系

南宋词人姜夔的作品与以往词人相比，其中一个特点便是他为词写了大量的序，约有半数的词作都有序言，有的甚至比词作本身还要长，而且可读性与艺术感甚强。古代词论家对姜夔的词、序关系进行了评点，基本持批评意见。清代词论家周济在《介存斋论词杂著》中说："白石好为小序，序即是词，词仍是序，反覆再现，如同嚼蜡矣。词序序作词缘起，以此意词中未备也。今人论院本，尚知曲白相生，不许复沓，而独津津于白石词序，一何可笑。"[①] 周济认为序的功能应局限于交代创作缘起即可，而姜白石词作里的序与词却在内容上重复，没有像戏曲中的唱曲与说白那样形成"相生"关系。胡适在《词选》里也谈到姜夔的《扬州慢》词中的序："那首词本身远不如这几句小序能使我们想象当日扬州的荒凉景象。"[②] 可见，词论家未将姜夔的词序与小词视为和谐统一的整体。

学者黄清士则不同意周济的观点，他将姜夔的小序分为记游、记事与论乐律三类，认为其词序与词并不重复，小序是对标题的扩展，词与序之间具有独立的美学自足性，结合在一起则成为一个整体。"作者善于掌握每首词的内容特点，写成多样化美妙隽永的小序，与主词合而结成整体，分亦可以独立成篇，所以序、词分则双美，合则全璧。"[③]

林顺夫沿着黄清士的研究思路，进一步揭示姜夔词序的价值与功能。

---

① 尹志腾校点：《清人选评词集三种》，齐鲁书社1988年版，第196—197页。

② 胡适选注，刘石导读：《词选》，中华书局2007年版，第265页。

③ 黄清士：《试论姜夔词的小序》，《艺林丛录》（六），商务印书馆1975年版，第164页。

第一，词序在姜夔词中是一个有机整体。他认为，词序与标题一样，能为读者解读文本提供阐释的情境与参照。词序具有结构上的价值，一方面它帮助说明词的创作缘起或内容，另一方面它将词与词人实际生活中的具体事物对应起来，提供真实的情境与参照。由于姜夔词高度浓缩，不能为读者提供构筑情境的具体细节，这时，词序的提示情境功能便显现出来。"对于时态、数量、代词、冠词及连词的省略（这也是中国诗歌语言的普遍特征），使他的词展现出一种具有普遍意义的特质与效果。他的词通常与现实生活中的具体事物无关，因而作品的情境也就由标题和序来提供，藉此将作品引入现实时空。"①

第二，词序与标题能为读者提示词的特定内涵，有助于读者在进入文本之前进入作者的前理解中。姜夔词中的意象抽象朦胧，没有具体的细节说明，使得读者无法了解物象的具体特征，难以把握词人意象背后的情感与心灵，这就需要词序或者标题来引导读者。词序或标题可以带读者进入词人生活经历中的具体时空，了解词人所要表现的对象与情感，带着这种个人化和具体化的体验与理解，再进入具有跳跃性与暧昧性的词作时，便较易理解。"词题成为词人生活经历的外在坐标，将一些个人化的和特殊的东西告诉了我们，而作品本身所表达的却是一般的、普遍的东西。将标题和词结合起来看，我们首先会了解到激发作品产生的个人化的东西，随之会体会出和词人一样的情感发展过程，这个过程绝对是具体的。"② 比如，在《鹧鸪天》这首词中，整首词有一系列的意象如珠帘、银烛、红楼、游人、午夜、鼓声等，但却不足以构成一幅具体的情景，读者也无法了解意象的具体特征，而且整首词的时态、指称都不明确，动词"垂"、"舞"、"识"、"过"、"散"、"归来"更像是描述一种状态，很像形容词，这些都使得全词具有一种非个性化的普遍特征。仅读这首词的内容，读者难以把握整首词的思绪与脉络。但是，一读该词的标题"十六夜出"，将之与词的内容结合起来阅读，便明白了作者描写的是自己在正月十六元宵节夜游时的所见所感，在节日的欢腾背景下衬托出词人的惆怅与孤独。姜

① ［美］林顺夫：《中国抒情传统的转变——姜夔词与南宋词》，张宏生译，上海古籍出版社2005年版，第44页。

② 同上。

夔的很多词作都与此词类似，词序或者题目起着标识作用，与词作内容相互补充，是一种相生的结构关系。

第三，词序与主词承担不同的功能，有着各自的文学规范与审美趣味，它们在相互补充中拓展了中国传统诗歌的美学范畴。姜夔的词作《扬州慢》等都有很详备的词序，介绍作者的创作缘起与意图。《扬州慢》词序详细介绍了词人旅行的时间、地点及途中的所见所感，以简洁优美的文字描写扬州这座荒废之城的冷寂，传递词人愁思与悲叹之情。这篇词序犹如一篇优美的短小散文，已经具备了独立的艺术品格，成为一种可以脱离词作被读者独立欣赏的艺术形式。这篇序言占据了相当的篇幅，姜夔却将之放入词中，可见，它具有独特的美学价值与功能。它为主词提供了具体的现实情境，序中既有经验主体“我”，又有具体的时空表述，为主词提供了具体的背景与参照。虽然词序与主词中的一些意象是相同的，比如“荠麦”、“暮色”、“戍角”等，但是，不能像周济等词评家认为的那样，将之视为简单重复，因为两者承担的写作功能不同。在序中，这些意象只是客观描述，并且由于序中已经介绍了这些具体意象，词人在主词中将会赋予它们以诗意，将自我的情感体验贯注其中，着重表现它们具有普遍意义的特征。林顺夫认为，序的这种背景提示功能如同中国散文，书写具体时空背景中的具体事件与对象，包含着现实架构，而诗词则倾向于超越具体的时空事件，着重表达的是普泛化的内心体验与感觉，具有超现实品格。可见，词序与主词的美学诉求有所差异，前者着重展现现实情境，后者着眼于主体情感的表达；前者具有现实品格，是对物象的客观描述，后者则具有超现实品格，意象凝聚主体情感，超越具体特征而体现一种普遍特征。词序与主词有着各自的文学规范与美学诉求，两者相互补充，如同中国戏曲中的说部与唱部，说部介绍唱部中的情感变化，唱部则在表演中表现情感形态的生成，两者相互作用，是不可分割的整体，它们一道构成姜夔词的特殊结构，拓展了中国传统诗歌的美学范畴。

二　复现节奏与语义节奏的动态平衡

英语世界的词学研究者在研究词的句法结构时，总是将之置于中国诗歌传统中加以研究，探索近体诗的句法结构对词体句法结构的影响①。林顺夫也考察了词体结构的演进过程，探讨令词中结构对等或复现式结构形成语义连贯的重要性，考察慢词中结构对等被打破后为保持语义连贯而生成的新特征。

首先，他考察了词在句法结构上对近体诗的继承与革新，分析了近体诗的空间性特征。绝句与律诗由“联”构成，每联在语义上遵循对偶原则，在音调上平仄与重读形成相对原则，而上联的下句与下联的上句，重读位置上的音调则相同，由此，当读者不再关注诗歌语言的流畅时，相邻两联中的“粘”与同一联中的“对”，会使近体诗形成一种空间联系。林顺夫以杜甫的五言律诗《旅夜书怀》为例，指出律诗内部成分的一致、韵律与语义的对仗、整体布局的平衡形成了一个自足的结构，这种结构形成了诗词节奏的重复、平衡，可以称为“复现节奏”，它有助于诗的意义的呈现。在此基础上，他进一步考察词体对近体诗复现式节奏的继承与革新。从继承的角度来说，首先，小令在长度上与绝句或律诗大致相等；其次，虽然令词打破了律诗精致对仗的表层结构，但一些小令中也延续了近体诗在结构上对仗的特点，重视两阕之间韵律的对等，以此加强结构的次序与协调，形成节奏上的复现。比如小令《醉吟商小品》中的两节词每部分都是对等的：

又正是春归，
细柳暗黄千缕，
暮鸦啼处。
梦逐金鞍去，
一点芳心休诉，
琵琶解语。

林顺夫指出，这两节词的音调格式即重读音节的平仄相同，在第二句与第三句中，也是每两个字构成一个基本的韵律单位，每一节的第一句与

① 譬如白思达在《论词律起源》一文中详细分析了早期词体对绝句句式的继承，孙康宜《词与文类研究》第一章中论述绝句的构词方式与美学原则对词的影响。

第二句之间都可以停顿，这些都与传统诗歌的结构形式相似。林顺夫将诗词在形式上的对应称为“韵律对等”，韵律对等形成了复现节奏。因为令词在抒情时也常似绝句那样，通过意象并举的方式直呈感受与体验，而缺乏明晰的语法转折或连接，因此，通过复现式结构来加强语义的连贯，仍十分重要。不过，正如这首小令一样，很多小令的韵律不像近体诗那般严格，句子对应部分的对仗句也对得不严格。但是，段落之间在韵律上的平衡与对仗，也的确使词意更为连贯。

如同绝句结构中前后两联的相互补充十分重要一样，词中阕与阕之间的语义互补也有助于词意的生成。不像《诗经》等作品段落与段落之间的结构贯通主要通过重章叠句实现，词中一般没有重章叠句，因此，上下两阕的语义互补就相当重要。比如在《鹧鸪天·元夕有所梦》中，上阕写到肥水、相思与梦，读者对这四句之间的关联把握得并不清晰，但词的下阕最后一句“谁教岁岁红莲夜，两处沉吟各自知”回应了上阕的思念，下阕的苦恋与上阕的“肥水”、“梦境”之间的联系也变得清晰：“肥水”当如夏承焘所推测的那样，暗指姜夔曾在肥水（合肥）相遇的佳人。

其次，林顺夫考察了抛弃绝句结构形式的词体在结构形式与情感呈现上的新特点。当词作上下阕并不对等，各阕内的小节之间也未形成对应与平衡时，就需要依靠语义节奏来维持结构的协调，这时，词的节奏须通过连续性叙述来展现思想过程，词中诸单元之间不是简单的并置关系，而是在语义上具有连续性。比如《淡黄柳》（空城晓角）一词完全缺乏韵律的平衡：“空城晓角/吹入垂杨陌/马上单衣寒恻恻/看尽鹅黄嫩绿/都是江南旧相识。”“吹入”、“看尽”、“都是”等词将上下句联系起来：“吹入”这个驱动性很强的词将上句与下句关联；“马上”既与上句的“垂杨陌”相关，又下起“看尽”，“寒”的感觉与第一句“晓”相关、“鹅黄嫩绿”与序中的“柳色”及上文的“垂杨陌”相呼应，代指垂杨。词中个人化的意象承载词人的所思所想及个人态度，对细节的限定有利于叙述的连续性及思绪的展开。可见，上阕并未通过语法关系，而是通过语义上的呼应获得语义与结构的连贯性。该词的每个小节都体现出词人的情感体验与感受，抒情片段与意象关联在一起，形成了思想的进程，与散文的书写方式较类似。林顺夫认为这种句式长短不一、韵律并不整饬的词作更能表达词人的情感状态与思绪进程。“不同句律的混合使得作品节奏具有委婉流畅之感。

词人不必用规整的节奏来表达思想，节奏单元的长短不一、委婉曲折构成了一种进程或曰运动，词人就可在其中表达自己的思想。与诗歌规整的韵律结构相比，这种进程与我们对这个世界的经验更为接近，它那种较为曲折的形式更能表达我们情感与知性状态的变化。”[①] 各单元的韵律长短不同，词人可以描述更为复杂的经验。

为了进一步探究结构不对等的词作如何促使语义节奏流畅连续，他揭示出功能词虚词在此类词作尤其是慢词中的重要意义。第一，虚词的功能在于整合词中前后的意象，使结构连贯，使作品产生环环相扣、灵活流动的节奏。林顺夫将虚词分为语助词与兼具副词—形容之义的功能词。“前者指‘语义轻虚’者，如句首助词、句末助词及语法助词，后者指‘语义实在’者，经常具有特定的副词或形容词的功能。”[②] 其中，副词—形容词义的功能词比语助词更为重要，后者无实义，功能主要在于加强节奏的灵活连续。前者主要有两个功能：一是表示主人公情感体验的过渡，如“又”等虚词；二是表示主人公的心理活动与思考，如“恐”、“叹”等心理动词领字。在近体诗与令词中，由于韵律对等，结构匀称，意象与意象之间由于结构的自足而相互补充意义，但在慢词中，韵律对等被打破，结构不够平衡，意象之间显得零碎、散乱，这时便需要功能词加以联结整合。第二，林顺夫还认为功能词能增强词作的客观性，使词人与叙述对象之间保持客观。“由于经过了概括，词人身处某一特定的情境之中时，不必将之归为自身的个人体验，而可以采取更加灵活的态度来加以表述。就此而言，功能词对增强慢词结构的‘客观性’大有裨益。”[③] 林顺夫认为，这些特征在慢词中得到发展，使得长调中开始更加重视物，形成一种新的亚文类：咏物词。

复现式节奏的词作常常并置意象，省略转折语与连词，但通过结构的对等形成语义的互补与连贯；当此种结构被打破时，为确保语义的连贯自足，词人通过改变叙述手段，增加功能词以形成语义的连贯，前者是由韵

① ［美］林顺夫：《中国抒情传统的转变——姜夔词与南宋词》，张宏生译，上海古籍出版社 2005 年版，第 87 页。

② 同上书，第 95 页。

③ 同上书，第 100—101 页。

律对等和结构对称形成的复现节奏，后者则是经由叙述手法的改变、增强意蕴的连贯而形成的语义节奏，这两种诗歌节奏都能实现诗歌语义的自足，体现出复现节奏与语义节奏的动态平衡关系。

三 咏物词抒情结构的转变

咏物词是姜夔词作的重要组成部分，在现存 87 首词作中，约有 25 首为咏物词，其名篇《暗香》、《疏影》、《齐天乐》、《念奴娇》等咏物词更为历代词人称赞不绝。林顺夫认为，姜夔的咏物词由抒情主体的存在逐渐过渡到抒情主体的消隐，物取代人成为词作表现的中心，体现出中国抒情传统的转变。在姜夔的大部分词作中，其内心的情感体验诸如痛苦、爱情、孤独、欢愉等是作品常见的主题，如其他抒情诗人一般表现自我。“他笔下的行为主体，既是作品的素材，又是感情活动的中心。”[①] 姜夔常把与主人公有关的信息在序中进行交代，主词集中展现在这一背景下的活动与思绪。因此，在姜夔词中，常可以听到主人公的情感声音，却不见主人公的身影。在他大部分咏物词里，仍保有这种“饶有意味的自我表现形式”。与周邦彦、苏轼等人的咏物词相似的是，所咏之物只是用于唤起人物内心的情感或者寄托人物的感情，抒情主体仍然占据主体地位，物处于被观察的、次要的位置。不过，在姜夔的一小部分咏物词中，抒情主体与描写客体之间的结构在悄然发生改变，在《小重山令》等咏物词中，物逐渐取代人，成为作品的中心。

国内也有学者专门研究咏物词这一亚文类，路成文的《宋代咏物词史论》第六章专门讨论了姜夔的咏物词，他认为姜夔在咏物词创作方面有如下几点突破：“第一，由于作者对于咏物词抒情性的特别重视，咏物词在性质上发生了重要变化，作者的情感、意念取代吟咏对象本身而成为咏物词所表现的真正主体，咏物与抒情实现了一体化；第二，由于这种性质的新变，姜夔咏物词内在结构复杂，咏物与抒情互为表里，创作姿态体现出新的特点；第三，姜夔咏物词皆有为而作，意在笔先，这使其咏物词具有

---

① ［美］林顺夫：《中国抒情传统的转变——姜夔词与南宋词》，张宏生译，上海古籍出版社 2005 年版，第 105 页。

深远的寄托；第四，姜夔在咏物词艺术表现手法方面也有一定的突破。”①路成文特别强调姜夔咏物词里咏物与抒情的融合，他还特别分析了《小重山令·潭州红梅》与《暗香》这两首咏物词，指出“对于情感的抒发或寓托成了作者的主要表现对象，题虽为咏梅，但‘梅’始终处于陪衬的位置，作者真正意图并不在表现‘物’”②。路成文认为姜夔的这两首咏物词中，物处于陪衬的次要地位，而作者的情感寄托是主要的表现对象。

林顺夫也着重分析这首《小重山令·潭州红梅》，他却认为物（红梅）占据词的核心位置。“词人的抒情主体，即上述特征（忧郁、悲愁、神秘、寒冷、孤独等——引者注）的感受者，却并不是作品的抒情中心，因为，他的意念并不能笼罩全词。”③“因此，我们可以说，词中所表现的种种感情，完全寄托在物上面，而与词人的主观感受无关。”④ 对比路成文与林顺夫的观点，细心的读者会发现两者的观点似乎截然对立，但仔细分析，却并不矛盾。试看该词：

小重山令·潭州红梅

人绕湘皋月坠时，斜横花树小，浸愁漪。一春幽事有谁知？东风冷，香远茜裙归。　　鸥去昔游非，遥怜花可可，梦依依。九疑云杳断魂啼，相思血，都沁绿筠枝。

林顺夫指出，词人通过“香远茜裙归”之“香”与“裙”的意象，在“红梅”与“女子”之间建立了比喻关系，下阕中运用了《列子·黄帝篇》中鸥鸟飞离的典故，在姑娘的离去与鸥鸟的飞去之间建立对应关系，而帝舜二妃的典故更加表明词作的爱情主题。他也认为，虽然整首词表面上写红梅，实际上写的是主人公的刻骨思念。他说：“《小重山令》的几个意象，派生出一组意义相近的感情特性，表现了人物感情的一个完整的系统。这些感情，诸如缠绵、忧郁、悲愁、神秘、寒冷、孤独、断肠、悲啼

① 路成文：《宋代咏物词史论》，商务印书馆2005年版，第173页。

② 同上书，第179页。

③ ［美］林顺夫：《中国抒情传统的转变——姜夔词与南宋词》，张宏生译，上海古籍出版社2005年版，第120页。

④ 同上。

和血泪，都不是孤立的，它们以其相近的意义，构成了复杂的感情结构。事实上，在这些感情中，已含有相思成疾的意思，而这正是作品的主题或表现中心。”[1] 也就是说，林顺夫与路成文都认为姜夔的咏物词具有双层结构，表面上咏物写梅花，实则是写抒情主体的情感体验。只不过，路成文是从作者的创作意图来谈论抒情主体与咏物对象之间的关系，他认为抒情主体的情感体验与思想情感才是词人意欲表达的重心所在。而林顺夫则是从词人的抒情方式来谈论两者的关系，他认为，全词没有书写主人公的心灵活动，主要仍围绕着红梅书写，红梅占据核心地位，而抒情主体的主观感受却十分隐匿，抒情主体不再像传统抒情诗那样是作品的中心，姜夔的此类咏物词显示出中国抒情传统的变迁。传统中国抒情诗的结构发生了变化就是指抒情主体与叙述客体之间的关系发生了变化，这与咏物词的兴起密切相关。在咏物词里，“作者不再把自己的某种感受当作抒情重心，而是把自己当作那一抒情重心的观察者”[2]。在中国传统抒情诗里，作品要求“诗言志”，其中心是抒情主体及其对情境的感受。但是在咏物词中，抒情主体不再占据主导性，而是外在的物成为重心。随着抒情主体在结构中的消隐，“词就成为对物的某种感觉和认知，在物及其周围背景之间维持着一种客观表述的关系”[3]。从关注抒情主体转向关注物，这标志着中国传统抒情诗结构的转变。

四　词体结构与典故功能

林顺夫还进一步分析典故在咏物词中的结构意义。

第一，典故能将两件事或两种行为进行对比，在两件事情间建立相似性，形成比喻，比如《小重山令》的主题就是经由下阕中的典故表示出来的，通过与爱情相关的传说表达相思的主题。

第二，典故还为咏物词的具体结构注入“时间”要素。典故勾连的是过去的历史事件，经由典故，词人可以从一个时间情境自由转向另一个时

① ［美］林顺夫:《中国抒情传统的转变——姜夔词与南宋词》，张宏生译，上海古籍出版社 2005 年版，第 120 页。

② 同上书，第 7 页。

③ 同上。

间情境。试看《疏影》词的上阕：

> 苔枝缀玉，有翠禽小小，枝上同宿。客里相逢，篱角黄昏，无言自倚修竹。昭君不惯胡沙远，但暗忆、江南江北。想佩环、月夜归来，化作此花幽独。

前两节书写词人对梅花的感觉印象，第三节却突然转向昭君的典故，完全变为对过去另外一个情境的叙写，梅花与昭君的联系到了第四节才得到关联，典故将时空由现在带入过去，再重返现在，这使得词作容纳更为广阔的时空内容，词人通过不同时空中的典故，丰富了词体结构。“典故一旦脱离主体和环境的双重限制，成为独立的存在，则其所反映的历史活动与抒情主人公在当时的抒情瞬间的感觉便合而为一，产生一个内涵非常丰富的结构。”①

第三，在咏物词中，用典还会增强词作的客观效果，隐匿词人情感，促使中国抒情传统发生嬗变。傅庚生在《中国文学欣赏举隅》中指出《疏影》的主旨是上阕的最后二字“幽独”②，“幽独”可以是花的精神象征，也极可能是词人精神状态的真实反映。“幽独”是通过一系列意象及典故体现出来的，但词人的内心感情与他笔下的外部世界之间，看不出明显的联系，词人是一个纯粹的观察者，他“抑制了自己与新的抒情中心（具体的物）产生交流的抒情冲动，始终保持着客观的态度。因此，这篇作品的结构便成为不受词人的主观感受支配的独立的存在”③。再如，在咏物词《齐天乐》（庾郎先自吟愁赋）中，词人先后引用了庾信及其作品《愁赋》、李商隐《夜雨寄北》以及《诗经·七月》的典故，前后两个典故表达的都是处于不同境遇中的人听到蟋蟀声后的浓愁，但词人在化用时却持客观的态度，并未将自己的主观感受融入典故中。该词表现的情感正是作者在序中所说的“幽思”，但词人没有直接表达情感，而是试图从不同侧面对之

① ［美］林顺夫：《中国抒情传统的转变——姜夔词与南宋词》，张宏生译，上海古籍出版社2005年版，第121页。

② 傅庚生：《中国文学欣赏举隅》，北京出版社2003年版，第98页。

③ ［美］林顺夫：《中国抒情传统的转变——姜夔词与南宋词》，张宏生译，上海古籍出版社2005年版，第132页。

进行客观分析。作者隐退，成为自己心灵和感情的外在观察者。咏物词不再以抒情主体当时的感觉为自我表现中心，而是采用一种客观化的叙述语言，将抒情主体隐于寓象之后。林顺夫认为，正是抒情主体已经独立于叙述客体，使得词人将不同时空融为一体有了可能，典故也因此改变了词的结构。有些典故却没能改变词的结构，比如辛弃疾的《贺新郎》（绿树听鹈鴂），为表现词人与表弟的离别，辛弃疾列举了中国历史上五个离别的例子，不过，林顺夫认为，“典故的运用并没有改变作品的结构，作品的抒情主体在作品中仍是最关键的因素”，“典故也没有成为‘时间’和‘其他’要素”①。可见，此处林顺夫所说的“结构”谈论的是作品中抒情主体与描写客体之间的关系。

林顺夫的结构分析法并不单纯从文本出发而撇开历史语境，他不仅从文本入手分析词体结构，还从历史的、社会的维度审视姜夔词体的结构变化，这使得其研究具有历史诗学的性质。他认为，“作品结构的任何显著变化，都暗示着在某种特定文化中，生活、艺术以及思想方式的转变”②。林顺夫力图从社会根源与智力因子两方面深入研究姜夔词体结构变化的社会历史因素。其论著的第一章较全面细致地考察了南宋的经济、生活、艺术旨趣与主流思想，指出南宋的社会历史文化语境对中国抒情传统嬗变的影响。12、13 世纪之交，南宋社会发展平稳、和平富足，滋生出奢华享乐的社会气息。林顺夫考察了南宋诗人张镃铺张的生活、高雅的文化趣味，南宋山水画马夏画派审美旨趣的变化，他认为，“新的生活方式必然会改变文学艺术现有的结构传统，促成某种全新样式的繁盛”③。物质丰富、发展迅速的南宋社会滋生了一种热衷铺排、追求物质享受的生活方式，在这样的社会文化土壤中，词人们也由过去的自我抒情转向了声色描写，转而关注物，咏物词代表了“一种隐藏在愉快的生活方式之后的避世潮流”④。另一方面，他还考察了宋代主流思想的变化，指出朱熹“格物致知”的思想对咏物词的兴起也起到推动作用。

---

① ［美］林顺夫：《中国抒情传统的转变——姜夔词与南宋词》，张宏生译，上海古籍出版社 2005 年版，第 125 页。

② 同上书，前言。

③ 同上书，第 25 页。

④ 同上书，第 24 页。

林顺夫这部以“结构”分析贯穿始终的论著，讨论的主要是词作内部各要素之间的关系：词序与主词之间的关系；复现节奏与语义节奏都可以形成语义自足的动态平衡关系以及咏物词中抒情主体与描写对象之间的关系。其结构研究其实是一种关系研究，这种结构研究与中国历来词论家的结构研究区别甚大。

第二节　任博克与词体原型结构论

中国古典诗词充满了对往事回忆的书写，时间的流逝、春天的消逝、青春的结束、死亡的迫近、爱人的离别等与时间密切相关的主题被反复言说，宋词尤其如此。“中国古典诗歌始终对往事这个更为广阔的世界敞开怀抱：这个世界为诗歌提供养料，作为报答，已经物故的过去像幽灵似的通过艺术回到眼前。”[①] 隽永的诗篇由于追忆过去而被吟诵玩味，凝固时间，摇曳多姿；不同的词家因为回忆他人而被后人回忆，穿越时空，实现不朽。不过，20 世纪 90 年代以前，国内对古典诗词里的“时间”进行专题研究的著述并不多见；诸如宇文所安、刘若愚、任博克等北美汉学家，则以“时间”为主题对中国古典诗词进行了不遗余力的多重解读和多样诠释，从中不仅体现出比较典型的西方学术的治学路径和研究方法，也承传着西方学术的谱系发展和话语模式。由此，经由典型个案的梳理和检视，可以有效地管窥北美英语世界汉学界的研究观点与研究路径，体察西方汉学研究的谱系承传和话语实践。

任博克（Brook Ziporyn，1964—　）[②]，北美著名汉学家，哈佛大学东亚语言文明系客座助理教授，研究范围为中国先秦、宋代的佛教、道教、儒教、天台宗等，主要著作有《郭象思想中的“独化”与其踪迹》（《东西方哲学》第 43 卷第 3 期，1993 年 7 月），《宋代天台宗中的反禅论

---

① ［美］宇文所安：《追忆》，郑学勤译，三联书店 2004 年版，第 3 页。

② 本处任博克个人简介参见安平秋、安乐哲主编《北美汉学家辞典》，人民文学出版社 2001 年版，第 485—486 页。但笔者根据英文原文标题将 Temporal Paradoxes 译为“时间悖论”而非“世俗的谬论”。

战》(《佛学研究国际协会学报》第17卷第1期，1994年夏)，《时间悖论：宋词中现在时与过去时的交融》(《中国文学》1995年第17期)，《杨雄〈太玄经〉中的时空秩序》(《早期中世纪中国》第2卷，1995—1996年)，《从一般美学说起：熊十力哲学原理》(《国家宫殿博物馆学报》第30卷第5、6期，1995年11—12月、1996年1月)。其中，《时间悖论：宋词中现在时与过去时的交融》(Temporal Paradoxes：Intersections of Time Present and Time Past in the Song Ci，*Chinese literature*：*Essays*，*Articles*，*Reviews*，1995，17)对宋词的时间张力结构进行了令人耳目一新的研究。

一　时间悖论的审美呈现

作为一名受过现代学术体制专业训练的汉学家，任博克具有良好的西学功底、细腻的审美感受和严谨的学术承传。他对宋词里的时间分析以牟复礼(Frederick W. Mote)对中国传统宇宙观与两种类型的时间观为基础："一种是循环的宇宙时间观(the cyclic cosmic time)，没有开始，没有末日。宇宙进程(自足的宇宙自我创生的过程)的各个阶段被视为一系列的逻辑关系，而非编年上的序列。宇宙过程中，所有阶段都在同步呈现。另一种时间观则是发展的，线性的人类史(the linear human time)，在其中人类创制文化的成就累积有起点。"[①] 对个体来说，时间概念主要基于人类记忆与个体经历，呈一维线性，有始有终；对宇宙而言，时间概念主要基于物质体积与空间生成，呈多维形态，恒常循环。在此基础上，任博克认为，个体对世界的纯粹感知(pure perception)与个体记忆(memory)同时发生，会合并产生冲突，表现为循环的宇宙时间与线性的个体时间产生会合，由此而产生短暂与永恒的时间悖论(temporal paradox)[②]。宋词中常常存在这两种既对立又共存的时间，二者密切关联，不可分割：一方面，个体的回忆常常在形式上表现为对当下外物的感知延伸，即是以回忆的形式呈现于当下，因此过去总是内在地包蕴于当下；另

① ［美］牟复礼、王立刚译：《中国思想之渊源》，北京大学出版社2009年版，第26页。

② Brook Ziporyn，"Temporal Paradoxes：Intersections of Time Present and Time Past in the Song Ci"，*Chinese literature*：*Essays*，*Articles*，*Reviews*，1995，17，pp. 89—109.

一方面，由于宇宙万物具有循环特点，个体观照外物时，常常会唤起对往事的回忆，正是往事体验触发了个体对外物的独有观照与感知，由此过去成为当下感知的基础。

在古典诗词中，过去的往事常常被压缩凝聚于象征物内，作为被主体感知冥思的对象呈现出来，同时也昭示着个体感知与回忆之间的联系与矛盾。因此，在中国古典宋词里常常难以区分何者为个体回忆，何者为外物感知。以陈与义的《临江仙》为例：

> 忆昔午桥桥上饮/坐中多是豪英/长沟流月去无声/杏花疏影里/吹笛到天明。
>
> 二十余年如一梦/此身虽在堪惊/闲登小阁看新晴/古今多少事/渔唱起三更。

陈与义（1090—1138），字去非，号简斋，洛阳人。宋徽宗时举进士，历任太学博士等职务，靖康之变后，颠沛流离，背井离乡，辗转至临安等地。本词的上片是词人对二十多年前的“洛中旧游”的回忆，开篇首句以凝练的概括性词语点明所忆对象是坐中英杰，接下来三句却以描摹的笔法呈现回忆，空中明月、水中流月的静谧画面，衬映着桥畔的杏花与疏影，简笔勾勒了一幅幽静淡雅的风景画，而清雅的笛声打破幽静的月夜，更使得斯时斯景幽美而富有情韵，往事如在目前。通过诸多意象的并置，追忆过去时空里主体对外物的纯粹感知体验，这是宋词再现过去的惯常策略；然而汉语时态的模糊性与主语的缺乏特征，常常导致读者难以区分何为主体在回忆中体验外物，何为主体对当下外物的感知。此种填词抒怀的策略，为宋人周邦彦所谙熟于胸，在其词中使用得炉火纯青，也构成他时空腾挪、跌宕变幻的词风。一些词人则通过具有主体（抒情主人公）回忆性的标识性词语来暗示主体的时空位置，从而使主体的姿态偏离对当下外物的感知而指向回忆，或偏离回忆而指向对当下外物的感知。本词即是如此，下片以一个概括性句子折回，突出主体所在的时间与空间：三更之夜在小阁上沉思回忆。可见，作者采用的是倒叙的手法，是在斯时斯地的感知触发下回忆洛中旧游，那幅优美静谧的夜景图是回忆中的感知再现，着重突出的是对往昔的留恋追忆，然而也正是过去那欢乐的时刻时时在词人心中徘徊不肯离去，才构成了此刻冥思的基础。当作者将再现的策略与回忆性标识性词语杂糅在一起时，过去与现在会合交织在一起，而时间悖论也由此生成。

还是那一片晴空，还是那样的月夜，还是有嘹亮的声音划破静夜，在宇宙时空的循环里，一切都没有改变吗？还可以回到过去吗？词人从回忆中抽回，回到自身，然而往事已然一去不返，不可触摸，而此身仍在。在此，岁月的逝去与唤起逝去的岁月的此身仍然存在形成对照，构成一种时间上的张力。此身为何“堪惊”？历经二十多年政治历史动荡的岁月而劫后余生，恍若梦幻，惊魂难定，然而在此欷歔感叹、独自追怀的此身是那英杰畅饮、令人留恋时刻的彼身吗？残存之躯沟通了过去与现在，从而形成了一种可能的时间张力。“闲登小阁看新晴”一句宕开一笔，将回忆导向当下的感知，此时此刻对晴空的感知不仅将对过去欢乐时刻的回忆注入其中，还将当下的特殊体验融会在一起。在最后两句里，过去与现在终于会合，“古今多少事”最大限度地包含了过去个人的与历史的事件，“渔唱起三更”则又将读者导入当下的听觉体验，这两句的并置使得对过去的沉思与当下的感知同时发生。在中国文化传统里，渔夫常常与独立于波诡云谲的历史之外的隐士相关联，他们似乎是永恒时间的象征，忘却了朝代的更替与岁月的流逝。过去的欢乐时刻和当下的孤独时刻，在并置中显示别样的艺术张力：渔夫的歌声与记忆中的长笛，当下的月夜与过去的黎明都形成戏仿式对应，历史政治风云与个人隐居生活，相对的时间与永恒的存在构筑成一股时间的悖论。

二　时间悖论的原型生成

在《北宋六大词人》中，著名词学研究家刘若愚曾经将中国诗词里的时间分为三种类型：个体时间、历史时间与宇宙时间。他认为这三种时间或独立存在，或融会另一种时间，或三者会合，并且，“只要我们谈论时间维度，我们总是在使用一个空间的隐喻”①。因为每一种时间维度都必然与一种类型的空间意象相关联，比如与个体时间相关联的有家、园、路

① James J. Y. Liu, “Time, Space, and Self in Chinese Poetry”, *Chinese Literature: Essays, Articles, Reviews (CLEAR)*, 1979, 1 (2), pp. 145—146.

等意象，与历史时间相关联的意象有城市、宫廷、废墟等，与宇宙时间相关联的有河、山、星星等[①]。在陈与义的《临江仙》中，作者通过午桥、长沟、明月、杏花、疏影等意象，构筑的是以午桥英杰夜饮为中心的画面结构，外扩至天上清寥之明月地上无声之小溪的宇宙空间，在此天上人间的宇宙空间里，配之以杏花疏影，英杰弄笛的诗意画面，在回忆中构成一幅动静偕宜，声情并茂，光影流离的宇宙时空图。在下片，贯通过去欢乐之时空与当下寂寥之存在的"此身"闲登小阁，欷歔感叹"二十余年如一梦"，更为读者勾勒了一幅在小阁之上月夜之下一位历经沧桑的词人的冥思图，而独立于历史风云之外的渔夫唱晚则将当下个体时空延展至广袤的宇宙时空，更包蕴暗示着王朝的更迭、历史的变迁与岁月的流逝。在此，过去的回忆与当下的冥思，阔大的宇宙时空与当下的个体时空，个体生命的流逝与历史王朝的变幻交融在一起，在短暂与永恒的对立统一中形成一股时间张力。

"忆旧"是宋词的一大主题，词人一遍又一遍地体味过往的欢乐，渴望复制再现昨日时光，然而，过去总是不可抵达，悖论总是横亘其中，时间张力由此形成。正如宇文所安所说："记忆者同被记忆者之间也有这样的鸿沟：回忆永远是向被回忆的东西靠近，时间在两者之间横有鸿沟。"[②]而诗词的魅力就在于将这种不完满的矛盾纳入优美的艺术形式之中，努力去复制往昔迷人岁月，却总是在欲说还休中空留一片怅惘、颓唐，然而，"文学的力量就在于有这样的鸿沟和面纱存在，它们既让我们靠近，与此同时，又不让我们接近"[③]。何以时间张力在词这种文类中处于如此中心的地位？这种追问或许会揭开词人频频使用这种写作策略及其所产生的美学效果的面纱。从作为文类的词的生成背景进行考量，任博克认为词类的格律形式和词类的受众期待，共同作用于词体发展，使得词体具有了时间上的张力，形成"时间悖论"的原型结构。

第一，在词体形成期，词牌不变，而词的内容是变化的。音乐本身的

---

① James J. Y. Liu, "Time, Space, and Self in Chinese Poetry", *Chinese Literature: Essays, Articles, Reviews* (*CLEAR*), 1979, 1 (2), p. 146.

② ［美］宇文所安：《追忆》，郑学勤译，三联书店 2004 年版，第 2 页。

③ 同上。

特性及其美学效果形成一种循环：音乐被不断重复。然而每次演唱的音乐看似相同，其实不同，因为不同的词作改变了语气及音乐给人的感觉。每一次的聆听必然会唤起之前的感觉，而此种回忆也必然将此前的感觉与当下词作带来的感觉形成对照。由此可见，对于词这种文类来说，由回忆带来的过去与现在的感觉逆差的主题是非常重要的。

第二，从词这一文类产生的具体历史背景来看，它是乐妓的唱辞，是她们的广告招牌，具有实用的目的。在此语境下，词作往往表现情人之间不可避免的分离以及不可抑制的苦涩思念。同时，时间张力也产生于对过去爱人的追忆与对当前爱人（或许是乐妓）的感知。对每位乐妓来说，客人也在新与旧之间更迭，对作为听者的客人来说也是如此，斯时斯人或许会唤起他们对以前爱人的追忆。对听词人来说，他希望眼前的乐妓能够唤起对过去爱人的甜蜜回忆，在感伤中体味到了愉悦与情味，因为这种感伤也是其享乐的一部分，它也增添了词的韵味美感。与此同时，乐妓与听者的相遇每一次总有独特的情感体验，由此形成了行动的重复与情感体验的独特性之间的张力，这些甜蜜的体验积淀于记忆之中，成为日后的苦涩回忆。任何被感知的事物都将成为回忆，任何被记住的事物都将被感知，历史、当下与未来就如此紧密相连，不可分割。就是在这宇宙循环时间与人类线性时间的会合、宇宙的永恒与个体的短暂对照中，在新与旧的更迭、回忆与感知的冲突碰撞中实现了古典诗词的美学韵味，将完全对立矛盾的因素以一种和谐的形式呈现出来，展现不和谐中的和谐，看似和谐而实则不和谐。词的悲剧美感也由此呈现：在不一致中体现和谐的美，在对立中体现统一，在统一中体现对立，在悲伤中体味快乐，在快乐中感受悲伤。

事实上，中国古典诗词中常常采用时间张力这种结构技法。诗歌方面为后世口耳传诵的，有钱起的《湘灵鼓瑟》“曲终人不见，江上数峰青”。曲之“终”、人“不见”，是线性时间上某一点的终结，其与江河、山峰的永恒存在这一宇宙循环时间形成时间上的张力关系。白居易的《琵琶行》也有异曲同工之妙：“曲终收拨当心画，四弦一声如裂帛。东船西舫悄无言，唯见江心秋月白。”在一动一静中，在线性时间的终结与宇宙循环时间的会合中，诗作形成一股时间上的张力结构。这种张力结构迫使人从线性时空的对象中跳脱出来，将情味扩散至宇宙时空中，让人顿觉意韵悠远，回味无穷。

宋词中的例子更多，比如周邦彦《西平乐》（稚柳苏晴）“事逐孤鸿尽去，身与塘蒲共晚”，晏殊《浣溪沙》（一曲新词酒一杯）“无可奈何花落去，似曾相识燕归来，小园香径独徘徊”，都展示线性时间的流逝与宇宙时间的永恒存在之间的张力结构，在对恒常宇宙的观照中，触发读者对生命往事一去不返、不可触摸的怅惘，在看似和谐完美的宇宙之下体味个体生命的不完满，从而形成一种悲剧美感。古人早对此技法进行了总结，宋人沈义父《乐府指迷》云：“结尾须要放开，含有余不尽之意，以景结情最好。”[①] 结尾须放开，是指诗人应该从沉溺郁结的往事情感中跳脱出来，从狭窄的具体事物的表现中挣脱出来，宕开一笔，将情味弥漫至宇宙万物的意象之中，使得意象也饱含情感，具有无限隽永、意在言外的美感韵味。

三　时间悖论的成因考察

在中国古典诗词中，何以会形成“含有不尽之意”的美学效果？历来鲜有学者细加参详。任博克的“时间悖论”原型结构理论，无疑有助于读者更好地理解古代诗词里包括以景结情等在内的技法为何会形成含不尽之意在言外的美感韵味。但是，读者或许会追问，时间悖论说在阐释中国古典诗词时是否经得住中国传统文化的检验？换言之，这种理论阐释是否具有合理性呢？事实上，就哲学逻辑和知识理念而言，任博克的“时间悖论”说之形成，乃是中西文化互相渗透和彼此影响的共同结果，体现出典型的“西体中用”的思维方式和“以西释中”的话语模式。这也从一个侧面反映了为西方现代学术体制和主流文化思想所规训的汉学家，面对不同于西方文化的他者时所持的隐秘心态和分析理路。换言之，在西方哲学阐释学的指导和宰制下，经由对宋词体现的循环的宇宙时间与线性的人类时间的张力的分析，任博克从严密的逻辑出发，以西方哲学观念为本，以中国诗词为用，对宋词予以合乎本体论的阐释，让宋词服膺于阐释学的方法论，由此形成具有相当普适价值和诠释能力的时间悖论原型结构。

任博克认为，作家观照外物时引发内心的触动，情感的起伏，看似一场内宇宙与外宇宙的矛盾冲突，而事实上是一场往昔回忆与当下存在的主

① 唐圭璋：《词话丛编》，中华书局1986年版，第279页。

体性较量，其理论资源正来自海德格尔与伽达默尔的哲学阐释学理论。不同的是，伽达默尔强调的是解释学过程中传统与历史的重要性，而任博克则将之运用于词的创作与阐释中。海德格尔认为，人是由历史或时间构成的，时间就是人生的结构。① 伽达默尔认为，作为历史的传统无处不在，构成了人类生存的基础。传统在我们之前，我们是先属于传统然后才属于自己的。我们都生活于传统之中，生活在这一传统与另一传统的对话之中（《真理与方法》之问答逻辑一节）。外在的历史传统与个人的历史传统共同构成了主体的本质存在，因此，对个体来说，对外在宇宙的感知方式与感知体验都受制于这两种历史传统。一方面，主体的当下存在是历史传统的延续，被历史传统所规定；另一方面，当下的主体存在又力图突破历史传统的限制与规定而构成新的存在。伽达默尔认为，传统与个体处于对话之中，构成一种关系，个体的存在就是个体与他者关系的统一体。"真正的历史对象根本就不是对象，而是自己与他者的统一体，或一种关系，在这种关系中同时存在着历史的实在以及历史理解的实在。一种名副其实的解释学表现在理解本身中显示历史的实在性。因此我就把所需要的这样一种东西称为'效果历史'。理解按其本性乃是一种效果历史事件。"② 伽达默尔强调传统对理解的作用，理解就是过去视阈与当下视阈的融合，任博克则通过过去视阈与当下视阈的张力关系来理解文学文本，词的时间张力也产生于过去体验与当下感知的碰撞中。

对词人来说，外在的历史传统是中国古典文化对词人知识结构与趣味的塑造，是词体这一独特的文类特征对词人感知方式、书写对象和书写方式的规定。个人的历史传统则主要表现为个体在线性历史中的人生经历与体验。因此，词作从表面上看，表现的是词人内心体验（怅惘、悲伤等）与外在世界（无知无情、和谐美好等）构成一种矛盾张力，实际上是个人历史传统与当下主体存在的一种较量。因为外在世界只有与个体体验发生关联才能进入个体意识之中，它才具有意义，而这种关联的发生无疑取决

① 参见［英］特雷·伊格尔顿《二十世纪西方文学理论》，伍晓明译，北京大学出版社2007年版，第61页。

② ［德］汉斯—格奥尔格·伽达默尔：《真理与方法》，洪汉鼎译，上海译文出版社1999年版，第385页。

于个体的独特感知与历史经验。在传统体验与当下感知的较量里，往往是传统占据了优势地位——在词作内容上表现为词人对往事的共同书写，在词人感知上是往事对于词人情感体验的支配性地位。对于词人来讲，是词这种文类的特质及中国古典文化传统共同规定了他如何感知外在宇宙万物及感知什么样的存在。正如任博克所分析的，词所具有的娱乐功能、表现方式与艳情的美学趣味决定了词人对往事书写的偏好，尤其是情人分离、欢乐时间不可追还等主题的书写。循环往复的表演方式与表演情境成为词人的历史记忆，在外物触发下让词人体味到线性的人类时间与循环的宇宙时间之间的张力关系，从而化为被书写的对象。往事书写唤起了听者与唱者对不可再现的过去的珍贵回忆，从而感受到生命的苦涩，给当下欢乐的宴会增添了一股悲欢交加的情味。

西方现代学术体制和当代学者的知识型构规训着任博克在阐释中国词作的时间维度时，以西方现有理论资源为思考基点，力图探寻词作中的时间原型结构，以期就宋词里的时间悖论结构推导出具有普适性的理论。同时，他还力图在中国文化传统中寻找支持其结论的理论原型，他追溯到以庄子为代表的道家文化与以孔子为中心的儒家文化传统，认为这两种文化传统影响着中国人思考宇宙、对待传统的方式，奠定了中国文化中的两种时间结构原型。

庄子主张去智忘识，他极少重视与时间相关的经验，庄子哲学更关注宇宙的空间维度，任博克引用方东美的研究，认为道家具有“空者”（space-men）的精神：“他们生活、行动、存在于一个空间的世界，这种空间不是具有阻隔的物理上的空间，或者造型或建筑的空间。他们生活的世界乃是一个想象的梦幻世界。”① 在这个世界里，庄子“将在暂时与永恒、有价值与无价值、有效与无效、有为与无为、有与无、生命与死亡之间的范畴区别均转化为一种和谐的自然平衡，其中无限的大道流行于一切之中”②。庄子是在宇宙空间范围内思索人的精神向度的，他认为宇宙始于无，“泰初有无，无有无名；一之所起，有一而未形”③。宇宙运行不

① 方东美：《中国哲学之精神及其发展》，匡钊译，中州古籍出版社2009年版，第91页。

② 同上书，第111页。

③ 《庄子今注今译》，陈鼓应注译，中华书局2007年版，第309页。

息，“天道运而无所积，故万物成”[①]。面对恒常存在、变动不居的宇宙，庄子主张在坐忘与心斋中与大自然万物同化，才能获得大道。所谓“坐忘”，即是“堕肢体，黜聪明，离形去知，同于大通，此谓坐忘”[②]。也就是在遗忘肢体，抛弃聪明，忘掉知识中与大道会合融通，要求个体无己、丧我。所谓心斋，即是“若一志，无听之以耳而听之以心，无听之以心而听之以气，耳止于听，心止于符。气也者，虚而待物者也。唯道集虚。虚者，心斋也”[③]。“气”在此实际上指“高度修养境界的空灵明觉之心”（陈鼓应），虚，也指一种空明的心境。可见，“心斋”的过程与“坐忘”的过程同一，都是为了达到“虚”的状态，在离形去智过程中达到心灵空明澄澈的境界，与自然万物合一。冯友兰认为此种情形亦即纯粹经验[④]，在纯粹经验中，个体便可与宇宙合一。在这种最理想的精神状态里，个体没有回忆，没有知识，只剩下纯粹的感知与观照，其心犹如明镜，如同《庄子·应帝王》所说的：“至人之用心若镜，不将不迎，应而不藏，故能胜物而不伤。”[⑤]

事实上，正如任博克所意识到的，庄子的空间哲学的确对中国艺术精神与诗学传统影响广泛。与庄子主张的“心斋”、“坐忘”相互呼应的还有老子的“涤除玄鉴”，管子的“虚一而静”，这些哲学命题共同启迪了后世的文论家，比如南朝宋山水画家宗炳提出“澄怀味象”，要体悟自然山水需要虚静空灵的审美心境。陆机《文赋》说“贮中区以玄览，颐情志于典坟”，刘勰《文心雕龙·神思》篇曰“是以陶钧文思，贵在虚静；疏瀹五藏，澡雪精神”，揭示出文学创作角度过程中创作主体要有虚静之心境才能进行纯粹感知活动，观照万物。正如徐复观所认为的，这种达到心斋与坐忘的历程，“正是美的观照的历程，而心斋，坐忘，正是美的观照得以成立的精神主体，也是艺术得以成立的最后根据”[⑥]。再现型艺术如绘画、文学创作等都依赖于这种纯粹感知的时刻，其中又存在两种层次：其一是

---

① 陈鼓应：《庄子今注今译》，中华书局 2007 年版，第 336 页。

② 同上书，第 205 页。

③ 同上书，第 117 页。

④ 参见冯友兰《中国哲学史》，华东师范大学出版社 2008 年版，第 184 页。

⑤ 陈鼓应：《庄子今注今译》，中华书局 2007 年版，第 227 页。

⑥ 徐复观：《中国艺术精神》，华东师范大学出版社 2008 年版，第 43 页。

面对外物时，艺术家必须进入“心斋”过程以将对宇宙的纯粹感知纳入感觉思维中；其二是在进行创作时，也必须进入虚静状态，将对宇宙的纯粹感知以象征物表达出来。这是庄子的宇宙观对艺术创作理论的第一重启发。

庄子的空间哲学对艺术创作的第二重影响，便是启迪艺术家在对宇宙外物进行再现时追求一种意在言外的艺术韵味。庄子认为，自然本身孕育着无穷的神韵与哲理，自然的本真状态里蕴含着“道”，作为宇宙本体的“道”是最高的，拥有绝对的美，所谓“天地有大美而不言，四时有明法而不议，万物有成理而不说”[①]。而道又无所不在，在蝼蚁，在稊稗，在瓦甓，在屎溺中，在大自然的一切事物中。因此，在中国再现型艺术里，作者往往注意对宇宙外物进行意象提炼，以其优美本真的面貌呈现于艺术当中，让人体味其中蕴含着的“道”之深意。表现在宋词里，就是词人喜将宇宙空间里的优美意象以感知再现的方式呈现出来，同时，由于这些意象常常暗示着春夏秋冬时节的循环往复，从而在宋词中生成一种循环的宇宙时间，另一方面也使得宋词具有一种悠远细腻的美学韵味。

方东美认为，儒家具有“时者”（time-men）的精神：“儒家所代表的典型‘时者’，小心地将个人发展、自然生命、社会架构、价值成就和对于实有之完满的希求等均投注于时间的熔炉，以期实现其真正的存在。”[②]在儒家文化结构中，时间是最为重要的维度，以文化记忆的形式表现出来。孔子十分尊崇传统，他说：“吾非生而知之者，好古敏以求之也。”（《论语·述而》）他自称“述而不作，信而好古”，他“删诗书，定礼乐，修春秋，序易传”，致力于保存并阐释过去的文化经典，并力图为当下及未来制定理想的文化模范。儒家通过建构一套严密的礼仪制度规范而获得其文化上的巩固地位，使得中国文人看到“立言”的强大文化功能与教化作用。《左传·襄公二十四年》谈到个体实现不朽的三条途径：“大上有立德，其次有立功，其次有立言。”[③] 曹丕则在《典论·论文》中进一步详加论述“立言”之不朽之功：“盖文章，经国之大业，不朽之盛事。年寿

① 陈鼓应：《庄子今注今译》，中华书局2007年版，第563页。

② 方东美：《中国哲学之精神及其发展》，匡钊译，中州古籍出版社2009年版，第79页。

③ 阮元校刻：《十三经注疏》，中华书局2008年版，第1979页。

有时而尽，荣乐止乎其身，二者必至之常期，未若文章之无穷。是以古之作者，寄身于翰墨，见意于篇籍，不假良史之辞，不托飞驰之势，而声名自传于后。”[①]

“立言”的生命意义在于获得不朽。立言与立德在中国历史上往往具有同一性，通过立言可以彰显文人自己之品德或他人之德行。对文人来说，立言是个体自然生命终结之后，仍然可以经由其诗文而获得不朽的唯一途径。这也使得中国文学作品具有一种“召唤”的诗性功能，召唤后世之人经由诗文来接近作者、理解作者、钦颂作者。中国古代有着悠久的知人论世与“知言养气”（孟子）传统，将作者之时代、人品与其作品相关联，后世读者透过其诗文以辨识其人品气度，或通过其人品性格以阐发其诗文。刘勰在《文心雕龙·体性》篇里便例举了很多古代诗人其文之风格与其人之品性相对应的例子，他认为创作的过程就是一个“因内而符外”、“表里必符”的过程。王国维在其《人间词话》及《〈人间词话〉删稿》中也多次以诗文来定作者品格，比如在第四十八则中说：“周介臣谓：‘梅溪词中，喜用“偷”字，足以定其品格。’刘融斋谓‘周旨荡而史意贪’，此语令人解颐。”[②] 这种透过诗文来窥知作者品格性情的诗学传统的文化根由，已经被宇文所安在分析《论语·为政》第十章时揭示出来：“孔子所提出的问题关系到如何在具体的个案中识别善，而不是认识‘善’这个概念。中国文学思想正是围绕着这个‘知’（knowledge）的问题发展起来的，它是一种关于‘知人’或‘知世’的‘知’（knowing）。这个‘知’的问题取决于多种层面的隐藏，它引发了一种特殊的解释学——意在揭示人的言行的种种复杂前提的解释学。……中国传统诗学产生于中国人对这种解释学的关注，而西方文学解释学则产生于它的‘诗学’。”[③] 我们可以通过一个人的“所以”、“所由”、“所安”来辨识他的品行，更可以通过诗文来辨识遥远的古人。对于德才兼备的文人，他们可以通过立言来传递思想，表征其人品德性，从而为后世称颂回忆，以获得永垂不朽。中国知识

① 郭绍虞：《中国历代文论选》第1卷，上海古籍出版社2003年版，第61页。

② 《王国维文学论著三种》，商务印书馆2004年版，第40页。

③ ［美］宇文所安：《中国文论：英译与评论》，王柏华、陶庆梅译，上海社会科学院出版社2003年版，第18页。

分子几千年来对“知音”的渴慕便是这种渴望通过诗文而被后人赏识心态的呈现，文学作品可以跨越时间的鸿沟沟通古今之人。“由于这种强烈的诱惑，中国古典文学渗透了对不朽的期望，它们成了它的核心主题之一；在中国古典文学里，到处都可以看到同往事的千丝万缕的联系。‘后之视今，亦犹今之视昔’，既然我能记得前人，就有理由希望后人会记住我，这种同过去以及将来的居间的联系，为作家提供了信心，从根本上起了规范的作用。”① 回忆，是为了记住与被记住。中国文学作品这种“召唤”的诗性功能体现在宋词里，就是词人的往昔被包蕴于当下，以回忆的形式呈现，昔人往事并没有完全流逝，而是在词人的脑海里徘徊回响，并被书写、吟唱。动情的往事书写感召着后世之人去探寻词人之性灵真情，被回忆之人与回忆者都因被追忆而获得不朽。对各种往事的回忆也由此构成宋词里一条线性的记忆时间链条，一旦与宇宙循环时间会合，便会形成一股时间上的张力。

以任博克为代表的北美汉学家对宋词中“时间悖论”原型结构的分析与解读，对中国古典诗词的认知与诠释，并非主观认知的无限发展和任意解读，而是利用西方理论资源合理地阐释认知对象，从而逐步建构自己的知识图谱和话语体系。这些域外的现代学术诠释，在研究本体方面，对我们更好地了解作为文类的词的美学情味的生成，可谓不无裨益；在研究理路方面，也启发着国内学者在传统的词学领域如何开拓新的研究路径。

第三节 柯素芝与《临江仙》原型结构论

中国古代文学尤其是骚赋中的“神女”母题是西方学者关注的热点问题，戴维·霍克思（David Hawkes）在《神女之探寻》② 里指出追寻神女的主题与古代宗教仪式相关，是巫师对神灵的追寻。薛爱华（Edward H. Schafer）在《〈女冠子〉中女冠的神圣爱情》（The Capeline Cantos：Ver-

① ［美］宇文所安：《追忆》，郑学勤译，三联书店2004年版，第1页。

② David Hawks，“The quest of the Goddess”，in Cyril Birch，*Studies in Chinese Literary Genres*，Berkeley：University of California Press，1974.

ses on the Divine Loves of Taoist Priestesses）一文中考察《女冠子》与《巫山一段云》中的道家语言与形象。加利福尼亚大学的柯素芝（Suzanne Cahill，音译为苏珊·卡西尔）在《中国古代文学中的性与超自然——以〈临江仙〉词为例》一文中运用结构主义方法探寻《花间集》里《临江仙》组词的文学语言与神女求索母题。

柯素芝（1947—　），1982 年毕业于加利福尼亚大学伯克利分校，获博士学位，曾任加利福尼亚大学圣迭戈分校历史系助理副教授，以研究中国古代宗教与历史著称，著有《教规与变化：唐代道教妇女生活中的身体与实践》、《宗教超越与神圣激情——中国中古时代的西王母》（*Transcendence & Divine Passion：the Queen Mother of the West in Medieval China*，斯坦福大学出版社 1993 年版，是作者在 1982 年完成的博士论文基础上修改而成的）、《唐宋的宗教与社会》（《中国宗教杂志》1994 年第 22 期）、《伯牙弹琴：道教与文学思想在中世纪中国青铜镜中的反映》（《道教资源》1994 年第 5 期）[①] 等。

柯素芝在《中国古代文学中的性与超自然——以〈临江仙〉词为例》一文中追溯中国文学中的神女原型主题，认为楚辞里的《九歌》、宋玉的《高唐赋》与《神女赋》、曹植的《洛神赋》以及《乐府诗集》中的《巫山高》系列歌辞等作品都是该母题的具体体现，而中国文学中最后体现该母题的是唐五代词中的《临江仙》。

弗莱将西方的文学作品归纳为“喜剧的”、“传奇的”、“悲剧的”、“反讽的”四种“叙事范畴”，将文学视为与历史无关的封闭系统，“文学的种种模式和神话把历史压缩为同一者（sameness），或基于种种相同主题的一系列重复性的变化，从而超越历史”[②]。很显然，柯素芝受到结构主义原型理论的影响，她在追溯神女原型母题后，总结出《临江仙》神女求索主题的六个基本要素：第一，词人描述背景，包括时间与地点；第二，神女出现，且诗人着力描绘其外貌；第三，神女与君王相遇交合；第四，神女与君王分离；第五，描绘两人分别后的感受；第六，游览者，也许是诗

① 安平秋、安乐哲编：《北美汉学家辞典》，人民文学出版社 2001 年版，第 37—38 页。

② ［英］特雷·伊格尔顿：《二十世纪西方文学理论》，伍晓明译，北京大学出版社 2007 年版，第 89 页。

人亮出身份。柯素芝指出，并不是每首词都包含这六个要素，但是每首《临江仙》词都包含至少上述三个要素，没有哪一首词包含的内容不能用上述六要素解释。①

在总结《临江仙》的深层结构规则后，她开始从语言上分析《临江仙》词的文学语言，以进一步证实这一深层规律。她认为："《临江仙》不仅有共同的情节模式而且有共同的字词、短语与意象。《临江仙》词的语言形成了一个语义群，它们不仅有内在联系，而且与求索主题相关。"②她的做法是将同一首词牌的词作放在一起进行研究，探析它们相似的梗概情节，总结每首词的典型诗语，将相似情感特征的意象归类，并通过它们来理解每首诗的内容。她对《临江仙》词意象与词语的探析紧密结合了她提出的六要素，相互印证。

第一，诗中的意象会暗示相遇的时间与空间背景。柯素芝总结出《临江仙》词的时空特点，她指出，春季，尤其晚春是诗人们常安排的时间，以产生一种生死循环与美的短暂感。神女与君王的见面时间往往在黎明或傍晚，诗里的光线暗淡少光，光有三个源头：初升的太阳或即将西沉的落日，发光的天体（月亮）或人造的光源如蜡烛等。地点则是宫殿里或女神所处的圣地等。柯素芝认为诗中描绘的帷幔、半透明的纱窗、栏杆与围墙等不仅营造出神女居住处所的奢华优雅与神秘，为神女的出现提供场所，还形成一种生理与心理、宗教与世俗之间的阻隔，妨碍神女与君王的相会。

第二，柯素芝还总结分析了代表神女与君王的意象，暗示他们的出现。山、水、云、熏香、花、筝是与神女相关联的意象。神女居住在高山上河边，君王须跋山涉水到达神女的住所。神女往往出现在水中、雾中与云中。云雾状的熏香有几种功能：或暗示神女的出现，或营造一种神秘的气氛，麝香的状态——变小、消失、变冷化为灰或仍然很浓，则象征着神

① Suzanne Cahill, "Sex and the Supernatural in Medieval China: Cantos on the Transcendent Who Presides over the River", *Journal of the American Oriental Society*, 1985, 105 (2), p. 200.

② Suzanne Cahill, "Sex and the Supernatural in Medieval China: Cantos on the Transcendent Who Presides over the River", *Journal of the American Oriental Society*, 1985, 105 (2), p. 200.

女与君王间的爱情状态，或暗示被抛弃一方的心理状态。“花”是神女的比拟，音乐比如“筝”声来暗示神女的出现。风、动物、箫笛则是与君王相关联的意象。“风”代表着君王，一种短暂的、非肉体的形态，暗示他的热情、寂寞与狂怒。“箫笛”等管乐则是君王独有的音乐，暗示他的出现。一些女性名字如谢娘、巫山神女等都是神女的化身；越王，蜀王，南齐王等其他匿名叙述者都是君王的角色代表。

第三，柯素芝进一步指出，伴随着这些暗示神女与君王的意象，诗人会采用一些意象群来奠定求索主题，《临江仙》的主题传递的就是性的痴迷、分离、失望与渴望。狂风暴雨象征着两人神秘的交合。随后，诗中的意象转向凄凉、冰冷，带给人死亡、衰落与时间流逝之感。这些冰冷的意象暗示两人的分离。太阳落山、秋天到了、杏叶飘落、荷花枯萎、蜡烛燃尽、熏香消散等表示衰落消逝的语言意象表现的都是君王的世界，这是一个生死交替循环的世界。与之相对的，“凝”、“浓”等词语描绘的是神女的感觉。诗人用“冷”、“寒”来修饰事物，霜、雨等冰冷的意象也会出现，表明神女居住于静止的、冰冷的、华丽的世界，一个完美的永恒世界，永不变化。柯素芝认为《临江仙》中不断出现的词“含情”中的“含”字就暗示着神女被压抑的情感。因为，“含”的字面意思是“包含、控制、抓住”（contain，control，hold in）。“自”（automatically）暗示的则是君王的情感行动，表明国王意志的麻木，他行动机械，对神女的爱使他无助。

柯素芝认为，诗中的“轻”、“淡”、“微”等词语与人物被压抑的情感相关。与这种被压抑情感相照应的是，诗中的世界变成静默的、苍白的、模糊的世界。四周弥漫烟雾，模糊了边界，甚至烟雾，像声音一样，变得“轻”了。花、雾与神女的眉毛变“淡”了。女神的笑声，麝香与雨变“微”弱了。诗中描绘的世界十分神秘，堪比梦幻，不能确定到底发生了什么。“幽”、“阴”、“暗”、“幽闺”等词语正是对这一时刻的描绘。昏暗、模糊等意象营造忧郁的感觉，伴随着主要的情感主题：悲痛，失望与怨恨。诗歌中不断提到的“愁”、“恨”、“损”、“惆怅”、“惨”、“怨”、“难”、“心不足”、“不胜情”等词语都表明他们的会面以悲伤结尾。伤心与憎恨来自离别，柯素芝认为，《临江仙》只有一首例外，其他都书写了神女与君王的分离。“离”（separated）、“别”（parted）代表他们处于自然与超自然的对立世界中，他们被“断”（cut off）开了，他们“魂断”（souls are severed）了。痛苦孤独的那一方留下来，如诗中所言，某人独“自”（by himself）倚靠栏杆，“独”（alone）上高楼，他的枕头是“孤”（orphaned）寂的，背景是“寂寥”（forlorn and lonely）的。

柯素芝认为诗人在词结尾处写的梦幻、醉酒、幻影等，是“诗人发现了临时解决神女与君王分离痛苦的办法”[①]。让代表他们的自然物象再度复合，比如在张泌一首词的最后所写的云与雨结合。另外，在现实世界中无法见面的君王与神女可能会在梦幻世界中寻找彼此。幽灵、阴影与幻觉为他们的短暂再结合提供了托辞。梦是将他们结合的最常用的方法，其次是醉酒。在池塘或镜子中映射的形象就是消失的爱人，窗户或帷幔的阴影可能是失去的爱人。松林里的风听起来像她的筝，猿的吼叫是君王的鬼魂。有些诗（比如尹鹗的一首诗）从头到尾都是一种幻觉的基调。幻觉中的会面唯一的问题是梦者会醒，醉者会恢复意识。映射与影子都是暂时的。当幻觉消失时，分离的痛苦只会加剧。

通过上面的分析，可见柯素芝受西方文学批评的影响甚深，用这种原型批评的方法来分析早期唐宋词也是可行的。早期中国词缘题而赋，词的标题与内容的确密切相关，只是后来随着音乐的消亡，词作内容不再与标题相关。南宋黄昇在《唐宋诸贤绝妙词选》卷一中，在李珣的《巫山一段云》二首词下批注说：“唐词多缘题所赋：《临江仙》则言仙事，《女冠子》则述道情，《河渎神》则咏祠庙，大概不失本题之意。尔后渐变，去题远矣。”但是，柯素芝将唐宋词里的《临江仙》都视为求索主题，也是不对的。她在论文的第二部分翻译了花间词人的 27 首《临江仙》词作，并按照上述阐释模式一一进行解读。

如果说由于词语意象符码含义的多重性，大部分《临江仙》文本的内涵可作多重解释，柯素芝原型批评的方法未尝不是一种有效阐释的话，那么她对鹿虔扆《临江仙》（金锁重门荒苑静）的解读则未免牵强附会了，试看原文与译文：

---

① Suzanne Cahill, “Sex and the Supernatural in Medieval China: Cantos on the Transcendent Who Presides over the River”, *Journal of the American Oriental Society*, 1985, 105 (2), p. 203.

金锁重门荒苑静，
绮窗愁对秋空，
翠华一去寂无踪。
玉楼歌吹，
声断已随风。

Double gates with golden locks—the overgrown imperial hunting park becomes still.
A white damask window sadly faces the autumn void.
Once the kingfisher floriate banners departed, in the silence there is no trace.
Songs and flute airs from the jade storied building,
Their sound severed, have already followed the wind.

烟月不知人事改，
夜阑还照深宫。
藕花相向野塘中。
暗伤亡国，
清露泣香红。

The mist-enshrouded moon does not realize that human Affairs change;
As night grows late, it still shines into the deep palace.
Lotus flowers face each other in the middle of the wild pond
As if secretly wounded by the lost kingdom,
Clear dew sheds tears on the fragrant red [candle].

鹿虔扆曾担任后蜀节度使、进检校太尉，加太保，后蜀亡后不仕。结合其生平，以及本词中的“人事改”、“暗伤亡国”诸语，可见，这是一首表达亡国之痛的悼作。但是，柯素芝仍将此作纳入神女求索主题。她认为，这是一首十分特别的、表现神女君王分手后的求索类型词，只不过其中的人物是缺席的，神女与君王在诗开始时便早已分手离去。她指出，“金锁”表示神女不可接近，“荒苑”代表君王，“翠华”、“歌声”、“风”都是与君王相关的意象。“烟月”与“藕花”则是神女的化身与象征，“清露”是神女的符征，而“红烛”则是君王的生殖器。柯素芝认为，上片中的荒苑、无乐的建筑物塑造出荒凉的背景，暗示这对情人已经分离。最后一句“清露”与“红烛”是神女与君王的代码，暗示他们的复合。①

柯素芝对该文本分析的荒谬之处便在于她完全抛弃了历史在建构该文

① Suzanne Cahill, “Sex and the Supernatural in Medieval China: Cantos on the Transcendent Who Presides over the River”, *Journal of the American Oriental Society*, 1985, 105 (2), p. 213.

本意义中的重要作用。而柯素芝得以总结出《临江仙》词的六要素，也足见花间词在措词、意象、文体风格等方面具有相似性与一致性。这与花间词人反复书写男性与女性之间的爱情主题相关。他们表现的基本主题是男女双方的分离及由分离带来的悲伤与惆怅感，这与早期中国古代诗歌汇成一条清晰的脉络，成为中国爱情诗的基本母题。而神女求索母题构成的基本要素（情感、意象）与之基本相同，最为核心的差异是男女性别位置的不对等。在神女求索母题中，神女居于主动地位，她实际上是帝王的象征，而君王处于被动地位，他是臣子的代表，蕴含着中国悠久的性别与政治交织的托喻传统。而花间词中，女性往往处于被弃的地位，她是被动的，无奈的。但是，一方面中国诗词语言的暧昧性与模糊性，使得文本可以在不同的人称与性别中游移，这便是即使普通的爱情主题柯素芝却仍然可以将之纳入神女求索母题的原因之一，也是常州词派代表张惠言盛赞温庭筠词作“深美闳约”（《词选叙》），认为其作品蕴含政治寄托的原因。另一方面，花间词人相互模拟借用词语现象十分普遍，使得词人间的用语、文体风格、情感基调等具有相似性，因此柯素芝得以将之归化，纳入有规律可循的诗学体系。

第四节　中西词体结构研究差异论

中国历代也不乏词论家评述中国词体结构，但古代词论家所论之结构多为作词法，讨论的是布局与章法。宋代沈义父在《乐府指迷》中云：“作大词，先须立间架，将事与意分定了，第一要起得好，中间只铺叙，过处要清新，最紧要是末句，须是有一好出场方妙。”[①] 所谓“间架”就是指词的结构。南宋词人张炎在《词源》之《制曲》篇中也论及作慢词的方法：“作慢词看是甚题目，先择曲名，然后命意，命意既了，思量头如何起，尾如何结，方始选韵，而后述曲。最是过片不要断了曲意，须要承上接下，如姜白石词云：‘曲曲屏山，夜凉独自甚情绪？’于过片则云：

---

① 唐圭璋编：《词话丛编》，中华书局1986年版，第283页。

‘西窗又吹暗雨。’此则曲之意脉不断矣。”[①] 元代陆辅之在《词旨》中认为，“制词须布置停匀，血脉贯穿，过片不可断曲意，如常山之蛇，救首救尾”[②]。上述词论家均强调词作的开头、中间、过处与结尾要写好，语意前后呼应，血脉贯通。针对元代陆辅之在《词旨》中认为“对句好可得，起句好难得，收拾全藉出场”[③]，清代刘熙载在《艺概》中指出：“余谓起收对三者，皆不可忽。大抵起句非渐引即顿入，其妙在笔未到，而气已吞。收句非绕回即宕开，其妙在言虽止，而意无尽。对句非四字六字，即五字七字，其妙在不类于赋与诗。”[④]

可见，古代词论家所论词之结构，是指根据内容与意思来构思全词，安排全篇，是一种章法与布局。结构以血脉贯通、前后相映为佳，如草蛇灰线，而作词尤应重视起句、过处与收句。中国古代所论之结构多指章法，且对什么是好的作品结构的认识，词论与诗论相同，如刘勰在《文心雕龙·章句》篇中论述道：“寻诗人拟喻，虽断章取义，然章句在篇，如茧之抽绪，原始要终，体必鳞次。启行之辞，逆萌中篇之意；绝笔之言，追媵前句之旨：故能外文绮交，内义脉注，跗萼相衔，首尾一体。”[⑤] 作文应该结构精密完整，前后相映，首尾呼应，脉络贯通，意义与结构完美结合，相生相辉。

词体中小令由于篇幅短小，结构较为简单，慢词篇幅较长，须作者精于构思与铺排。近现代词学家也有论述慢词长调结构的，多延续中国古代所述之章法，比如词学大家龙榆生在《词学十讲》中有《论结构》一章，探讨的也是作慢词的章法。他说：“不论要想写好什么样式的文章，都得讲究结构。歌词是一种最为简炼而又富于音乐性的文学形式，所以它更得讲究结构精密。这原是古人共同重视的所谓‘章句之学’。”[⑥] 可见，他谈论的结构仍然是作词之章法，他认为，慢词“总不外乎头、腹、尾三个部分安排得恰当，虽然中间的错综变化，由于每一曲调的不同，不能据以一

① 张炎著，夏承焘校注：《词源注》，人民文学出版社 1981 年版，第 13 页。

② 唐圭璋编：《词话丛编》，中华书局 1986 年版，第 303 页。

③ 同上书，第 302 页。

④ 同上书，第 3698 页。

⑤ 刘勰著，范文澜注：《文心雕龙注》，人民文学出版社 1978 年版，第 570—571 页。

⑥ 龙榆生：《词学十讲》，福建人民出版社 1988 年版，第 74 页。

格，但都得处处顾到整体，要求血脉贯注，才能做到笔飞墨舞，极尽倚声家的能事”①。刘永济在其论著《词论》中也有一章专论词的结构，其所论结构也即作词之法，谈及如何写好过拍、结拍，这都属于修辞意义上的结构。对此，著名词学家吴世昌有精到的总结：“历来讲文章的有所谓起、承、转、合，近来讲戏剧的也有所谓介绍、发展、变化、高峰、下降各种分幕，讲绘画的也有向背、明暗、比例、空距等名目。似乎写在纸上的东西都应该有点章法，但这些又似乎偏于作法方面，属于修辞学的谋篇范围之内。”②

上述词论家论词的结构偏重于词的构思与布局安排，分析多属主观印象式批评，分析得较笼统而不成系统。吴世昌曾指出：“此前精于此道的老辈，他们也心知其意，但因为不会用术语，不愿或不善传授，后学受惠甚少。例如周邦彦是一个章法谨严的作家，宋代沈伯时的《乐府指迷》说：‘作词当以清真为主。盖清真最为知音，且下字运意，皆有法度。’‘法度’二字，意义本极正确，但清代周济却说：‘清真多钩勒。’‘清真愈钩勒愈浑厚。’（《宋四家词选》序）而吴梅说：‘余谓词至美成，乃有大宗。……究其实亦不外沈郁顿挫四字而已。’（《词选通论》第七十九页）何谓‘沈郁顿挫’？真是不说不糊涂，越说越糊涂了。”③这表明，历代词人论词多缺乏科学系统的分析方法，论词之精妙处，往往只可意会，难以言传。

为了帮助读者更好地读懂词，吴世昌对词体结构进行了深入研究，从大量诗词中总结出带有普遍规律性的两种词体结构：人面桃花型与西窗剪烛型。他细致研究了周邦彦《瑞龙吟》（章台路）的章法，认为其颇类似现代短篇小说的作法：“第一段叙目前所见景物，第二段追忆过去情况，末段再回到目前景况，杂叙情景，发展到悄然回去，寄以哀感。末段是一个大段，所以中间又插入一句回忆：‘吟笺赋笔，犹记燕台句’，作为现在不遇的对比，激发下文的愁思。”④ 吴世昌将此种结构法称为旧诗中的

① 龙榆生：《词学十讲》，福建人民出版社1988年版，第87页。
② 吴世昌：《论词的章法》，《辽宁大学学报》1988年第4期，第66页。
③ 吴世昌：《论词的章法》，《辽宁大学学报》1988年第4期，第66页。
④ 吴世昌：《论词的章法》，《辽宁大学学报》1988年第4期，第67页。

“人面桃花型”。因为，周邦彦的《瑞龙吟》词的结构与唐五代诗人崔护的《题都城南庄》的结构颇为类似。崔诗云：“去年今日此门中，人面桃花相映红。人面不知何处去，桃花依旧笑春风。”两者的叙述进程都是“重访同一地点—追忆过去—回到目前”，形成今昔对比，此种结构在宋词中十分普遍，吴世昌故名之曰“人面桃花型”。

他还分析柳永的《引驾行》（红尘紫陌），指出“作者的手法，先是平铺直叙，后来追忆从前，幻想现在，假设以后。一层层推远，却同时一层层收紧，最后四字锁住了全篇。而在这追忆、幻想、假设之中，有时指作者自己，有时指对方，这更使章法错综复杂，但层次则始终分明，绝不致引起误解”①。吴世昌将这种“从现在设想将来谈到现在”的作词法称为“西窗剪烛型”。柳永的《引驾行》与李商隐的《夜雨寄北》（君问归期未有期，巴山夜雨涨秋池。何当共剪西窗烛，却话巴山夜雨时?）都属于“推想将来回忆到此时的情景”，章法类似。

吴世昌的结构分析法与前人的结构论不同：前人所谈结构，多从作者的角度谈作词法，吴世昌的结构分析法则站在读者的角度谈解词法；前人谈结构重主观印象、个体感悟，多为只言片语，吴世昌的结构分析法重科学分析与理论概括；前人谈结构重视的是全篇的布局与起承转合，吴世昌关注的是从大量文本中抽绎具有普遍规律的结构类型。无论是人面桃花型还是西窗剪烛型，都是从叙述角度来考察词体的时空腾挪与位移，“人面桃花型”的词作是将今日与往昔之情事进行两相对照，而产生一种今不如昔的怅惘与凄凉感，关注的是作者的叙述时间。“西窗剪烛型”是“由时间顺序推移及空间位置变换所构成之结构模式”②，诗词内容常常将现实、想象与回忆交织在一起，在现在、未来与过去的时空中挪动，空间位置时而在此地（“我这儿”），时而在彼处（“她那儿”），关注的是作者的叙述时空与叙述角度。由此，吴世昌的结构分析法显示出区别于传统词论的现代特征，不过，与传统结构法一致的地方在于，他仍然从词作的构思与写法入手来分析词的结构。可见，如果说吴世昌的结构研究是从叙述角度来研究词体结构，以分析词作时空转换

① 吴世昌：《论词的章法》，《辽宁大学学报》1988年第4期，第68页。

② 施议对：《吴世昌与词体结构论》，《文学遗产》2002年第1期，第93页。

为依托，以总结词体结构规律为目的，其所论的“结构”仍然是中国传统诗论词论中的“构思”与“布局”，那么林顺夫的词体结构分析则着眼于“关系”，讨论的是词作内容中“序”与“主词”之间的关系，是词作表现对象中的“抒情主体”与“描写客体”之间的关系，两者的结构研究迥异。

吴世昌的结构分析与任博克总结的词体原型结构论，则有着相暗合的地方。第一，两者都注意到宋词里的时间维度，词人在今与昔的反差对比中揭示主体悲伤、失落、怅惘等情感。第二，两者都探察到宋词书写里的普遍规律，与西方结构主义理论有相似之处，都希望寻找到研究对象中隐蔽的结构秩序。“典型的文学结构主义的目标（与新批评不同）不是阐释某部单一的文本，而是以类似科学的方式，明确指出支配所有文学产物的形式与意义的潜在语法（规则与代码系统）。”[①] 不过，吴世昌的研究是一种带有叙事学性质的结构研究法，十分重视词作讲故事的特征，从叙事的角度剖析其叙事方式与叙述角度。他以一定数量的结构模式来总结并建立一种类型，以少总多，希望寻找到文本的深层规则，并且随着研究的深入与细化，更多的结构模式会被发现。与之不同的是，结构主义叙事学将研究对象视为一个不受外部制约的独立自足的封闭体系，排斥一切外部批评，不考察文本的时代背景、社会文化与作家生平等因素。而吴世昌在进行结构分析时，常常将写作背景、诗人生平事迹等纳入视野，并据此判断文本内容的时空状态，依照文本内容来判断词体结构类型。任博克的时间悖论说则具有原型结构的特点，直探中国古代诗词里最为普遍的结构，其所发现的规律具有普遍性特点，他还从文类特征与文化传统来进一步探寻此种结构的深层原因。另外，吴世昌所论之“结构”仍倾向于作品的构思与布局，而任博克所论词体的“时间悖论”这一原型结构则具有“逻辑、规则”的含义，词体的时间悖论原型结构受到词这一文类的逻辑支配。词的表演情境、创作语境等特点形成了该文类自身的逻辑或秩序，制约着具体词作的表现内容与情感呈现，由此而形成了词体的时间悖论原型结构。

① ［美］艾布拉姆斯编：《文学术语词典：中英对照》，吴松江等译，北京大学出版社2009年版，第603页。

可见，英语世界所论之词体结构与中国词论家所论之词体结构有较大差异，前者所论之结构的含义主要有两种：一是“关系”，二是“逻辑、规则”，而后者所论之结构则主要指作词的章法与构思。英语世界的词体结构研究与中国本土的词体结构研究路径和方法都有所不同，显示出西方学术脉络与文学理论的影响。

结 语

理念与特点:英语世界词学的价值评判

第一节 英语世界词作的译介理念与意义

以上几章我们分别从纵向的历史维度和微观的个案分析考察了中国古典词作在英语世界的传播、翻译与研究，可以看出，英语世界在中国古典词作的翻译与研究上都取得了较为可观的成绩。从中西文化交流的角度来讲，翻译往往比研究更能引起中西民族的关注与重视，翻译也的确在推动中国古典词走向世界的过程中，作出了不可磨灭的贡献。在美国学者戴维·达姆洛什编撰的《诺顿世界文学选集》和耶鲁大学著名教授梅纳德·麦克主编的《诺顿世界文学选集（扩展版）》这两部流传广泛的世界文学选集当中，由白润德翻译的李煜词，分别由欧阳桢、余宝琳和宇文所安翻译的李清照词便被作为中国杰出词人的代表作收入，意味着李清照与李煜由此进入世界文学大师的行列，迈入经典化与世界化的过程。英语世界中国古典词作的翻译始于20世纪30年代，在这近百年的进程中，词的英译具有如下特点。

第一，与诗相比，词的英译晚了约一个世纪。原因有三：其一，早期汉学家承袭中国古人观点，认为词为小道，诗才是中华民族的精髓所在，因此，汉学家们更愿意将精力花费在诗的翻译上。其二，汉学家认为词的内容陈腐，其价值全在音乐上，而其韵律又难于被翻译。其三，汉学家认为词比诗更难懂，需要读者具备广博的背景知识，了解词中意象的深层含义，这对本土汉学家来说是一个挑战。20世纪早期，中国词作开始被英译，与当时西欧的时代语境相关。第一次世界大战结束后，西方知识分子痛感西方文明与精神的堕落，开始反思本土文化精神、向东方民族汲取思想的浆泉，由此催生他们的世界眼光，使其愿以虚怀若谷的胸怀接纳其他文明中的思想。正是在这样的语境下，英语世界出现了第一部宋词选集《风信集》。词的翻译虽然发轫于英国，却成熟于北美。

第二，对词的文类特征的翻译上，经历了从有意忽略/懵懂无知到重视词的文类特征的变化过程。英语世界对专有名词“词”的翻译有很多种：poem、Tz'u、song lyric、lyric，lyric poetry，lyric meter form、song、ci poetry、Tz'u poetry、the poetry written in the “Lyric Meter”、poems in irregular metre、lyrics in Tz'u Form。这些翻译也体现了译者对词的本质属性的认识，lyric 表示译者重视的是词的抒情性，song 表示译者强调词的音乐性，poems in irregular metre 表示译者认为词的长短句形式是其本体特征，用 poem 称呼“词”，则表示译者根本无意区分诗与词的本质差异。在所有这些翻译中，Tz'u poetry 现已广为词学研究者接受，它以专有名词的形式指称“词”，表示词是一种特殊的诗歌，一方面强调其特殊性，另一方面也肯定它与中国传统诗歌的渊源关系。从英语世界对“词”的翻译的多样性到“词”的翻译的逐步统一，也暗示着英语世界逐步明确了词作为一种独特的文类与传统诗歌的差异。

对词牌的翻译亦是如此。早期译者韦利与坎德林都不约而同地忽略了词的文类特征，不翻译词牌名称，而是从词的内容中提取信息作为标题，将“词”作为一种与“诗”无异的文体进行翻译。后来的译者则基本舍弃此种翻译法，翻译出词牌。虽然英语世界对词牌的翻译方式也有好几种：音译法、意译法、直译法（逐字译），但英语世界后来基本采用了“Tune＋意译词牌”的方式，比如广为美国各高校采用的教材《葵晔集》、备受欢迎的梅维恒主编的《哥伦比亚中国古代文学选集》都采用了这种翻译模式，一方面标识出词牌的音乐性，另一方面意译也更易为西方读者所接受、理解。

从词体形式结构与音韵上来看，随着北美词学研究的兴起，译者们也开始逐步重视词的文类属性，并且探析新的翻译模式，以求再现词在形式上与音韵上的特点。比如，罗伊斯·福瑟克的词体“结构对等翻译法”，以期可以通过译文见出原词的结构形式。刘若愚采用逐字对译法（word-for-word translation）加平仄标注法的形式来翻译，其做法是先用中文写出每首词，然后对每个字用中古音标注，每个字下面以英文逐字对译，然后，用与原文长度大致相当、符合英文规范的诗句翻译出来，有时候他也会讲求韵律，但是不以再现原文韵律为旨归，最后再对词进行平仄标注。同时，刘若愚还在必要时对字词进行注释说明。再如唐安石采用韵体诗进行翻译，十分重视词句的韵律，充分调动英文中的头韵、尾韵、行中韵等手段，以期翻译出原文的韵律美。C. H. 科沃克与文森特·麦克休采用模拟原文的译法，希望译文能够让目的语读者感受原文的句法结构、意象、语义节奏等特点，等等。

第三，从翻译所涵盖的中国词人来看，英语世界中国古典词的翻译涉及古代词人130多位，覆盖面相当宽，其中约有20位词人受到重视，李煜、李清照词全集都得到全面翻译，而且出现多个译本。经过数据统计分析，在英语世界最受欢迎与重视的十大词人依次为：李清照、李煜、苏轼、辛弃疾、韦庄、温庭筠、柳永、欧阳修、周邦彦、纳兰性德。相比豪放派词人，英语世界更青睐婉约派词人作品，李清照、李煜等婉约抒情派词人受到热捧。经研究发现，影响词人在英语世界地位的原因主要有如下几个方面：其一，文本的可译性；其二，西方社会思潮与学术旨趣，女性词人受到重视便是受到20世纪下半叶在世界范围内兴起的女性主义思潮的影响；其三，词人身份经历与艺术创造的独特性；其四，词作本身蕴含的情感的普遍性，能够引起西方读者的情感共鸣。另外，译介也存在重复性、不平衡性与非系统性的特点。英语世界译介中国古代词人多达百余位，然而，清代词人与女性词人大部分只有几首词作被译介，零散而不成系统，而且重译现象严重。进行较大规模系统译介的不过10余人，而其中又以李清照、李煜词作的重译最多。从词论的翻译来看，西方学者较少关注，仅罗伊斯·福瑟克翻译了欧阳炯的《花间集序》，宇文所安翻译了李清照的《词论》，涂经诒和李又安分别翻译了王国维的《人间词话》。另有闵福德翻译的缪钺《论词》、蔡濯堂（Frederick C. Tsai）翻译的张宗橚《词林纪事》、海陶玮翻译的叶嘉莹《大晏词的欣赏》、周英雄翻译的郑骞《柳永苏轼与词的发展》、黄国彬和余绮华翻译的顾随《倦驼庵东坡词说》以及周英雄和梁丽芳翻译的俞平伯《论词的欣赏》[①] 等现代词家的词学论文。

第四，从译者身份来看，译者身份各异、译文面貌也各不相同，总体来看，诗人译作更具有创造性，学者译文更具学院派特点，本土汉学家倾向于归化翻译而华裔汉学家倾向于异化翻译。华裔汉学家在英语世界传播中国古代文化，在推动中国古典词走向世界的过程中，做出重要贡献。白润德、方秀洁等加拿大译者与研究者都是叶嘉莹的高足，受其沾溉而走向词的翻译与研究。海陶玮与叶嘉莹亦在学术上相互切磋合作，前者的学术旨趣也应受到后者的影响。翻译韦庄诗词的叶山是受陈世骧教授的引导而走进韦庄艺术世界的。王红公本不通中文，他的李清照词英译也是在与台湾学者钟玲合作后，译文才更为精湛，影响也更为广泛。从译文形态来看，有自由体散文诗，有自由体韵文诗，也有格律诗。从受关注的程度来看，历代词人中，仍然是宋代词人，尤其是北宋词人更受重视。相比于唐诗的译介，宋词在规模与经典译本的数量上都不及唐诗。

中国古典词的英译在中外文化交流史上具有十分重要的意义，不仅使得一部完整的中国文学史选集编撰成为可能，让西方学人得以一窥中国文学的全貌。而且，诸多译本中的前言、评注、注释等概述性、研究性成果让西人更加清楚地了解了中国文化精神及其迥异于西方文化的审美趣味。朱莉·兰多在《春外集》的绪论中谈到翻译中国古典诗词的体悟："翻译中国诗歌存在很多问题，首先是对诗词意思的把握。不论意象是如何精微鲜明，不论潜在情感是如何清晰，诗人所表达传递的实际上并不明晰。中文充满模糊多义性，没有时态、没有单复数、没有情境。动词常常省略，有些形容词可以化为动词。在诗歌中很少或几乎不要代词，也不发表亚里士多德式的观点，也没有时空的完整性。"[②] 在翻译中国古代诗词的过程中，译者们触摸到了中国诗词含蓄委婉、言有尽而意无穷的艺术精神，咏物词中的托喻手法显示出中国诗词"深而隐"的特点，中国诗词"以少总多"、"虚实相生"的言说方式也是迥异于西方诗人的。一方面经由"词"

---

① See Stephen C. Soong, *A Brotherhood in Song: Chinese Poetry and Poetics*, Hong Kong: Chinese University Press, 1985.

② Julie Landau, *Beyond Spring: Tzu Poems of the Sung Dynasty*, New York: Columbia University Press, 1994, p. 11.

的英译，中国著名词人李清照等走出国门，迈向世界，另一方面经由“词”的翻译，西人对中国古人的艺术世界与精神世界又加深了了解。

第二节 英语世界词学的研究特点与价值

总体来看，英语世界的词学研究在数量与质量上都远不及大陆学者。西方本土汉学家由于缺乏填词的切身体会以及中西文化语言、艺术精神的迥异，他们的词学研究往往难以深入透辟。这也决定了在他们研究词时，往往忽略其声乐特征，而将之作为纯文本予以分析。华裔汉学家由于兼通中西，古文功底与西方理论基础都比较扎实，因此，他们的词学研究往往能发出新论。英语世界的词学研究具有如下特点：

第一，从研究的侧重点与研究范围来看，中国词学偏重于基础研究，而日本词学与英语世界词学在词的综合研究上用力更多。20 世纪中国词学在词作的汇编、辑佚，词集的校勘、笺注、评注，词人年谱的编撰，词论的收集整理，工具书、目录索引的汇编等基础性工作方面取得了巨大成绩。在词史、词话史、词学批评史等史论综合研究方面也取得了突出成绩，涌现出一批优秀的词史专著，如吴梅的《词学通论》，吴熊和的《唐宋词通论》，杨海明的《唐宋词史》，王兆鹏的《唐宋词史论》，刘扬忠的《唐宋词流派史》，缪钺的《灵溪词说》等。虽然在艺术本体论方面的成果也有杨海明《唐宋词风格论》和《唐宋词美学》，邓乔彬的《唐宋词美学》等一些优秀论著，但相较于基础研究取得的成绩来说，词学的理论建树方面还有待进一步提高。20 世纪日本词学在译介、词史、词学文献的考证和整理等方面也取得了重要成绩，但日本的词学研究的突出成绩在于运用新方法对词学进行综合研究，因此在综合研究与理论探讨方面用力颇多。有从文体学的角度研究词的起源与流变的，如丰田穰《关于唐代词的起源——特以乐府作对照》(1938)、《从诗的形式看长短句》(1954)，村上哲见的《对“词”的认识及其名称的变迁》(1937) 等。有从现代语言学角度切入的，如马嶋春树《渔歌子的形式》(1971)，田森襄《论慢词的构造》(1975)，中原健二《温庭筠词的修辞——以提喻为中心》(1983)、清水茂《对仗与重复——苏轼〈水调歌头〉“人有悲欢离合，月有阴晴圆缺”

的手法》、宇野直人《柳永的对句法》等则是从语言的修辞角度切入的。有从音韵学角度出发的，如田勇次郎《词律中所见重叠韵例说》(1938)、《关于唐五代词的韵律》，坂井健一《宋词押韵字所见音韵上的一二特色》(1955)等。还有从文化的宏观角度考察词人词作的，如从宗教角度研究中国传统的儒、释、道文化与词人词作关系的，有神田喜一郎《宋元时代缁流的填词作家》(1951)、中田勇次郎《道藏里所见的诗余》(1955)、村上哲见《思维的人与行动的人——朱子与辛稼轩的交游》(1979)等。①

与日本汉学相类似的是，由于资料、语言等方面的限制，英语世界的词学研究也将重心放在综合研究上，其综合研究更带有西方学术理路的影响。英语世界的词学研究较少进行考辨，仅有艾朗诺的《欧阳修作品研究》中涉及欧阳修词作版本的辨伪，白润德的《信息的不确定起源：南唐二主词的文本传统》一文对版本进行校订，而更多地将精力用于词史演变、词人评述等综合研究与理论探讨，既有从文学内部出发探讨词的形式结构的，也有从社会文化语境探讨词的流变的。

从文体的演进角度研究词的起源及发展的，有白思达的论文《论词律起源》、孙康宜的《词与文类研究》，他们都将词的起源置于中国诗歌传统中，考察绝句、律诗等艺术体式对词的形式结构的影响。20世纪的西方文学理论流派迭出，但形式主义占据十分重要的地位，西方的文学研究也由重视内容的诠释转向关注形式的意义。英语世界的翻译实践与词学研究也体现了西方的这股学术思潮，十分重视词体的形式与结构，当然形式主义并不是不研究作品的内容，而是强调形式与内容的相生关系，要从形式上开掘潜在的意义与内容。罗伊斯·福瑟克之所以探索“词体结构对等翻译法”，与她认为“词”的形式结构与空间排列具有诗学意义相关。林顺夫的《南宋长调词中的空间逻辑——试读吴文英〈莺啼序〉》便体现出作者认为形式与内容联系密切的思想，他认为，摒弃传统的叙事结构而刻意描绘感觉或心境才使一些杰出的南宋词人发展了空间图案式的新抒情美典，周邦彦词尽管有跳接、转折迂回往复之妙，但因为他的长调故事性太强，而未能形成真正的空间性的长调结构。也就是说，故事性与逻辑性太

① 参见黄霖主编，曹辛华著《20世纪中国古代文学研究史·词学卷》，东方出版中心2006年版，第472—473页。

强的词作，句与句之间的关系是延续性的，难以形成真正的空间性长调结构，而多层次、多角度地对心境反复描绘可以形成一种“同心结构”，由此发展出一种空间图案式的新抒情美典。可见，林顺夫正是从词的内容入手考察出南宋词体结构形式演变的。美国普林斯顿大学比较文学系的博士生刘婉在《姜夔〈疏影〉词的语言内部关系及事典意义》（《词学》第9辑）一文中，进一步探讨了典故在形成词体多层次空间式表意结构的作用。林顺夫与刘婉的研究均受到高友工教授形式结构研究的影响，而从根本上来说，他们的研究均受到西方叙事理论的启发。长调比双调及小令具有更强的叙事性，这也是为什么英语世界的某些词学研究者特别关注“长调”这种词体结构形式的原因。

与中国大陆词学研究和日本词学研究一样，英语世界的词学研究也从文化角度考察词与社会文化语境之间的互动关系，魏玛莎的论著《莲舟：中国词在唐代俗文化中的起源》便将词体起源置于纵向的中国诗学传统与横向的社会文化语境中，考察民间乐妓表演与文人创作的交互影响，揭示词体的生成、发展过程。林顺夫《中国抒情传统的转变——姜夔与南宋词》的第一章便研究姜夔词体结构变化的社会历史因素，较细致地考察了南宋的经济、生活、艺术旨趣与主流思想，指出南宋的社会历史文化语境对中国抒情传统嬗变的影响。田安的《精制选集：〈花间集〉的文化语境与诗学实践》上编采用文化视角研究《花间集》产生的时代文化与政治语境，通过揭示《花间集》序言潜在的话语意图与词集排列顺序，来考察花间词文本的社会野心与前蜀的政治关联。

西方学者还极重视社会生活中的科学技术、传播环境等非文学因素对文学形态的影响，文学社会学方法被广泛运用。萨进德的《宋词的发展语境：交流技术、社会变迁与道德》一文，采用文学社会学的方法分析词作的生产，考察词作的书写方式、存在形态、出版商动机、词作的流通与消费，关注词作印刷与意识形态、词人地理位置的流动与分布之间的关系，探析印刷文化对词体风格的影响，认为印刷术促使宋词风格嬗变，文本的书面化导致词人更注重炼字炼句，使词体在13世纪时向日益典雅、语言日趋复杂的方向发展，吴文英“质实”的风格便是印刷文化成熟的结果。这一见解无疑十分新颖独到。艾朗诺的《北宋词体的声誉问题》等文也从社会学的角度来研究词体风格演变，方秀洁的《吴文英与南宋词艺》、孙康宜的《陈子龙柳如是诗词情缘》等论著都关注了词人所处的社会语境与词人创作之间的内在关联。

第二，相比于日本词学、中国词学，英语世界的词学研究体现了西方的学术理路，具有浓厚的方法论与理论色彩。从方法的运用来看，日本学者十分重视实证研究，材料的搜集、整理扎实，王水照指出日本词学研究的方法："日本学者十分强调对材料的搜集、辨别和整理，尽可能全面地占有有关论题的第一手材料，并视作研究工作的基础。"① 据统计分析法、历史溯源法与比较研究法都是日本词学研究熟练运用的三种方法②。青山宏的《唐宋词研究》中的论文便采用了统计法分析词人的艺术特点，村上哲见的《对于"词"的认识及其名称的变迁》则从历史溯源的角度考察了"词"字在内涵与外延上的嬗变，田森襄的《诗与词——白居易与陆游的场合》便将诗与词两种文类、白居易与陆游两位诗人进行比较。同时，西方的语言学、修辞学等新方法也被运用于日本词学研究中。

中国大陆词学偏重传统的笺注、校勘、考证，20 世纪 80 年代以来，随着西方研究法的引进，中国大陆词学研究方法不断更新，心理学、社会学、传播学、文体学等方法被引入词学研究中，很多论著从文化的、美学的、哲学的层面多维度地探讨词人词作，计算机数据统计分析法也被广泛采纳。但是，西方最新的文学理论与研究方法由于掌握与运用的难度，在大陆词学中较少采用。众多的鉴赏辞典、品评文章仍是延续了传统的直观品鉴的模式，分析论证的方法较少采用。大陆学者长期浸染于中国古代文学，品鉴能力很强，悟性很高，他们往往能够道出其中的妙处，至于为什么妙，却很少进行细致的阐释。对此，吴相洲分析原因说，"人们总是以为将词的妙处道出即万事大吉，不愿意作更多的推理和判断"③。除了人们思维习惯的作用外，还有两点："首先，在许多人心目中词仍然'别是

---

① 王水照、保苅佳昭编：《日本学者中国词学论文集》，上海古籍出版社 1991 年版，前言第 11 页。

② 参见黄霖主编，曹辛华著《20 世纪中国古代文学研究史·词学卷》，东方出版中心 2006 年版，第 473 页。

③ 吴相洲：《二十世纪中国词学研究述评》，《北京大学学报》（哲社版）1999 年第 2 期，第 73 页。

一家’，应以一套特有的方式和范畴来批评。……其次，说到底直观品鉴式的批评为词学研究所必不可少，有些微妙的艺术的境界是逻辑分析所无法把握的，描述出细微的艺术感觉是文学批评的必经阶段，但是，只停留在这个阶段是不对的，同时没有这一阶段的逻辑分析也是空中楼阁。因而理想的境界是将二者结合起来。”① 他认为，加强逻辑分析是词学研究走向现代化的标志。逻辑分析论证，这正是英语世界词学研究的长处。

西方理论方法被广泛运用于英语世界的词学研究中。西方新批评的细读法影响了英语世界的词学面貌，诸多词学论著都采用文本细读的方式，对词的用辞、造句、意象、典故、隐喻等文学内部层面进行了研究，比如刘若愚的《北宋六大词家》便从上述几个层面研究了晏殊、欧阳修、柳永、秦观、苏轼、周邦彦六位词人。孙康宜在《词与文类研究》中讨论了柳永词里的领字、虚字、换头等构词技巧。20 世纪 70 年代以后，北美学术界逐步流行起一种新的研究方法即“文体研究”，孙康宜的《词与文类研究》、林顺夫的《词体特性之形成》及刘若愚的《词的文学性》等文便是在这一学术思潮下完成的。西方有两种不同的文类研究方法，一种是规定性的（prescriptive），一种是描述性的（descriptive），前者将文类视为固定不变的、约定俗成的，后者则采取描述的方式来讨论文类理论。后一种文类研究法为 20 世纪下半叶以来的西方研究者接受，他们认为文类特征的形成与演变都受到历史与文化的制约，都是一个动态的复杂过程，与历史文化语境密切相关②。同时，具有创造性的强力诗人在文类的动态演变中起着重要作用，推动文体的嬗变。由于采用了后一种文类研究法，林文与孙著都以强力诗人为主线，考察词的文体特征的演变，史与论、点与面相结合，因此它们既是一部/篇词体演变史，又是一部/篇个体词人艺术特点研究史。这种文类研究法显然区别于国内的文体研究。

女性主义文学批评也深深影响了词的翻译与研究，李清照等女性词人被译介便是受到世界范围内的女性主义思潮的影响。在研究上，孙康

---

① 吴相洲：《二十世纪中国词学研究述评》，《北京大学学报》（哲社版）1999 年第 2 期，第 73 页。

② See Shuen-fu Lin, “The Formation of a Distinct Generic Identity for Tz'u”, in Pauline Yu (ed.), *Voices of the Song Lyric in China*, Berkeley: University of California Press, 1994, pp. 4—5.

宜的论著《陈子龙柳如是诗词情缘》、方秀洁的论文《刻写情欲——朱彝尊〈静志居琴趣〉》和《词体之女性化过程——女人的意象与声音》、魏世德的《李清照的词与女性主义》(1990年缅因州词学研讨会论文)，还有叶嘉莹的大量论文深受女性主义批评的影响。词的女性书写与男性作者身份，使得一些词可以进行政治托喻式的解读，词里的抒情口吻与声音难以确定性别身份，由此形成作者与主人公、男性与女性之间的角色流动。根据词这一独特的文类特征，孙康宜、方秀洁等人引入性别研究，提出了一系列颇有新意的关键词：男性凝视（male gaze)、男女声音置换、性别越界等，并指出中国诗歌尤其是宋词里包含着中国独特的艺术美学，即"面具美学"与"托喻美学"。由此，性别研究与隐喻研究交织在一起，拓展了词学研究的深度。同时，方秀洁等人经由研究中国明清女性的诗词修正了历来中西学者认为中国古代女性无地位的传统观念。

比较文学中的平行研究法也被采用。象征与托喻这两种艺术技巧，在西方文学理论中一直被作为对立面存在着，但孙康宜的《〈乐府补题〉中的象征与托喻》一文通过研究中国古典词发现，象征与托喻在中国诗歌中并不是相互区别而是互为补充的，而且两者可以并存于同一文本。是文中，她对中西方的托喻进行对比研究，修正了西方世界象征与托喻相对立的观点。另外，平行比较的论文论著还有文森特·杨的《自然与自我：苏东坡与华兹华斯诗歌比较研究》、谭大立的博士学位论文《性别与文化的交汇——从比较的视野重读李清照与艾米丽·狄更生》(*Exploring the Intersection between Gender and Culture: Rereading Li Qingzhao and Emily Dickinson from a Comparative Perspective*)。结构主义批评方法也影响柯素芝、任博克等西方词学研究者关注词的内在原型结构等。

可见，从方法的角度来看，西方学者由于其学术传统历来重视逻辑分析与论证，重视方法的更新与运用，他们在方法论上更具有自觉意识。他们西学中用的研究法使得其研究呈现出"科学化、多维度"的特点。从孙康宜的《词与文类研究》、刘若愚的《北宋六大词人》、田安的《精制选集：〈花间集〉的文化语境与诗学实践》等逻辑明晰、科学论证的论著中可以看出，西方词学研究者的研究呈现出科学化倾向。另外，他们的研究不再似中国文学作品的纯内容品鉴，而是多维度、多层次地进行研究，将内容与形式研究结合起来，由形式探讨过渡到内容分析，将纵向历史研究与文本细读相结合。从英语世界的词学研究成果来看，西方学者基本能够针对研究对象采用适合的研究方法，做出可观的成绩。从这点来说，大陆词学研究者不应该排斥西方的新理论、新方法，毕竟来自异域的视角可以照亮我们习以为常的盲区。正如学者吴相洲所说："然而新方法的运用也引来了一些批评和反对，这既有反对者的问题，也有运用者本身的问题。反对者抱残守缺，不愿意也没有精力接受新事物，面对眼花缭乱的新词汇，只有反对而已。再有就是运用者既没弄懂词的情况，对新方法也不甚了了，生搬硬套，既没有解决任何问题，又增添了新的魔障。……至于新方法没有用好，并不是新方法的过错，恰恰证明要重视新方法的引进工作。目前引进的新方法都可以认真细致地运用到词学研究当中，只要不是为了哗众取宠，不生吞活剥，能够解决和发现一些问题，就是对词学研究的贡献。哪怕是以新的途径证明了一个旧的论题，结论依旧而方法全新，也是属于科学发现的一种。"①

纵观英语世界的词学研究成果，一方面，西方研究理路与学术思潮规训着现代西方汉学研究者的知识构型，借用主流思想与西方批评方法重新诠释他者文化，照亮中国词人词作的新形象、新特点，启发着国内学者在传统的词学领域如何开拓新的研究路径；另一方面，孙康宜、方秀洁等人通过研究中国词人词作，扩大并部分修正西方主流思想，从而扩展了主流思想的普遍性价值。可见，北美汉学界对词学研究的诠释路径和话语实践，从一个侧面反映出汉学界与西方主流思想保持的张力关系：既西学中用，又中研西补。

总体来看，虽然英语世界的词学研究在广度与深度上不及国内学者，但是，他们以自身的学术传统与理论方法丰富了中国古典词的研究，而且由于新方法、新理念的引入，传统词人词作的艺术特点呈现出新的面貌。英语世界的词学研究丰富了我们对中国古典词作的理解，其研究方法也可

---

① 吴相洲：《二十世纪中国词学研究述评》，《北京大学学报》（哲社版）1999年第2期，第74页。

供国内词学研究借鉴。这正是本书的目的之一，希望本书能够为推进中国词学贡献出自己的一点力量。

本书的不足之处尚有很多，由于资料丰富繁多、个人目力所限，难免挂一漏万，还请专家们指教。

附录一

英语世界词人译目概览***

一 英语世界花间词人译目概览

（一）温庭筠

[1] 克拉拉·M. 坎德林：《南歌子》（倭堕低梳髻），1首。Candlin, Clara M. *The Herald Wind: Translations of Sung Dynasty Poems, Lyrics and Songs*. London: J. Murray, 1933. P. 31.

[2] 邓根·迈根托斯、艾伦·艾丽：《更漏子》（柳丝长），1首。Mackintosh, Dungan & Alan Ayling. *A Collection of Chinese Lyrics*. London: Routledge and Kegan Paul, 1965. P. 19.

[3] 胡品清：《更漏子》（玉炉香），1首。Hu, Pinqing. *Li Ch'ing-chao*. New York: Twayne Publisher, 1966. P. 21.

[4] 威廉·麦克诺顿：《更漏子》（玉炉香）、（柳丝长），2首。McNaughton, William. *Chinese Literature: an Anthology From the Earliest Times to the Present Day*. Rutland, Vt.: Charles E. Tuttle Company, 1974. PP. 446—447.

[5] 欧阳桢：《菩萨蛮》（小山重叠金明灭）、《更漏子》（柳丝长），2首；

---

* 本表每条目所列依次为：译者，译目，译目数，出处，并以著述出版年代先后为序进行排列。

** 因篇幅限制，本附录未列出“英语世界早期文人词译目概览”、“英语世界敦煌词译目概览”、“英语世界冯延巳译目概览”、“英语世界晏几道词译目概览”、“英语世界秦观词译目概览”、“英语世界黄庭坚词译目概览”、“英语世界陆游词译目概览”、“英语世界姜夔词译目概览”、“英语世界吴文英词译目概览”、“英语世界陈子龙词译目概览”、“英语世界王国维词译目概览”、“英语世界其他词人词作译目概览”和“英语世界其他女性词人译目概览”13个条目。

舒威霖：《菩萨蛮》（水精帘里颇黎枕）、（蕊黄无限当山额）、（翠翘金缕双鸂鶒）、（玉楼明月长相忆），《更漏子》（金雀钗）、（玉炉香），《定西番》（汉使昔年离别）、（海燕欲飞调羽），《南歌子》（倭堕低梳髻），《诉衷情》（莺语），《梦江南》（千万恨），《河传》（江畔），《荷叶杯》（一点露珠凝冷）、（镜水夜来秋水）、（楚女欲归南浦），15 首。Liu, Wu-chi and Irving Yucheng Lo, eds. *Sunflower Splendor: Three Thousand Years of Chinese Poetry*. Bloomington and London: Indiana University Press, 1975. PP. 248—253.

[6] 叶嘉莹：《菩萨蛮》（小山重叠金明灭），1 首。Yeh, Florence Chia-ying. "The Ch'ang-chou school of Tz'u criticism", in Adele Austin Rickett, *Chinese Approaches to Literature from Confucius to Liang Ch'i-ch'ao*. New Jersey: Princeton University Press, 1978. P. 169.

[7] 唐安石：《忆江南》（梳洗罢），1 首。Turner, John, S. J. *A Golden Treasury of Chinese Poetry*. Hong Kong: The Chinese University Press, 1976. PP. 192—193.

[8] 闵福德：《更漏子》（玉炉香），1 首。Yueh Miao, translated by John Minford. "The Chinese Lyric", in *Renditions*. Hong Kong: The Chinese University of Hong Kong, 1979, No. 11, 12: 28—29.

[9] 安露丝：《更漏子》（柳丝长），1 首。Adler, Ruth W. "Confucian Gentleman and Lyric Poet: Romanticism and Eroticism in the Tz'u of Ou-yang Hsiu", in *Renditions*. Hong Kong: The Chinese University of Hong Kong, 1979, No. 11, 12: 127.

[10] 刘殿爵：《南歌子》（手里金鹦鹉）、（似带如丝柳），《菩萨蛮》（小山重叠金明灭）、（水精帘里颇黎枕）、（夜来皓月才当午），《更漏子》（柳丝长），《菩萨蛮》（牡丹花谢莺声歇），7 首。Lau, D. C. "Fifteen selected lyrics", in Soong, Stephen C. *A Brotherhood in Song: Chinese Poetry and Poetics* Hong Kong: Chinese University Press, 1985. PP. 189—194.

[11] 白思达：《菩萨蛮》（小山重叠金明灭）、（翠翘金缕双鸂鶒）、（玉楼明月长相忆）、（南园满地堆轻絮）、（夜来皓月才当午），《更漏子》（星斗稀）、（柳丝长）、（金雀钗），8 首。Birch, Cyril. *Anthology*

of Chinese Literature：*From Early Times to the Fourteenth Century* New York：Grove Press，1965. PP. 336—338. 其中《菩萨蛮》5首也见：Minford，John and Lau，Joseph S. M. *Classical Chinese Literature*：*an Anthology of Translations*（From Antiquity to the Tang Dynasty，Vol. 1）. New York and H. K. ：Columbia University Press and The Chinese University Press，2000. PP. 1118—1120.

[12] 孙康宜：《菩萨蛮》（水精帘里颇黎枕）、《更漏子》（柳丝长）、《菩萨蛮》（翠翘金缕双鸂鶒）、《南歌子》（手里金鹦鹉）、《菩萨蛮》（小山重叠金明灭），5首。Chang，Kang-I Sun. *The Evolution of Chinese Tz'u Poetry*：*From Late T'ang to Northern Sung*. Princeton：Princeton University Press，1980. PP. 35，37，41，60，98.

[13] 罗伊斯·福瑟克：《菩萨蛮》（小山重叠金明灭）、（水精帘里颇黎枕）、（蕊黄无限当山额）、（翠翘金缕双鸂鶒）、（杏花含露团香雪）、（玉楼明月长相忆）、（凤凰相对盘金缕）、（牡丹花谢莺声歇）、（满宫明月梨花白）、（宝函钿雀金鸂鶒）、（南园满地堆轻絮）、（夜来皓月才当午）、（雨晴夜台玲珑日）、（竹风轻动庭除冷），《更漏子》（柳丝长）、（星斗稀）、（金雀钗）、（相见稀）、（背江楼）、（玉炉香），《归国遥》（香玉）、（双脸），《酒泉子》（花映柳条）、（日映纱窗）、（楚女不归）、（罗带惹香），《定西番》（汉使昔年离别）、（海燕欲飞调羽）、（细雨晓莺春晚），《杨柳枝》（宜春苑外最长条）、（南内墙东御路傍）、（苏小门前柳万条）、（金缕毵毵碧瓦沟）、（馆娃宫外邺城西）、（两两黄鹂色似金）、（御柳如丝映九重）、（织锦机边莺语频），《南歌子》（手里金鹦鹉）、（似带如丝柳）、（倭堕低梳髻）、（脸上金霞细）、（扑蕊添黄子）、（转盼如波眼）、（懒拂鸳鸯枕），《河渎神》（河上望丛祠）、（孤庙对寒潮）、（铜鼓赛神来），《女冠子》（含娇含笑）、（霞帔云发），《玉胡蝶》（秋风凄切伤离），《清平乐》（上阳春晚）、（洛阳愁绝），《遐方怨》（凭绣槛）、（花半坼），《诉衷情》（莺语），《思帝乡》（花花），《梦江南》（千万恨）、（梳洗罢），《河传》（江畔）、（湖上）、（同伴），《番女怨》（万枝香雪开已遍）、（碛南沙上惊雁起），《荷叶杯》（一点露珠凝冷）、（镜水夜来秋水）、（楚女欲归南浦），66首。Fusek，Lois，trans. *Among the Flowers*，*The*

Hua-chien chi. New York: Columbia University Press, 1982. PP. 37—54. 其中《菩萨蛮》(小山重叠金明灭), 也见: Mair, Victor, ed. *The Columbia Anthology of Traditional Chinese Literature*. New York: Columbia University Press, 1994. P. 305.

[14] 魏玛莎:《玉蝴蝶》(秋风凄切伤离),《梦江南》(梳洗罢),《番女怨》(碛南沙上惊雁起),《更漏子》(背江楼)、(柳丝长),《菩萨蛮》(玉楼明月长相忆)、(夜来皓月才当午), 6 首。Wagner, Marsha L. *The Lotus Boat: The Origins of Chinese Tz'u Poetry in T'ang Popular Culture*. New York: Columbia University Press, 1984. PP. 12, 121, 121, 124, 125, 149.

[15] 华兹生:《菩萨蛮》(小山重叠金明灭)、(玉楼明月长相忆),《梦江南》(梳洗罢), 3 首。Watson, Burton. *The Columbia Book of Chinese Poetry: From Early Times to the Thirteenth Century*. New York: Columbia University Press, 1984. PP. 358, 359.

[16] 方秀洁:《菩萨蛮》(小山重叠金明灭)、(玉楼明月长相忆), 2 首。Fong, Grace S. "Persona and Mask in the Song Lyric (Ci)", *Harvard Journal of Asiatic Studies*, 1990, 50 (2): 460, 461.

[17] 罗吉伟:《菩萨蛮》(夜来皓月才当午)、(水精帘里颇黎枕),《更漏子》(玉炉香), 3 首。Rouzer, Paul Frederick. *Writing Another's Dream: the Poetry of Wen Tingyun*. California: Stanford University Press, 1993. PP. 64, 66.

[18] 宇文所安:《菩萨蛮》(水精帘里颇黎枕), 1 首。Owen, Stephen. *An Anthology of Chinese Literature: Beginnings to 1911*. New York and London: W. W. Norton & Company, 1996. P. 565.

[19] 叶维廉:《菩萨蛮》(小山重叠金明灭), 1 首。Yip, Wai-lim, ed. and trans. *Chinese Poetry: An Anthology of Major Modes and Genres*. Durham and London: Duke University Press, 1997. P. 310.

[20] 叶嘉莹:《南歌子》(倭堕低梳髻), 1 首。Yeh, Florence Chia-ying. "The Female Voice in 'Hua-chien Songs'", in *Studies in Chinese Poetry*. Cambridge, Massachusetts, and London: Harvard University Asia Center, 1998. P. 131.

[21] 闵福德：《更漏子》（玉炉香），1 首。Minford，John and Lau，Joseph S. M. *Classical Chinese Literature*：*an Anthology of Translations*（From Antiquity to the Tang Dynasty，Vol. 1）. New York and H. K.：Columbia University Press and The Chinese University Press，2000. P. 1120.

[22] 牟怀传：《菩萨蛮》（水精帘里颇黎枕）、（蕊黄无限当山额）、（玉楼明月长相忆）、（南园满地堆轻絮），4 首。Mou，Huaichuan. *Rediscovering Wen Tingyun*：*a Historical Key to a Poetic Labyrinth*. Albany：State University of New York，2004. PP. 207，209，210，212.

[23] 刘殿爵：《南歌子》、《菩萨蛮》，2 首。Cheang，Alice W. *A Silver Treasury of Chinese Lyrics*. Hong Kong：The Chinese University of Hong Kong，2003，PP. 13－15.

[24] 戴维·伦德：《更漏子》，1 首。Cheang，Alice W. *A Silver Treasury of Chinese Lyrics*. Hong Kong：The Chinese University of Hong Kong，2003. P. 16.

[25] 田安：《更漏子》（星斗稀），《菩萨蛮》（小山重叠金明灭）、（蕊黄无限当山额）、（玉楼明月长相忆）、（牡丹花谢莺声歇），《酒泉子》（日映纱窗）、（楚女不归），《女冠子》（含娇含笑）、（霞帔云发），9 首。Shields，Anna M. *Crafting a Collection*：*The Cultural Contexts and Poetic Practice of the Huajian Ji*. Cambridge and London：Harvard University Press，2006. PP. 30，178，191，192，203，233，234，325，326.

[26] 托尼·巴恩斯通、周萍：《菩萨蛮》，1 首。Barnstone，Tony and Chou Ping. *Chinese Erotic Poems*. New York and Toronto：Alfred A. Knopf，2007. P. 86.

（二）韦庄

[1] 克拉拉·M. 坎德林：《女冠子》（昨夜夜半）、《菩萨蛮》（人人尽说江南好），2 首。Candlin，Clara M. *The Herald Wind*：*Translations of Sung Dynasty Poems*，*Lyrics and Songs*. London：J. Murray，

1933. PP. 32，33.

[2] 初大告：《菩萨蛮》（人人尽说江南好）、（如今却忆江南乐），2首。Ch'u，Ta-Kao. *Chinese Lyrics*. Cambridge：Cambridge University Press，1937. P. 1.

[3] C. H. 科沃克、文森特·麦克休：《女冠子》（昨夜夜半），1首。Kwock，C. H. *Why I Live on Mountain*. San Francisco：Golden Mountain Press，1958. P. 4.

[4] 刘若愚：《菩萨蛮》（人人尽说江南好），1首。Liu，James J. Y. *The Art of Chinese Poetry*. Chicago，University of Chicago Press，1962. PP. 31，56.

[5] 白思达：《菩萨蛮》（人人尽说江南好）、（如今却忆江南乐）、（洛阳城里春光好）、（劝君今夜须沉醉），《归国遥》（春欲暮），《谒金门》（空相忆），《天仙子》（深夜归来长酩酊），《小重山》（一闭昭阳春又春），8首。Birch，Cyril. *Anthology of Chinese Literature：From Early Times to the Fourteenth Century*. New York：Grove Press，1965. PP. 339—341.

[6] 胡品清：《荷叶杯》（记得那年花下），1首。Hu，Pinqing. *Li Ch'ing-chao*. New York：Twayne Publisher，1966. P. 22.

[7] Martin NelsonHaley：《归国遥》（春欲暮），1首。Haley，Martin Nelson. *The Central Splendour*. Brisbane：Smith & Paterson，1969. P. 37.

[8] 邓根·迈根托斯、艾伦·艾丽：《菩萨蛮》（红楼别夜堪惆怅）、（如今却忆江南乐）、（洛阳城里春光好），3首。Mackintosh，Dungan& Alan Ayling. *A Further Collection of Chinese Lyrics and Other Poems*. Nashville，Tennessee：Vanderbilt University Press，1970. PP. 25—27.

[9] C. H. 科沃克、文森特·麦克休：《女冠子》（昨夜夜半），1首。Kwock，C. H. and Mchugh，Vincent. *Old Friend From Far Away：150 Chinese Poems from the Great Dynasties*. San Franciso：North Point Press，1980. P. 6. 也见：McNaughton，William. *Chinese Literature：an Anthology From the Earliest Times to the Present Day*.

Rutland, Vt.: Charles E. Tuttle Company, 1974. P. 448.

[10] 唐安石：《女冠子》（四月十七）、《菩萨蛮》（人人尽说江南好），2首。Turner, John, S.J. *A Golden Treasury of Chinese Poetry*. Hong Kong: The Chinese University Press, 1976. PP. 194—197.

[11] Robert Wood Clack：《木兰花》（独上小楼春欲暮）、《女冠子》（昨夜夜半），2首。Clack, Robert Wood. *The Herd Boy and The Weaver Maid*. New York: Gordon Press, 1977. P P. 127, 128.

[12] Peter H. Lee：《女冠子》（昨夜夜半），1首。Lee, Peter H. *Celebration of Continuity: Themes in Classic East Asian Poetry*. Cambridge, Mass.: Harvard University Press, 1979. P. 134.

[13] 闵福德：《荷叶杯》（记得那年花下），1首。Yueh, Miao, translated by John Minford. "The Chinese Lyric", in *Renditions*. Hong Kong: The Chinese University of Hong Kong, 1979, No. 11, 12: 29.

[14] 徐兆镛：《菩萨蛮》（人人尽说江南好）、《荷叶杯》（记得那年花下）、《女冠子》（昨夜夜半）、《菩萨蛮》（如今却忆江南乐）、《菩萨蛮》（红楼别夜堪惆怅）、《浣溪沙》（夜夜相思更漏残）、《浣溪沙》（欲上秋千四体慵）、《荷叶杯》（绝代佳人难得）、《女冠子》（四月十七）、《菩萨蛮》（劝君今夜须沉醉）、《菩萨蛮》（洛阳城里春光好），11首。Hsu, C. Y. "Eleven Tz'u by Wei Chuang", in *Renditions*. Hong Kong: The Chinese University of Hong Kong, 1979, No. 11, 12: 45—55.

[15] 刘殿爵：《女冠子》（四月十七），1首。Lau, D. C. "Twenty Selected Lyrics", in *Renditions*. Hong Kong: The Chinese University of Hong Kong, 1979, No. 11, 12: 5.

[16] 孙康宜：《女冠子》（昨夜夜半）、《荷叶杯》（记得那年花下）、《菩萨蛮》（红楼别夜堪惆怅）、《菩萨蛮》（人人尽说江南好）、《菩萨蛮》（如今却忆江南乐）、《菩萨蛮》（劝君今夜须沉醉）、《菩萨蛮》（洛阳城里春光好）、《女冠子》（四月十七），8首。Chang, Kang-I Sun. *The Evolution of Chinese Tz'u Poetry: From Late T'ang to Northern Sung*. Princeton: Princeton University Press, 1980. PP. 42, 43, 45—47, 56.

[17] Donald A. Riggs and Jerome P. Seaton：《谒金门》（春雨足）、《菩萨蛮》（人人尽说江南好），2 首。Riggs，Donald A. and Jerome P. Seaton. *Chinese Poetic Writing*. Bloomington：Indiana University Press，1982. P. 205.

[18] 罗伊斯·福瑟克：《浣溪沙》（清晓妆成寒食天）、（欲上秋千四体慵）、（惆怅梦余山月斜）、（绿树藏莺莺正啼）、（夜夜相思更漏残），《菩萨蛮》（红楼别夜堪惆怅）、（人人尽说江南好）、（如今却忆江南乐）、（劝君今夜须沉醉）、（洛阳城里春光好），《归国谣》（春欲暮）、（金翡翠）、（春欲晚），《应天长》（绿槐阴里黄莺语）、（别来半岁音书绝），《荷叶杯》（绝代佳人难得）、（记得那年花下），《清平乐》（春愁南陌）、（野花芳草）、（何处游女）、（莺啼残月），《望远行》（欲别无言倚画屏），《谒金门》（春漏促）、（空相忆），《江城子》（恩重娇多情易伤）、（髻鬟狼藉黛眉长），《河传》（何处）、（春晚）、（锦浦），《天仙子》（怅望前回梦里期）、（深夜归来长酩酊）、（蟾彩霜华夜不分）、（梦觉云屏依旧空）、（金似衣裳玉似身），《喜迁莺》（人汹汹）、（街鼓动），《思帝乡》（云髻坠）、（春日游），《诉衷情》（烛烬香残帘半卷）、（碧沼红芳烟雨静），《上行杯》（芳草灞陵春岸）、（白马玉鞭金辔），《女冠子》（四月十七）、（昨夜夜半），《更漏子》（钟鼓寒），《酒泉子》（月落星沉），《木兰花》（独上小楼春欲暮），《小重山》（一闭昭阳春又春），48 首。Fusek，Lois，trans. *Among the Flowers*，*The Hua-chien chi*. New York：Columbia University Press，1982. PP. 58—74.

其中，《诉衷情》2 首，《更漏子》、《酒泉子》也见：Minford，John and Lau，Joseph S. M. *Classical Chinese Literature*：*an Anthology of Translations* (From Antiquity to the Tang Dynasty，Vol. 1). New York and H. K.：Columbia University Press and The Chinese University Press，2000. PP. 1121—1122. 另外，《浣溪沙》（清晓妆成寒食天）、（欲上秋千四体慵）、（惆怅梦余山月斜）、（绿树藏莺莺正啼）、（夜夜相思更漏残），《菩萨蛮》（红楼别夜堪惆怅）、（人人尽说江南好）、（如今却忆江南乐）、（劝君今夜须沉醉）、（洛阳城里春光好）10 首，也见：Liu，Wu-chi and Irving Yucheng Lo， eds. *Sunflower Splendor: Three Thousand Years of Chinese Poetry*. Bloomington and London: Indiana University Press, 1975. PP. 281—283.

[19] 魏玛莎：《菩萨蛮》（如今却忆江南乐）、《谒金门》（空相忆）、《江城子》（恩重娇多情易伤）、《木兰花》（独上小楼春欲暮）、《菩萨蛮》（红楼别夜堪惆怅），5 首。Wagner, Marsha L. *The Lotus Boat: The Origins of Chinese Tz'u Poetry in T'ang Popular Culture*. New York: Columbia University Press, 1984. PP. 128—131, 133.

[20] 华兹生：《菩萨蛮》（人人尽说江南好）、《荷叶杯》（记得那年花下）、《女冠子》（昨夜夜半），3 首。Watson, Burton. *The Columbia Book of Chinese Poetry: From Early Times to the Thirteenth Century*. New York: Columbia University Press, 1984. PP. 359, 360.

[21] 刘殿爵：《天仙子》（梦觉云屏依旧空）、《女冠子》（昨夜夜半）、《归国遥》（春欲暮）、《菩萨蛮》（如今却忆江南乐）、《菩萨蛮》（劝君今夜须沉醉），5 首。Lau, D. C. "Fifteen selected lyrics", in Soong, Stephen C. *A Brotherhood in Song: Chinese Poetry and Poetics*. Hong Kong: Chinese University Press, 1985. PP. 195—199.

[22] 叶山：《怨王孙》（锦里），《定西番》（挑尽金灯红烬）、（芳草丛生结缕），《清平乐》（琐窗春暮）、（绿杨春雨），《浣溪沙》（清晓妆成寒食天）、（欲上秋千四体慵）、（惆怅梦余山月斜）、（绿树藏莺莺正啼）、（夜夜相思更漏残），《菩萨蛮》（红楼别夜堪惆怅）、（人人尽说江南好）、（如今却忆江南乐）、（劝君今夜须沉醉）、（洛阳城里春光好），《归国遥》（春欲暮）、（金翡翠）、（春欲晚），《应天长》（绿槐阴里黄莺语）、（别来半岁音书绝），《荷叶杯》（绝代佳人难得）、（记得那年花下），《清平乐》（春愁南陌）、（野花芳草）、（何处游女）、（莺啼残月），《望远行》（欲别无言倚画屏），《谒金门》（春漏促）、（空相忆），《江城子》（恩重娇多情易伤）、（髻鬟狼籍黛眉长），《河传》（何处）、（锦浦）、（春晚），《天仙子》（怅望前回梦里期）、（深夜归来长酩酊）、（蟾彩霜华夜不分）、（梦觉云屏依旧空）、（金似衣裳玉似身），《喜迁莺》（人汹汹）、（街鼓动），《思帝乡》（云髻坠）、（春日游），《诉衷情》（烛烬香残帘未

卷)、(碧沼红芳烟雨静),《上行杯》(芳草灞陵春岸)、(白马玉鞭金辔),《女冠子》(四月十七)、(昨夜夜半),《更漏子》(钟鼓寒),《酒泉子》(月落星沉),《木兰花》(独上小楼春欲暮),《小重山》(一闭昭阳春又春),《谒金门》(春雨足),《玉楼春》(日照玉楼花似锦),55 首。Yates, Robin D. S. *Washing Silk: The Life and Selected Poetry of Wei Chuang*. Cambridge: Harvard University, 1988. PP. 195—249.

[23] 魏世德:《思帝乡》(春日游)、《菩萨蛮》(如今却忆江南乐),2 首。Mair, Victor, ed. *The Columbia Anthology of Traditional Chinese Literature*. New York: Columbia University Press, 1994. PP. 306—307.

[24] 宇文所安:《天仙子》(深夜归来长酩酊),《菩萨蛮》(人人尽说江南好)、(如今却忆江南乐),3 首。Owen, Stephen. *An Anthology of Chinese Literature: Beginnings to 1911*. New York and London: W. W. Norton & Company, 1996. PP. 563, 566—567.

[25] 叶嘉莹:《思帝乡》(春日游),1 首。Yeh, Florence Chia-ying. "The Female Voice in 'Hua-chien Songs'", in *Studies in Chinese Poetry*. Cambridge, Massachusetts, and London: Harvard University Asia Center, 1998. P. 131.

[26] 闵福德:《荷叶杯》(记得那年花下),1 首。Minford, John and Lau, Joseph S. M. *Classical Chinese Literature: an Anthology of Translations* (From Antiquity to the Tang Dynasty, Vol. 1). New York and H. K.: Columbia University Press and The Chinese University Press, 2000. P. 1122.

[27] 田安:《更漏子》(钟鼓寒),《菩萨蛮》(洛阳城里春光好)、(如今却忆江南乐)、(劝君今夜须沉醉),《浣溪沙》(清晓妆成寒食天)、(惆怅梦余山月斜)、(夜夜相思更漏残),7 首。Shields, Anna M. *Crafting a Collection: The Cultural Contexts and Poetic Practice of the Huajian Ji*. Cambridge and London: Harvard University Press, 2006. PP. 31, 179, 196, 214, 246, 248, 250.

[28] Michael Farman:《女冠子》、《菩萨蛮》,2 首。Cheang, Alice W. *A*

Silver Treasury of Chinese Lyrics. Hong Kong：The Chinese University of Hong Kong，2003. PP. 18—19.

[29] 托尼·巴恩斯通、周萍：《浣溪沙》（惆怅梦余山月斜）、《江城子》（恩重娇多情易伤）、《荷叶杯》（记得那年花下），3首。Barnstone，Tony and Chou Ping. *Chinese Erotic Poems*. New York and Toronto：Alfred A. Knopf，2007. PP. 92—94.

（三）欧阳炯

[1] 叶嘉莹：《浣溪沙》（相见休言有泪珠），1首。Yeh，Florence Chia—ying. "The Ch'ang-chou school of Tz'u criticism"，in Adele Austin Rickett，*Chinese Approaches to Literature from Confucius to Liang Ch'i-ch'ao*. Princeton，New Jersey：Princeton University Press，1978. P. 169.

[2] 罗伊斯·福瑟克（《花间集序》及词作）：《浣溪沙》（落絮残莺半日天）、（天碧罗衣拂地垂）、（相见休言有泪珠），《三字令》（春欲尽）、《南乡子》（嫩草如烟）、（画舸亭桡）、（岸远沙平）、（洞口谁家）、（二八花钿）、（路入南中）、（袖敛鲛绡）、（翡翠鵁鶄），《献衷心》（见好花颜色），《贺明朝》（忆昔花间初识面）、（忆昔花间相见后），《江城子》（晚日金陵岸草平），《凤楼春》（凤髻绿云丛），17首。Fusek，Lois，trans. *Among the Flowers*，*The Hua-chien chi* New York：Columbia University Press，1982. PP. 114—119. 其中，《贺明朝》（忆昔花间初识面）也见：Mair，Victor，ed. *The Columbia Anthology of Traditional Chinese Literature*. New York：Columbia University Press，1994. P. 308.

[3] 叶嘉莹：《南乡子》（二八花钿），1首。Yeh，Florence Chia—ying. "The Female Voice in 'Hua-chien Songs'"，in *Studies in Chinese Poetry*. Cambridge，Massachusetts and London：Harvard University Asia Center，1998. P. 131.

[4] 宇文所安：《南乡子》（画舸亭桡）、《浣溪沙》（相见休言有泪珠），2首。Owen，Stephen. *An Anthology of Chinese Literature*：*Beginnings to 1911*. New York and London：W. W. Norton & Company，

1996. PP. 563—567.

[5] 田安：《浣溪沙》（相见休言有泪珠），1 首。Shields，Anna M. *Crafting a Collection：The Cultural Contexts and Poetic Practice of the Huajian Ji*. Cambridge and London：Harvard University Press，2006. P. 262.

[6] Mark Francis：《南乡子》、《江城子》，2 首。Cheang，Alice W. *A Silver Treasury of Chinese Lyrics*. Hong Kong：The Chinese University of Hong Kong，2003. P. 11.

（四）皇甫松

[1] 白思达：《采莲子》（菡萏香莲十顷陂），1 首。Glen William Baxter. "Metrical Origins of the Tz'u"，*Harvard Journal of Asiatic Studies*，1953，16（1）：108—145.

[2] 罗伊斯·福瑟克：《天仙子》（晴野鹭鸶飞一只）、（踯躅花开红照水），《浪淘沙》（滩头细草接疏林）、（蛮歌豆蔻北人愁），《杨柳枝》（春入行宫映翠微）、（烂熳春归水国时），《摘得新》（酌一卮）、（摘得新），《梦江南》（兰烬落）、（楼上寝），《采莲子》（菡萏香连十顷陂）、（船动湖光滟滟秋），12 首。Fusek，Lois，trans. *Among the Flowers，The Hua-chien chi*. New York：Columbia University Press，1982. PP. 55—57.

[3] 魏玛莎：《采莲子》（菡萏香连十顷陂），1 首。Wagner，Marsha L. *The Lotus Boat：The Origins of Chinese Tz'u Poetry in T'ang Popular Culture*. New York：Columbia University Press，1984. P. 146.

[4] 刘殿爵：《梦江南》（兰烬落），1 首。Lau，D. C. "Fifteen selected lyrics"，in Stephen C. Soong，*A Brotherhood in Song：Chinese Poetry and Poetics*. Hong Kong：Chinese University Press，1985. P. 188.

[5] 宇文所安：《望江南》（兰烬落），1 首。Owen，Stephen. *An Anthology of Chinese Literature：Beginnings to 1911*. New York and London：W. W. Norton & Company，1996. PP. 563—567.

[6] 刘殿爵：《忆江南》，1 首。Cheang，Alice W. *A Silver Treasury of Chinese Lyrics*. Hong Kong：The Chinese University of Hong

Kong, 2003. P. 10.

[7] Mark Francis：《浪淘沙》，1 首。Cheang, Alice W. *A Silver Treasury of Chinese Lyrics*. Hong Kong: The Chinese University of Hong Kong, 2003. P. 10.

[8] 托尼·巴恩斯通、周萍：《浣溪沙》（相见休言有泪珠），1 首。Barnstone, Tony and Chou Ping. *Chinese Erotic Poems*. New York and Toronto: Alfred A. Knopf, 2007. P. 101.

（五）顾敻

[1] 白思达：《杨柳枝》（秋夜香闺思寂寥），1 首。Birch, Cyril. *Anthology of Chinese Literature: From Early Times to the Fourteenth Century*. New York: Grove Press, 1965. P. 343.

[2] 刘若愚：《诉衷情》（永夜抛人何处去），1 首。Liu, James J. Y. "Literary Qualities of the Lyric (Tz'u)", in Cyril Birch, *Studies in Chinese Literary Genres*. Berkeley: University of California Press, 1974. P. 136.

[3] 威廉·麦克休顿：《荷叶杯》（春尽小庭花落），1 首。McNaughton, William. *Chinese Literature: an Anthology From the Earliest Times to the Present Day*. Rutland, Vt.: Charles E. Tuttle Company, 1974. P. 448.

[4] 刘若愚：《诉衷情》（永夜抛人何处去），1 首。Liu, Wu-chi and Irving Yucheng Lo, eds. *Sunflower Splendor: Three Thousand Years of Chinese Poetry*. Bloomington and London: Indiana University Press, 1975. P. 297.

[5] 唐安石：《诉衷情》（永夜抛人何处去），1 首。Turner, John, S. J. *A Golden Treasury of Chinese Poetry*. Hong Kong: The Chinese University Press, 1976. P. 217.

[6] 罗伊斯·福瑟克：《虞美人》（晓莺啼破相思梦）、（触帘风送景阳钟）、（翠屏闲掩垂珠箔）、（碧梧桐映纱窗晚）、（深闺春色劳思想）、（少年艳质胜琼英），《河传》（燕飏）、（曲槛）、（棹举），《甘州子》（一炉龙麝锦帷旁）、（每逢清夜与良晨）、（曾如刘阮访仙踪）、（露桃花里小楼

深）、（红炉深夜醉调笙），《玉楼春》（月照玉楼春漏促）、（柳映玉楼春日晚）、（月皎露华窗影细）、（拂水双飞来去燕），《浣溪沙》（春色迷人恨正赊）、（红藕香寒翠渚平）、（荷芰风轻帘幕香）、（惆怅经年别谢娘）、（庭菊飘黄玉露浓）、（云淡风高叶乱飞）、（雁响遥天玉漏清）、（露白蟾明又到秋），《酒泉子》（杨柳舞风）、（罗带缕金）、（小槛日斜）、（黛薄红深）、（掩却菱花）、（水碧风清）、（黛怨红羞），《杨柳枝》（秋夜香闺思寂寥），《遐方怨》（帘影细），《献衷心》（绣鸳鸯帐暖），《应天长》（瑟瑟罗裙金线缕），《诉衷情》（香灭帘垂春漏永）、（永夜抛人何处去），《荷叶杯》（春尽小庭花落）、（歌发谁家筵上）、（弱柳好花尽拆）、（记得那时相见）、（夜久歌声怨咽）、（我忆君诗最苦）、（金鸭香浓鸳被）、（曲砌蝶飞烟暖）、（一去又乖期信），《渔歌子》（晓风情），《临江仙》（碧染长空池似镜）、（幽闺小槛春光晚）、（月色穿帘风入竹），《醉公子》（漠漠秋云淡）、（岸柳垂金线），《更漏子》（旧欢娱），55 首。Fusek, Lois, trans. *Among the Flowers, The Hua-chien chi*. New York: Columbia University Press, 1982. PP. 126—142.

[7] 魏玛莎：《渔歌子》（晓风清），1 首。Wagner, Marsha L. *The Lotus Boat: The Origins of Chinese Tz'u Poetry in T'ang Popular Culture*. New York: Columbia University Press, 1984. P. 147.

[8] 华兹生：《诉衷情》（永夜抛人何处去），1 首。Watson, Burton. *The Columbia Book of Chinese Poetry: From Early Times to the Thirteenth Century*. New York: Columbia University Press, 1984. P. 360.

[9] 柯素芝：《临江仙》（幽闺小槛春光晚）、（月色穿帘风入竹）、（碧染长空池似镜），3 首。Cahill, Suzanne. "Sex and the Supernatural in Medieval China: Cantos on the Transcendent who Presides over the River", *Journal of the American Oriental Society*, 1985, 105 (2): 197—220.

[10] 田安：《浣溪沙》（雁响遥天玉漏清）、（露白蟾明又到秋）、《临江仙》（碧染长空池似镜）、（月色穿簾风入竹），4 首。Shields, Anna M. *Crafting a Collection: The Cultural Contexts and Poetic Practice*

of the Huajian Ji. Cambridge and London：Harvard University Press，2006. PP. 265，266，297.

（六）张泌

［1］罗郁正：《河传》（交枝相映），1 首。Lo，Irving Yucheng. *Hsin Ch'i-chi*. New York：Twayne Publishers，1971. P. 90.

［2］刘若愚：《浣溪沙》（晚逐香车入凤城），1 首。Liu，James J. Y. "Literary Qualities of the Lyric (Tz'u)"，in Cyril Birch，*Studies in Chinese Literary Genres*. Berkeley：University of California Press，1974. P. 135.

［3］罗伊斯·福瑟克：《浣溪沙》（钿毂香车过柳堤）、（马上凝情忆旧游）、（独立寒阶望月华）、（依约残眉理旧黄）、（翡翠屏开绣幄红）、（枕障熏炉隔绣帷）、（花月香寒悄夜尘）、（偏戴花冠白玉簪）、（晚逐香车入凤城）、（小市东门欲雪天），以及《临江仙》（烟收湘渚秋江静），《女冠子》（露花烟草），《河传》（渺莽云水）、（红杏），《酒泉子》（春雨打窗）、（紫陌青门），《生查子》（相见稀），《思越人》（燕双飞），《满宫花》（花正芳），《柳枝》（腻粉琼妆透碧纱），《南歌子》（柳色遮楼暗）、（岸柳拖烟绿）、（锦荐红鸂鶒），《江城子》（碧阑干外小中庭）、（浣花溪上见卿卿），《河渎神》（古树噪寒鸦），《蝴蝶儿》（蝴蝶儿），27 首。Fusek，Lois，trans. *Among the Flowers，The Hua-chien chi*. New York：Columbia University Press，1982. PP. 90—99.

［4］柯素芝：《临江仙》（烟收湘渚秋江静），1 首。Cahill，Suzanne. "Sex and the Supernatural in Medieval China：Cantos on the Transcendent who Presides over the River"，*Journal of the American Oriental Society*，1985，105 (2)：197—220.

［5］叶嘉莹：《浣溪沙》（晚逐香车入凤城），1 首。Yeh，Florence Chia—ying. "The Female Voice in 'Hua-chien Songs'"，in *Studies in Chinese Poetry*. Cambridge，Massachusetts，and London：Harvard University Asia Center，1998. P. 131.

［6］约翰·司各特：《胡蝶儿》（胡蝶儿），1 首。Scott，John. *Love and Protest：Chinese Poems from the Sixth Century B. C. to the Seven-*

teenth Century A. D. London: Rapp and Whiting, 1972. P. 99. 也见：Minford, John and Lau, Joseph S. M. *Classical Chinese Literature: an Anthology of Translations* (*From Antiquity to the Tang Dynasty, Vol.* 1). New York and H. K.: Columbia University Press and The Chinese University Press, 2000. P. 1125.

[7] 田安：《酒泉子》（春雨打窗）、《浣溪沙》（细毂香车过柳堤）、《浣溪沙》（马上凝情忆旧游）、《女冠子》（露花烟草），4首。Shields, Anna M. *Crafting a Collection: The Cultural Contexts and Poetic Practice of the Huajian Ji*. Cambridge and London: Harvard University Press, 2006. PP. 236, 257, 259, 329.

（七）薛昭蕴

[1] 白思达：《女冠子》（求仙去也），1首。Birch, Cyril. *Anthology of Chinese Literature: From Early Times to the Fourteenth Century*. New York: Grove Press, 1965. P. 342.

[2] 罗伊斯·福瑟克：《浣溪沙》（红蓼渡头秋正雨）、（钿匣菱花锦带垂）、（粉上依稀有泪痕）、（握手河桥柳似金）、（帘下三间出寺墙）、（江馆清秋缆客船）、（倾国倾城恨有余）、（越女淘金春水上），《喜迁莺》（残蟾落）、（金门晓）、（清明节），《小重山》（春到长门春草青）、（秋到长门秋草黄），《离别难》（宝马晓鞴雕鞍），《相见欢》（罗襦绣袂香红），《醉公子》（慢绾青丝发），《女冠子》（求仙去也）、（云罗雾縠），《谒金门》（春满院），19首。Fusek, Lois, trans. *Among the Flowers, The Hua-chien chi*. New York: Columbia University Press, 1982. PP. 74—80.

[3] 宇文所安：《醉公子》（慢绾青丝发），1首。Owen, Stephen. *An Anthology of Chinese Literature: Beginnings to* 1911. New York and London: W. W. Norton & Company, 1996. PP. 563—567.

[4] 田安：《浣溪沙》（红蓼渡头秋正雨）、（钿匣菱花锦带垂），《女冠子》（求仙去也）、（云罗雾縠），4首。Shields, Anna M. *Crafting a Collection: The Cultural Contexts and Poetic Practice of the Huajian Ji*. Cambridge and London: Harvard University Press, 2006.

PP. 252，254，337，338.

(八) 牛峤

[1] 罗伊斯·福瑟克：《柳枝》(解冻风来末上青)、(吴王宫里色偏深)、(桥北桥南千万条)、(狂雪随风扑马飞)、(袅翠笼烟拂暖波)，《女冠子》(绿云高髻)、(锦江烟水)、(星冠霞帔)、(双飞双舞)，《梦江南》(含泥燕)、(红绣被)，《感恩多》(两条红粉泪)、(自从南浦别)，《应天长》(玉楼春望晴烟灭)、(双眉淡薄藏心事)，《更漏子》(星渐稀)、(春夜阑)、(南浦情)，《望江怨》(东风急)，《菩萨蛮》(舞裙香暖金泥凤)、(柳花飞处莺声急)、(玉钗风动春幡急)、(画屏重叠巫阳翠)、(风帘燕舞莺啼柳)、(绿云鬓上飞金雀)、(玉楼冰簟鸳鸯锦)，《酒泉子》(记得去年)，《定西番》(紫塞月明千里)，《玉楼春》(春入横塘摇浅浪)，《西溪子》(捍拨双盘金凤)，《江城子》(䴔䴖飞起郡城东)、(极浦烟消水鸟飞)，27 首。Fusek，Lois，trans. *Among the Flowers*，*The Hua-chien chi*. New York：Columbia University Press，1982. PP. 80－90.

[2] 田安：《菩萨蛮》(舞裙香暖金泥凤)、(柳花飞处莺声急)、(玉楼冰簟鸳鸯锦)，《女冠子》(双飞双舞)、(星冠霞帔)，5 首。Shields，Anna M. *Crafting a Collection*：*The Cultural Contexts and Poetic Practice of the Huajian Ji*. Cambridge and London：Harvard University Press，2006. PP. 197，200，215，323，327.

(九) 毛文锡

[1] 罗伊斯·福瑟克：《虞美人》(鸳鸯对浴银塘暖)、(宝檀金缕鸳鸯枕)，《酒泉子》(绿树春深)，《喜迁莺》(芳春景)，《赞成功》(海棠未坼)，《西溪子》(昨日西溪游赏)，《中兴乐》(豆蔻花繁烟艳深)，《更漏子》(春夜阑)，《接贤宾》(香鞯镂襜五花骢)，《赞浦子》(锦帐添香睡)，《甘州遍》(春光好)、(秋风紧)，《纱窗恨》(新春燕子还来至)、(双双蝶翅涂铅粉)，《柳含烟》(隋堤柳)、(河桥柳)、(章台柳)、(御沟柳)，《醉花间》(休相问)、(深相忆)，《浣沙溪》(春水轻波浸绿苔)、(七夕年年信不违)，《月宫春》(水晶宫里桂花开)，《恋情深》(滴滴

铜壶寒漏咽)、(玉殿春浓花烂熳),《诉衷情》(桃花流水漾纵横)、(鸳鸯交颈绣衣轻),《应天长》(平江波暖鸳鸯语),《河满子》(红粉楼前月照),《巫山一段云》(雨霁巫山上),《临江仙》(暮蝉声尽落斜阳),31 首。Fusek, Lois, trans. *Among the Flowers, The Hua-chien chi*. New York: Columbia University Press, 1982. PP. 99—110。其中,《醉花间》(休相问)也见:Mair, Victor, ed. *The Columbia Anthology of Traditional Chinese Literature*. New York: Columbia University Press, 1994. P. 307.

[2] 柯素芝:《临江仙》(暮蝉声尽落斜阳),1 首。Cahill, Suzanne. "Sex and the Supernatural in Medieval China: Cantos on the Transcendent who Presides over the River", *Journal of the American Oriental Society*, 1985, 105 (2): 197—220.

[3] 华兹生:《醉花间》(休相问),1 首。Watson, Burton. *The Columbia Book of Chinese Poetry: From Early Times to the Thirteenth Century*. New York: Columbia University Press, 1984. P. 363. 也见:Minford, John and Lau, Joseph S. M. *Classical Chinese Literature: an Anthology of Translations* (From Antiquity to the Tang Dynasty, Vol. 1). New York and H. K.: Columbia University Press and The Chinese University Press, 2000. P. 1126.

(十)牛希济

[1] 初大告:《生查子》(春山烟欲收),1 首。Ch'u, Ta-Kao. *Chinese Lyrics*. Cambridge: Cambridge University Press, 1937. P. 2.

[2] 刘殿爵:《生查子》(春山烟欲收),1 首。Lau, D. C. "Twenty Selected Lyrics", in *Renditions*. Hong Kong: The Chinese University of Hong Kong, 1979, No. 11, 12: 6.

[3] 柯素芝:《临江仙》(峭碧参差十二峰)、(谢家仙观寄云岑)、(渭阙宫城秦树凋)、(江绕黄陵春庙闲)、(素洛春光潋滟平)、(柳带摇风汉水滨)、(洞庭波浪飐晴天),7 首。Cahill, Suzanne. "Sex and the Supernatural in Medieval China: Cantos on the Transcendent who Presides over the River", *Journal of the American Oriental Society*,

1985，105（2）：197－220.

[4] C. H. 科沃克、文森特·麦克休：《生查子》（春山烟欲收），1首。Kwock，C. H. and Mchugh，Vincent. *Old Friend From Far Away*：150 *Chinese Poems from the Great Dynasties*. San Franciso：North Point Press，1980. P. 80。也见：Minford，John and Lau，Joseph S. M. *Classical Chinese Literature*：*an Anthology of Translations* (From Antiquity to the Tang Dynasty，Vol. 1). New York and H. K.：Columbia University Press and The Chinese University Press，2000. P. 1123.

[5] 罗伊斯·福瑟克：《临江仙》（峭碧参差十二峰）、（谢家仙观寄云岑）、（渭阙宫城秦树凋）、（江绕黄陵春庙闲）、（素洛春光潋滟平）、（柳带摇风汉水滨）、（洞庭波浪飐晴天），《酒泉子》（枕转簟凉），《生查子》（春山烟欲收），《中兴乐》（池塘暖碧浸晴晖），《谒金门》（秋已暮），11首。Fusek，Lois，trans. *Among the Flowers*，*The Hua-chien chi*. New York：Columbia University Press，1982. PP. 110－114.

[6] 刘殿爵：《生查子》，1首。Cheang，Alice W. *A Silver Treasury of Chinese Lyrics*. Hong Kong：The Chinese University of Hong Kong，2003. P. 9.

[7] 田安：《临江仙》（峭壁参差十二峰）、（素洛春光潋滟平）、（渭阙宫城秦树凋），3首。Shields，Anna M. *Crafting a Collection*：*The Cultural Contexts and Poetic Practice of the Huajian Ji*. Cambridge and London：Harvard University Press，2006. PP. 306，309，311.

（十一）和凝

[1] 罗伊斯·福瑟克：《小重山》（春入神京万木芳）、（正是神京烂熳时），《临江仙》（海棠香老春江晚）、（披袍窣地红宫锦）、（越梅半拆轻寒里），《山花子》（莺锦蝉縠馥麝脐）、（银字笙寒调正长），《何满子》（正是破瓜年纪）、（写得鱼笺无限），《薄命女》（天欲晓），《望梅花》（春草全无消息），《天仙子》（柳色披衫金缕凤）、（洞口春红飞蔌蔌），《春光好》（纱窗暖）、（蘋叶软），《采桑子》（蝤蛴领上诃梨子），《柳枝》（软碧摇烟似送人）、（瑟瑟罗裙金缕腰）、（鹊桥初就咽银河），

《渔父》（白芷汀寒立鹭鸶），20 首。Fusek，Lois，trans. *Among the Flowers*，*The Hua-chien chi*. New York：Columbia University Press，1982. PP. 120—125.

[2] 柯素芝：《临江仙》（海棠香老春江晚）、（披袍窣地红宫锦），2 首。Cahill，Suzanne. "Sex and the Supernatural in Medieval China：Cantos on the Transcendent who Presides over the River"，*Journal of the American Oriental Society*，1985，105（2）：197—220.

[3] 宇文所安：《山花子》（银字笙寒调正长），1 首。Owen，Stephen. *An Anthology of Chinese Literature*：*Beginnings to 1911*. New York and London：W. W. Norton & Company，1996. PP. 563—567.

（十二）孙光宪

[1] 白思达：《风流子》（楼倚长衢欲暮），1 首。Birch，Cyril. *Anthology of Chinese Literature*：*From Early Times to the Fourteenth Century*. New York：Grove Press，1965. P. 344.

[2] Hellmut Wilhelm：《谒金门》（留不得）、《八拍蛮》（孔雀尾拖金线长）、《风流子》（金络玉衔嘶马），3 首。Liu，Wu-chi and Irving Yucheng Lo，eds. *Sunflower Splendor*：*Three Thousand Years of Chinese Poetry*. Bloomington and London：Indiana University Press，1975. PP. 298—299.

[3] 罗伊斯·福瑟克：《浣溪沙》（蓼岸风多橘柚香）、（桃杏风香帘幕闲）、（花渐凋疏不耐风）、（揽镜无言泪欲流）、（半踏长裾宛约行）、（兰沐初休曲槛前）、（风递残香出绣帘）、（轻打银筝坠燕泥）、（乌帽斜欹倒佩鱼），《河传》（太平天子）、（柳拖金缕）、（花落）、（风飐），《菩萨蛮》（月华如水笼香砌）、（花冠频鼓墙头翼）、（小庭花落无人扫）、（青岩碧洞经朝雨）、（木棉花映丛祠小），《河渎神》（汾水碧依依）、（江上草芊芊），《虞美人》（红窗寂寂无人语）、（好风微揭帘旌起），《后庭花》（景阳钟动宫莺啭）、（石城依旧空江国），《生查子》（寂寞掩朱门）、（暖日策花骢）、（金井堕高梧），《临江仙》（霜拍井梧乾叶堕）、（暮雨凄凄深院闭），《酒泉子》（空碛无边）、（曲槛小楼）、（敛态窗前），《清平乐》（愁肠欲断）、（等闲无语），《更漏子》（听寒更）、

(今夜期)，《女冠子》(蕙风芝露)、(淡花瘦玉)，《风流子》(茅舍槿篱溪曲)、(楼倚长衢欲暮)、(金络玉衔嘶马)，《定西番》(鸡禄山前游骑)、(帝子枕前秋夜)，《河满子》(冠剑不随君去)，《玉蝴蝶》(春欲尽)，《八拍蛮》(孔雀尾拖金线长)，《竹枝》(门前春水竹枝白苹花女儿)、(乱绳千结竹枝绊人深女儿)，《思帝乡》(如何)，《上行杯》(草草离亭鞍马)、(离棹逡巡欲动)，《谒金门》(留不得)，《思越人》(古台平)、(渚莲枯)，《杨柳枝》(阊门风暖落花乾)、(有池有榭即蒙蒙)、(根抵虽然傍浊河)、(万株枯槁怨亡隋)，《望梅花》(数枝开与短墙平)，《渔歌子》(草芊芊)、(泛流萤)，51 首。Fusek，Lois，trans. *Among the Flowers*，*The Hua-chien chi*. New York：Columbia University Press，1982. PP. 142—162.

[4] 柯素芝：《临江仙》(霜拍井梧干叶堕)、(暮雨凄凄深院闭)，2 首。Cahill，Suzanne. "Sex and the Supernatural in Medieval China：Cantos on the Transcendent Who Presides over the River"，*Journal of the American Oriental Society*，1985，105 (2)：197—220.

[5] 田安：《临江仙》(暮雨凄凄深院闭)，1 首。Shields，Anna M. *Crafting a Collection*：*The Cultural Contexts and Poetic Practice of the Huajian Ji*. Cambridge and London：Harvard University Press，2006. P. 278.

(十三) 魏承斑

[1] 罗伊斯·福瑟克：《菩萨蛮》(罗裾薄薄秋波染)、(罗衣隐约金泥画)，《满宫花》(雪霏霏)，《木兰花》(小芙蓉)，《玉楼春》(寂寂画堂梁上燕)、(轻敛翠蛾呈皓齿)，《诉衷情》(高歌宴罢月初盈)、(春深花簇小楼台)、(银汉云晴玉漏长)、(金风轻透碧窗纱)、(春情满眼脸红绡)，《生查子》(烟雨晚晴天)、(寂寞画堂空)，《黄钟乐》(池塘烟暖草萋萋)，《渔歌子》(柳如眉)，15 首。Fusek，Lois，trans. *Among the Flowers*，*The Hua-chien chi*. New York：Columbia University Press，1982. PP. 162—167.

[2] 田安：《菩萨蛮》(罗裾薄薄秋波染)，1 首。Shields，Anna M. *Crafting a Collection*：*The Cultural Contexts and Poetic Practice of*

the Huajian Ji. Cambridge and London: Harvard University Press, 2006. P. 212.

(十四) 鹿虔扆

[1] 白思达:《临江仙》(金锁重门荒苑静),1 首。Birch, Cyril. *Anthology of Chinese Literature: From Early Times to the Fourteenth Century*. New York: Grove Press, 1965. P. 345.

[2] 罗伊斯·福瑟克:《临江仙》(金锁重门荒苑静)、(无赖晓莺惊梦断),《女冠子》(凤楼琪树)、(步虚坛上),《思越人》(翠屏欹),《虞美人》(卷荷香淡浮烟渚),6 首。Fusek, Lois, trans. *Among the Flowers, The Hua-chien chi*. New York: Columbia University Press, 1982. PP. 167—169.

[3] Donald A. Riggs & Jerome P. Seaton:《更漏子》(柳丝长),1 首。Riggs, Donald A. and Jerome P. Seaton. *Chinese Poetic Writing*. Bloomington: Indiana University Press, 1982. P. 206.

[4] 柯素芝:《临江仙》(金锁重门荒苑静)、(无赖晓莺惊梦断),2 首。Cahill, Suzanne. "Sex and the Supernatural in Medieval China: Cantos on the Transcendent who Presides over the River", *Journal of the American Oriental Society*, 1985, 105 (2): 197—220

[5] 田安:《女冠子》(凤楼琪树)、(步虚坛上),2 首。Shields, Anna M. *Crafting a Collection: The Cultural Contexts and Poetic Practice of the Huajian Ji*. Cambridge and London: Harvard University Press, 2006. PP. 329—330, 332.

(十五) 阎选

[1] 白思达:《河传》(秋雨),1 首。Birch, Cyril. *Anthology of Chinese Literature: From Early Times to the Fourteenth Century*. New York: Grove Press, 1965. P. 346.

[2] 罗伊斯·福瑟克:《虞美人》(粉融红腻莲房绽)、(楚腰蛴领团香玉),《临江仙》(雨停荷芰逗浓香)、(十二高峰天外寒),《浣溪沙》(寂寞流苏冷绣茵),《八拍蛮》(云锁嫩黄烟柳细)、(愁锁黛眉烟易惨),

《河传》（秋雨），8 首。Fusek，Lois，trans. *Among the Flowers*，*The Hua-chien chi*. New York：Columbia University Press，1982. PP. 169—171.

[3] 柯素芝：《临江仙》（雨停荷芰逗浓香）、（十二高峰天外寒），2 首。Cahill，Suzanne. "Sex and the Supernatural in Medieval China：Cantos on the Transcendent who Presides over the River"，*Journal of the American Oriental Society*，1985，105（2）：197—220

[4] 田安：《临江仙》（雨停荷芰逗浓香）、（十二高峰天外寒），2 首。Shields，Anna M. *Crafting a Collection*：*The Cultural Contexts and Poetic Practice of the Huajian Ji*. Cambridge and London：Harvard University Press，2006. PP. 300，303.

（十六）尹鹗

[1] 罗伊斯·福瑟克：《临江仙》（一番荷芰生池沼）、（深秋寒夜银河静），《满宫花》（月沉沉），《杏园芳》（严妆嫩脸花明），《醉公子》（暮烟笼藓砌），《菩萨蛮》（陇云暗合秋天白），6 首。Fusek，Lois，trans. *Among the Flowers*，*The Hua-chien chi*. New York：Columbia University Press，1982. PP. 172—173.

[2] 柯素芝：《临江仙》（一番荷芰生池沼）、（深秋寒夜银河静），2 首。Cahill，Suzanne. "Sex and the Supernatural in Medieval China：Cantos on the Transcendent Who Presides over the River"，*Journal of the American Oriental Society*，1985，105（2）：197—220.

[3] 宇文所安：《醉公子》（暮烟笼藓砌），1 首。Owen，Stephen. *An Anthology of Chinese Literature*：*Beginnings to* 1911. New York and London：W. W. Norton & Company，1996. PP. 563—567.

[4] Mark Francis：《菩萨蛮》，1 首。Cheang，Alice W. *A Silver Treasury of Chinese Lyrics*. Hong Kong：The Chinese University of Hong Kong，2003. P. 12.

（十七）毛熙震

[1] 白思达：《定西番》（苍翠浓阴满院），1 首。Birch，Cyril. *Anthology*

of Chinese Literature：*From Early Times to the Fourteenth Century*. New York：Grove Press，1965. P. 347.

[2] 罗伊斯·福瑟克：《浣溪沙》（春暮黄营下砌前）、（花榭香红烟景迷）、（晚起红房醉欲消）、（一只横钗坠髻丛）、（云薄罗裙绶带长）、（碧玉冠轻袅燕钗）、（半醉凝情卧绣茵），《临江仙》（南齐天子宠婵娟）、（幽闺欲曙闻莺啭），《更漏子》（秋色清）、（烟月寒），《女冠子》（碧桃红杏）、（修蛾慢脸），《清平乐》（春光欲暮），《南歌子》（远山愁黛碧）、（惹恨还添恨），《河满子》（寂寞芳菲暗度）、（无语残妆淡薄），《小重山》（梁燕双飞画阁前），《定西番》（苍翠浓阴满院），《木兰花》（掩朱扉），《后庭花》（莺啼燕语芳菲节）、（轻盈舞妓含芳艳）、（越罗小袖新香蒨），《酒泉子》（闲卧绣帏）、（钿匣舞鸾），《菩萨蛮》（梨花满院飘香雪）、（绣帘高轴临塘看）、（天含残碧融春色），29 首。Fusek，Lois，trans. *Among the Flowers*，*The Hua-chien chi*. New York：Columbia University Press，1982. PP. 174—184.

[3] 柯素芝：《临江仙》（南齐天子宠婵娟）、（幽闺欲曙闻莺啭），2 首。Cahill，Suzanne. "Sex and the Supernatural in Medieval China：Cantos on the Transcendent Who Presides over the River"，*Journal of the American Oriental Society*，1985，105（2）：197—220.

[4] 田安：《菩萨蛮》（梨花满院飘香雪）、《菩萨蛮》（天含残碧融春色）、《女冠子》（修蛾慢脸），3 首。Shields，Anna M. *Crafting a Collection*：*The Cultural Contexts and Poetic Practice of the Huajian Ji*. Cambridge and London：Harvard University Press，2006. PP. 205，207，324.

（十八）李珣

[1] 薛爱华：《南乡子·渔父》（归路近）、（渔市散）、（登画舸）、（双髻坠）、（红豆蔻），5 首；Hellmut Wilhelm：《巫山一段云》（古庙依青嶂），1 首。Liu，Wu-chi and Irving Yucheng Lo，eds. *Sunflower Splendor*：*Three Thousand Years of Chinese Poetry*. Bloomington and London：Indiana University Press，1975. PP. 290—291.

[2] 罗伊斯·福瑟克：《浣溪沙》（入夏偏宜淡薄妆）、（晚出闲庭看海棠）、

（访旧伤离欲断魂）、（红藕花香到槛频），《渔歌子》（楚山青）、（荻花秋）、（柳垂丝）、（九疑山），《巫山一段云》（有客经巫峡）、（古庙依青嶂），《临江仙》（帘卷池心小阁虚）、（莺报帘前暖日红），《南乡子》（烟漠漠）、（兰棹举）、（归路近）、（乘彩舫）、（倾绿蚁）、（云带雨）、（沙月静）、（渔市散）、（拢云髻）、（相见处），《女冠子》（星高月午）、（春山夜静），《酒泉子》（寂寞青楼）、（雨渍花零）、（秋雨联绵）、（秋月婵娟），《望远行》（春日迟迟思寂寥）、（露滴幽庭落叶时），《菩萨蛮》（回塘风起波纹细）、（等闲将度三春景）、（隔帘微雨双飞燕），《西溪子》（金缕翠钿浮动），《虞美人》（金笼莺报天将曙），《河传》（去去）、（春暮），37 首。Fusek，Lois，trans. *Among the Flowers*，*The Hua-chien chi*. New York：Columbia University Press，1982. PP. 184—195.

[3] 柯素芝：《临江仙》（帘卷池心小阁虚）、《临江仙》（莺报帘前暖日红），2 首。Cahill，Suzanne. "Sex and the Supernatural in Medieval China：Cantos on the Transcendent Who Presides over the River"，*Journal of the American Oriental Society*，1985，105（2）：197—220.

[4] 田安：《菩萨蛮》（回塘风起波纹细）、《酒泉子》（雨渍花零）、《女冠子》（星高月午），3 首。Shields，Anna M. *Crafting a Collection*：*The Cultural Contexts and Poetic Practice of the Huajian Ji*. Cambridge and London：Harvard University Press，2006. PP. 209，239，335.

二　英语世界南唐二主词译目概览

（一）李璟

[1] 邓根·迈根托斯、艾伦·艾丽：《浣溪沙》（手卷真珠上玉钩）、（菡萏香销翠叶残），2 首。Mackintosh，Dungan & Alan Ayling. *A Collection of Chinese Lyrics*. London：Routledge and Kegan Paul，1965. PP. 25—29.

[2] 白润德：《应天长》（一钩初月临妆镜）、《浣溪沙》（手卷真珠上玉钩）、《浣溪沙》（菡萏香销翠叶残），3 首。Liu，Wu-chi and Irving

Yucheng Lo，eds. *Sunflower Splendor：Three Thousand Years of Chinese Poetry*. Bloomington and London：Indiana University Press，1975. PP. 299—300.

[3] 孙康宜：《浣溪沙》（菡萏香销翠叶残），1 首。Chang，Kang-I Sun. *The Evolution of Chinese Tz'u Poetry：From Late T'ang to Northern Sung*. Princeton：Princeton University Press，1980. P. 93.

[4] 白润德：《应天长》（一钩初月临妆镜）、《望远行》（玉砌花光锦绣明）、《浣溪沙》（手卷真珠上玉钩）、《浣溪沙》（菡萏香销翠叶残），4 首。Bryant，Daniel Joseph. *Lyric Poets of the Southern T'ANG：FENG YEN-SSU，903—960，and LI Yü，937—978*. Vancouver and London：University of British Columbia Press，1982.

[5] 艾伦·艾丽、邓根·迈根托斯：《浣溪沙》（手卷真珠上玉钩）、（菡萏香销翠叶残），2 首。Minford，John and Lau，Joseph S. M. *Classical Chinese Literature：an Anthology of Translations* (From Antiquity to the Tang Dynasty，Vol. 1). New York and H. K.：Columbia University Press and The Chinese University Press，2000. P. 1125.

（二）李煜

[1] 克拉拉·M. 坎德林：《相见欢》（无言独上西楼）、《相见欢》（林花谢了春红）、《虞美人》（春花秋月何时了）、《浪淘沙》（帘外雨潺潺），4 首。Candlin，Clara M. *The Herald Wind：Translations of Sung Dynasty Poems，Lyrics and Songs*. London：J. Murray，1933. PP. 34—37.

[2] 初大告：《渔父》（浪花有意千重雪）、《玉楼春》（晚妆初了明肌雪）、《菩萨蛮》（花明月暗笼轻雾）、《相见欢》（林花谢了春红）、《相见欢》（无言独上西楼）、《清平乐》（别来春半）、《长相思》（云一緺）、《浪淘沙》（帘外雨潺潺）、《望江南》（多少恨）、《乌夜啼》（昨夜风兼雨）、《虞美人》（春花秋月何时了），11 首。Ch'u，Ta-Kao. *Chinese Lyrics*. Cambridge：Cambridge University Press，1937. PP. 4—13.

[3] 阿瑟·韦利：《望江南》（多少恨），1 首。Arthur waley. *Chinese Poems*. London：George Allen and Unwin Ltd.，1946. P. 194.

[4] Yih-ling Liu and Shahid Suhrawardy：《渔父》（一棹春风一叶舟）、《渔父》（浪花有意千重雪）、《望江南》（闲梦远）、《玉楼春》（晚妆初了明肌雪）、《喜迁莺》（晓月坠）、《浣溪沙》（红日已高三丈透）、《子夜歌》（寻春须是先春早）、《后庭花破子》（玉树后庭前）、《醉桃源》（东风吹水日衔山）、《一斛珠》（晚妆初过）、《蝶恋花》（遥夜亭皋闲信步）、《望江南》（闲梦远）、《长相思》（一重山）、《捣练子》（云鬟乱）、《谢新恩》（樱花落尽阶前月）、《应天长》（一钩初月临妆镜）（应为李璟词）、《菩萨蛮》（蓬莱院闭天台女）、《采桑子》（亭前春逐红英尽）、《菩萨蛮》（铜簧韵脆锵寒竹）、《菩萨蛮》（花明月暗笼轻雾）、《长相思》（云一緺）、《谢新恩》（樱桃落尽春将困）、《乌夜啼》（林花谢了春红）、《谢新恩》（秦楼不见吹箫女）、《虞美人》（风回小院庭芜绿）、《捣练子令》（深院静）、《三台令》（不寐倦长更）、《谢新恩》（冉冉秋光留不住）、《清平乐》（别来春半）、《乌夜啼》（昨夜风兼雨）、《望江南》（多少恨）、《浪淘沙》（往事只堪哀）、《浪淘沙》（帘外雨潺潺）、《浣溪沙》（转烛飘蓬一梦归，应为冯延巳词）、《杨柳枝》（风情渐老见春羞）、《子夜歌》（人生愁恨何能免）、《虞美人》（春花秋月何时了），37 首。Liu，Yih-ling and Suhrawardy，Shahid. *Poems of Lee Hou-chu*. Bombay：Orient Longmans，1948.

[5] 邓根·迈根托斯、艾伦·艾丽：《望江南》（闲梦远）、《一斛珠》（晓妆初过）、《捣练子令》（深院静）、《菩萨蛮》（铜簧韵脆锵寒竹）、《菩萨蛮》（花明月暗笼轻雾）、《喜迁莺》（晓月坠）、《玉楼春》（晚妆初了明肌雪）、《临江仙》（樱桃落尽春归去）、《望江南》（多少恨）、《乌夜啼》（林花谢了春红）、《乌夜啼》（无言独上西楼）、《浣溪沙》（转烛飘蓬一梦归）、《子夜歌》（人生愁恨何能免）、《清平乐》（别来春半）、《浪淘沙令》（帘外雨潺潺）、《浪淘沙》（往事只堪哀）、《虞美人》（春花秋月何时了）、《虞美人》（风回小院庭芜绿）、《破阵子》（四十年来家国），19 首。Mackintosh，Dungan & Alan Ayling. *A Collection of Chinese Lyrics*. London：Routledge and Kegan Paul，1965. PP. 31－67.

[6] 柳无忌：《浣溪沙》（红日已高三丈透）、《一斛珠》（晚妆初过）、《捣练子令》（深院静）、《乌夜啼》（无言独上西楼）、《望江南》（多少

恨)、《虞美人》(春花秋月何时了)，6 首。Liu，Wu-chi. *An Introduction to Chinese Literature*. Bloomington：Indiana University Press，1966. PP. 103—104.

[7] C. H. 科沃克、文森特・麦克休：《望江南》(多少恨)，1 首；William McNaughton：《相见欢》(无言独上高楼)，1 首；Mayhew：《临江仙》(樱桃落尽春归去)、《更漏子》(金雀钗)、《乌夜啼》(昨夜风兼雨)，3 首。McNaughton，William. *Chinese Literature：an Anthology From the Earliest Times to the Present Day*. Rutland，Vt.：Charles E. Tuttle Company，1974. PP. 451—454.

[8] 欧阳桢：《相见欢》(五言独上西楼)、《虞美人》(春花秋月何时了)，2 首。Liu，Wu-chi and Irving Yucheng Lo，eds. *Sunflower Splendor：Three Thousand Years of Chinese Poetry*. Bloomington and London：Indiana University Press，1975. PP. 300—305.

[9] 唐安石：《清平乐》(别来春半)、《虞美人》(春花秋月何时了)、《相见欢》(无言独上西楼)，3 首。Turner，John，S. J. *A Golden Treasury of Chinese Poetry*. Hong Kong：The Chinese University Press，1976. PP. 219—223.

[10] 刘殿爵：《清平乐》(别来春半)，1 首。Lau，D. C. "Twenty Selected Lyrics"，in *Renditions*. Hong Kong：The Chinese University of Hong Kong，1979，No. 11，12：7.

[11] 安露丝(Ruth W. Adler)：《菩萨蛮》(花明月暗笼轻雾)，1 首。Adler，Ruth W. "Confucian Gentleman and Lyric Poet：Romanticism and Eroticism in the Tz'u of Ou-yang Hsiu"，in *Renditions*. Hong Kong：The Chinese University of Hong Kong，1979，No. 11，12：139.

[12] 白润德：《虞美人》(春花秋月何时了)、《乌夜啼》(昨夜风兼雨)、《一斛珠》(晓妆初过)、《子夜歌》(人生愁恨何能免)、《临江仙》(樱桃落尽春归去)、《望江南》(多少恨)、《望江南》(多少泪)、《清平乐》(别来春半)、《采桑子》(庭前春逐红英尽)、《喜迁莺》(晓月坠)、《蝶恋花》(遥夜亭皋闲信步)、《乌夜啼》(林花谢了春红)、《长相思》(云一緺)、《捣练子令》(深院静)、《浣溪沙》(红日已高

三丈透）、《菩萨蛮》（花明月暗笼轻雾）、《望江梅二首》（闲梦远）、《菩萨蛮》（蓬莱院闭天台女）、《菩萨蛮》（铜簧韵脆锵寒竹）、《阮郎归》（东风吹水日衔山）、《浪淘沙》（往事只堪哀）、《采桑子》（辘轳金井梧桐晚）、《虞美人》（风回小院庭芜绿）、《玉楼春》（晚妆初了明肌雪）、《子夜歌》（寻春须是先春早）、《谢新恩》（残句）、《谢新恩》（秦楼不见吹箫女）、《谢新恩》《樱花落尽街前月》、《谢新恩》（庭空客散人归后）、《谢新恩》（春光镇在人空老）、《谢新恩》（樱花落尽春将困）、《谢新恩》（冉冉秋光留不住）、《破阵子》（四十年来家园）、《浪淘沙令》（帘外雨潺潺），额外补译有《渔父》（浪花有意千重雪）、《渔父》（一棹春风一叶舟）、《柳枝》（风情渐老见春羞）、《乌夜啼》（无言独上西楼），38 首，其中一首《谢新恩》为残句。Bryant，Daniel Joseph. *Lyric Poets of the Southern T'ANG*：*FENG YEN-SSU*，*903－960*，*and LI Yü*，*937－978*. Vancouver and London：University of British Columbia Press，1982. 其中，《虞美人》（春花秋月何时了）、《清平乐》（别来春半）、《望江南》（多少恨）、《蝶恋花》（遥夜亭皋闲信步），也见：Damrosch，David. *The Longman Anthology of World Literature*. New York：Longman，2004. PP. 187－188. 其中，《一斛珠》（晓妆初过）、《子夜歌》（人生愁恨何能免）、《望江南》（多少恨）、《望江南》（多少泪）、《清平乐》（别来春半）、《菩萨蛮》（花明月暗笼轻雾）、《菩萨蛮》（铜簧韵脆锵寒竹）、《浪淘沙》（往事只堪哀）、《玉楼春》（晚妆初了明肌雪）、《破阵子》（四十年来家园）、《浪淘沙令》（帘外雨潺潺）、《乌夜啼》（林花谢了春红），也见：Liu，Wu-chi and Irving Yucheng Lo，eds. *Sunflower Splendor*：*Three Thousand Years of Chinese Poetry*. Bloomington and London：Indiana University Press，1975. PP. 300－305.

[13] 孙康宜：《乌夜啼》（无言独上西楼）、《虞美人》（春花秋月何时了）、《浪淘沙》（往事只堪哀）、《破阵子》（四十年来家国）、《虞美人》（风回小院庭芜绿）、《乌夜啼》（林花谢了春红）、《菩萨蛮》（花明月暗笼轻雾）、《一斛珠》（晓妆初过）、《浣溪沙》（红日已高三丈透）、《菩萨蛮》（蓬莱院闭天台女）、《菩萨蛮》（铜簧韵脆锵寒竹），11

首。Chang, Kang-I Sun. *The Evolution of Chinese Tz'u Poetry: From Late T'ang to Northern Sung*. Princeton: Princeton University Press, 1980. PP. 78, 80, 84, 85, 88, 91, 97, 99, 102—104.

[14] C. H. 科沃克、文森特·麦克休:《望江南》(多少恨)、《菩萨蛮》(花明月暗笼轻雾),2 首。Kwock, C. H. and Vincent Mchugh. *Old Friend From Far Away: 150 Chinese Poems from the Great Dynasties*. San Franciso: North Point Press, 1980. PP. 30, 96.

[15] 华兹生:《渔父》(浪花有意千重雪)、《渔父》(一棹春风一叶舟)、《菩萨蛮》(花明月暗笼轻雾)、《清平乐》(别来春半)、《浪淘沙令》(帘外雨潺潺)、《子夜歌》(人生愁恨何能免)、《乌夜啼》(林花谢了春红),7 首。Watson, Burton. *The Columbia Book of Chinese Poetry: From Early Times to the Thirteenth Century*. New York: Columbia University Press, 1984. PP. 361—363.

[16] 柯素芝:《临江仙》(樱桃落尽春归去),1 首。Cahill, Suzanne. "Sex and the Supernatural in Medieval China: Cantos on the Transcendent who Presides over the River", *Journal of the American Oriental Society*, 1985, 105 (2): 216.

[17] 王椒升:《乌夜啼》(昨夜风兼雨)、《捣练子令》(深院静)、《谢新恩》(冉冉秋光留不住)、《相见欢》(无言独上西楼)、《清平乐》(别来春半)、《浪淘沙令》(帘外雨潺潺)、《相见欢》(林花谢了春红)、《浪淘沙》(往事只堪哀)、《虞美人》(风回小院庭芜绿)、《望江南》(多少恨),10 首。Mair, Victor, ed. *The Columbia Anthology of Traditional Chinese Literature*. New York: Columbia University Press, 1994. PP. 309—314.

[18] 朱莉·兰多:《虞美人》(春花秋月何时了)、《乌夜啼》(昨夜风兼雨)、《子夜歌》(人生愁恨何能免)、《望江南》(多少恨)、《清平乐》(别来春半)、《相见欢》(林花谢了春红)、《浪淘沙》(往事只堪哀)、《虞美人》(风回小院庭芜绿)、《破阵子》(四十年来家国)、《浪淘沙》(帘外雨潺潺)、《渔父》(浪花有意千重雪)、《渔父》(一棹春风一叶舟)、《相见欢》(无言独上西楼),13 首。Landau, Julie. *Be-*

yond Spring：*Tz'u Poems of the Sung Dynasty*. New York：Columbia University Press，1994. PP. 31－43.

[19] 宇文所安：《乌夜啼》（昨夜风兼雨）、《虞美人》（春花秋月何时了），2 首。Owen，Stephen. "Meaning the Words：The Genuine as a Value in the Tradition of the Song Lyric"，in Pauline Yu（ed.），*Voices of the Song Lyric in China*. Berkeley：University of California Press，1994. PP. 56，69.

[20] 宇文所安：《菩萨蛮》（花明月暗笼轻雾）、《虞美人》（春花秋月何时了）、《相见欢》（无言独上西楼），3 首。Owen，Stephen. *An Anthology of Chinese Literature*：*Beginnings to 1911*. New York and London：W. W. Norton & Company，1996. PP. 568－569.

[21] 黄彰位：《长相思》（云一緺）、《菩萨蛮》（花明月暗飞轻雾）、《捣练子》（塘水初澄似玉容）、《菩萨蛮》（铜簧韵脆锵寒竹）、《渔父词》（浪花有意千重雪），5 首。Hwang Chang-wei. *Ten Excellent Works of the Chinese Classical Literature*. Californiaia：San Jose，1996. PP. 135－144.

[22] 叶维廉：《虞美人》（春花秋月何时了），1 首。Yip，Wai-lim，ed. and trans. *Chinese Poetry*：*An Anthology of Major Modes and Genres*. Durham and London：Duke University Press，1997. P. 312.

[23] 山姆·布洛克：《菩萨蛮》（蓬莱院闭天台女）、《喜迁莺》（晓月坠）、《蝶恋花》（遥夜亭皋闲信步），《望江梅》（闲梦远）、《乌夜啼》（林花谢了春红）、《相见欢》（无言独上西楼）、《浪淘沙》（往事只堪哀）、《浣溪沙》（转烛飘蓬一梦归，其实为冯延巳词），8 首；Arthur Waley：《望江南》（多少恨），1 首；白之：《虞美人》（春花秋月何时了），1 首。Birch，Cyril. *Anthology of Chinese Literature*：*From Early Times to the Fourteenth Century*. New York：Grove Press，1965. PP. 348－352. 其中，《蝶恋花》（遥夜亭皋闲信步）、《望江梅二首》（闲梦远）、《乌夜啼》（林花谢了春红）、《浪淘沙》（往事只堪哀）、《浣溪沙》（转烛飘蓬一梦归）、《望江南》、《虞美人》也见：Minford，John and Lau，Joseph S. M. *Classical Chinese Lit-*

erature: *an Anthology of Translations* (From Antiquity to the Tang Dynasty, Vol. 1). New York and H. K.: Columbia University Press and The Chinese University Press, 2000. PP. 1126—1130.

[24] 唐安石:《清平乐》(别来春半),1 首;Amy Lowell and Florence Ayscough:《相见欢》(无言独上西楼),1 首。Minford, John and Lau, Joseph S. M. *Classical Chinese Literature*: *an Anthology of Translations* (From Antiquity to the Tang Dynasty, Vol. 1). New York and H. K.: Columbia University Press and The Chinese University Press, 2000. P. 1130.

[25] William Carlos Williams:《虞美人》(春花秋月何时了)、《相见欢》(无言独上西楼),2 首。Weinberger, Eliot. *The New Directions Anthology of Classical Chinese Poetry*. New York: A New Dierections Book, 2003. P. 142.

[26] Teresa Yu and David Lunde:《一斛珠》、《玉楼春》,2 首。Cheang, Alice W. *A Silver Treasury of Chinese Lyrics*. Hong Kong: The Chinese University of Hong Kong, 2003. PP. 26—27.

[27] 刘殿爵:《乌夜啼》,1 首。Cheang, Alice W. *A Silver Treasury of Chinese Lyrics*. Hong Kong: The Chinese University of Hong Kong, 2003. P. 28.

[28] David Hawkes:《乌夜啼》、《浪淘沙》2 首、《虞美人》,4 首。Cheang, Alice W. *A Silver Treasury of Chinese Lyrics*. Hong Kong: The Chinese University of Hong Kong, 2003. PP. 28—30.

[29] 托尼·巴恩斯通、周萍:《一斛珠》(晚妆初过),《菩萨蛮》(蓬莱院闭天台女)、(铜簧韵脆锵寒竹)、(花明月暗笼轻雾),4 首。Barnstone, Tony and Chou Ping. *Chinese Erotic Poems*. New York and Toronto: Alfred A. Knopf, 2007. PP. 102—105.

三　英语世界晏殊词译目概览

[1] 克拉拉·M. 坎德林:《诉衷情》(芙蓉金菊斗馨香)、《殢人娇》(二月春风),2 首。Candlin, Clara M. *The Herald Wind*: *Translations of Sung Dynasty Poems, Lyrics and Songs*. London:

J. Murray. 1933，PP. 38－39.

[2] 邓根·迈根托斯、艾伦·艾丽:《浣溪沙》(一曲新词酒一杯)、《破阵子》(燕子来时新社)，2首。Mackintosh，Dungan & Alan Ayling. *A Collection of Chinese Lyrics*. London：Routledge and Kegan Paul，1965. PP. 85－87.

[3] 邓根·迈根托斯、艾伦·艾丽:《山亭柳》(家住西秦)，1首。Mackintosh，Dungan & Alan Ayling. *A Further Collection of Chinese Lyrics and Other Poems*. Nashville，Tennessee：Vanderbilt University Press，1970. P. 58.

[4] 刘若愚:《浣溪沙》(一曲新词酒一杯)、《鹊踏枝》(槛菊愁烟兰泣露)、《清平乐》(金风细细)、《踏莎行》(小径红稀)，4首。Liu，James J. Y. *Major Lyricists of the Northern Sung*. Princeton：Princeton University Press，1974. PP. 18，20，23，26.

[5] 刘若愚:《踏莎行》(小径红稀)，1首。Liu，James J. Y. "Literary Qualities of the Lyric (Tz'u)"，in Cyril Birch (ed.)，*Studies in Chinese Literary Genres*. Berkeley：University of California Press，1974. P. 139.

[6] 刘若愚:《踏莎行》(小径红稀)，1首；An-yan Tang：《玉楼春》(绿杨芳草长亭路)，1首。Liu，Wu-chi and Irving Yucheng Lo，eds. *Sunflower Splendor*：*Three Thousand Years of Chinese Poetry*. Bloomington and London：Indiana University Press，1975. P. 310.

[7] 唐安石:《浣溪沙》(一曲新词酒一杯)，1首。Turner，John，S. J. *A Golden Treasury of Chinese Poetry*. Hong Kong：The Chinese University Press，1976. P. 224.

[8] 刘殿爵:《踏莎行》(小径红稀)，1首。Lau，D. C. "Twenty Selected Lyrics"，in *Renditions*. Hong Kong：The Chinese University of Hong Kong，1979，No. 11，12：8.

[9] 海陶玮:《清平乐》(金风细细)、《采桑子》(时光只解催人老)、《谒金门》(秋露坠)、《破阵子》(湖上西风斜日)、《蝶恋花》(紫菊初生朱槿坠)、《拂霓裳》(乐秋天)、《山亭柳》(家住西秦)，7首。Chia-ying Yeh Chao，translated by James R. Hightower. "An apprecia-

tion of the Tz'u of Yen Shu”, in *Renditions*. Hong Kong: The Chinese University of Hong Kong, 1979, No. 11, 12: 90—92, 96, 97.

[10] 宇文所安:《浣溪沙》(一向年光有限身),1 首。Owen, Stephen. “Meaning the Words: The Genuine as a Value in the Tradition of the Song Lyric”, in Pauline Yu (ed.), *Voices of the Song Lyric in China*. Berkeley: University of California Press, 1994. P. 36.

[11] 宇文所安:《破阵子》(燕子欲归时节)、《浣溪沙》(一向年光有限身),2 首。Owen, Stephen. *An Anthology of Chinese Literature: Beginnings to 1911*. New York and London: W. W. Norton & Company. 1996. PP. 569—570.

[12] 海陶玮:《玉楼春》(绿杨芳草长亭路),1 首;王椒升:《踏莎行》(小径红稀)、《浣溪沙》(一曲新词酒一杯),2 首。Mair, Victor, ed. *The Columbia Anthology of Traditional Chinese Literature*. New York: Columbia University Press, 1994. PP. 317—318.

[13] 朱莉·兰多:《浣溪沙》(一曲新词酒一杯)、(一向年光有限身)、(槛菊愁烟兰泣露),《清平乐》(红笺小字)、(金风细细),《木兰花》(燕鸿过后莺归去)、(池塘水绿风微暖),《踏莎行》(小径红稀)、(祖席离歌),《山亭柳》(家住西秦),《玉楼春》(绿杨芳草长亭路),《破阵子》(燕子来时新社),《蝶恋花》(六曲栏杆偎碧树),13 首。Landau, Julie. *Beyond Spring: Tz'u Poems of the Sung Dynasty*. New York: Columbia University Press, 1994. PP. 62—74.

[14] 任博克:《浣溪沙》(一曲新词酒一杯),1 首。Ziporyn, Brook. “Temporal Paradoxes: Intersections of Time Present and Time Past in the Song Ci”, *Chinese Literature: Essays, Articles, Reviews*, 1995, (17): 98.

[15] 叶嘉莹:《清平乐》(金风细细)、《采桑子》(时光只解催人老)、《谒金门》(秋露坠)、《破阵子》(湖上西风斜日)、《蝶恋花》(紫菊初生朱槿坠)、《拂霓裳》(笑秋天)、《山亭柳》(家住西秦),7 首。Yeh, Florence Chia-ying. “An Appreciation of the ‘Tz'u’ of Yen Shu”, in *Studies in Chinese Poetry*. Cambridge, Massachusetts, and

London：Harvard University Asia Center，1998. PP. 157—159，163，164.

[16] 宇文所安：《浣溪沙》、《踏莎行》、《山亭柳》，3 首。Cheang，Alice W. *A Silver Treasury of Chinese Lyrics*. Hong Kong：The Chinese University of Hong Kong，2003. PP. 39－42.

四　英语世界柳永词译目概览

[1] 克拉拉·M. 坎德林：《凤栖梧》（伫倚危楼风细细）、《诉衷情近》（雨晴气爽），2 首。Candlin，Clara M. *The Herald Wind：Translations of Sung Dynasty Poems，Lyrics and Songs*. London：J. Murray，1933. PP. 46－48.

[2] 初大告：《雨霖铃》（寒蝉凄切）、《八声甘州》（对潇潇、暮雨洒江天），2 首。Ch'u，Ta-Kao. *Chinese Lyrics*. Cambridge：Cambridge University Press，1937. PP. 16－17.

[3] 邓根·迈根托斯、艾伦·艾丽：《雨霖铃》（寒蝉凄切），1 首。Mackintosh，Dungan & Alan Ayling. *A Collection of Chinese Lyrics*. London：Routledge and Kegan Paul，1965. P. 111.

[4] 柳无忌：《雨霖铃》（寒蝉凄切）、《八声甘州》（对潇潇、暮雨洒江天），2 首。Liu，Wu-chi. *An Introduction to Chinese Literature*. Bloomington：Indiana University Press，1966. PP. 106，107.

[5] 刘若愚：《雨霖铃》（寒蝉凄切）、《八声甘州》（对潇潇暮雨洒江天）、《夜半乐》（冻云黯淡天气）、《迎新春》（嶰管变青律）、《菊花新》（欲掩香帏论缱绻），5 首。Liu，James J. Y. *Major Lyricists of the Northern Sung*. Princeton：Princeton University Press，1974. PP. 54，60，66，75，80. 其中，《菊花新》（欲掩香帏论缱绻），也见：Liu，James J. Y. "Literary Qualities of the Lyric (Tz'u)"，in Cyril Birch，*Studies in Chinese Literary Genres*. Berkeley：University of California Press，1974. P. 137.

[6] 刘若愚：《夜半乐》（冻云暗淡天气）、《八声甘州》（对潇潇暮雨洒江天）、《菊花新》（欲掩香帏论缱绻），3 首；J. P. 西顿：《玉蝴蝶》（望处雨收云断）、《少年游》（长安古道马迟迟）、《迷神引》（一叶扁

舟轻帆卷)，3 首。Liu，Wu-chi and Irving Yucheng Lo，eds. *Sunflower Splendor*：*Three Thousand Years of Chinese Poetry*. Bloomington and London：Indiana University Press，1975. PP. 320—324.

[7] 梁丽芳：《甘草子》(愁暮)、《菊花新》(欲掩香帏论缱绻)、《望海潮》(东南形胜)、《倾杯》(鹜落霜洲)、《引驾行》(虹收残雨)、《夜半乐》(艳阳天气)、《忆帝京》(薄衾小枕天气)、《迎春乐》(近来憔悴人惊怪)、《倾杯》(离宴殷勤)、《婆罗门令》(昨宵里)、《定风波》(自春来)、《柳腰轻》(英英妙舞腰肢软)、《木兰花令》(有个人人真攀羡)，13 首。Winnie Lai-Fong Leung. "Thirteen Tz'u by Liu Yung"，in *Renditions*. Hong Kong：The Chinese University of Hong Kong，1979，No. 11，12：62—82.

[8] 孙康宜：《定风波》(自春来、惨绿愁红)、《满江红》(万恨千愁)、《雨霖铃》(寒蝉凄切)、《八声甘州》(对潇潇、暮雨洒江天)、《夜半乐》(冻云黯淡天气)、《戚氏》(晚秋天)、《秋夜月》(当初聚散，只翻译了上半阕)、《归朝欢》(别岸扁舟三两只)，8 首。Chang，Kang-I Sun. *The Evolution of Chinese Tz'u Poetry*：*From Late T'ang to Northern Sung*. Princeton：Princeton University Press，1980. PP. 113，117，125，127，138，141—143，148，155.

[9] Rewi Alley：《雨霖铃》(寒蝉凄切)，1 首。Alley，Rewi. *Selected Poems of the Tang and Song Dynasties*. Hong Kong：Hai Feng Publishing Company，1981. P. 65.

[10] 海陶玮：《柳腰轻》(英英妙舞腰肢软)、《惜春郎》(玉肌琼艳新妆饰)、《少年游》(铃斋无讼宴游频)、《少年游》(世间尤物意中人)、《木兰花令》(有个人人真攀羡)、《玉蝴蝶》(误入平康小巷)、《河传》(翠深红浅)、《昼夜乐》(秀香家住桃花径)、《洞仙歌》(佳景留心惯)、《(促拍)满路花》(香靥融春雪)、《击梧桐》(香靥深深)、《殢人娇》(当日相逢)、《小镇西》(意中有个人)、《浪淘沙》(梦觉)、《昼夜乐》(洞房记得初相遇)、《锦堂春》(坠髻慵梳)、《迷仙引》(才过笄年)、《两同心》(嫩脸修蛾)、《归去来》(一夜狂风雨)、《驻马听》(凤枕鸾帷)、《满江红》(万恨千愁)、《迎春乐》(近来憔悴人惊怪)、《秋蕊香引》(留不得)、《塞孤》(一声鸡)、《竹马子》

（登孤垒荒凉）、《迷神引》（一叶扁舟轻帆卷）、《内家娇》（煦景朝升）、《倾杯》（水乡天气）、《戚氏》（晚秋天）、《宣清》（残月朦胧）、《凤归云》（恋帝里）、《应天长》（残蝉渐绝）、《尾犯》（晴烟幂幂）、《凤归云》（向深秋）、《如鱼水》（帝里疏散）、《巫山一段云》（清旦朝金母）、《巫山一段云》（阆苑年华永）、《西施》（苎萝妖艳世难偕）、《木兰花慢》（拆桐花烂漫）、《瑞鹧鸪》（吴会风流）、《木兰花》（虫娘举措皆温润）、《集贤宾》（小楼深巷狂游遍）、《征部乐》（雅欢幽会）、《隔帘听》（咫尺凤衾鸳帐）、《玉楼春》（阆风歧路连银阙）、《黄莺儿》（园林晴昼春谁主）、《玉女摇仙佩》（飞琼伴侣）、《尾犯》（夜雨滴空阶）、《早梅芳》（海霞红）、《斗百花》（煦色韶光明媚）、《鬥百花》（满搦宫腰纤细）、《甘草子》（秋暮）、《西江月》（凤额绣帘高卷）、《笛家弄》（花发西园）、《倾杯乐》（皓月初圆）、《梦还京》（夜来匆匆饮散）、《凤衔杯》（有美瑶卿能染翰）、《凤衔杯》（追悔当初孤深愿）、《受恩深》（雅致装庭宇）、《看花回》（屈指劳生百岁期）、《柳初新》（东郊向晓星杓亚）、《慢卷袖》（闲窗烛暗）、《归朝欢》（别岸扁舟三两只）、《采莲令》（月华收）、《秋夜月》（当初聚散）、《婆罗门令》（昨宵里）、《凤栖梧》（伫倚危楼风细细）、《凤栖梧》（蜀锦地衣丝步障）、《法曲第二》（青翼传情）、《一寸金》（井络天开）、《永遇乐》（薰风解愠）、《永遇乐》（天阁英游）、《卜算子》（江枫渐老）、《鹊桥仙》（届征途）、《夏云峰》（宴堂深）、《浪淘沙令》（有个人人）、《荔枝香》（甚处寻芳赏翠）、《倾杯》（离宴殷勤）、《双生子》（晚天萧索）、《阳台路》（楚天晚）、《二郎神》（炎光谢）、《定风波》（自春来）、《诉衷情近》（雨晴气爽）、《抛球乐》（晓来天气浓淡）、《思归乐》（天幕清和堪宴聚）、《合欢带》（身材儿）、《少年游》（淡黄衫子郁金裙）、《少年游》（帘垂深院冷萧萧）、《少年游》（一生赢得是凄凉）、《长相思》（画鼓喧街）、《木兰花》（酥娘一搦腰肢袅）、《轮台子》（一枕清宵好梦）、《过涧歇近》（淮楚）、《过涧歇近》（酒醒）、《望汉月》（明月明月明月）、《归去来》（初过元宵三五）、《长寿乐》（尤红殢翠）、《望海潮》（东南形胜）、《如鱼水》（轻霭浮空）、《玉蝴蝶》（望处雨收云断）、《玉蝴蝶》（是处小街斜巷）、《满江红》（匹马驱驱）、《引驾行》（红尘紫陌）、《望远行》（长空降瑞)、《临江仙》(梦觉小庭院)、《六幺令》(淡烟残照)、《剔银灯》(何事春工用意)、《红窗听》(如削肌肤红玉莹)、《女冠子》(淡烟飘薄)、《西施》(自从回步百花桥)、《郭郎儿近拍》(帝里)、《临江仙引》(渡口)、《瑞鹧鸪》(宝髻瑶簪)、《瑞鹧鸪》(天将奇艳与寒梅)、《洞仙歌》(嘉景)、《安公子》(远岸收残雨)、《安公子》(梦觉清宵半)、《长寿乐》(繁红嫩翠)、《倾杯》(鹜落霜洲)、《鹤冲天》(黄金榜上)、《木兰花》(剪裁用尽春工意)、《木兰花》(东风吹露千娇面)、《倾杯乐》(楼锁轻烟)、《燕归梁》(轻蹑罗鞋掩绛绡)、《迷神引》(红板桥头秋光暮)、《爪茉莉》(每到秋来)、《女冠子》(火云初布)、《十二时》(晚晴初)、《西江月》(师师生得艳冶),129 首。以《全宋词》为底本。Hightower, James R. "The Songwriter Liu Yung: Part I", *Harvard Journal of Asiatic Studies*, 1981, 41 (2): 323—376; "The Songwriter Liu Yung: Part II", *Harvard Journal of Asiatic Studies*, 1982, 42 (1): 5—66.

[11] 宇文所安:《彩云归》(蘅皋向晚舣轻航,后半阕)、《瑞鹧鸪》(凝态掩霞襟),2 首。Owen, Stephen. "Meaning the Words: The Genuine as a Value in the Tradition of the Song Lyric". Pauline Y (ed.), *Voices of the Song Lyric in China*. Berkeley, Los Angeles Oxford: University of California Press, 1994. PP. 3647.

[12] 朱莉·兰多:《曲玉管》(陇首云飞)、《雨霖铃》(寒蝉凄切)、《采莲令》(月华收)、《风栖梧》(伫倚危楼风细细)、《浪淘沙慢》(梦觉透窗风一线)、《定风波》(自春来、惨绿愁红)、《少年游》(长安古道马迟迟)、《戚氏》(晚秋天)、《望海潮》(东南形胜)、《玉蝴蝶》(望处雨收云断)、《八声甘州》(对潇潇、暮雨洒江天)、《竹马子》(登孤垒荒凉)、《迷神引》(一叶扁舟轻帆卷)、《倾杯》(鹜落霜洲),14 首。Landau, Julie. *Beyond Spring: Tz'u Poems of the Sung Dynasty*. New York: Columbia University Press, 1994. PP. 76—90.

[13] 王椒升:《雨霖铃》(寒蝉凄切),1 首;刘若愚:《八声甘州》(对潇潇、暮雨洒江天),1 首。Mair, Victor, ed. *The Columbia Anthology of Traditional Chinese Literature*. New York: Columbia University Press, 1994. PP. 314, 315.

[14] 任博克：《浪淘沙》（梦觉透风一线），1 首。Ziporyn，Brook. "Temporal Paradoxes：Intersections of Time Present and Time Past in the Song Ci"，*Chinese Literature*：*Essays*，*Articles*，*Reviews*，1995，(17)：104.

[15] 宇文所安：《看花回》（屈指劳生百岁期）、《夜半乐》（冻云黯淡天气），2 首。Owen，Stephen. *An Anthology of Chinese Literature*：*Beginnings to 1911*. New York and London：W. W. Norton & Company，1996. PP. 574－575.

[16] 叶维廉：《雨霖铃》（寒蝉凄切），1 首。Yip，Wai-lim，ed. and trans. *Chinese Poetry*：*An Anthology of Major Modes and Genres*. Durham and London：Duke University Press，1997. P. 316.

[17] Benjamin B. Ridgway：《柳初新》（东郊向晓星杓亚）、《雨霖铃》（寒蝉凄切），《倾杯》（鹜落霜洲），3 首。Ridgway，Benjamin B. "Imagined Travel：Displacement Landscape and Literati Identity in the Song Lyrics of Su Shi (1037－1101)". University of Michigan，2005. PP. 25，35，41.

[18] Eva Hung：《木兰花令》、《望海潮》，2 首。Alice W. Cheang. *A Silver Treasury of Chinese Lyrics*. Hong Kong：The Chinese University of Hong Kong，2003. PP. 33－34.

[19] David E. Pollard：《鹤冲天》，1 首。Cheang，Alice W. *A Silver Treasury of Chinese Lyrics*. Hong Kong：The Chinese University of Hong Kong，2003. P. 35.

[20] Edwin A. Cranston：《迷仙引》、《玉蝴蝶》、《倾杯》，3 首。Cheang，Alice W. *A Silver Treasury of Chinese Lyrics*. Hong Kong：The Chinese University of Hong Kong，2003. PP. 36－38.

[21] J. P. 西顿：《玉蝴蝶》（望处雨收云断）、《少年游》（长安古道马迟迟）、《迷神引》（一叶扁舟轻帆卷），3 首。Seaton，J. P. *The Shambhala Anthology of Chinese Poetry*. Boston and London：Shambhala Publications，2006. PP. 158－160.

[22] 托尼·巴恩斯通、周萍：《菊花新》（欲掩香帏论缱绻）、《婆罗门令》（昨宵里），2 首。Barnstone，Tony and Chou Ping. *Chinese E-*

rotic Poems. New York and Toronto: Alfred A. Knopf, 2007. PP. 108－109.

五 英语世界苏轼词译目概览

[1] 克拉拉·M. 坎德林:《水调歌头》(明月几时有),1 首。Candlin, Clara M. *The Herald Wind: Translations of Sung Dynasty Poems, Lyrics and Songs*. London: J. Murray, 1933. P. 54.

[2] 初大告:《临江仙》(夜饮东坡醒复醉)、《江城子》(十年生死两茫茫)、《水调歌头》(明月几时有)、《念奴娇》(大江东去)、《行香子》(清夜无尘)、《卜算子》(水是眼波横)、《卜算子》(缺月挂疏桐)、《哨遍》(为米折腰),8 首。Ch'u, Ta-Kao. *Chinese Lyrics*. Cambridge: Cambridge University Press, 1937. PP. 21－29.

[3] 王红公:《念奴娇·赤壁怀古》(大江东去)、《少年游》(去年相送)、《少年游·咏红梅》(好睡慵开莫厌迟),3 首。Rexroth, Kenneth. *One Hundred Poems from the Chinese*. New York: New Directions, 1956. PP. 73, 85, 86.

[4] 华兹生:《江神子》(十年生死两茫茫),《浣溪沙》(旋抹红妆看使君)、(麻叶层层苘叶光)、(簌簌衣巾莎枣花)、(软草平莎过雨新),《临江仙》(夜饮东坡醒复醉),《鹧鸪天》(林断山明竹隐墙),7 首。Watson, Burton. Su Tung-p'o: *Selections from a Sung Dynasty Poet*. New York: Columbia University Press, 1965. PP. 54, 60－61, 86, 95.

[5] 初大告:《江城子》(十年生死两茫茫,误作《念奴娇》)、《水调歌头》(明月几时有)、《念奴娇》(大江东去),3 首,Birch, Cyril. *Anthology of Chinese Literature: From Early Times to the Fourteenth Century*. New York: Grove Press, 1965. PP. 355－357.

[6] 邓根·迈根托斯、艾伦·艾丽:《卜算子》(水是眼波横)、《卜算子》(缺月挂疏桐)、《洞仙歌》(冰肌玉骨)、《水调歌头》(明月几时有)、《念奴娇·赤壁怀古》(大江东去)、《水龙吟》(似花还似飞花),6 首。Mackintosh, Dungan & Alan Ayling. *A Collection of Chinese Lyrics*. London: Routledge and Kegan Paul, 1965. PP. 113－123.

[7] 柳无忌:《念奴娇·赤壁怀古》(大江东去)、《水调歌头》(明月几时有)、《蝶恋花》(灯火钱塘三五夜)、《临江仙》(夜饮东坡醒复醉)、《江城子》(十年生死两茫茫)、《卜算子》(缺月挂疏桐),6 首。Liu, Wu-chi. *An Introduction to Chinese Literature*. Bloomington: Indiana University Press, 1966. PP. 110—113.

[8] 邓根·迈根托斯、艾伦·艾丽:《少年游》(去年相送)、《瑞鹧鸪》(城头月落尚啼乌)、《沁园春》(孤馆灯青)、《江城子》(十年生死两茫茫)、《江城子》(老夫聊发少年狂)、《浣溪沙》(照日深红暖见鱼)、(旋抹红妆看使君)、(麻叶层层苘叶光)、(软草平莎过雨新)、《浣溪沙》(惭愧今年二麦丰)、《浣溪沙》(山下兰牙短浸溪)、《定风波》(莫听穿林打叶声)、《临江仙》(夜饮东坡醒复醉)、《蝶恋花》(花退残红青杏小),14 首。Mackintosh, Dungan & Alan Ayling. *A Further Collection of Chinese Lyrics and Other Poems*. Nashville, Tennessee: Vanderbilt University Press, 1970. PP. 67—89.

[9] 刘若愚:《水调歌头》(明月几时有)、《永遇乐》(明月如霜)、《念奴娇·赤壁怀古》(大江东去)、《水龙吟》(似花还似非花)、《蝶恋花·春景》(花退残红青杏小》,5 首。Liu, James J. Y. *Major Lyricists of the Northern Sung*. Princeton: Princeton University Press, 1974. PP. 121—152.

[10] 刘若愚:《水龙吟》(似花还似非花);欧阳桢:《水调歌头》(明月几时有)、《卜算子》(缺月挂疏桐),2 首;Michael E. Workman:《临江仙》(夜饮东坡醒复醉),1 首;罗郁正:《如梦令》(自净方能净彼)、《永遇乐》(一叶舟轻),2 首。Liu, Wu-chi and Irving Yucheng Lo, eds. *Sunflower Splendor: Three Thousand Years of Chinese Poetry*. Bloomington and London: Indiana University Press, 1975. PP. 349—352.

[11] 唐安石:《水调歌头》(明月几时有),1 首。Turner, John, S. J. *A Golden Treasury of Chinese Poetry*. Hong Kong: The Chinese University Press, 1976. PP. 234—237.

[12] 刘殿爵:《临江仙》(夜饮东坡醒复醉)、《浣溪沙》(山下兰芽短浸溪)、《少年游》(去年相送)、《蝶恋花》(花退残红青杏小),4 首。

Lau，D.C.“Twenty Selected Lyrics”，in *Renditions*. Hong Kong：The Chinese University of Hong Kong，1979，No.11，12：15—18.

[13] 孙康宜：《八声甘州》（有情风、万里卷潮来）、《江城子》（梦中了了醉中醒）、《定风波》（好睡慵开莫厌迟）、《木兰花》（梧桐叶上三更雨）、《念奴娇》（大江东去）、《永遇乐》（燕子楼空）、《水龙吟》（似花还似非花），7 首。Chang，Kang-I Sung. *The Evolution of Chinese Tz'u Poetry：From Late T'ang to Northern Sung*. Princeton：Princeton University Press，1980，PP.162，163，177，180，184，187，189.

[14] Rewi Alley：《水调歌头》（明月几时有），1 首。Alley，Rewi. *Selected Poems of the Tang and Song Dynasties*. Hong Kong：Hai Feng Publishing Company，1981. P.72.

[15] 华兹生：《江城子》（十年生死两茫茫），《水调歌头》（明月几时有），《浣溪沙》（旋抹红妆看使君）、（麻叶层层苘叶光）、（簌簌衣巾莎枣花）、（软草平莎过雨新），《临江仙》（夜饮东坡醒复醉），《鹧鸪天》（林断山明竹隐墙），8 首。Watson，Burton. *The Columbia Book of Chinese Poetry：From Early Times to the Thirteenth Century*. New York：Columbia University Press，1984. PP.365—368.

[16] 文森特·杨：《行香子》（过七里濑）、《醉落魄》（分携如昨）、《沁园春》（孤馆灯青）、《水调歌头》（明月几时有）、《永遇乐》（明月如霜）、《定风波》（莫听穿林打叶声）、《念奴娇》（大江东去）、《临江仙》（夜饮东坡醒复醉）、《卜算子》（缺月挂疏桐）、《虞美人》（波声拍枕长淮晓）、《渔父》（渔父饮）、《减字木兰花》，11 首。Yang，Vincent. *Nature and Self：A Study of the Poetry of Su Dongpo with Comparisons to the Poetry of William Wordsworth*. New York：Peter Lang，1989. PP.65，73，76，80，93，129，131，134，137，148，185.

[17] 方秀洁：《定风波·感旧》（莫怪鸳鸯绣带长），1 首。Fong，Grace S.“Persona and Mask in the Song Lyric（Ci）”，*Harvard Journal of Asiatic Studies*，1990，50（2）：464.

[18] 郑文君：《卜算子》（缺月挂疏桐），1 首。Cheang，Alice W.“Poet-

ry, Politics, Philosophy: Su Shih as The Man of The Eastern Slope", *Harvard Journal of Asiatic Studies*, 1993, 53 (2): 337.

[19] 王椒升：《定风波》（莫听穿林打叶声）、《江神子》（老夫聊发少年狂）、《鹧鸪天》（林断山明竹隐墙）、《蝶恋花》（花褪残红青杏小），4首；海陶玮：《水调歌头》（明月几时有）、《江城子》（十年生死两茫茫）、《满庭芳》（蜗角虚名）、《临江仙》（夜饮东坡醒复醉）、《永遇乐》（明月如霜），5首。Mair, Victor, ed. *The Columbia Anthology of Traditional Chinese Literature*. New York: Columbia University Press, 1994. PP. 320—326.

[20] 朱莉·兰多：《水龙吟》（似花还似飞花），《水调歌头》（明月几时有），《念奴娇》（凭高眺远）、（大江东去），《西江月》（照野弥弥浅浪），《临江仙》（夜饮东坡醒复醉），《少年游》（去年相送），《定风波》（莫听穿林打叶声）、（好睡慵开莫厌迟），《望江南》（春未老），《卜算子》（缺月挂疏桐），《贺新郎》（乳燕飞华屋），《江神子》（黄昏犹是雨纤纤）、（老夫聊发少年狂），《江城子》（十年生死两茫茫），《蝶恋花》（花褪残红青杏小），《永遇乐》（明月如霜），《阳关曲》（暮云收尽溢清寒），《浣溪沙》（山下兰芽短浸溪）、（照日深红暖见鱼）、（旋抹红妆看使君）、（麻叶层层苘叶光）、（簌簌衣巾莎枣花）、（软草平莎过雨新）、（细雨斜风作晓寒），《青玉案》（三年枕上吴中路），26首。Landau, Julie. *Beyond Spring: Tz'u Poems of the Sung Dynasty*. New York: Columbia University Press, 1994. PP. 108—135.

[21] 连新达：《水龙吟》（似花还似飞花），1首。Lian, Xinda. *The Wild and Arrogant: Expression of Self in Xin Qiji's Song Lyrics*. New York: P. Lang, 1995. P. 97.

[22] 宇文所安：《水调歌头》（明月几时有）、《临江仙》（夜饮东坡醒复醉）、《定风波》（莫听穿林打叶声）、《念奴娇》（大江东去），4首。Owen, Stephen. *An Anthology of Chinese Literature: Beginnings to 1911*. New York and London: W. W. Norton & Company, 1996. PP. 577—580.

[23] 叶维廉：《念奴娇》（大江东去）、《临江仙》（夜饮东坡醒复醉），2

首。Yip，Wai-lim，ed. and trans. *Chinese Poetry*：*An Anthology of Major Modes and Genres*. Durham and London：Duke University Press，1997. PP. 318－320.

[24] 叶嘉莹：《浪淘沙》（昨日出东城）、《行香子》（一夜舟轻）、《沁园春》（孤馆灯青）、《江城子》（老夫聊发少年狂）、《水龙吟》（楚山修竹如云）、《定风波》（常羡人间琢玉郎）、《醉落魄》（苍颜华发）、《江城子》（天涯流落思无穷）、《阮郎归》（一年三度过苏台）、《鹊桥仙》（缑山仙子）、《水调歌头》（明月几时有）、《念奴娇》（大江东去）、《定风波》（莫听穿林打叶声）、《八声甘州》（有情风、万里卷潮来），14 首。Yeh，Florence Chia-ying. "On the Song Lyrics of Su Shih"，in *Studies in Chinese Poetry*. Cambridge，Massachusetts and London：Harvard University Asia Center，1998. PP. 273，275，278，280—283，286—288。其中，《永遇乐》（明月如霜），也见：Yeh，Florence Chia-ying. "On Hsin Ch'i-chi's Song Lyrics"，in *Studies in Chinese Poetry*. Cambridge，Massachusetts and London：Harvard University Asia Center，1998. P. 345.

[25] 林顺夫：《江城子》（十年生死两茫茫）、《永遇乐》（明月如霜），2 首。Lin，Shuen-fu. "Through a Window of Dreams：Reality and Illusion in the Song Lyrics of the Song Dynasty"，in Grace S. Fong (ed.)，*Hsiang Lectures on Chinese Poetry*，Vol. 1. Montreal Quebec：McGill University，2001. PP. 25－27.

[26] Benjamin B. Ridgway：《沁园春》（孤馆灯青）、《木兰花令》（霜余已失长淮阔）、《江城子》（老夫聊发少年狂）、《江城子》（十年生死两茫茫）、《永遇乐》（明月如霜）、《满江红》（江汉西来）、《满庭芳》（三十三年）、《归朝欢》（我梦扁舟浮震泽）、《浣溪沙》（照日深红暖见鱼）、《浣溪沙》（旋抹红妆看使君）、《浣溪沙》（麻叶层层苘叶光）、《浣溪沙》（簌簌衣巾莎枣花）、《浣溪沙》（软草平莎过雨新）、《南歌子》（日出西山雨）、《南歌子》（雨暗初疑夜）、《西江月》（照野弥弥浅浪）、《定风波》（莫听穿林打叶声）、《江神子》（梦中了了醉中醒）、《浣溪沙·渔父》（西塞山边白鹭飞）、《临江仙》（夜饮东坡醒复醉）、《满庭芳》（归去来兮）、《满庭芳》（归去来兮，清溪无

底），22 首。Ridgway，Benjamin B. “Imagined Travel：Displacement Landscape and Literati Identity in the Song Lyrics of Su Shi (1037－1101)”. University of Michigan，2005. PP. 46，71，84，94，97，112，118，131—133，136，141，150，158，162，166，175，178.

[27] J. P. 西顿：《渔父》（渔父饮）、（渔父醉）、（渔父醒）、（渔父笑），《临江仙》（夜饮东坡醒复醉），《南歌子》（带酒冲山雨），6 首。Seaton，J. P. *The Shambhala Anthology of Chinese Poetry*. Boston and London：Shambhala Publications，2006. PP. 165－167.

[28] 刘殿爵：《江城子》，1 首。Cheang，Alice W. *A Silver Treasury of Chinese Lyrics*. Hong Kong：The Chinese University of Hong Kong，2003. P. 53.

[29] Brian Holton：《江城子》，1 首。Cheang，Alice W. *A Silver Treasury of Chinese Lyrics*. Hong Kong：The Chinese University of Hong Kong，2003. P. 54.

[30] 郑文君：《水调歌头》，1 首。Cheang，Alice W. *A Silver Treasury of Chinese Lyrics*. Hong Kong：The Chinese University of Hong Kong，2003. P. 55.

[31] Stuart Sargent：《念奴娇》、《满庭芳》，2 首。Cheang，Alice W. *A Silver Treasury of Chinese Lyrics*. Hong Kong：The Chinese University of Hong Kong，2003. PP. 56－57.

[32] Michael Farman：《卜算子》、《临江仙》、《贺新郎》、《蝶恋花》，4 首。Cheang，Alice W. *A Silver Treasury of Chinese Lyrics*. Hong Kong：The Chinese University of Hong Kong，2003. PP. 58－61.

六　英语世界欧阳修词译目概览

[1] 克拉拉·M. 坎德林：《生查子》（去年元夜时）、《玉楼春》（别后不知君远近）、《浪淘沙》（今日北池游），3 首。Candlin，Clara M. *The Herald Wind：Translations of Sung Dynasty Poems，Lyrics and Songs*. London：J. Murray，1933. PP. 40－42.

[2] 初大告：《生查子》（去年元夜时），1 首。Ch'u，Ta-Kao. *Chinese*

Lyrics. Cambridge：Cambridge University Press，1937. P. 19.

[3] 邓根·迈根托斯、艾伦·艾丽：《生查子》（去年元夜时）、《浣溪沙》（堤上游人逐画船）、《诉衷情》（清晨帘幕卷轻霜）、《南歌子》（凤髻金泥带）、《临江仙》（柳外轻雷）、《蝶恋花》（庭院深深深几许），6 首。Mackintosh，Dungan & Alan Ayling. *A Collection of Chinese Lyrics*. London：Routledge and Kegan Paul，1965. PP. 95—105.

[4] 邓根·迈根托斯、艾伦·艾丽：《阮郎归》（南园春半踏青时），1 首。Mackintosh，Dungan & Alan Ayling. A *Further Collection of Chinese Lyrics and Other Poems*. Nashville，Tennessee：Vanderbilt University Press，1970. P. 63.

[5] 刘若愚：《踏莎行》（雨霁风光）、《生查子》（去年元夜时）、《蝶恋花》（独倚危楼风细细）、《蝶恋花》（庭院深深深几许）、《浪淘沙》（今日北池游），5 首。Liu，James J. Y. *Major Lyricists of the Northern Sung*. Princeton：Princeton University Press，1974. PP. 34—46.

[6] 欧阳桢：《蝶恋花》（画阁归来春又晚），1 首；J. P. 西顿：《蝶恋花》（翠苑红芳晴满目），《采桑子》（轻舟短棹西湖好）、（春深雨过西湖好）、（画船载酒西湖好）、（群芳过后西湖好）、（荷花开后西湖好）、（平生为爱西湖好），7 首；An-yan Tang：《踏莎行》（候馆梅残），1 首。Liu，Wu-chi and Irving Yucheng Lo，eds. *Sunflower Splendor：Three Thousand Years of Chinese Poetry*. Bloomington and London：Indiana University Press，1975. PP. 328—332.

[7] 唐安石：《采桑子》（画船载酒西湖好），1 首。Turner，John，S. J. *A Golden Treasury of Chinese Poetry*. Hong Kong：The Chinese University Press，1976. P. 231.

[8] 刘殿爵：《浪淘沙》（把酒祝东风）、《蝶恋花》（谁道闲情抛弃久）、《生查子》（去年元夜时）、《采桑子》（群芳过后西湖好），4 首。Lau，D. C. "Twenty Selected Lyrics"，in *Renditions*. Hong Kong：The Chinese University of Hong Kong，1979，No. 11，12：9—12.

[9] 余绮华：《采桑子》（群芳过后西湖好）、《蝶恋花》（面旋落花风荡漾）、《渔家傲》（暖日迟迟花袅袅）、《渔家傲》（十月小春梅蕊绽）、《渔家傲》（四月园林春去后）、《渔家傲·七夕》（喜鹊填河仙浪浅）、

《蝶恋花》（水浸秋天风皱浪）、《采桑子》（十年前是尊前客）、《采桑子》（平生为爱西湖好）、《长相思》（蘋满溪）、《长相思》（花似伊）、《玉楼春》（燕鸿过后春归去）、《浪淘沙》（把酒祝东风）、《玉楼春》（尊前拟把归期说）、《玉楼春》（残春一夜狂风雨）、《玉楼春》（洛阳正值芳菲节）、《临江仙》（柳外轻雷池上雨）、《玉楼春》（两翁相遇逢佳节）、《南歌子》（凤髻金泥带）、《诉衷情·眉意》（清晨帘幕卷轻霜）、《望江南》（江南柳），21 首。Yü Teresa Yee-wha. "Twenty-one Tz'u by Ou-yang Hsiu", in *Renditions*. Hong Kong：The Chinese University of Hong Kong，1979，No. 11，12：100－120.

[10] 安露丝：《夜行船》（忆昔西都叹纵）、《玉楼春》（常忆洛阳风景媚）、《玉楼春》（洛阳正值芳菲节）、《蝶恋花》（越女采莲秋水畔）、《长相思》（蘋满溪）、《应天长》（一弯初月临鸾镜）、《渔家傲》（荷叶田田青照水）、《蝶恋花》（帘幕东风寒料峭）、《采桑子》（何人解赏西湖好，上半阕）、《采桑子》（画船载酒西湖好）、《采桑子》（残霞夕照西湖好）、《采桑子》（天容水色西湖好）、《玉楼春》（别后不知君远近）、《渔家傲》（八月秋高风历乱）、《踏莎行》（碧藓回廊）、《南乡子》（好个人人）、《南歌子》（凤髻金泥带）、《阮郎归》（南园春早踏青时）、《忆汉月》（红艳几枝轻袅），19 首。Adler，Ruth W. "Confucian Gentleman and Lyric Poet：Romanticism and Eroticism in the Tz'u of Ou-yang Hsiu", in *Renditions*. Hong Kong：The Chinese University of Hong Kong，1979，No. 11，12：123－141.

[11] John Cayley：《踏莎行》（候馆梅残），1 首。Cayley，John. "Sixteen Translations from the Chinese", in *Agenda*，1982，20（3－4）：71.

[12] 艾朗诺：《南歌子》（凤髻金泥带）、《渔家傲》（花底忽闻敲两桨）、《诉衷情》（清晨帘幕卷轻霜）、《临江仙》（柳外轻雷池上雨）、《踏莎行》（候馆梅残）、《生查子》（去年元夜时）、《生查子》（含羞整翠鬟）、《减字花木兰》（伤怀离抱）、《定风波》（把酒花前欲问君）、《玉楼春》（南园粉蝶能无数）、《采桑子》（轻舟短棹西湖好）、《采桑子》（画船载酒西湖好）、《采桑子》（残霞夕照西湖好）、《玉楼春》（金雀双鬟年纪小）、《望江南》（江南柳、花柳两个柔）、《望江南》

（江南柳）、（叶小未成阴）、《夜行船》（轻捧香腮低枕）、《渔家傲》（为爱莲房都一柄）、《渔家傲》（昨日采花花欲尽）、《渔家傲》（一夜越溪秋水满）、《渔家傲》（荷叶田田青照水）、《渔家傲》（近日门前溪水涨）、《渔家傲》（妾本钱塘苏小妹）、《渔家傲》（近日门前溪水涨）、《渔家傲》（妾解清歌并巧笑）、《渔家傲》（叶重如将青玉亚）、《蝶恋花》（越女采莲秋水畔）、《渔家傲》（幽鹭谩来窥品格）、《蝶恋花》（水浸秋天风皱浪）、《蝶恋花》（一掬天和金粉腻）、《玉楼春》（夜来枕上争闲事），31 首。Egan，Ronald C. *The Literarty Works of Ou-Yang Hsiu*（*1007－1072*）. Cambridge：Cambridge University Press，1984. PP. 134—135，136，138，139，141，149，157，171—175，181—185，188，189，192.

[13] 华兹生：《踏莎行》（候馆梅残）、《采桑子》（十年前是尊前客），2 首。Watson，Burton. *The Columbia Book of Chinese Poetry*：*From Early Times to the Thirteenth Century*. New York：Columbia University Press，1984. P. 364.

[14] 海陶玮：《采桑子》（画船载酒西湖好）、《减字木兰花》（留春不住）、《醉蓬莱》（见羞容敛翠），3 首。Mair，Victor，ed. *The Columbia Anthology of Traditional Chinese Literature*. New York：Columbia University Press，1994. PP. 318－320.

[15] 朱莉·兰多：《采桑子》（群芳过后西湖好）、《踏莎行》（候馆梅残）、《诉衷情》（清晨帘幕卷轻霜）、《生查子》（去年元夜时）、《渔家傲》（花底忽闻敲两桨）、《玉楼春》（别后不知君远近）、《南歌子》（凤髻金泥带）、《浪淘沙》（把酒祝东风）、《青玉案》（一年春事都来几）、《蝶恋花》（谁道闲情抛弃久）、《蝶恋花》（几日行云何处去）、《蝶恋花》（庭院深深深几许）、《阮郎归》（南园春半踏青时），13 首。Landau，Julie. *Beyond Spring*：*Tz'u Poems of the Sung Dynasty*. New York：Columbia University Press，1994. PP. 94－106.

[16] 宇文所安：《蝶恋花》（庭院深深深几许）、《临江仙》（柳外轻雷池上雨），2 首。Owen，Stephen. *An Anthology of Chinese Literature*：*Beginnings to1911*. New York and London：W. W. Norton & Company，1996. P. 570.

［17］Benjamin B. Ridgway：《采桑子》（轻舟短棹西湖好）、（春深雨过西湖好）、（画船载酒西湖好）、（群芳过后西湖好）、（何人解赏西湖好）、（清明上巳西湖好）、（荷花开后西湖好）、（天容水色西湖好）、（残霞夕照西湖好）、（平生为爱西湖好），10 首。Ridgway，Benjamin B. "Imagined Travel：Displacement Landscape and Literati Identity in the Song Lyrics of Su Shi（1037－1101）". University of Michigan，2005. PP. 61—63，65，67.

［18］Teresa Yu and David Lunde：《南歌子》、《临江仙》、《浪淘沙》、《采桑子》二首，5 首。Cheang，Alice W. *A Silver Treasury of Chinese Lyrics*. Hong Kong：The Chinese University of Hong Kong，2003. PP. 43－49.

［19］J. P. 西顿：《浣溪沙》（湖上朱桥响画轮）、《玉楼春》（雪云乍变春云簇）、《减字木兰花》（留春不住）、《采桑子》（画船载酒西湖好）、《采桑子》（平生为爱西湖好）、《踏莎行》（候馆梅残）、《蝶恋花》（面旋落花风荡漾），7 首。Seaton，J. P. *The Shambhala Anthology of Chinese Poetry*. Boston and London：Shambhala Publications，2006. PP. 160－163.

［20］托尼·巴恩斯通、周萍：《玉楼春》（燕鸿过后春归去），1 首。Barnstone，Tony and Chou Ping. *Chinese Erotic Poems*. New York and Toronto：Alfred A. Knopf，2007. P. 111.

七 英语世界周邦彦词译目概览

［1］克拉拉·M. 坎德林：《关河令》（秋阴时作渐向暝）、《玉楼春》（桃溪不作从容住）、《夜游宫》（叶下斜阳照水）、《蓦山溪》（楼前疏柳），4 首。Candlin，Clara M. *The Herald Wind：Translations of Sung Dynasty Poems，Lyrics and Songs*. London：J. Murray，1933. PP. 64－67.

［2］邓根·迈根托斯、艾伦·艾丽：《少年游》（并刀如水）、《六丑》（正单衣试酒），2 首。Mackintosh，Dungan & Alan Ayling. *A Collection of Chinese Lyrics*. London：Routledge and Kegan Paul，1965. PP. 139－141.

[3] 柳无忌：《少年游》（并刀如水）、《蝶恋花》（月皎惊乌栖不定），2首。Liu，Wu-chi. *An Introduction to Chinese Literature*. Bloomington：Indiana University Press，1966. P. 114.

[4] 邓根·迈根托斯、艾伦·艾丽：《十六字令》（眠！），1首。Mackintosh，Dungan & Alan Ayling. *A Further Collection of Chinese Lyrics and Other Poems*. Nashville，Tennessee：Vanderbilt University Press，1970. P. 107.

[5] Ch'en Shou-yi：《夜游宫》（叶下斜阳照水），1首。McNaughton，William. *Chinese Literature：an Anthology From the Earliest Times to the Present Day*. Rutland，Vt.：Charles E. Tuttle Company，1974. P. 457.

[6] 刘若愚：《玉楼春》（桃溪不作从容住）、《瑞龙吟》（章台路）、《六丑》（正单衣试酒）、《满庭芳》（风老莺雏），4首。Liu，James J. Y. *Major Lyricists of the Northern Sung*. Princeton：Princeton University Press，1974. PP. 161—183.

[7] 刘若愚：《六丑·落花》（正单衣试酒），1首；罗郁正：《兰陵王·柳》（柳阴直）、《虞美人》（灯前欲去仍留恋）、《虞美人》（疏篱曲径田家小）、《红窗迥》（几日来），3首。Liu，Wu-chi and Irving Yucheng Lo，eds. *Sunflower Splendor：Three Thousand Years of Chinese Poetry*. Bloomington and London：Indiana University Press，1975. PP. 361—363.

[8] 刘殿爵：《少年游》（并刀如水），1首。Lau，D. C. "Twenty Selected Lyrics"，in *Renditions*. Hong Kong：The Chinese University of Hong Kong，1979，No. 11，12：20.

[9] 华兹生：《夜游宫》（叶下斜阳照水），1首。Watson，Burton. *The Columbia Book of Chinese Poetry：From Early Times to the Thirteenth Century*. New York：Columbia University Press，1984. P. 369.

[10] 宇文所安：《望江南》（歌席上），1首。Owen，Stephen. "Meaning the Words：The Genuine as a Value in the Tradition of the Song Lyric"，in Pauline Yu（ed.），*Voices of the Song Lyric in China*.

Berkeley：University of California Press，1994. P. 41.

[11] 朱莉·兰多：《满庭芳》（风老莺雏）、《过秦楼》（水浴清蟾）、《苏幕遮》（燎沈香）、《夜游宫》（叶下斜阳照水）、《解语花》（风销焰蜡）、《六丑》（正单衣试酒）、《兰陵王》（柳阴直）、《西河》（佳丽地）、《菩萨蛮》（银河宛转三千曲）、《蝶恋花》（月皎惊乌栖不定）、《虞美人》（疏篱曲径田家小），11 首。Landau，Julie. *Beyond Spring：Tz'u Poems of the Sung Dynasty*. New York：Columbia University Press，1994. PP. 138－151. 其中，《满庭芳》（风老莺雏）、《苏幕遮》（燎沈香）、《夜游宫》（叶下斜阳照水）、《解语花》（风销焰蜡）、《六丑》（正单衣试酒）、《兰陵王》（柳阴直）、《菩萨蛮》（银河宛转三千曲）、《蝶恋花》（月皎惊乌栖不定）、《虞美人》（疏篱曲径田家小），也见：*Renditions*，1979，No. 11，12：177－189.

[12] 连新达：《六丑》（正单衣试酒），1 首。Lian，Xinda. *The Wild and Arrogant：Expression of Self in Xin Qiji's Song Lyrics*. New York：P. Lang，1995. P. 95.

[13] 宇文所安：《风流子》（新绿小池塘）、《玉楼春》（桃溪不作从容住），2 首。Owen，Stephen. *An Anthology of Chinese Literature：Beginnings to 1911*. New York and London：W. W. Norton & Company，1996. PP. 576－577.

[14] 叶维廉：《兰陵王》（柳阴直），1 首。Yip，Wai-lim. *Chinese Poetry：An Anthology of Major Modes and Genres*. Durham and London：Duke University Press，1997. P. 324.

[15] 海陶玮：《少年游》（并刀如水）、《兰陵王》（柳阴直）、《瑞龙吟》（章台路）、《渡江云》（晴岚低楚甸）、《满江红》（昼日移阴）、《西河》（佳丽地）、《忆旧游》（记愁横浅黛）、《琐窗寒》（暗柳啼鸦）、《解连环》（怨怀无托）、《浪淘沙》（昼阴重）、《过秦楼》（水浴清蟾）、《玉楼春》（桃溪不作从容住）、《伤情怨》（枝头风势渐小）、《望江南》（游妓散）、《醉桃源》（菖蒲叶老水平沙）、《蝶恋花》（月皎惊乌栖不定）、《凤来朝》（逗晓看娇面），17 首。Hightower，James R. "The Songs of Chow Pang-yen"，in *Studies in Chinese Poetry*. Cambridge，Massachusetts，and London：Harvard Universi-

ty Asia Center，1998. PP. 292－322. 也见："The Songs of Chou Pang-yen"，*Harvard Journal of Asiatic Studies*，1977，37（2）：233－272.

[16] 朱莉·兰多：《少年游》、《玉楼春》、《蝶恋花》、《满庭芳》、《六丑》，5 首。Cheang，Alice W. *A Silver Treasury of Chinese Lyrics*. Hong Kong：The Chinese University of Hong Kong，2003，PP. 74－77.

[17] 郑文君：《西河》，1 首。Cheang，Alice W. *A Silver Treasury of Chinese Lyrics*. Hong Kong：The Chinese University of Hong Kong，2003. P. 78.

[18] 托尼·巴恩斯通、周萍：《少年游》（并刀如水）、《蝶恋花》（月皎惊乌栖不定），2 首。Barnstone，Tony and Chou Ping. *Chinese Erotic Poems*. New York and Toronto：Alfred A. Knopf，2007. PP. 120－121.

八　英语世界辛弃疾词译目概览

[1] 克拉拉·M. 坎德林：《西江月》（明月别枝惊鹊）、《西江月》（万事云烟忽过）、《丑奴儿》（少年不识愁滋味）、《清平乐》（茅檐低小）、《沁园春》（三径初成）、《浪淘沙》（身世酒杯中）、《生查子》（去年燕子来）、《生查子》（溪边照影行），9 首。Candlin，Clara M. *The Herald Wind*：*Translations of Sung Dynasty Poems*，*Lyrics and Songs*. London：J. Murray，1933. PP. 76－82.

[2] 初大告：《贺新郎》（醉里且贪欢笑）、《丑奴儿》（少年不识愁滋味）、《太常引》（一轮秋影转金波）、《生查子》（溪边照影行）、《丑奴儿》（近来愁似天来大）、《浪淘沙》（身世酒杯中）、《西江月》（万事云烟忽过），7 首。Ch'u，Ta-Kao. *Chinese Lyrics*. Cambridge：Cambridge University Press，1937. PP. 42－48.

[3] 熊丁：《丑奴儿》（少年不识愁滋味），1 首。Payne，Robert. *The White Pony*：*An Anthology of Chinese Poetry from the Earliest Times to the Present Day*. London：George Allen & Unwin Ltd.，1949. P. 303.

[4] 邓根·迈根托斯、艾伦·艾丽：《丑奴儿》（少年不识愁滋味）、《祝英台近》（宝钗分）、《永遇乐》（千古江山）、《摸鱼儿》（更能消、几番风雨），4首。Mackintosh，Dungan & Alan Ayling. *A Collection of Chinese Lyrics*. London：Routledge and Kegan Paul，1965. PP. 161－167.

[5] 柳无忌：《丑奴儿》（少年不识愁滋味）、《青玉案》（东风夜放花千树）、《木兰花慢》（可怜今夕月）、《沁园春》（杯汝来前），4首。Liu，Wu-chi. *An Introduction to Chinese Literature*. Bloomington：Indiana University Press，1966. PP. 122，122，123.

[6] 邓根·迈根托斯、艾伦·艾丽：《生查子》（去年燕子来）、《生查子》（悠悠万世功）、《菩萨蛮》（郁孤台下清江水）、《清平乐·村居》（茅檐低小）、《清平乐》（绕床饥鼠）、《西江月》（明月别枝惊鹊）、《西江月》（醉里且贪欢笑）、《浪淘沙》（身世酒杯中）、《鹧鸪天》（陌上柔桑破嫩芽）、《破阵子》（醉里挑灯看剑）、《木兰花慢》（可怜今夕月）、《水龙吟》（举头西北浮云），12首。Mackintosh，Dungan & Alan Ayling. *A Further Collection of Chinese Lyrics and Other Poems*. Nashville，Tennessee：Vanderbilt University Press，1970. PP. 139－161.

[7] 王红公：《丑奴儿》（少年不识愁滋味），1首。Rexroth，Kenneth. *Love and the Turning Year：One Hundred More Poems from the Chinese*. New York：New Directions Book，1970. P. 104.

[8] 罗郁正：《破阵子》（醉里挑灯看剑）、《满江红》（倦客新丰）、《汉宫春》（亭上秋风）、《卜算子》（千古李将军）、《八声甘州》（故将军、饮罢夜归来）、《贺新郎》（绿树听鹈鴂）、《念奴娇》（我来吊古）、《永遇乐》（千古江山）、《菩萨蛮》（西风都是行人恨）、《临江仙》（钟鼎山林都是梦）、《水调歌头》（带湖吾甚爱）、《鹧鸪天》（不向长安路上行）、《玉楼春》（风前欲劝春光住）、《粉蝶儿》（昨日春如）、《瑞鹤仙》（雁霜寒透幕）、《清平乐》（茅檐低小）、《西江月》（明月别枝惊鹊）、《鹧鸪天》（句里春风正剪裁）、《生查子》（溪边照影行）、《东坡引》（玉纤弹旧怨）、《唐河传》（春水）、《念奴娇》（野棠花落）、《忆王孙》（登山临水送将归）、《声声慢》（停云霭霭）、《丑奴儿》（千峰

云起)、《清平乐》(柳边飞鞚)、《南歌子》(世事从头减)、《感皇恩》(案上数编书)、《卜算子》(刚者不坚牢)、《卜算子》(一个去学仙)、《鹊桥仙》(轿儿排了)、《丑奴儿》(少年不识愁滋味)、《西江月》(醉里且贪欢笑)、《西江月》(万事云烟忽过)、《木兰花慢》(可怜今夕月)、《水调歌头》(我志在寥阔)、《哨遍》(蜗角斗争)、《哨遍》(一壑自专)、《洞仙歌》(贤愚相去),39 首。Lo, Irving Yucheng. *Hsin Ch'i-chi*. New York: Twayne Publishers, 1971. PP. 62, 64, 66, 68, 69, 71, 79—82, 85, 87, 88, 91—93, 95, 96, 98, 105, 111, 119—124, 126, 127, 131, 134, 137.

[9] 约翰·司各特:《清平乐》(绕床饥鼠)、《贺新郎》(甚矣吾衰矣)、《西江月》(醉里且贪欢笑)、《鹊桥仙》(松冈避暑)、《丑奴儿》(少年不识愁滋味),4 首。Scott, John. *Love and Protest: Chinese Poems from the Sixth Century B. C. to the Seventeenth Century A. D.* London: Rapp and Whiting, 1972. PP. 110－115.

[10] 威廉·麦克诺顿:《摸鱼儿》(更能消、几番风雨),1 首。McNaughton, William. *Chinese Literature: an Anthology From the Earliest Times to the Present Day*. Rutland, Vt.: Charles E. Tuttle Company, 1974. P. 458.

[11] 罗郁正:《鹧鸪天·博山寺作》(不向长安路上行)、《瑞鹤仙·赋梅》(雁霜寒透幕)、《青玉案·元夕》(东风夜放花千树)、《摸鱼儿》(更能消、几番风雨)、《祝英台近·晚春》(宝钗分)、《满江红》(敲碎离愁)、《南乡子·送妓》(好个主人家)、《沁园春·将止酒》(杯汝来前)、《卜算子·用庄语》(一以我为牛),9 首。Liu, Wu-chi and Irving Yucheng Lo, eds. *Sunflower Splendor: Three Thousand Years of Chinese Poetry*. Bloomington and London: Indiana University Press, 1975. PP. 393－399.

[12] 唐安石:《西江月》(醉里且贪欢笑)、《丑奴儿》(少年不识愁滋味)、《清平乐》(绕床饥鼠),3 首。Turner, John, S. J. *A Golden Treasury of Chinese Poetry*. Hong Kong: The Chinese University Press, 1976. PP. 272－277.

[13] 刘殿爵:《丑奴儿》(少年不识愁滋味),1 首。Lau, D. C. "Twen-

ty Selected Lyrics", in *Renditions*. Hong Kong: The Chinese University of Hong Kong, 1979, No. 11, 12: 23.

[14] 闵福德：《满庭芳》（蜗角虚名）、《哨遍》（蜗角斗争）、《摸鱼儿》（长门事），3 首。Yueh, Miao. Translated by John Minford. "The Chinese Lyric", in *Renditions*. Hong Kong: The Chinese University of Hong Kong, 1979, No. 11, 12: 33, 34, 39.

[15] C. H. 科沃克、文森特·麦克休：《生查子》（溪边照影行）、《糖多令》（淑景斗清明）、《贺新郎》（甚矣吾衰矣），3 首。Kwock, C. H. and Vincent Mchugh. *Old Friend From Far Away: 150 Chinese Poems from the Great Dynasties*. San Franciso: North Point Press, 1980. PP. 157, 158, 172.

[16] 华兹生：《丑奴儿》（少年不识愁滋味），1 首。Watson, Burton. *The Columbia Book of Chinese Poetry: From Early Times to the Thirteenth Century*. New York: Columbia University Press, 1984. P. 371.

[17] 方秀洁：《永遇乐·京口北固亭怀古》（千古江山），1 首。Fong, Grace S. *Wu Wenying and the Art of Southern Song Ci Poetry*. Princeton, N. J.: Princeton University Press, 1987. P. 37.

[18] 方秀洁：《贺新郎》（甚矣吾衰矣），1 首。Fong, Grace S. "Persona and Mask in the Song Lyric (Ci)", *Harvard Journal of Asiatic Studies*, 1990, 50 (2): 481.

[19] 宇文所安：《丑奴儿》（少年不识愁滋味），1 首。Owen, Stephen. "Meaning the Words: The Genuine as a Value in the Tradition of the Song Lyric", in Pauline Yu (ed.), *Voices of the Song Lyric in China*. Berkeley: University of California Press, 1994. P. 48.

[20] 朱莉·兰多：《摸鱼儿》（更能消、几番风雨）、《沁园春》（三径初成）、《水龙吟》（楚天千里清秋）、《满江红》（过眼溪山）、《水调歌头》（带湖吾甚爱）、《水调歌头》（落日塞尘起）、《念奴娇》（野棠花落）、《鹧鸪天》（枕簟溪堂冷欲秋）、《木兰花慢》（汉中开汉业）、《菩萨蛮·书江西造口壁》（郁孤台下清江水）、《木兰花慢》（老来情味减）、《祝英台令·晚春》（宝钗分）、《青玉案·元夕》（东风夜放

花千树)、《贺新郎》(绿树听鹈鴂)、《汉宫春·立春日》(春已归来)、《太常引·建康中秋为吕叔潜赋》(一轮秋影转金波),16 首。Landau, Julie. *Beyond Spring: Tzu Poems of the Sung Dynasty*. New York: Columbia University Press, 1994. PP. 184—199.

[21] 海陶玮:《沁园春》(杯汝来前),1 首;王椒升:《清平乐》(茅檐低小)、《清平乐》(柳边飞鞚)、《采桑子》(少年不识愁滋味)(此调另为《丑奴儿》)、《鹧鸪天·博山寺作》(不向长安路上行)、《鹧鸪天》(陌上柔桑破嫩芽)、《生查子》(溪边照影行)、《菩萨蛮·书江西造口壁》(郁孤台下清江水),7 首。Mair, Victor, ed. *The Columbia Anthology of Traditional Chinese Literature*. New York: Columbia University Press, 1994. PP. 342—346.

[22] 连新达:《贺新郎》(甚矣吾衰矣)、《贺新郎》(醉里且贪欢笑)、《南乡子》(何处望神州)、《念奴娇·赤壁怀古》(大江东去)、《一枝花》(千丈擎天手)、《鹧鸪天》(壮岁旌旗拥万夫)、《永遇乐》(千古江山)、《丑奴儿》(少年不识愁滋味)、《南歌子》(世事从头减)、《浪淘沙》(身世酒杯中)、《破阵子》(醉里挑灯看剑)、《摸鱼儿》(更能消、几番风雨)、《贺新郎》(绿树听鹈鴂)、《兰陵王》(恨之极),14 首。Lian, Xinda. *The Wild and Arrogant: Expression of Self in Xin Qiji's Song Lyrics*. New York: P. Lang, 1995. PP. 35—36, 46, 55, 56, 59, 64, 69, 75, 79, 80, 82, 89, 100, 107—108.

[23] 宇文所安:《清平乐》(柳边飞鞚)、《西江月》(醉里且贪欢笑)、《丑奴儿》(少年不识愁滋味),3 首。Owen, Stephen. *An Anthology of Chinese Literature: Beginnings to 1911*. New York and London: W. W. Norton & Company, 1996. PP. 563—584.

[24] 叶维廉:《西江月》(醉里且贪欢笑),1 首。Yip, Wai-lim. *Chinese Poetry: An Anthology of Major Modes and Genres*. Durham and London: Duke University Press, 1997. P. 330.

[25] 叶嘉莹:《菩萨蛮·书江西造口壁》(郁孤台下清江水),1 首。Yeh, Florence Chia-ying . "The Ch'ang-chou school of Tz'u criticism". Adele Austin Rickett. *Chinese Approaches to Literature from Confucius to Liang Ch'i-ch'ao*. Princeton, New Jersey: Princeton

University Press，1978. P. 171。也见：Yeh，Florence Chia-ying . "The Ch'ang-chou school of Tz'u criticism"，in *Studies in Chinese Poetry*. Cambridge，Massachusetts and London：Harvard University Asia Center，1998. P. 448.

[26] 叶嘉莹：《鹧鸪天》（壮岁旌旗拥万夫）、《水龙吟》（举头西北浮云）、《水龙吟·登建康赏心亭》（楚天千里清秋）、《摸鱼儿》（更能消几番风雨）、《祝英台近》（宝钗分）、《鹧鸪天》（鸡鸭成群晚不收）、《卜算子》（刚者不坚牢）、《西江月》（醉里且贪欢笑）、《踏莎行》（小径红稀）、《踏莎行》（细草愁烟）、《踏莎行》（进退存亡）、《永遇乐》（千古江山）、《沁园春》（叠嶂西驰）、《沁园春》（东冈更葺茅斋）、《水龙吟》（老来曾识渊明），15 首。Yeh，Florence Chia-ying . "On Hsin Ch'i-chi's Song Lyrics"，in *Studies in Chinese Poetry*. Cambridge，Massachusetts and London：Harvard University Asia Center，1998. PP. 327，330，334，335，340 — 342，344，346，347，351，352.

[27] Michael Farman：《祝英台近》、《青玉案》、《清平乐》，3 首。Cheang，Alice W. *A Silver Treasury of Chinese Lyrics*. Hong Kong：The Chinese University of Hong Kong，2003. PP. 110—115.

[28] Arthur Cooper：《采桑子》，1 首。Cheang，Alice W. *A Silver Treasury of Chinese Lyrics*. Hong Kong：The Chinese University of Hong Kong，2003. P. 116.

[29] David E. Pollard：《沁园春》，1 首。Cheang，Alice W. *A Silver Treasury of Chinese Lyrics*. Hong Kong：The Chinese University of Hong Kong，2003. P. 117.

[30] Michael Farman：《西江月》，1 首。Cheang，Alice W. *A Silver Treasury of Chinese Lyrics*. Hong Kong：The Chinese University of Hong Kong，2003. P. 119.

[31] 郑文君：《贺新郎》，1 首。Cheang，Alice W. *A Silver Treasury of Chinese Lyrics*. Hong Kong：The Chinese University of Hong Kong，2003. P. 120.

［32］宇文所安：《破阵子》、《鹧鸪天》、《永遇乐》，3 首。Cheang，Alice W. *A Silver Treasury of Chinese Lyrics*. Hong Kong：The Chinese University of Hong Kong，2003. PP. 122－124.

九　英语世界李清照词译目概览

［1］克拉拉·M. 坎德林：《声声慢》（寻寻觅觅）、《武陵春》（风住尘香花已尽），2 首。Candlin，Clara M. *The Herald Wind：Translations of Sung Dynasty Poems，Lyrics and Songs*. London：J. Murray，1933. PP. 68－69.

［2］初大告：《武陵春》（风住尘香花已尽），1 首。Ch'u，Ta-Kao. *Chinese Lyrics*. Cambridge：Cambridge University Press，1937. P. 32.

［3］索菲亚·陈：《如梦令》（谁伴明窗独坐，应为向滈之作）、《一剪梅》（红藕香残玉簟秋）、《醉花阴》（薄雾浓云愁永昼），3 首，Payne，Robert. *The White Pony：An Anthology of Chinese Poetry from the Earliest Times to the Present Day*. London：George Allen & Unwin Ltd.，1949. PP. 300－301.

［4］王红公：《怨王孙》（湖上风来波浩渺）、《小重天》（春到长门春草青）、《鹧鸪天》（寒日萧萧上锁窗）、《蝶恋花》（暖日晴风初破冻）、《一剪梅》（红藕香残玉簟秋）、《浣溪沙》（淡荡春光寒食天）、《浣溪沙》（小院闲窗春色深），7 首。Rexroth，Kenneth. *One Hundred Poems from the Chinese*. New York：New Directions，1956. PP. 105－111.

［5］许芥昱：《点绛唇》（蹴罢秋千）、《如梦令》（常记溪亭日暮）、《减字花木兰》（卖花担上）、《浣溪沙》（绣幕芙蓉一笑开）、《一剪梅》（红藕香残玉簟秋）、《醉花阴》（薄雾浓云愁永昼）、《摊破浣溪沙》（病起萧萧两鬓华）、《清平乐》（年年雪里）、《临江仙》（庭院深深深几许）、《诉衷情》（夜来沉醉卸妆迟）、《永遇乐》（落日熔金）、《渔家傲》（天接云涛连晓雾）、《武陵春》（风住尘香花已尽）、《忆秦娥》（临高阁）、《好事近》（上半阕）（风定落花深）、《浣溪沙》（淡荡春光寒食天）、《如梦令》（昨夜雨疏风骤），17 首。另所译《玉烛新》（溪源新腊后）片断为周邦彦词，误作李清照词。Hsu，Kai-Yu. "The Poems of Li

Ch'ing-Chao (1084—1141)", *Publications of the Modern Language Association of America*, 1962, 77 (5): 521—528. 其中，《一剪梅》（红藕香残玉簟秋）、《好事近》（风定落花深）、《如梦令》（常记溪亭日暮），也见：Birch, Cyril. *Anthology of Chinese Literature: From Early Times to the Fourteenth Century*. New York: Grove Press, 1965. PP. 358—363.

[6] C. H. 科沃克、文森特·麦克休：《点绛唇》（蹴罢秋千）、《减字木兰花》（卖花担上）、《蝶恋花》（永夜恹恹欢意少）、《永遇乐》（落日熔金）、《武陵春》（风住尘香花已尽），5 首；许芥昱：《一剪梅》（红藕香残玉簟秋）、《好事近》（风定落花深）、《如梦令》（常记溪亭日暮），3 首。Birch, Cyril. *Anthology of Chinese Literature: From Early Times to the Fourteenth Century*. New York: Grove Press, 1965. PP. 358—363.

[7] 邓根·迈根托斯、艾伦·艾丽：《醉花阴》（薄暮浓云愁永昼）、《声声慢》（寻寻觅觅），2 首。Mackintosh, Dungan & Alan Ayling. *A Collection of Chinese Lyrics*. London: Routledge and Kegan Paul, 1965. PP. 145—147.

[8] 柳无忌：《一剪梅》（红藕香残玉簟秋）、《醉花阴》（薄雾浓云愁永昼）、《武陵春》（风住尘香花已尽）、《声声慢》（寻寻觅觅），4 首。Liu, Wu-chi. *An Introduction to Chinese Literature*. Bloomington: Indiana University Press, 1966. PP. 116, 117.

[9] 胡品清：全集，53 首。*Li Ch'ing-chao*. New York: Twayne Publisher, 1966.

[10] 王红公：《声声慢》（寻寻觅觅）、《生查子》（年年玉镜台）、《醉花阴》（薄雾浓云愁永昼）、《武陵春》（风住尘香花已尽）、《一剪梅》（红藕香残玉簟秋）、《凤凰台上忆吹箫》（香冷金猊），6 首。Rexroth, Kenneth. *Love and The Turning Year: One Hundred More Poems From the Chinese*. New York: New Directions Book, 1970. PP. 91—97.

[11] 罗郁正：《怨王孙》(湖上风来波浩渺)，1 首。Lo, Irving Yucheng. *Hsin Ch'i-chi*. New York: Twayne Publishers, 1971. P. 98.

[12] 王红公、钟玲：《减字木兰花》（卖花担上）、《小重山》（春到长门春草青）、《如梦令》（常记溪亭日暮）、《蝶恋花》（暖日晴风初破冻）、《武陵春》（风住尘香花已尽）、《渔家傲》（天接云涛连晓雾）、《永遇乐》（落日熔金），7 首。Rexroth，Kenneth and Ling Chung. *The Orchid Boat：Women Poets of China*. New York：New Directions Publishing Corporation，1972. PP. 36—42.

[13] 约翰·司各特：《如梦令》（昨夜雨疏风骤），1 首。Scott，John. *Love and Protest：Chinese Poems from the Sixth Century B. C. to the Seventeenth Century A. D.* London：Rapp and Whiting，1972. P. 107.

[14] Mayhew：《如梦令》（常记溪亭日暮）、《如梦令》（昨夜雨疏风骤）、《浣溪沙》（淡荡春光寒食天）、《浣溪沙》（髻子伤春慵更梳），4 首；C. H. 科沃克、文森特·麦克休：《武陵春》（风住尘香花已尽），1 首；威廉·麦克诺顿：《声声慢》（寻寻觅觅），1 首。McNaughton，William. *Chinese Literature：an Anthology From the Earliest Times to the Present Day*. Rutland，Vt.：Charles E. Tuttle Company，1974. PP. 459—463.

[15] 欧阳桢：《清平乐》（年年雪里）、《武陵春》（风住尘香花已尽）、《南歌子》（天上星河转）、《醉花阴》（薄雾浓云愁永昼）、《小重山》（春到长门春草青）、《减字木兰花》（卖花担上）、《念奴娇》（萧条庭院）、《如梦令》（常记溪亭日暮）、《如梦令》（昨夜雨疏风骤）、《浣溪沙》（淡荡春光寒食天）、《浣溪沙》（小院闲窗春已深）、《采桑子》（晚来一阵风兼雨）、《诉衷情》（夜来沉醉卸妆迟），13 首。Liu，Wu-chi and Irving Yucheng Lo，eds. *Sunflower Splendor：Three Thousand Years of Chinese Poetry*. Bloomington and London：Indiana University Press，1975. PP. 366—371.

[16] 唐安石：《渔家傲》（天接云涛连晓雾）、《如梦令》（昨夜雨疏风骤）、《声声慢》（寻寻觅觅），3 首。Turner，John，S. J. *A Golden Treasury of Chinese Poetry*. Hong Kong：The Chinese University Press，1976. PP. 248—255.

[17] 倪豪士：《如梦令》（常记溪亭日暮），1 首。William，H. Nienhauser Jr. “Diction，Dictionaries，and The Translation of Classical

Chinese Poetry”，*Toung Pao*，1978，Vol. 64（1—3）：47—109.

[18] 王红公、钟玲：《李清照全集》，50 首。Rexroth，Kenneth and Ling Chung. *Li Ch'ing-chao*：*Complete Poems*. New York：New Directions，1979.

[19] 刘殿爵：《如梦令》（常记溪亭日暮）、《如梦令》（昨夜雨疏风骤），2 首。In *Renditions*. Hong Kong：The Chinese University of Hong Kong，1979，No. 11，12：21—22.

[20] C. H. 科沃克、文森特·麦克休：《武陵春》（风住尘香花已尽）、《添字采桑子》（窗前谁种芭蕉树）、《点绛唇》（蹴罢秋千）、《减字木兰花》（卖花担上）、《醉花阴》（薄雾浓云愁永昼）、《蝶恋花》（永夜恹恹欢意少）、《渔家傲》（天接云涛连晓雾）、《菩萨蛮》（风柔日薄春犹早）、《南歌子》（天上星河转）、《忆秦娥》（临高阁）、《如梦令》（常记溪亭日暮）、《凤凰台上忆吹箫》（香冷金猊）、《怨王孙》（梦断漏悄）（疑非李清照作品）、《点绛唇》（寂寞深闺）、《声声慢》（寻寻觅觅）、《好事近》（风定落花深）、《一剪梅》（红藕香残玉簟秋）、《永遇乐》（落日熔金）、《孤雁儿》（藤床纸帐朝眠起）、《临江仙》（庭院深深深几许）、《摊破浣溪沙》（病起萧萧两鬓华），21 首。Kwock，C. H. and Vincent Mchugh. *Old Friend From Far Away*：*150 Chinese Poems from the Great Dynasties*. San Franciso：North Point Press，1980. PP. 14，37—41，46—58，65—72.

[21] 约翰·卡雷：《如梦令》（常记溪亭日暮），1 首。Cayley，John. “Sixteen translations from the Chinese”，*Agenda*，1982，20（3—4）：72.

[22] 华兹生：《采桑子》（晚来一阵风兼雨）、《诉衷情》（夜来沉醉卸妆迟）、《如梦令》（常记溪亭日暮）、《清平乐》（年年雪里），4 首。Watson，Burton. *The Columbia Book of Chinese Poetry*：*From Early Times to the Thirteenth Century*. New York：Columbia University Press，1984. PP. 369—370.

[23] 詹姆斯·克瑞：全集，54 首。Cryer，James. *Plum blossom*：*Poems of Li Ch'ing Chao*. Chapel Hill，N. C.：Carolina Wren Press，1984. 其中，《点绛唇》（蹴罢秋千）、《浣溪沙》（绣幕芙蓉一笑开）、

《怨王孙》（湖上风来波浩渺）、《浣溪沙》（小院闲窗春已深）、《点绛唇》（寂寞深闺）、《一剪梅》（红藕香残玉簟秋）、《如梦令》（昨夜雨疏风骤），7 首。也见：Seaton，J. P. *The Shambhala Anthology of Chinese Poetry*. Boston and London：Shambhala Publications，2006. PP. 169－172.

[24] 闵福德：《醉花阴》（薄暮浓云愁永昼），1 首。Soong，Stephen C.，ed. *A Brotherhood in Song*：*Chinese Poetry and Poetics*. Hong Kong：Chinese University Press，1985. P. 200.

[25] 宇文所安：《声声慢》《词论》。Owen，Stephen. "Meaning the Words：The Genuine as a Value in the Tradition of the Song Lyric"，in Pauline Yu（ed.），*Voices of the Song Lyric in China*. Berkeley：University of California Press，1994. P. 48.

[26] 方秀洁：《减字木兰花》，1 首。Grace S. Fong. "Engendering the Lyric：Her Image and Voice in Song"，in Pauline Yu（ed.），*Voices of the Song Lyric in China*. Berkeley：University of California Press，1994. P. 120.

[27] 朱莉·兰多：《如梦令》（常记溪亭日暮）、《如梦令》（昨夜雨疏风骤）、《渔家傲》（天接云涛连晓雾）、《一剪梅》（红藕香残玉簟秋）、《凤凰台上忆吹箫》（香冷金猊）、《浣溪沙》（小院闲窗春已深）、《醉花阴》（薄雾浓云愁永昼）、《添字采桑子》（窗前谁种芭蕉树）、《念奴娇》（萧条庭院）、《永遇乐》（落日熔金）、《武陵春》（风住尘香花已尽）、《声声慢》（寻寻觅觅）、《临江仙》（庭院深深深几许，云窗雾阁常扃）、《如梦令》（谁伴明窗独坐），15 首。Landau，Julie. *Beyond Spring*：*Tz'u Poems of the Sung Dynasty*. New York：Columbia University Press，1994. PP. 160－174.

[28] 戴维·伦德：《醉花阴》（薄雾浓云愁永昼）、《武陵春》（风住尘香花已尽），2 首。Lunde，David. "Chinese Poems from The Six Dynasties and Sung Periods"，*Feminist Studies* 20，1994，No. 2：367.

[29] 王椒升：《点绛唇》（蹴罢秋千）、《减字木兰花》（卖花担上）、《渔家傲》（天接云涛连晓雾）、《诉衷情》（夜来沉醉卸妆迟）、《念奴娇》（萧条庭院）、《鹧鸪天》（暗淡轻黄体性柔）、《行香子》（天与秋光）、

《永遇乐》（落日熔金）、《声声慢》（寻寻觅觅）、《武陵春》（风住尘香花已尽），10首。Mair，Victor，ed. *The Columbia Anthology of Traditional Chinese Literature*. New York：Columbia University Press，1994. PP. 334－340.

[30] 宇文所安：《南歌子》（天上星河转）、《渔家傲》（天接云涛连晓雾）、《如梦令》（常记溪亭日暮）、《醉花阴》（薄雾浓云愁永昼）、《武陵春》（风住尘香花已尽）、《声声慢》（寻寻觅觅），6首。Mack，Maynard. *The Norton Anthology of World Masterpieces*（expanded edition）. New York and London：W. W. Norton & Company，1956，1965，1979，1985，1992，1995.

[31] 宇文所安：《如梦令》（常记溪亭日暮）、《声声慢》（寻寻觅觅）、《南歌子》（天上星河转）、《渔家傲》（天接云涛连晓雾），4首。Owen，Stephen. *An Anthology of Chinese Literature：Beginnings to 1911*. New York and London：W. W. Norton & Company，1996. PP. 580－583.

[32] 黄彰位：《浣溪沙》（绣幕芙蓉一笑开）、《诉衷情》（夜来沉醉卸妆迟）、《一剪梅》（红藕香残玉簟秋）、《凤凰台上忆吹箫》（香冷金猊），4首。Chang-wei，Hwang. *Ten Excellent Works of the Chinese Classical Literature*. California：San Jose，1996. PP. 145－151.

[33] 叶维廉：《如梦令》（昨夜雨疏风骤），1首。Yip，Wai-lim. *Chinese Poetry：An Anthology of Major Modes and Genres*. Durham and London：Duke University Press，1997. P. 327.

[34] 叶嘉莹：《渔家傲》（天接云涛连晓雾），1首。Yeh，Florence Chia-ying . "Ambiguity and the Female Voice in Hua-chien Songs"，in *Studies in Chinese Poetry*. Cambridge，Massachusetts and London：Harvard University Asia Center，1998. P. 147.

[35] 欧阳桢：《怨王孙》（湖上风来波浩渺）、《鹧鸪天》（寒日萧萧上锁窗）、《采桑子》（晚来一阵风兼雨）、《浣溪沙》（小院闲窗春已深）、《浣溪沙》（淡荡春光寒食天）、《一剪梅》（红藕香残玉簟秋）、《如梦令》（常记溪亭日暮）、《如梦令》（昨夜雨疏风骤）、《念奴娇》（萧条

庭院）、《减字木兰花》（卖花担上）、《小重山》（春到长门春草青）、《醉花阴》（薄雾浓云愁永昼）、《蝶恋花》（永夜恹恹欢意少）、《菩萨蛮》（风柔日薄春犹早）、《点绛唇》（寂寞深闺）、《摊破浣溪沙》（揉破黄金万点轻）、《清平乐》（年年雪里）、《南歌子》（天上星河转）、《行香子》（天与秋光）、《好事近》（风定落花深）、《武陵春》（风住尘香花已尽）、《声声慢》（寻寻觅觅）、《孤雁儿》（藤床纸帐朝眠起）、《诉衷情》（夜来沉醉卸妆迟），22 首。Chang，Kang-I Sun and Haun Saussy，eds. *Women Writers of Traditional China：An Anthology of Poetry and Criticism*. Stanford：Stanford University Press，1999. PP. 89—99.

[36] 闵福德：《醉花阴》，1 首。Cheang，Alice W. *A Silver Treasury of Chinese Lyrics*. Hong Kong：The Chinese University of Hong Kong，2003. P. 81.

[37] 王椒升：《菩萨蛮》、《摊破浣溪沙》、《南歌子》、《武陵春》，4 首。Cheang，Alice W. *A Silver Treasury of Chinese Lyrics*. Hong Kong：The Chinese University of Hong Kong，2003. PP. 82—87.

[38] 郑文君、王椒升：《永遇乐》，1 首。Cheang，Alice W. *A Silver Treasury of Chinese Lyrics*. Hong Kong：The Chinese University of Hong Kong，2003. P. 84.

[39] 欧阳桢：《一剪梅》（红藕香残玉簟秋）、《如梦令》（常记溪亭日暮），2 首。Damrosch，David *The Longman Anthology of World Literature*. New York：Longman，2004. PP. 188—189.

[40] 余宝琳：《武陵春》（风住尘香花已尽）、《声声慢》（寻寻觅觅），2 首。Damrosch，David. *The Longman Anthology of World Literature*. New York：Longman，2004. P. 189.

[41] 托尼·巴恩斯通、周萍：《如梦令》（常记溪亭日暮）、《醉花阴》（薄雾浓云愁永昼）、《一剪梅》（红藕香残玉簟秋）、《武陵春》（风住尘香花已尽）、《浣溪沙》（莫许杯深琥珀浓），5 首。Barnstone，Tony and Chou Ping. *Chinese Erotic Poems*. New York and Toronto：Alfred A. Knopf，2007. PP. 125—129.

[42] 戴维·欣顿：《采桑子》（晚来一阵风兼雨）、《如梦令》（常记溪亭日

暮）、《醉花阴》（薄雾浓云愁永昼）、《点绛唇》（蹴罢秋千）、《怨王孙》（湖上风来波浩渺）、《如梦令》（谁伴明窗独坐），6 首。Hinton, David. *Classical Chinese Poetry*. New York: Farrar, Straus and Giroux, 2008. PP. 386－392.

十　英语世界纳兰性德词译目概览

[1] 熊丁：《菩萨蛮》（白日惊飙冬已半）、《采桑子》（明月多情应笑我），2 首。Payne, Robert. *The White Pony: An Anthology of Chinese Poetry from the Earliest Times to the Present Day*. London: George Allen & Unwin Ltd., 1949. PP. 319－320.

[2] 舒威霖：《如梦令》（万帐穹庐人醉）、《长相思》（山一程）、《忆江南》（江南好）（二首）、《忆江南》（心灰尽）、《忆江南》（春去也）、《天仙子》（梦里蘼芜青一翦）、《采桑子》（谁翻乐府凄凉曲）、《采桑子》（谢家庭院残更立）、《采桑子》（而今才道当时错）、《金缕曲》（此恨何时已、德也狂生耳）、《齐天乐》（白狼河北秋偏早），12 首。Birch, Cyril. *Anthology of Chinese Literature: From the Fourteenth Century to the Present Day* (Vol. 2). *New York: Grove Press*, 1972. PP. 143－149.

[3] 邓根·迈根托斯、艾伦·艾丽：《长相思》（山一程）、《画堂春》（一生一代一双人），2 首。Mackintosh, Dungan & Alan Ayling. *A Collection of Chinese Lyrics*. London: Routledge and Kegan Paul, 1965. PP. 207－209.

[4] 邓根·迈根托斯、艾伦·艾丽：《如梦令》（万丈穹庐人醉），1 首。Mackintosh, Dungan & Alan Ayling. *A Further Collection of Chinese Lyrics and Other Poems*. Nashville, Tennessee: Vanderbilt University Press, 1970. P. 195.

[5] William Golightly：《忆王孙》（西风一夜剪芭蕉）、《鹧鸪天·离恨》（背立盈盈故作羞），2 首；William Mcnaughton：《忆秦娥·龙潭口》（山重叠），1 首；Lenore Mayhew and William McNaughton：《一络索·长城》（野火拂云微绿），1 首；An-yan Tang：《蝶恋花·出塞》（今古河山无定拒），1 首；Bruce Carpenter：《风流子·秋郊射猎》

（平原草枯矣）、《秋水·听雨》（谁道破愁须仗酒），2 首；罗郁正：《临江仙·寒柳》（飞絮飞花何处是），1 首。Liu，Wu-chi and Irving Yucheng Lo，eds. *Sunflower Splendor*：*Three Thousand Years of Chinese Poetry*. Bloomington and London：Indiana University Press，1975. PP. 482—486.

[6] 唐安石：《长相思》（山一程）、《沁园春》（瞬息浮生）、《忆江南》（心灰尽）、《蝶恋花》（又到绿杨曾折处），4 首。Turner，John，S. J. *A Golden Treasury of Chinese Poetry*. Hong Kong：The Chinese University Press，1976. PP. 300—309.

[7] 吴经熊：《菩萨蛮》（惊飚掠地冬将半）、《采桑子》（而今才道当时错）、《沁园春》（瞬息浮生）、《太常引》（晚来风起撼花铃）、《采桑子》（谁翻乐府凄凉曲）、《金缕曲》（德也狂生耳）、《菩萨蛮》（新寒中酒敲窗雨）、《采桑子》（明月多情应笑我）、《浣溪沙》（谁道飘零不可怜）、《蝶恋花》（又到绿杨曾折处）、《忆江南》（心灰尽），11 首。Wu，John C. H. “Eleven Tz'u by Nalan Hsinteh”，in *Renditions*. Hong Kong：The Chinese University of Hong Kong，1979，No. 11，12：252—264.

[8] 舒威霖：《菩萨蛮》（黄云紫塞三千里），《浣溪沙》（谁念西风独自凉），《青玉案》（东风卷地飘榆荚），《忆江南》（江南好）、（心灰尽）、（摇落后）、（昏鸦尽），《鹧鸪天》，8 首。Lo，Irving Yucheng and William Schultz. *Waiting for the Unicorn*：*Poems and Lyrics of China's Last Dynasty*，*1644—1911*. Bloomington：Indiana University Press，1986. PP. 156—159.

[9] 戴维·麦克劳：《南乡子》（泪咽却无声）、《如梦令》（万丈穹庐人醉）、《金缕曲》（德也狂生耳）、《临江仙》（飞絮飞花何处是）、《蝶恋花》（今古河山无定拒）、《浣溪沙》（谁道飘零不可怜）、《酒泉子》（谢却荼蘼），7 首。Mccrow，David R. *Chinese Lyricists of the Seventeenth Century*. Honolulu：University of Hawai'i Press，1990. PP. 121—129.

[10] 王椒升：《浣溪沙》（谁念西风独自凉），1 首；David McCraw：《如梦令》（万帐穹庐人醉）、《蝶恋花》（今古河山无定拒），2 首。

Mair, Victor, ed. *The Columbia Anthology of Traditional Chinese Literature*. New York: Columbia University Press, 1994. PP. 367—368.

[11] 宇文所安：《如梦令》（正是辘轳金井）、《清平乐》（风鬟雨鬓）、《寻芳草》（客夜怎生过）、《金缕曲》（此恨何时已）、《如梦令》（万帐穹庐人醉）、《蝶恋花·出塞》（今古河山无定拒），6 首。Owen, Stephen. *An Anthology of Chinese Literature: Beginnings to 1911*. New York and London: W. W. Norton & Company, 1996. PP. 1137—1139.

附录二

中英文人名对照表*

C. H. 科沃克	C. H. Kwock
J. P. 西顿	J. P. Seaton
艾伦·艾丽	Alan Ayling
阿瑟·奎勒库奇	Arthur Quiller-Couch
阿瑟·韦利	Arthur Waley
艾朗诺	Ronald Egan
艾米·洛维尔	Amy Lowell
艾丽斯·陈	Alice W. Cheang
安德鲁·李·马奇	Andrew Lee March
安露丝	Ruth W. Adler
毕晓普	John L. Bishop
伯顿·拉菲尔	Burton Raffel
白润德	Daniel Joseph Bryant
白思达	Glen William Baxter
白英	Robert Payne
白之	Cyril Birch
鲍家麟	Chia-lin Pao
毕熙雅（音译）	Xiya Bi
陈士铨	Shih-chuan Chen

* 参照新华通讯社译名组编《英语姓名译名手册》，商务印书馆 1985 年版。

初大告	Ta-kao Ch'u
戴维·达姆洛什	David Damrosh
焦大卫（又译戴维·乔登）	David M. Gordon
戴维·霍克思	David Hawkes
戴维·拉铁摩尔	David Lattimore
戴维·伦德	David Lunde
戴维·麦克劳	David R. Mccrow
戴维·欣顿	David Hinton
戴乃迭	Gladys Tayler
德庇士	Sir John France Davis
邓根·迈根托斯	Dungan Mackintosh
方秀洁	Grace S. Fong
傅君劢	Michael Anthony Fuller
弗洛伦丝·艾斯库	Florence Wheelock Ayscough
傅汉思	Hans H. Frankel
高友工	Yu-kung Kao
管佩达	Beata Grant
郭大夏	Ta-Hsia Kuo
蔡涵墨	Charles Hartman
海陶玮	James R. Hightower
韩南	Patrick Dewes Hannan
华兹生	Burton Watson
黄维梁	Wai-leung Wong
黄彰位	Hwang Chang-wei
李高洁	Cyril Drummond le Gros Clark
克拉拉·M. 坎德林	Clara M. Candlin
克莱默·宾	Launcelot Alfred Cranmer-Byng
李达三	John J. Deeney
李又安	Adele Austin Rickett
理雅各	James Legge
连新达（音译）	Xinda Lian

梁丽芳	Winnie Lai-Fong Leung
林顺夫	Shuen-fu Lin
罗吉伟	Paul Frederick Rouzer
刘殿爵	D. C. Lau
刘若愚	James J. Y. Liu
刘绍铭	Joseph S. M. Lau
刘子健	James T. C. Liu
柳无忌	Wu-chi Liu
罗伊斯・福瑟克	Lois Fusek
罗郁正	Irving Yucheng Lo
马迪琳娜・朱	Madeline Chu
梅纳德・麦克	Maynard Mack
梅维恒	Victor Mair
闵福德	John Minford
缪文杰	Ronald C. Miao
牟怀传（音译）	Huaichuan Mou
倪豪士	H. Nienhauser Jr. William
欧阳桢	Eugene Chen Eoyang
齐皎瀚	Jonathan Chaves
任博克	Brook Ziporyn
萨进德	Stuart H. Sargent
山姆・布洛克	Sam Houston Brock
舒威霖	William Schultz
宋淇	Stephen C. Soong
苏利埃・德・莫朗	George Soulie de Morant
柯素芝（又译苏珊・卡西尔）	Suzanne Cahill
苏源熙	Haun Saussy
孙康宜	Kang-I Sun Chang
孙筑瑾	Cecile Chu-chin Sun
索菲亚・陈	Sophia Chen
托尼・巴恩斯通	Tony Barnstone

唐安石	S. J. John Turner
田安	Anna M. Shields
涂经诒	Ching-i Tu
王红公	Kenneth Rexroth
王椒升	Jiaosheng Wang
王胜志（音译）	Wang Sheng-shih
威廉·麦克诺顿	William McNaughton
魏玛莎	Marsha L. Wagner
魏世德	John Timothy Wixted
文森特·麦克休	Vincent Mchugh
文森特·杨	Vincent Yang
熊丁（音译）	Hsiung Ting
徐兆镛	C. Y. Hsu
许芥昱	Kai-yu Hsu
薛爱华	Edward H. Schafer
杨立宇	Winston L. Y. Yang
叶嘉莹	Florence Chia-Ying Yeh
叶山	Robin D. S. Yates
叶维廉	Wai-lim Yip
余宝琳	Pauline Yu
余绮华	Teresa Yee-wha Yü
宇文所安	Stephen Owen
约翰·卡雷	John Cayley
约翰·司各特	John Scott
翟理斯	H. A. Giles
翟林奈	Lionel Giles
詹姆斯·克瑞	James Cryer
郑文君	Alice W. Cheang
钟玲	Ling Chung
周萍（音译）	Chou Ping
朱莉·兰多	Julie Landau

参考文献

一　中文文献

（一）论著与资料集

[1] [德] 汉斯—格奥尔格·伽达默尔：《真理与方法》，洪汉鼎译，上海译文出版社 1999 年版。

[2] [法] 埃斯卡皮：《文学社会学》，王美华、于佩译，安徽文艺出版社 1987 年版。

[3] [美] E. T. 霍尔：《超越文化》，韩海深译，重庆出版社 1990 年版。

[4] [美] 厄尔·迈纳：《比较诗学》，王宇根等译，中央编译出版社 2004 年版。

[5] [瑞士] 索绪尔：《普通语言学教程》，高名凯译，商务印书馆 2008 年版。

[6] [英] 特雷·伊格尔顿：《二十世纪西方文学理论》，伍晓明译，北京大学出版社 2007 年版。

[7] 安平秋、安乐哲主编：《北美汉学家辞典》，人民文学出版社 2001 年版。

[8] 曹顺庆：《比较文学学》，四川大学出版社 2006 年版。

[9] 曹顺庆：《中国古代文论话语》，巴蜀书社 2001 年版。

[10] 曹辛华、张幼良：《中国词学研究》，福建人民出版社 2006 年版。

[11] 陈德鸿、张南峰编：《西方翻译理论精选》，香港城市大学出版社 2000 年版。

[12] 陈鼓应：《庄子今注今译》，中华书局 2007 年版。

[13]《词学》编辑委员会：《词学》（第一至九辑），华东师范大学出版社 1981 年版。

[14] 崔海正：《宋词研究述略》，洪叶文化事业公司 1999 年版。

[15] 邓乔彬：《唐宋词美学》，齐鲁书社 1993 年版。

[16] 方智范、邓乔彬：《中国词学批评史》，中国社会科学出版社 1994 年版。

[17] 方东美：《中国哲学之精神及其发展》，匡钊译，中州古籍出版社 2009 年版。

[18] 冯友兰：《中国哲学史》，华东师范大学出版社 2008 年版。

[19] [美] 高友工、梅祖麟：《唐诗的魅力》，上海古籍出版社 1989 年版。

[20] [美] 高友工：《美典：中国文学研究论集》，三联书店 2008 年版。

[21] 胡适：《胡适古典文学研究论集》，上海古籍出版社 1988 年版。

[22] 黄霖主编，曹辛华著：《20 世纪中国古代文学研究史·词学卷》，东方出版中心 2006 年版。

[23] 黄立：《英语世界唐宋词研究》，四川大学出版社 2009 年版。

[24] 黄文吉主编：《词学研究书目（1912—1992）》，文津出版社 1993 年版。

[25] 金启华、张惠民编：《唐宋词集序跋汇编》，江苏教育出版社 1990 年版。

[26] 江岚：《唐诗西传史论——以唐诗在英美的传播为中心》，学苑出版社 2009 年版。

[27] 刘勰著，范文澜注：《文心雕龙注》，人民文学出版社 1978 年版。

[28] [英] 拉曼·塞尔登：《文学批评理论：从柏拉图到现在》，刘象愚译，北京大学出版社 2003 年版。

[29] 乐黛云等编：《北美中国古典文学研究名家十年文选》，江苏人

民出版社 1996 年版。

[30] 乐黛云等编：《欧洲中国古典文学研究名家十年文选》，江苏人民出版社 1998 年版。

[31] 郦青：《李清照词英译对比研究》，上海三联书店 2009 年版。

[32] 廖七一编著：《当代西方翻译理论探索》，译林出版社 2002 年版。

[33] 林玫仪主编：《词学论著总目（1901—1992）》，台湾“中央研究院中国文哲研究所筹备处”，1995 年。

[34] 林玫仪：《词学研讨会论文集》，台湾“中央研究院中国文哲研究所筹备处”，1996 年。

[35] [美] 林顺夫：《中国抒情传统的转变：姜夔与南宋词》，张宏生译，上海古籍出版社 2005 年版。

[36] 刘若端编：《十九世纪英国诗人论诗》，人民文学出版社 1984 年版。

[37] [美] 刘若愚：《北宋六大词家》，幼狮文化公司 1986 年版。

[38] [美] 刘若愚：《中国文学理论》，杜国清译，江苏教育出版社 2006 年版。

[39] [美] 刘若愚：《中国文学艺术精华》，黄山书社 1989 年版。

[40] [美] 刘若愚：《中国诗学》，杜国清译，幼狮文化公司 1977 年版。

[41] 刘石：《苏轼词研究》，台北文津出版社 1992 年版。

[42] 刘扬忠：《宋词研究之路》，天津教育出版社 1989 年版。

[43] 龙榆生：《词学十讲》，福建人民出版社 1989 年版。

[44] 龙榆生：《龙榆生词学论文集》，上海古籍出版社 2009 年版。

[45] 路成文：《宋代咏物词史论》，商务印书馆 2005 年版。

[46] 罗钢、刘象愚主编：《文化研究读本》，中国社会科学出版社 2000 年版。

[47] [加] 诺思罗普・弗莱：《批评的解剖》，陈慧等译，百花文艺大学出版社 2008 年版。

[48] [美] 乔纳森・卡勒：《结构主义诗学》，盛宁译，中国社会科学出版社 1991 年版。

[49] 饶宗颐：《词集考》，中华书局 1992 年版。

[50] 任二北：《敦煌曲初探》，上海文艺联合出版社 1954 年版。

[51] 任二北：《敦煌曲校录》，上海文艺联合出版社 1955 年版。

[52] 沈祖棻：《宋词赏析》，中华书局 2008 年版。

[53] 施议对：《词与音乐关系研究》，中国社会科学出版社 1985 年版。

[54] [美] 孙康宜：《陈子龙柳如是诗词情缘》，李奭学译，允晨文化实业股份有限公司 1982 年版。

[55] [美] 孙康宜：《词与文类研究》，李奭学译，北京大学出版社 2004 年版。

[56] [美] 孙康宜：《抒情与描写——六朝诗歌概论》，钟振振译，三联书店 2006 年版。

[57] [美] 孙康宜：《文学经典的挑战》，百花洲文艺出版社 2002 年版。

[58] 孙立：《词的审美特性》，台湾文津出版社 1995 年版。

[59] 唐圭璋主编：《唐宋词鉴赏辞典》，江苏古籍出版社 1986 年版。

[60] 唐圭璋：《词话丛编》，中华书局 1986 年版。

[61] 童庆炳：《文体与文体的创造》，云南人民出版社 1999 年版。

[62] 王国维：《王国维文学论著三种》，商务印书馆 2004 年版。

[63] 王守义：《唐宋诗词英译》，黑龙江人民出版社 1989 年版。

[64] 王向远：《王向远著作集·翻译文学研究》，宁夏人民出版社 2007 年版。

[65] 王晓路：《西方汉学界的中国文论研究》，巴蜀书社 2003 年版。

[66] 王晓平：《国外中国古典文论研究》，江苏教育出版社 1998 年版。

[67] 王水照、保苅佳昭编：《日本学者中国词学论文集》，上海古籍出版社 1991 年版。

[68] 王筱芸：《碧山词研究》，南京大学出版社 1991 年版。

[69] 王兆鹏：《词学研究方法十讲》，北京大学出版社 2008 年版。

[70] 王兆鹏：《唐宋词史论》，人民文学出版社 2003 年版。

[71] 王仲闻校注：《李清照集校注》，人民文学出版社 1979 年版。

[72] 吴熊和：《唐宋词通论》，浙江古籍出版社 1985 年版。

[73] 伍蠡甫主编：《西方文论选》，上海译文出版社 1979 年版。

[74] 夏承焘笺注：《姜白石词编年笺校》，上海古籍出版社 1981 年版。

[75] 新华通讯社译名组编：《英语姓名译名手册》，商务印书馆 1985 年版。

[76] 夏康达：《二十世纪国外中国文学研究》，天津人民出版社 2000 年版。

[77] 谢桃坊：《中国词学史》，巴蜀书社 2002 年版。

[78] 谢天振：《译介学》，北京大学出版社 2007 年版。

[79] 徐北文主编：《李清照全集评注》，济南出版社 1992 年版。

[80] 徐复观：《中国艺术精神》，华东师范大学出版社 2008 年版。

[81] 徐志啸：《华裔汉学家叶嘉莹与中西诗学》，学苑出版社 2009 年版。

[82] 许渊冲：《文学与翻译》，北京大学出版社 2005 年版。

[83] 严羽、郭绍虞校释：《沧浪诗话校释》，人民文学出版社 2006 年版。

[84] 杨海明：《唐宋词风格论》，上海社会科学院出版社 1986 年版。

[85] 杨海明：《唐宋词美学》，江苏教育出版社 1998 年版。

[86] 杨海明：《唐宋词史》，江苏古籍出版社 1987 年版。

[87] 姚一苇：《艺术的奥秘》，漓江出版社 1987 年版。

[88] 叶嘉莹、缪钺：《灵溪词说》，上海古籍出版社 1987 年版。

[89] 叶嘉莹：《词学新诠》，北京大学出版社 2008 年版。

[90] 叶嘉莹：《词之美感特质的形成与演进》，北京大学出版社 2007 年版。

[91] 叶嘉莹：《迦陵论词丛稿》，北京大学出版社 2008 年版。

[92] 叶嘉莹：《南宋名家词选讲》，北京大学出版社 2007 年版。

[93] 叶嘉莹：《王国维及其文学批评》，北京大学出版社 2008 年版。

[94] 叶朗：《中国美学史大纲》，上海人民出版社 2007 年版。

[95] 叶慕兰：《柳永词研究》，台北文史哲出版社 1983 年版。

[96] 俞平伯：《唐宋词选释》，人民文学出版社 2005 年版。

[97]［美］宇文所安：《中国文论：英译与评论》，王柏毕、陶庆梅译，上海社会科学院出版社 2003 年版。

[98]［美］宇文所安：《追忆：中国古典文学中的往事再现》，三联书店 2004 年版。

[99] 袁行霈：《中国诗歌艺术研究》，北京大学出版社 2009 年版。

[100] 张海明：《回顾与反思古代文论研究 70 年》，北京师范大学出版社 1997 年版。

[101] 张弘：《中国文学在英国》，花城出版社 1992 年版。

[102] 赵一凡等：《西方文论关键词》，外语教学与研究出版社 2006 年版。

[103] 赵毅衡：《诗神远游——中国如何改变了美国现代诗》，上海译文出版社 2003 年版。

[104] 钟玲：《美国诗与中国梦》，广西师范大学出版社 2003 年版。

[105] 周发祥：《碰撞与融合：比较文学与中国古典文学》，外语教学与研究出版社 2006 年版。

[106] 周发祥：《西方文论与中国文学》，江苏教育出版社 1997 年版。

[107] 周英雄：《结构主义与中国文学》，东大图书公司 1983 年版。

[108] 朱光潜：《诗论》，安徽教育出版社 2006 年版。

[109] 朱徽：《中国诗歌在英语世界：英美译家汉诗翻译研究》，上海外语教育出版社 2009 年版。

[110] 朱巧云：《跨文化视野中的叶嘉莹诗学研究》，中国社会科学出版社 2008 年版。

[111] 朱自清：《朱自清古典文学论文集》，上海古籍出版社 2009 年版。

（二）研究论文举要

[112]［加］方秀洁著，陈磊译：《论咏物词的发展与吴文英的咏物词》，施蛰存编《词学》2000 年第 12 辑。

[113] 陈友冰：《英国汉学的阶段性特征及成因探析——以中国古典文学研究为中心》，《汉学研究通讯》2008 年第 3 期。

[114]［美］海陶玮著，赖瑞和译：《中国文学在世界文学中的意义》，

《比较文学季刊》1953 年第 5 期。

[115] 刘婉:《姜夔〈疏影〉词的语言内部关系及事典意义》,《词学》第 9 辑。

[116] 施议对:《吴世昌与词体结构论》,《文学遗产》2002 年第 1 期。

[117] 施议对:《国际词学研讨会在美国举行》,《文学遗产》1990 年第 3 期。

[118] [美] 孙康宜、钱南秀:《美国汉学研究中的性别研究——与孙康宜教授对话》,《社会科学论坛》2006 年第 11 期。

[119] 王兆鹏、刘尊明:《历史的选择:宋代词人历史地位的定量分析》,《文学遗产》1995 年第 4 期。

[120] 吴世昌:《论词的章法》,《辽宁大学学报》1988 年第 4 期。

[121] 吴相洲:《二十世纪中国词学研究述评》,《北京大学学报》(哲社版)1999 年第 2 期。

[122] 周宪:《审美现代性的四个层面》,《文学评论》2002 年第 5 期。

二 外文文献

[123] Alley, Rewi. *Selected Poems of the Tang and Song Dynasties*. Hong Kong: Hai Feng Publishing Company, 1981.

[124] Ashmore, Robert. "The Banquet's Aftermath: Yan Jidao's Ci Poetics and the High Tradition", *T'oung Pao, Second Series*, 2002, Vol. 88, Fasc. 4/5: 211—250.

[125] Barnstone, Tony and Chou Ping. *Chinese Erotic Poems*. New York and Toronto: Alfred A. Knopf, 2007.

[126] Barnstone, Willis. "Reading Li Ch'ing-Chao", *The Massachusetts Review*, 1984, 25 (2): 222.

[127] Baxter, Glen William. *Index to the Imperial Register of Tz'u Poetry*. Cambridge: Harvard University, 1956.

[128] ——. "Metrical Origins of the Tz'u", *Harvard Journal of Asiatic Studies*. 1953, 16 (1): 108—145.

[129] Bi, Xiya. *Creativity and Convention in Su Shi's Literary Thought*. Lewiston, N. Y.: Edwin Mellen Press, 2003.

[130] Birch, Cyril. *Anthology of Chinese Literature: From Early Times to the Fourteenth Century*. New York: Grove Press, 1965.

[131] ——. *Anthology of Chinese Literature: From the Fourteenth Century to the Present Day* (Vol. 2). New York: Grove Press, 1972.

[132] ——. *Studies in Chinese Literary Genres*. Berkeley: University of California Press, 1974.

[133] Bryant, Daniel Joseph. *Lyric Poets of the Southern T'ANG: FENG YEN-SSU, 903—960, and LI Yü, 937—978*. Vancouver and London: University of British Columbia Press, 1982.

[134] Bynner, Witter. *The Jade Mountain: A Chinese Anthology, Being Three Hundred Poems of the Tang Dynasty, 618—906*. New York: A. A. Knopf, 1931.

[135] Cahill, Suzanne. "Sex and the Supernatural in Medieval China: Cantos on the Transcendent who Presides over the River", *Journal of the American Oriental Society*, 1985, 105 (2): 197—220.

[136] Candlin, Clara M. *The Rapier of Lu: Patriot Poet of China*. London: John Murray, 1946.

[137] ——. *The Herald Wind: Translations of Sung Dynasty Poems, Lyrics and Songs*. London: J. Murray, 1933, 1955.

[138] Chang, Kang-I Sun. *The Evolution of Chinese Tz'u Poetry: From Late T'ang to Northern Sung*. Princeton: Princeton University Press, 1980.

[139] ——. *The Late Ming Poet Ch'en Tzu-lung: Crises of Love and Loyalism*. New Haven: Yale University Press, 1991.

[140] ——. "Symbolic and Allegorical Meanings in the Yueh-fu Pu-t'I Poem Series", *Harvard Journal of Asiatic Studies*, 1986, 46 (2): 353—385.

[141] ——. "The Idea of the Mask in Wu Wei-yeh (1609—1671)", *Harvard Journal of Asiatic Studies*, 1988, 48 (2): 289—320.

[142] Chang, Kang-I Sun and Haun Saussy, eds. *Women Writers of Traditional China: An Anthology of Poetry and Criticism*. Stanford: Stanford University Press, 1999.

[143] Chaves, Jonathan. *The Columbia Book of Later Chinese Poetry: Yuan, Ming and Ch'ing Dynasties (1279 — 1911)*. New York: Columbia University Press, 1986.

[144] Cheang, Alice W. "Poetry and Transformation: Su Shih's Mirage", *Harvard Journal of Asiatic Studies*, 1998, 58 (1): 147—182.

[145] ——. "Poetry, Politics, Philosophy: Su Shih as The Man of The Eastern Slope", *Harvard Journal of Asiatic Studies*, 1993, 53 (2): 325—387.

[146] Chen, Shih-chuan. "Dates of Some of the Tunhuang Lyrics", *Journal of the American Oriental Society*, 1968, 88 (2): 261—270.

[147] ——. "The Rise of the Tz'u, Reconsidered", *Journal of the American Oriental Society*, 1970, 90 (2): 232—242.

[148] Ch'en, Li li. "Outer and Inner Forms of Chu-kung-tiao, with Reference to Pien-wen, Tz'u and Vernacular Fiction", *Harvard Journal of Asiatic Studies*, 1972, 32: 124—149.

[149] Chu, Madeline. "Interplay between Tradition and Innovation: The Seventeenth Century Tz'u (词) Revival", *Chinese Literature: Essays, Articles, Reviews (CLEAR)*, 1987, 9 (1): 71—88.

[150] Ch'u, Ta-Kao. *Chinese Lyrics*. Cambridge: Cambridge University Press, 1937.

[151] Clark, Cyril Drummond le Gros. *The Prose-Poetry of Su Tung-P'o*. Shanghai: Kelly & Walsh. Ltd., 1935.

[152] ——. *Selections from the Works of Su Tung-P'o*. London: J. Cape, 1931.

[153] Cryer, James. *Plum Blossom: Poems of Li Ch'ing Chao.*

Chapel Hill: Carolina Wren Press, 1984.

[154] Damrosch, David. *The Longman Anthology of World Literature*. New York: Longman, 2004.

[155] Dragin, Peter and Paul Dresman. "Forms of Open Form: A Comparision of English Translation of Li Ch'ing-chao", *Tamkang Review*, 1984—1985, V. 15 (1—5).

[156] Duke, Michael S. *Lu You*. Boston: Twayne Publishers, 1977.

[157] Egan, Ronald C. *The Literarty Works of Ou-Yang Hsiu (1007—1072)*. Cambridge: Cambridge University Press, 1984.

[158] ——. *Word, Image, and Deed in the Life of Su Shi*. Cambridge (Massachusetts) and London: Harvard University Press, 1994.

[159] Eoyang, Eugene Chen. *The Transparent Eye: Reflections on Translation, Chinese Literature and Comparative Poetics*. Honolulu: University of Hawaii Press, 1993.

[160] Fong, Grace S. *Wu Wenying and the Art of Southern Song Ci Poetry*. Princeton, N. J.: Princeton University Press, 1987.

[161] ——. "Wu Wenying's Yongwu Ci: Poem as Artifice and Poem as Metaphor", *Harvard Journal of Asiatic Studies*, 1985, 45 (1): 323—347.

[162] ——. "Inscribing Desire: Zhu Yizun's Love Lyrics in Jingzhiju qinqu", *Harvard Journal of Asiatic Studies*, 1994, 54 (2): 437—460.

[163] ——. "Persona and Mask in the Song Lyric (Ci)", *Harvard Journal of Asiatic Studies*, 1990, 50 (2): 459—484.

[164] Fuller, Michael Anthony. *The Road to East Slope: The Development of Su Shi's Poetic Voice*. Stanford: Stanford University Press, 1990.

[165] Fusek, Lois. *Among the Flowers, The Hua-chien chi*. New York: Columbia University Press, 1982.

[166] Gordon, David M. *The Wild Old Man: Poems of Lu Yu*. San Francisco: North Point, 1984.

[167] Graham, A. C. *Poems of the Late T'ang*. New York: Penguin Books, 1981.

[168] Grant, Beata. *Mount Lu Revisited: Buddhism in the Life and Writings of Su Shih*. Honolulu: University of Hawaii Press, 1995.

[169] Hartman, Charles. "The Inquisition against Su Shih: His Sentence as an Example of Sung Legal Practice", *Journal of the American Oriental Society*, 1993, 113 (2): 228—243.

[170] Hegel, Robert E. "The Sights and Sounds of Red Cliffs: On Reading Su Shi", *Chinese Literature: Essays, Articles, Reviews (CLEAR)*, 1998, 20: 11—30.

[171] Hegel, Robert E. and Richard C. Hessney, eds. *Expressions of Self in Chinese Literature*. New York: Columbia University Press, 1985.

[172] Hightower, James R. *Topics in Chinese Literature: Outlines and Bibliographies*. Cambridge: Harvard University Press, 1971.

[173] ——. "The Songs of Chou Pang-yen", *Harvard Journal of Asiatic Studies*, 1977, 37 (2): 233—272.

[174] ——. "The Songwriter Liu Yung: Part I", *Harvard Journal of Asiatic Studies*, 1981, 41 (2): 323—376.

[175] ——. "The Songwriter Liu Yung: Part II", *Harvard Journal of Asiatic Studies*, 1982, 42 (1): 5—66.

[176] ——. "Individualism in Chinese Literature", *Journal of the History of Ideas*, 1961, 22 (2): 159—168.

[177] ——. "The Wen Hsuan and Genre Theory", *Harvard Journal of Asiatic Studies*, 1957, 20 (3): 512—533.

[178] Hightower, James R. and Florence Chia-ying Yeh. *Studies in Chinese Poetry*. Cambridge, Massachusetts, and London: Harvard University Asia Center, 1998.

[179] Ho, Peng Yoke. *Lu Yu: The Poet-alchemist*. Canberra: Australian National University Press, 1972.

[180] Hsu, Kai-Yu. "The Poems of Li Ch'ing-Chao (1084 —

1141)", *Publications of the Modern Language Association of America*, 1962, 77 (5): 521—528.

[181] Hu, Pinqing. *Li Ch'ing-chao*. New York: Twayne Publisher, 1966.

[182] ——. "The Poems by Li Hou-chu, the King Poet", *Chinese Culture*, 1965, 6 (3): 87—92.

[183] ——. "The Poetical Works of Li Hou-chu", *Chinese Culture*, 1972, 13 (1): 97—112.

[184] ——. *Random Talks on Classical Chinese Poetry*. Taiwan: Join Sun Publishing Co. Ltd., 1990.

[185] Hwang, Chang-wei. *Ten Excellent Works of the Chinese Classical Literature*. Californiaia, San Jose, 1996.

[186] Idema, W. L. "Poet Versus Minister and Monk: Su Shi on Stage in the Period 1250 — 1450", *T'oung Pao*, 1987, 73 (4): 190—216.

[187] Kwock, C. H. and Vincent Mchugh. *Old Friend From Far Away: 150 Chinese Poems from the Great Dynasties*. San Franciso: North Point Press, 1980.

[188] Lam, Lap. "Elevation and Expurgation: Elite Strategies in Enhancing the Reputation of Ci", *Chinese Literature: Essays, Articles, Reviews*, 2002, 24: 1—41.

[189] Landau, Julie. *Beyond Spring: Tz'u Poems of the Sung Dynasty*. New York: Columbia University Press, 1994.

[190] Lian, Xinda. *The Wild and Arrogant: Expression of Self in Xin Qiji's Song Lyrics*. New York: P. Lang, 1995.

[191] Lin, Shuen-fu and Stephen Owen, eds. *The Vitality of the Lyric Voice: Shih Poetry from the Late Han to the T'ang*. Princeton: Princeton University Press, 1986.

[192] Lin, Shuen-fu. *The Transformation of the Chinese Lyrical Tradition: Chiang K'uei and Southern Sung Tz'u Poetry*. Princeton: Princeton University Press, 1978.

[193] ——. "The importance of Context", *Chinese Literature: Essays, Articles, Reviews*, 1982, 4 (2): 303—314.

[194] Lin, Yutang. *The Gay Genius: the Life and Times of Su Tungpo*. New York: John Day Co., 1947.

[195] Liu, James J. Y. *The Art of Chinese Poetry*. Chicago and London: The University of Chicago Press, 1962.

[196] ——. *Chinese Theories of Literature*. Chicago and London: The University of Chicago Press, 1975.

[197] ——. *Language-Paradox-Poetics: A Chinese Perspective*. Princeton: Princeton University Press, 1988.

[198] ——. *Major Lyricists of the Northern Sung*. Princeton: Princeton University Press, 1974.

[199] ——. "The lyrics of Liu Yung", *Tamkang Review*, 1970, 1 (2).

[200] ——. tran. "Chiang K'uei's Poetics", in *Renditions*, 1984, 21—22.

[201] ——. *The Interlingual Critic: Interpreting Chinese Poetry*. Bloomington: Indiana University Press, 1982.

[202] ——. "The Study of Chinese Literature in the West: Recent Development, Current Trends, and Future Prospects", *The Journal of Asian Studies*, 1975, 35 (1): 21—30.

[203] ——. "Time, Space, and Self in Chinese Poetry", *Chinese Literature: Essays, Articles, Reviews* (*CLEAR*), 1979, 1 (2): 137—156.

[204] Liu, James T. C. *Ou-yang Hsiu: An Eleventh-Century Neoconfuciansit*. Stanford, California: Stanford University Press, 1967.

[205] Liu, Wu-chi. *An Introduction to Chinese Literature*. Bloomington: Indiana University Press, 1966.

[206] Liu, Wu-chi and Irving Yucheng Lo, eds. *Sunflower Splender: Three Thousand Years of Chinese Poetry*. Garden City and New York: Anchor Press/ Doubleday, 1975.

[207] Liu, Yih-ling and Shahid Suhrawardy. *Poems of Lee Hou-chu*. Bombay, Calcutta, and Madras: Orient Longmans Ltd., 1948.

[208] Lo, Irving Yucheng. *Hsin Ch'i-chi*. New York: Twayne Publishers, 1971.

[209] Lo, Irving Yucheng and William Schultz. *Waiting for the Unicorn: Poems and Lyrics of China's Last Dynasty, 1644 — 1911*. Bloomington: Indiana University Press, 1986.

[210] Lunde, David. "Chinese Poems From the Six Dynasties and Sung Periods", *Feminist Studies*, 1994, 20 (2): 367—372.

[211] Mack, Maynar. *The Norton Anthology of World Masterpieces* (expanded edition). New York and London: W. W. Norton & Company, 1995.

[212] Mackintosh, Dungan & Alan Ayling. *A Collection of Chinese Lyrics*. London: Routledge and Kegan Paul, 1965.

[213] ——. *A Further Collection of Chinese Lyrics and Other Poems*. Nashville, Tennessee: Vanderbilt University Press, 1970.

[214] Mair, Victor. *The Columbia Anthology of Traditional Chinese Literature*. New York: Columbia University Press, 1994.

[215] March, Andrew Lee. "Self and Landscape in Su Shih", *Journal of the American Oriental Society*, 1966, 86 (4): 377—396.

[216] Mccrow, David R. *Chinese Lyricists of the Seventeenth Century*. Honolulu. H. I: University of Hawaii Press, 1990.

[217] McNaughton, William. *Chinese Literature: an Anthology From the Earliest Times to the Present Day*. Rutland, Vt.: Charles E. Tuttle Company, 1974.

[218] Miao, Ronald C. *Studies in Chinese Poetry and Poetics*. San Francisco: Chinese Material Center, 1978.

[219] Minford, John and Joseph S. M. Lau. *Classical Chinese Literature: An Anthology of Translations* (From Antiquity to the Tang Dynasty, Vol. 1). New York and H. K.: Columbia University Press and The Chinese University Press, 2000.

[220] Mou, Huaichuan. *Rediscovering Wen Tingyun: a Historical Key to a Poetic Labyrinth*. Albany: State University of New York, 2004.

[221] Owen, Stephen. *An Anthology of Chinese Literature: Beginnings to 1911*. New York and London: W. W. Norton & Company, 1996.

[222] Payne, Robert. *The White Pony: An Anthology of Chinese Poetry from the Earliest Times to the Present Day*. London: George Allen & Unwin Ltd., 1949.

[223] Preminger, Alex and T. V. F. Brogan, eds. *The New Princeton Encyclopedia of Poetry and Poetics*. Princeton: Princeton University Press, 1993.

[224] Rexroth, Kenneth. *One Hundred Poems from the Chinese*. New York: New Directions, 1956.

[225] ——. *Love and the Turning Year: One Hundred More Poems from the Chinese*. New York: New Directions Book, 1970.

[226] Rexroth, Kenneth and Ling Chung, trans and eds. *The Orchid Boat: Women Poets of China*. New York: New Directions Publishing Corporation, 1982.

[227] ——. *Li Ch'ing-chao: Complete Poem*. New York: New Directions, 1979.

[228] Rickett, Adele Austin. *Chinese Approaches to Literature from Confucius to Liang Ch'i-ch'ao*. Princeton: Princeton University Press, 1978.

[229] ——. *Wang Kuo-Wei's Jen-Chien Tz'u-Hua: A Study in Chinese Literary Criticism*. Hong Kong: Hong Kong University Press, 1977.

[230] Rouzer, Paul Frederick. *Writing Another's Dream: the Poetry of Wen Tingyun*. California: Stanford University Press, 1993.

[231] Sargent, Stuart H. "Point of Comparison between Robert Herrick and Hsin Ch'in-chi", *Chinese Literature: Essays, Articles, Reviews*,

2004 (12) .

[232] Schultz, William. "Chinese Literature and Twayne's World Authors Series: A Status Report", *Chinese Literature: Essays, Articles, Reviews*, 1979, 1 (2): 215—217.

[233] Scott, John. *Love and Protest: Chinese Poems from the Sixth Century B.C. to the Seventeenth Century A.D.* London: Rapp and Whiting, 1972.

[234] Seaton, J. P. *The Shambhala Anthology of Chinese Poetry*. Boston and London: Shambhala Publications, 2006.

[235] Shields, Anna M. "Gathering the 'Flowers' of Poetry and Song: An Analysis of Three Anthologies from the late Tang and Shu", *T'ang Studies*, 1997—1998, 15—16: 32.

[236] ——. *Crafting a Collection: The Cultural Contexts and Poetic Practice of the Huajian Ji*. Cambridge and London: Harvard University Press, 2006.

[237] Soong, Stephen C., ed. *Renditions, A Chinese-English Translation Magazine*, Spring & Autumn 1979, Numbers 11 & 12. Hong Kong: The Chinese University of Hong Kong.

[238] ——. *Song without Music: Chinese Tz'u Poetry*. Hong Kong/Seattle: Chinese University Press/University of Washington Press, 1981.

[239] ——. *A Brotherhood in Song: Chinese Poetry and Poetics*. Hong Kong: Chinese University Press, 1985.

[240] Tu, Ching-I. *Poetic Remarks in the Human World Jen Chien Tz'u Hua*. Taiwan: Chung Hwa Book Company, 1970.

[241] ——. *A Group of Wang Kuo-Wei's Tz'u Poems: With an Introduction*. Hong Kong: Cathay Press Limited, 1972.

[242] Turner, John, S. J. *A Golden Treasury of Chinese Poetry*. Hong Kong: The Chinese University Press, 1976.

[243] Wagner, Marsha L. *The Lotus Boat: The Origins of Chinese Tz'u Poetry in T'ang Popular Culture*. New York: Columbia University

Press, 1984.

[244] Wang, Jiaosheng. *The Complete Ci-Poems of Li Qing-zhao: A New English Translation*. Philadelphia: University of Pennsylvania, 1989.

[245] Wang, John C. Y., ed. *Chinese Literary Criticism of the Ch'ing Period (1644 — 1911)*. Hong Kong: Hong Kong University Press, 1993.

[246] Watson, Burton. *Su Tung-P'o: Selections from a Sung dynasty Poet*. New York: Columbia University Press, 1965.

[247] ——. *The Old Man Who Does As He Pleases: Selections from the Poetry and Prose of Lu Yu*. New York and London: Columbia University Press, 1973.

[248] ——. *The Columbia Book of Chinese Poetry: From Early Times to the Thirteenth Century*. New York: Columbia University Press, 1984.

[249] ——. *Selected Poems of Su Tung-Po*. Port Townsend, WA: Copper Canyon Press, 1994.

[250] Weinberger, Eliot. *The New Directions Anthology of Classical Chinese Poetry*. New York: A New Dierections Book, 2003.

[251] Wheeler, G. C. *A History of Chinese Art from Ancient Times to the Present Day*. London: G. G. Harrap Co. Ltd., 1931.

[252] William, H. Nienhauser Jr., et al., eds. *The Indiana Companion to Traditional Chinese Literature*. Bloomington: Indiana University Press, 1986.

[253] ——. "Diction, Dictionaries, and The Translation of Classical Chinese Poetry", *Toung Pao*, 1978, 64: 47—109.

[254] Wixted, John Timothy. *The Song-poetry of Wei Chuang (836—910)*. Tempe, Arizona: Arizona State University, 1979.

[255] Yang, Vincent. *Nature and Self: A Study of the Poetry of Su Dongpo with Comparisons to the Poetry of William Wordsworth*. New York: Peter Lang Publishing, 1989.

[256] Yates, Robin D. S. *Washing Silk: The Life and Selected*

Poetry of Wei Chuang. Cambridge: Harvard University, 1988.

[257] Yeh, Chia-ying. "Wu Wen-ying's Tz'u: A Modern View", *Harvard Journal of Asiatic Studies*, 1969, 29: 53—92.

[258] ——. "The Ch'ang-chou School of Tz'u Criticism", *Harvard Journal of Asiatic Studies*, 1975, 35: 101—132.

[259] ——. "On Wang I-sun and His Yung-wu Tz'u", *Harvard Journal of Asiatic Studies*, 1980, 40 (1): 55—91.

[260] Yip, Wai-lim. *Chinese Poetry: An Anthology of Major Modes and Genres*. Durham and London: Duke University Press, 1997.

[261] Yu, Pauline. *The Reading of Imagery in the Chinese Poetic Tradition*. Princeton: Princeton University Press, 1987.

[262] ——. *Voices of the Song Lyric in China*. Berkeley: University of California Press, 1994.

[263] ——. "Metaphor and Chinese Poetry", *Chinese Literature: Essays, Articles, Reviews*, 1981, 3 (2): 205—224.

[264] ——. "Allegory, Allegoresis and the Classic of Poetry", *Harvard Journal of Asiatic Studies*, 1983, 43 (2): 377—412.

[265] Ziporyn, Brook. "Temporal Paradoxes: Intersections of Time Present and Time Past in the Song Ci", *Chinese literature: Essays, Articles, Reviews*, 1995, 17: 89—109.

后　记

本书在博士论文基础上修改而成。论文答辩后，承蒙北京师范大学文学院刘洪涛教授垂青，将书稿纳入他主编的“21世纪北美中国文学研究著译丛书”，当时在兴奋之余便暗下决心要好好修改完善书稿。现在眨眼一年多时光过去，我的身份已由学生转换成教师，在工作阅读之余进行的修改即将完成，然心中更多的是不完满之感，深感时间、精力与能力之有限而未能达到最初的预想与计划。于是，更憾叹无论是写作还是人生，都只有一次机会，不管自己有着怎样地不舍与遗憾，仍只能无可奈何地挥挥手与刚过去的阶段作别。

然小小书稿之完成却蒙受太多人的恩泽。

最先要致以最诚挚的谢意的便是我的恩师曹顺庆教授。四年前，先生不嫌我愚钝，纳我入师门，并传授我至为宝贵的治学之心得。本选题便深受恩师的影响，一方面希望经由西方学术开阔视野、完善知识结构，另一方面希望借由中国诗词更深地理解中国艺术精神。先生学术思维锋利敏锐，往往能见微知著，道他人之所未能道，先生中西贯通、视野宽广，在学术上锐意革新，在理论上自成体系。作为他的学生，为己之才疏学浅而深感不安，但愚早已下定决心，追随恩师学术路径，努力求索。在与恩师日常相处中，感受到的是他的另一面，和蔼可亲、生动活泼，心胸博大，慈爱温暖，让我及同门如沐春风，并不觉求学之路枯燥乏味，只觉恩师温暖如父。谢谢恩师在学术上春风化雨、悉心指导、竭力提携，在生活上照顾关心，在精神上以生动的人格魅力向我启示生命的高度与热度！

我亦深为感谢我的硕士生导师高建为教授和北京师范大学文学院比较

文学与世界文学所的诸位老师：吴泽霖、李正荣、刘洪涛、王向远、张哲俊、姚建斌、杨俊杰，各位老师以各自的学术路径与学术心得给予我启发，激发我对学术的热忱。在北师大求学期间，常去各专业旁听诸位老师的课程，因此，我亦受惠于古代文学张海明老师、古籍所张文澍老师、古代汉语王宁老师及文艺学童庆炳、程正民、李春青、王一川等诸位老师，从他们的课程上汲取的养分也潜在地滋养了我的博士论文。

书稿从开题到答辩受到诸多老师的点拨，感谢中国人民大学高旭东教授、首都师范大学王南和陶礼天教授、清华大学张海明教授、北京师范大学文学院刘洪涛、李正荣、吴泽霖、王向远教授等为我提供中肯而极有价值的建议。在写作过程中，我还得到武汉大学文学院王兆鹏教授的热心指导，在思路上受到很大启发；美国罗格斯大学涂经诒教授千里迢迢邮寄资料惠赠于我，加拿大麦吉尔大学东亚学系方秀洁教授在香港国际会议期间热心答疑解惑，香港浸会大学钟玲教授在“中国文学海外传播”会议期间耐心答疑。

感谢挚友香港中文大学廖梁博士多次从中大图书馆扫描珍贵的资料于我，同窗好友崔焕伟从新加坡帮我下载海外博士论文，感谢华侨大学许安心副教授在我求学路上一直以来的支持与鼓励。博士求学期间，因为有了好友赵红妹、康孝云、王升远、李勇、刘江凯、冯婵等诸位博士的相互鼓励、陪伴而变得乐趣盎然，更常与姐姐李红叶教授交流读书心得，姐姐的温婉良善与对学术的热爱对我影响颇深。与同门师弟妹郑澈、石嵩、冯欣、会玲、光坚、袁博、温艳、陈远馨、侯冬琛等一起合作编撰《中国比较文学年鉴》的日子十分快乐，也让我们共同成长进步，特别感谢师妹远馨、冬琛帮我校对文稿。

感谢母校华中科技大学人文学院领导何锡章、刘久明、程邦雄教授及诸位老师对我的关爱与帮助，不仅在求学之路上敦敦教导，启迪我对学问的初始兴趣，更重新接纳我回到母校温暖的怀抱。本书稿还先后受到北京师范大学优秀博士学位论文培育基金、中央高校基本科研业务费及湖北省社会科学基金的资助，特此感谢！

最后，将最深沉的感激献给我的亲人。感谢我至爱的父母亲将全部的精力、生命给予我们兄妹，在我失意彷徨时鼓励我、安慰我，在我取得成绩时，为我高兴、激动。感谢我亲爱的先生王树福，人生最快意的事莫过于与相爱的人志同道合，一起分享生命中的点滴，谢谢树福一直以来理解我、支持我、欣赏我。

要感激的人实在太多，你们的名字虽没有一一提及，但在我“记忆”的匣子里，藏着你们的名字、我的回忆。

作者

2013 年 10 月 13 日